# UNTERWEGS IM HEILIGEN LAND

Für Georgie,
*multis quam gemmis pretiosiori*
*(Sprichwörter 8,31 und D.O.P. 8,3,1)*
in Dankbarkeit und Liebe

Text Copyright © 2007 Peter Walker
Original edition published in English under the title »In the steps of Jesus«
by Lion Hudson plc, Oxford, England,
followed by Copyright © Lion Hudson plc 2007

Alle Rechte vorbehalten

Deutsche Übersetzung: Verlagsservice Dr. Ulrich Mihr, Tübingen
Bearbeitung: Dr. Andreas Leinhäupl-Wilke, Aalen

Copyright der deutschen Ausgabe:
© 2008 Verlag Katholisches Bibelwerk GmbH, Stuttgart

Für die Texte aus der Einheitsübersetzung der Heiligen Schrift
© 1980 Katholische Bibelanstalt GmbH, Stuttgart

Satz: Satz und mehr, Besigheim
Druck: in China

ISBN 978-3-460-32782-5
(Verlag Katholisches Bibelwerk GmbH, Stuttgart)
www.bibelwerk.de

ISBN 978-3-438-06227-7
(Deutsche Bibelgesellschaft Stuttgart)
www.bibelgesellschaft.de

ISBN 978-3-87982-273-7
Bibellesebund e.V., Marienheide
www.bibellesebund.de

# UNTERWEGS IM HEILIGEN LAND

DAS ILLUSTRIERTE
SACHBUCH ZU DEN
ORTEN JESU

Peter Walker

Bearbeitet von
Andreas Leinhäupl-Wilke

# Inhalt

## Einleitung ... 7

Lukas: Unser Gewährsmann für die Botschaft Jesu ... 9
Das Porträt Jesu aus der Sicht des Lukas ... 10
Schlüsseldaten zur Zeit Jesu ... 11
**Wie man von diesem Buch am meisten profitiert** ... 12
Josephus über Johannes den Täufer und Jesus ... 13
**Eine persönliche Reise** ... 16
Schlüsseldaten im Heiligen Land ... 17

## 1. Betlehem ... 19

### Bescheidene Anfänge ... 20
**Betlehem (vor Christi Geburt)** ... 20
Der Stern von Betlehem ... 22
Fragen zu Weihnachten ... 23
Schlüsseldaten: Betlehem ... 23
**Ein bescheidener Eintritt in die Welt** ... 24

### Betlehem heute ... 25
Hieronymus in Betlehem ... 29

## 2. Nazaret ... 31

### Orte der Kindheit ... 31
**Die frühen Jahre im Verborgenen** ... 32
**Nahe Sepphoris, der Hauptstadt Galiläas** ... 33
Das alte Sepphoris ... 34
**Marias seltsamer Besucher** ... 35
**Das nahe gelegene Kana** ... 36
**Jesus in der Synagoge von Nazaret** ... 36
Die Lage Kanas ... 37

### Nazaret heute ... 38
Schlüsseldaten: Nazaret ... 38
Das Dekret von Nazaret ... 40
Das Leben zur Zeit Jesu ... 41

## 3. Der Jordan ... 43

### Taufe und Erneuerung ... 43
Der Jordan im Alten Testament ... 44
**Neuanfänge** ... 45
Qumran, die Essener und Johannes der Täufer ... 46
Schlüsseldaten: Der Jordan ... 48

### Der Jordan heute ... 49
Taufe im Jordan ... 49

## 4. Die Wüste Juda ... 51

### Die Versuchung Jesu ... 51
**Die Wüste Juda** ... 51
**Die Wüste im Alten Testament** ... 53
Geologische Eigenschaften der Wüste ... 54
**Gebet und Abgeschiedenheit** ... 57
**Der Kampf gegen das Böse** ... 57
**Leben am Ort des Todes** ... 58
Schlüsseldaten: Die Wüste Juda ... 59

### Die Wüste Juda heute ... 59
Die Wüstenväter ... 62

## 5. Galiläa und seine Dörfer ... 65

### Jesu öffentliches Wirken ... 65
Josephus über den See Gennesaret ... 66
**Galiläas schöner See** ... 66
**»Das Galiläa der Heiden« – Jüdisches Grenzgebiet** ... 67
Die Orte in Galiläa, an denen Jesus wirkte ... 68
**Kafarnaum und der internationale Handel** ... 71
**Jesu Botschaft und Themen** ... 71
Motive aus dem galiläischen Alltag in Jesu Verkündigung ... 72

| | |
|---|---|
| Ein Sturm zieht auf | 73 |
| Schlüsseldaten: Galiläa und seine Dörfer | 74 |
| **Das heutige Galiläa** | 74 |
| Galiläa besichtigen | 75 |

## 6. Samaria .... 82

| | |
|---|---|
| **Der Feind im Inneren** | 82 |
| Samaria im 4. Jahrhundert | 82 |
| Geografie und Geschichte | 83 |
| Josephus beschreibt die Samaritaner | 84 |
| Jesus und die Samaritanerin | 85 |
| Heil für die Welt | 86 |
| Schlüsseldaten: Samaria | 87 |
| **Das heutige Samaria** | 87 |
| Die Kreuzfahrer | 90 |

## 7. Caesarea Philippi .... 92

| | |
|---|---|
| **Von Paneas zu Cäsarea Philippi** | 92 |
| Weit entfernt vom jüdischen Stammland | 93 |
| Das Bekenntnis des Petrus | 94 |
| Die Verklärung Jesu auf dem Berg | 95 |
| Der Schauplatz der Verklärung Jesu: Tabor oder Hermon? | 96 |
| Der Abstieg | 98 |
| Schlüsseldaten: Cäsarea Philippi | 99 |
| **Das heutige Cäsarea Philippi** | 99 |

## 8. Jericho .... 101

| | |
|---|---|
| **Die am tiefsten gelegene Stadt der Welt** | 101 |
| Das alte und das neue Jericho | 102 |
| Das Tote Meer | 103 |
| Die Belagerung von Masada | 105 |
| Schlüsseldaten: Jericho | 106 |
| **Jericho heute** | 106 |
| Der Pilger von Bordeaux besucht Jericho und Jerusalem | 107 |

## 9. Betanien .... 109

| | |
|---|---|
| **Ein ruhiger Zufluchtsort** | 109 |
| »Ein Zuhause fern von zu Hause« | 109 |
| Ein Zufluchtsort | 111 |
| Die intuitive Salbung | 111 |
| Die Auferweckung des Lazarus | 112 |
| Schlüsseldaten: Betanien | 113 |
| **Betanien heute** | 113 |
| Egeria besucht Betanien | 114 |

## 10. Der Ölberg .... 116

| | |
|---|---|
| **Der Lieblingsort Jesu** | 116 |
| Der Ölberg im Alten Testament | 116 |
| Ein Ort der Rast für Pilger | 118 |
| Ein triumphaler Einzug | 118 |
| Offenbarungen auf dem Berg | 121 |
| Getsemani: Der letzte Rückzugsort Jesu | 122 |
| Nach der Auferstehung: Von Jerusalem zum Ölberg | 124 |
| Schlüsseldaten: Der Ölberg | 125 |
| **Der Ölberg heute** | 125 |
| Eusebius und der Ölberg | 129 |
| Ein Wochenende im modernen Jerusalem | 130 |

## 11. Der Tempel .... 132

| | |
|---|---|
| **Das Herz der Nation** | 132 |
| Der Tempel im Alten Testament | 132 |
| Der herodianische Tempel | 134 |
| Offenkundige Missstände: Ausschluss von Nichtjuden, Wucher und Politik | 135 |
| Die Ankündigung der Zerstörung – und ihre tiefere Bedeutung | 137 |
| Die Haltung Jesu gegenüber dem Tempel | 138 |
| Das Johannesevangelium: Jesus, der wahre Tempel | 138 |
| Die Autorität Jesu als Messias und Herr | 139 |

Die Zerstörung des Tempels .................. 140
**Den Tempel zurücklassen** ............... 140
Schlüsseldaten: Der Tempel .................. 141

**Der Tempel heute** ........................... 142
**Islamische und jüdische Ansätze** ........ 142
**Christlicher Ansatz** ........................... 143
**Ein Besuch der Stätte** ....................... 144

## 12. Jerusalem ........................... 150

### Die »Heilige Stadt«? ................. 150
»Zion« im Alten Testament ................. 150
Die herodianische Stadt ...................... 154
Das letzte Abendmahl ......................... 155
Das Paschafest zur Zeit Jesu ................ 156
Die lange Nacht .................................. 160
Die Verhandlung vor Pilatus ................ 162
Pontius Pilatus ................................... 163
Simon von Zyrene und Johannes Markus ..... 165
Schlüsseldaten: Jerusalem .................... 166

### Jerusalem heute ...................... 166
Ein erster Überblick ............................ 167
Ein Modell des alten Jerusalem ............. 168
Ein Überblick über Jesu letzte Stunden .... 170
Der Berg Zion:
Szene des letzten Abendmahls? ............. 171
Jerusalem in der Apostelgeschichte ........ 172
Wo hielten sich Kajaphas
und Pilatus auf? ................................. 173
Jerusalembesucher im 19. Jahrhundert .... 174
Der Weg zum Kreuz – die »Via dolorosa« ... 175

## 13. Golgota und das Grab .... 176

### Vom Tod zum Leben ................. 176
Der unschuldige Rebell ....................... 177
Kreuzigungen in der Antike .................. 177
Wie Lukas das Kreuz verstand ............... 178
Vom Kreuz zum Grab ........................... 179
Bestattungen im ersten Jahrhundert ...... 180

Das erste Osterfest .............................. 180
Schlüsseldaten: Golgota und das Grab ........ 183

### Golgota heute ........................ 184
Die Suche nach Golgota ....................... 184
Der Ölberg? ...................................... 184
Das Gartengrab .................................. 185
Im Inneren der Grabkammer ................ 187
Christus im Garten .............................. 187
Das Grab Christi und die Gebäude Konstantins
nach Eusebius .................................... 188
Die Grabeskirche ................................ 190
Vorbereitung auf den Besuch der
Grabeskirche ..................................... 192
Wichtige Orte im Umfeld der
Grabeskirche ..................................... 193
Der Golgotafelsen ............................... 194
Das Holz des Kreuzes .......................... 195
Vorbereitung auf den Besuch des Grabes ... 195
Christliche Feiern im byzantinischen Jerusalem .. 198

## 14. Emmaus ............................. 200

### Auf dem Weg ......................... 200
Der geheimnisvolle Reisende ............... 201
Die vier zentralen Motive der
Emmausgeschichte ............................. 202
Schlüsseldaten: Emmaus ..................... 204

### Emmaus heute ....................... 204
Emmaus: Die Reise geht weiter ............. 206

## Register ................................... 207

### Bibelverweise ......................... 207

### Personen- und Sachregister ....... 209

### Literaturempfehlungen ............. 214

### Bild- und Textnachweis /
### Angaben zum Autor ................. 215

# Einleitung

Reisen erweitert den Horizont, sagt man. Vermutlich kann es auch den Blick schärfen oder sogar zu neuen Einsichten führen. Wenn wir unbekannte Orte besuchen, die Welt durch die Augen anderer betrachten, ihre Geschichten aus der Vergangenheit und der Gegenwart hören, können wir mit neuen Erkenntnissen und Ideen zu unserem Ausgangspunkt zurückkehren.

Diese Erfahrung machten Reisende zu alten Zeiten immer dann, wenn sie aus anderen Gründen als strikter Notwendigkeit unterwegs waren. Um mit den berühmten Anfangszeilen von Chaucers *Canterbury-Erzählungen* zu sprechen: »Wenn es Frühling wird ..., sehnen sich die Menschen danach, auf Pilgerfahrt zu gehen.« Heute reist man zu Konferenzen oder unternimmt Urlaubsreisen, sodass sich die Reiseindustrie unaufhaltsam weiterentwickelt. Viele Menschen, so scheint es, haben ein »Reisevirus«.

Dieses Buch ist genau für solche Menschen gedacht – einschließlich derer, die gerne reisen würden, aus irgendeinem Grund aber nicht dazu in der Lage sind. Es ist als Reise zu verschiedenen Orten im Land der Bibel konzipiert und wird Sie auf diese Reise mitnehmen – historisch gesehen in eine der meistbesuchten Regionen der Welt. Die aktuelle

politische Lage in dieser Region hält so manchen davon ab, dorthin zu reisen. Doch auch in diesem Fall wird dieses Buch dem Leser die Region näherbringen.

Es kann also auch ein »Reiseführer für Nichtreisende« sein. Natürlich mag es einige dazu anregen, die erwähnten Orte zu besuchen, doch andere betrachten es vielleicht als Einladung zu einer geistigen und sehr persönlichen Reise.

Die hier erwähnten Orte sind verbunden mit einer Geschichte, die geprägt ist von einem außergewöhnlichen Menschen – wahrscheinlich einem der berühmtesten, die je in dieser Region gelebt haben. In mancher Hinsicht bleibt dieser Mensch aus dem ersten Jahrhundert im Dunkeln. Oft besuchen Reisende die Region in der Hoffnung, mehr über ihn zu erfahren, kehren manchmal jedoch sehr enttäuscht zurück. Denn im Unterschied zu großen Baumeistern wie Herodes dem Großen hat er nichts hinterlassen, was wir sehen oder berühren können.

Zudem hat dieser Mensch im Gegensatz zu Flavius Josephus, der ebenfalls im ersten Jahrhundert in dieser Region lebte, nie selbst etwas geschrieben. Josephus, ein Militärkommandeur während des Ersten Jüdischen Kriegs in Galiläa, kämpfte zunächst gegen

Satellitenbild: Die Halbinsel Sinai mit dem fruchtbaren Grün des »Gelobten Lands« im Norden.

## Lukas: Unser Gewährsmann für die Botschaft Jesu

Das Neue Testament enthält zwei Bücher, die Lukas zugeschrieben werden: einen Bericht über das Leben Jesu (das Lukasevangelium, eines der vier »Evangelien«, was übersetzt »Frohe Botschaft« bedeutet) und einen über die Aktivitäten der ersten Christen, vor allem des Apostels Paulus (die »Apostelgeschichte«). Diese beiden Bücher nehmen einen großen Teil des Neuen Testamentes ein und wir möchten gerne etwas mehr über den Mann erfahren, der so viel zur Bibel beitrug.

### Ein Weggefährte des Paulus

In der altkirchlichen Tradition wird der Evangelist Lukas mit Lukas, einem Reisegefährten des Paulus, identifiziert. Dieser besuchte Paulus während seiner Gefangenschaft mehrmals. Im Brief an die Kolosser beschreibt Paulus ihn als »Arzt« (Kol 4,14). Manche fragen sich außerdem, ob er der ungenannte »Bruder« ist, den Paulus mit Titus nach Korinth schickt und von dem es heißt, er finde »wegen seiner Verkündigung des Evangeliums in allen Gemeinden Anerkennung« (2 Kor 8,18).

Unter der Voraussetzung, dass der Evangelist mit dem Reisebegleiter des Paulus übereinstimmt, lassen sich aus der Apostelgeschichte noch weitere Schlüsse ziehen: Manchmal wechselt der Autor seine Erzählperspektive spontan in die erste Person Plural (»Wir bestiegen ein Schiff ...«, Apg 27,2) – vielleicht ein Indiz dafür, dass er Paulus begleitet hat. Lukas selbst stammte dann möglicherweise aus Troas, das nahe dem alten Troja an der Nordwestküste der heutigen Türkei liegt, – zumindest schloss der Reisebegleiter sich Paulus dort erstmals an und reiste mit ihm nach Philippi (Apg 16,11-40), wo er eine Weile blieb, bevor er mit den Gefährten des Paulus weiter nach Jerusalem zog (Apg 20,5-6). Während der zweijährigen Gefangenschaft des Paulus blieb Lukas in Cäsarea in Palästina (Apg 23–26) und begleitete ihn anschließend nach Rom, wobei sie vor Malta Schiffbruch erlitten (Apg 27–28).

### Die Niederschrift seiner Geschichte

Es gibt keine Informationen darüber, was mit Lukas in Rom geschah. Vielleicht ist er dort dem Evangelisten Markus begegnet (den Paulus in Kol 4,10 erwähnt, nur wenige Verse, bevor er von Lukas spricht) und wurde dadurch inspiriert, sein eigenes Material zur Veröffentlichung vorzubereiten.

Wahrscheinlich hatte Lukas seine Zeit in Palästina (57–59 n. Chr.) dazu genutzt, sich Wissen über die mit Jesus und den Aposteln verbundenen Menschen und Orte anzueignen und dies in seine eigenen Worte zu fassen. Wir wissen nicht genau, aus welcher Zeit die »Endfassung« seines Evangeliums stammt. Viele Gelehrte gehen von einem späten Zeitpunkt aus, zum Beispiel dem Jahr 85, doch möglicherweise entstand die Endfassung zeitlich im Zusammenhang mit der Zerstörung Jerusalems im Jahr 70, einem Ereignis, das Lukas als integralen Bestandteil seiner Geschichte gesehen hat.

Das Evangelium des Lukas ist von hoher sprachlicher Qualität und entspricht den besten Standards der alten Geschichtsschreibung. Er formuliert in einem geschliffenen Griechisch, wahrscheinlich seiner Muttersprache. Gleichzeitig hat er den jüdischen Charakter vieler seiner Quellen bewahrt, denn er verwendet Redewendungen wie »Und es begab sich«, die in einer semitischen Sprache eher zu Hause sind als im Griechischen.

Wenn wir im vorliegenden Buch der Spur Jesu folgen, soll dieser Lukas uns als »Reiseleiter« begleiten.

---

die Römer und wechselte dann auf ihre Seite über. Später schrieb er ausführlich über diesen Krieg wie auch über andere Teile der wechselvollen Geschichte der Juden. Seine Werke liefern uns viele wichtige historische Informationen, ermöglichen uns aber auch den Zugang zur Person und zum Denken des Josephus, gerade dann, wenn er sich verteidigt und den Seitenwechsel zu rechtfertigen sucht. Nicht so jener andere Jude aus dem Galiläa des ersten Jahrhunderts.

Doch wir haben im Neuen Testament *vier* Berichte über sein Leben und seine Lehren, die innerhalb weniger Jahrzehnte verfasst wurden. Und diese Evangelien sind im Unterschied zu den Schriften des Josephus kurz und sehr prägnant – und von Autoren geschrieben, die keinem Rechtfertigungszwang unterlagen. Sie konzentrieren sich völlig auf ihr Thema und tun alles, um die Gestalt des Jesus von Nazaret lebendig werden zu lassen.

In unserem Buch sollen zwar alle vier Evangelisten zu Wort kommen, doch einer von ihnen wird im Mittelpunkt stehen – der einzige nichtjüdische Autor unter ihnen, nämlich Lukas. Für diese Wahl gibt es mehrere Gründe. Zum einen hat sein Text eine

## Das Porträt Jesu aus der Sicht des Lukas

Lukas hatte die besondere Gabe, seiner Geschichte Farbe und Wärme zu verleihen. Sein Jesusporträt ist vielleicht das »menschlichste« und macht uns mit vielen Leuten bekannt, die unterschiedlich auf Jesus reagierten. Häufiger als die anderen Evangelisten erwähnt er Frauen und erzählt vieles aus ihrer Perspektive: So ist der Bericht von Jesu Geburt aus Sicht der Maria geschrieben. Daraus schloss man, Lukas sei nicht nur Arzt, sondern auch Psychologe gewesen. Vielleicht prägte ihn aufgrund seines Umgangs mit Kranken ein besonderes Mitgefühl für die Menschen und ein Verständnis für die menschlichen Schwächen.

Im Einklang damit betont Lukas, dass Jesu Anteilnahme allen Menschen galt – ob reich oder arm, Mann oder Frau, Jude oder Nichtjude. Letzteres mag ihm persönlich viel bedeutet haben, denn mit großer Sicherheit war er von Geburt her kein Jude. Gleichzeitig fühlte er sich vielleicht schon von den ethischen Grundsätzen und dem Glauben des Judentums angezogen, bevor er die Botschaft Jesu hörte. Es gab damals viele »gottesfürchtige« Nichtjuden. Als die Apostel dann das Evangelium predigten und verkündeten, dass auch Nichtjuden ins Reich Gottes eingehen konnten (ohne zuvor Juden werden und sich damit der Beschneidung unterziehen zu müssen), war dies in der Tat eine »frohe Botschaft«.

Lukas schreibt also, um andere Nichtjuden wissen zu lassen, dass auch sie nun zur Familie Gottes gehören und dass die Nichtjuden Jesus während seines Wirkens auf Erden immer willkommen waren (vgl. etwa die Geschichte vom barmherzigen Samariter in Lukas 10,25-37). Er betont, dass die Botschaft Jesu von »Rettung« und von »der Vergebung der Sünden« spricht (Lk 2,11; 7,48; 24,46-47). Den Höhepunkt einer Schlüsselepisode in seinem Evangelium – die Begegnung Jesu mit dem Oberzöllner Zachäus – bildet eine klare Aussage Jesu: »Denn der Menschensohn ist gekommen, um zu suchen und zu retten, was verloren ist« (Lk 19,10). So widmet Lukas das gesamte 15. Kapitel dem Thema, welche Freude Gott daran hat, Menschen, die verloren waren, wiederzufinden – ein Thema, das in Jesu Gleichnis vom »verlorenen Sohn« gipfelt, der von seinem hocherfreuten Vater zu Hause willkommen geheißen wird (Lk 15,11-32).

In diesem Sinne ist das Evangelium des Lukas eine Einladung an Menschen gleich welcher Herkunft, sich in der Gemeinschaft Jesu willkommen zu fühlen.

---

sehr menschliche Note – er führt uns geschickt in die Gedankenwelt der gewöhnlichen Menschen der damaligen Zeit ein, die versuchen, die Person, die in ihrer Mitte aufgetaucht ist, zu verstehen. Zweitens möchte er im Stil eines echten Historikers zeigen, dass seine Geschichte in der realen Welt verankert ist, und orientiert sich an der bekannten Welt seiner Leser. Da er drittens von Geburt ein Außenseiter in der Welt des Judentums ist, kann er anderen, die sich »ausgeschlossen« fühlen, besonders gut vermitteln, dass sie in diese jüdische Geschichte hineingenommen werden können. Sie alle sind eingeladen, zu kommen und es selbst zu erleben.

Doch der Hauptgrund, warum wir Lukas in den Mittelpunkt stellen, ist ein ganz anderer: Lukas war selbst vom »Reisevirus« befallen. Aus dem zweiten Teil seines Doppelwerkes, der Apostelgeschichte, geht deutlich hervor, dass er – oder seine Gewährsmänner – oft unterwegs waren und von Nordgriechenland nach Jerusalem sowie von Palästina nach Rom reisten. In seinen Schriften berichtet er von Einsichten, die er während seiner Jerusalemreise gewann, und lädt uns (selbst wenn wir ihm nicht nacheifern und diese Reise tatsächlich unternehmen können) zu einer spirituellen Reise nach Jerusalem ein.

Also werden wir mit Lukas reisen und sehen, wohin er uns führt. Lukas beginnt sein Evangelium mit einem kurzen Vorwort und nimmt uns dann alsbald mit zum Tempel in Jerusalem. Dort, tief im Herzen der jüdischen Welt, erzählt er von den seltsamen Ereignissen, mit denen die gläubigen Juden und Jüdinnen konfrontiert werden, die doch ihr ganzes Leben darauf gewartet haben, dass der Gott Israels seine Versprechen erfüllt. Lukas möchte uns verständlich machen, dass die Geschichte, die er erzählen wird, eine »Geschichte innerhalb einer Geschichte« ist.

Denn die im Mittelpunkt seiner Erzählung stehende Person ist Teil eines viel größeren Projektes, einer Geschichte, die zur Zeit Jesu bereits mehr als ein Jahrtausend andauert – der Geschichte Gottes mit seinem Volk Israel. Tatsächlich scheint in der Person Jesu ein Kulminationspunkt dieser Geschichte zu liegen – aus der Sicht unserer christlichen Überzeugung ein Angel- und Wendepunkt. Von nun an würde nichts mehr so sein wie zuvor. Ein neues Zeitalter war angebrochen. Eine völlig neue Ära hatte begonnen.

Wir unternehmen nach dem Besuch verschiedener wichtiger Angelpunkte des Lebens Jesu (wie Betlehem, Nazaret und der Wüste) eine ausgedehnte Reise von Galiläa nach Jerusalem, die die Bibelwissenschaftler den „lukanischen Reisebericht" genannt haben.

## Schlüsseldaten zur Zeit Jesu

Folgende Liste gibt einen Überblick über Schlüsseldaten vor und nach dem öffentlichen Wirken Jesu. Einige Daten bleiben ungewiss. Zur Diskussion um das Geburtsdatum Jesu siehe Seite 22. Ebenfalls umstritten ist der Zeitpunkt der Kreuzigung Jesu, die gewöhnlich auf das Jahr 33 datiert wird. Wenn Jesus an einem Freitag gekreuzigt wurde, der im jüdischen Kalender mit dem »Tag der Vorbereitung« auf das Pascha-Fest zusammenfiel, kann es sich nur um den 7. April 30 oder den 3. April 33 gehandelt haben. Hier wird dem früheren Datum der Vorzug gegeben.

|  |  |
|---|---|
| 37 v. Chr. | Herodes der Große wird Herrscher der Region. |
| 27 v. Chr. | Octavian nimmt die Titel »Augustus« und »Kaiser« an. |
| ca. 5 v. Chr. | Geburt Jesu in Betlehem. |
| 4 v. Chr. | Tod von Herodes dem Großen (im März). Das Reich wird unter seine drei Söhne aufgeteilt: Archelaos (Idumäa, Judäa und Samaria), Herodes Antipas (Galiläa und Peräa), Herodes Philippos (Trachonitis). Die Römer schlagen unter General Varus einen Aufstand nieder. |
| 6 n. Chr. | Archelaos wird abgesetzt und verbannt; Judäa steht nun unter direkter römischer Herrschaft (mit Coponius als erstem »Präfekten«). Judas, der Galiläer, führt einen Aufstand an. |
| 14 n. Chr. | Beginn der Herrschaft von Kaiser Tiberius (bis 37 n. Chr.). |
| 28 n. Chr. | Pontius Pilatus wird Statthalter von Judäa. Herodes Antipas verlegt die Hauptstadt Galiläas von Sepphoris nach Tiberias. |
| 26 n. Chr. | Wirken von Johannes dem Täufer. |
| 30 n. Chr. | Kreuzigung Jesu. |
| ca. 35 n. Chr. | Paulus' Bekehrung auf der Straße nach Damaskus. |
| 36 n. Chr. | Pontius Pilatus schlägt auf brutale Weise einen Aufstand der Samariter nieder und wird nach Rom zurückberufen. |
| 37/38 n. Chr. | Paulus besucht Jerusalem (und geht dann nach Tarsus); Herodes Agrippa wird zum Nachfolger von Philippos und Antipas ernannt. |
| 39 n. Chr. | Caligula (Kaiser von 37–41 n. Chr.) stößt bei dem Versuch, seine eigene Statue im Tempel von Jerusalem aufzustellen, auf erbitterten Widerstand der Juden (Josephus, *Ant* 18,8). |
| 41 n. Chr. | Herodes Agrippa übernimmt die Macht über Idumäa, Judäa und Samaria und erhält den Titel »König«. Er beginnt mit dem Bau der neuen »dritten« Mauer an Jerusalems Nordseite (Josephus, *Ant* 19,7). Claudius wird Kaiser (bis 54 n. Chr.). |
| 44 n. Chr. | Tod des Herodes Agrippa (Apg 12,1-23); sein Gebiet wird römische Provinz. |
| 49 n. Chr. | »Apostelkonzil« in Jerusalem (Apg 15,1-29); Aufstände in Jerusalem, die zu einem heftigen Massaker führen (Josephus, *Bell* 2,12). |
| 52 n. Chr. | Felix ist bis 60 n. Chr. Statthalter von Judäa, Idumäa und Samaria. |
| 54–58 n. Chr. | Herrschaft Kaiser Neros. |
| 57–60 n. Chr. | Paulus besucht Jerusalem (Apg 21); er wird festgenommen und in Cäsarea Maritima eingesperrt; Festus wird Statthalter (60–62 n. Chr.). |
| 62 n. Chr. | Der Hohepriester Ananus lässt Jakobus (Jesu Bruder) hinrichten (Josephus, *Ant* 20,9). |
| 64 n. Chr. | Brand Roms; Neros Christenverfolgung. |
| 66 n. Chr. | Beginn des Ersten Jüdischen Kriegs gegen Rom in Cäsarea; Christen flüchten aus der Stadt Jerusalem (vielleicht nach Pella). |
| 67–70 n. Chr. | Belagerung Jerusalems durch Römer unter General Vespasian. |
| 70 n. Chr. | Vespasians Sohn Titus zerstört im August den Tempel (und steckt im September die Oberstadt in Brand). |
| 74 n. Chr. | Fall von Masada. |

Diese Reise nimmt im Lukasevangelium viel mehr Raum ein als in den anderen Evangelien, immerhin über 40 Prozent seiner Geschichte. Lukas möchte, dass wir diese Reise nach Jerusalem selbst unternehmen und ihre Bedeutung spüren, während wir uns die ganze Zeit über fragen, wieso diese bald in Jerusalem stattfindenden Ereignisse sich als so bedeutend für die Geschichte erweisen sollten. Tatsächlich kommt es in Jerusalem zu einer »Zuspitzung« der Dinge – es gibt Tränen, Konflikte, Missverständnisse, Verrat, Tragödien und Verwirrung –, doch es gibt am Ende der Geschichte auch eine unerwartete »Wendung«, die dieser eine völlig neue Dimension verleiht.

Kein Wunder also, dass Lukas eine Fortsetzung schrieb, um die wichtige Frage zu beantworten: »Was passierte als Nächstes?« Wenn der Höhepunkt einer Geschichte sich als Dreh- und Angelpunkt einer anderen, größeren Geschichte erweist, dann muss diese Geschichte fortgeführt werden. Und so weist das Ende des Lukasevangeliums zugleich über sich hinaus: An seinem Schluss steht der Bericht von einigen Jüngern, die, zurück am Tempel in Jerusalem (also an dem Ort, an dem alles begann), von neuer Freude erfüllt sind und gespannt auf die Fortsetzung der Geschichte warten. Ihre »Reise« hat, wie sich herausstellt, gerade erst begonnen.

Das ist die Geschichte, der wir in unserem Buch folgen werden. Die Kapitel versuchen (wo immer möglich), sich an die von Lukas vorgegebene Reihenfolge zu halten. Wir hoffen übrigens, dass es wie in den Schriften des Lukas eine Fortsetzung zum vorliegenden Band gibt, damit wir erfahren, was als Nächstes passierte, und die verschiedenen Reisen nachvollziehen können, die von Jerusalem aus in die weite Welt unternommen wurden. Doch hält der vorliegende Band erst einmal die Spannung aufrecht und hält bewusst einige Fragen offen.

Denn obwohl unsere Reise in der Nähe von Jerusalem enden wird – also genau dort, wo sie auch begann –, werden wir feststellen, dass es in ihrem Verlauf vieles gegeben hat, über das es sich nachzudenken lohnt. Vertrautes erscheint uns in einem neuen Licht. Da Anfangs- und Endpunkt unserer Reise identisch sind, werden wir wieder dort sein, wo wir begonnen haben, und doch hat sich etwas verändert. Und das Ende erweist sich vielleicht als der Beginn einer ganz neuen Reise. Und so haben wir (auch ohne unseren Lesesessel zu verlassen) im Geiste eine Reise unternommen – eine Reise, die tatsächlich »den Horizont erweitert«.

## Wie man von diesem Buch am meisten profitiert

Jedes Kapitel konzentriert sich auf einen bestimmten Ort oder ein Gebiet, das mit dem Leben Jesu verbunden ist. Ein einleitender Abschnitt erforscht jeweils, wie sich dieser Ort zu Lebzeiten Jesu darstellte. Ziel ist es, Jesu Wirken in seinem ursprünglichen Kontext zu erklären und zu prüfen, ob bestimmte Faktoren, die mit der Rolle der entsprechenden Orte in der biblischen Geschichte verbunden sind, unserem Verständnis vom Leben Jesu eine neue Bedeutungsdimension hinzufügen. Leser, die sich ausschließlich innerhalb des biblischen Textes bewegen wollen, begnügen sich vielleicht mit diesen einleitenden Teilen. Jeder von ihnen bietet einen Überblick über den Ort, wie er in der gesamten Bibel erscheint (der sich teilweise der Tatsache verdankt, dass ich Mitreisenden beim Aufenthalt an diesen Orten einen solchen Überblick vermitteln musste). Sie können nacheinander gelesen werden und folgen den Themen des Lukasevangeliums.

Dem biblischen Überblick folgt in jedem Kapitel ein zweiter Hauptteil, der das erklären und interpretieren möchte, was die Menschen sehen, wenn sie diese Stätte

## Josephus über Johannes den Täufer und Jesus

Josephus wirkte in Rom am Ende des ersten Jahrhunderts n. Chr. Seine beiden Hauptwerke (*Geschichte des Jüdischen Krieges* und *Jüdische Altertümer*) tragen entscheidend zu unserem Verständnis der jüdischen Welt zur Zeit Jesu bei. Sie bestätigen auch vieles von dem, was in den Evangelien berichtet wird. Folgendes schrieb er über Johannes den Täufer und über Jesus:

### Johannes der Täufer
*Manche Juden waren übrigens der Ansicht, der Untergang der Streitmacht des Herodes sei nur dem Zorne Gottes zuzuschreiben, der für die Tötung Johannes' des Täufers die gerechte Strafe gefordert habe. Den letzteren nämlich hatte Herodes hinrichten lassen, obwohl er ein edler Mann war, der die Juden anhielt, nach Vollkommenheit zu streben, indem er sie ermahnte, Gerechtigkeit gegeneinander und Frömmigkeit gegen Gott zu üben und so zur Taufe zu kommen ... Da nun infolge der wunderbaren Anziehungskraft solcher Reden eine gewaltige Menschenmenge zu Johannes strömte, fürchtete Herodes, das Ansehen des Mannes, dessen Rat allgemein befolgt zu werden schien, möchte das Volk zum Aufruhr treiben ... Auf diesen Verdacht hin ließ also Herodes den Johannes ... nach der Festung Machaerus bringen ... und dort hinrichten.*

Ant 18,5 (vgl. Mk 6,14-29)

### Jesus
*Um diese Zeit lebte Jesus, ein weiser Mensch [wenn man ihn überhaupt einen Menschen nennen darf]. Er war nämlich der Vollbringer ganz unglaublicher Taten und der Lehrer aller Menschen, die mit Freuden die Wahrheit aufnahmen. So zog er viele Juden und auch viele Heiden an sich. [Er war der Christus.] Und obgleich ihn Pilatus auf Betreiben der Vornehmsten unseres Volkes zum Kreuzestod verurteilte, wurden doch seine früheren Anhänger ihm nicht untreu. [Denn er erschien ihnen am dritten Tage wieder lebend, wie gottgesandte Propheten dies und tausend andere wunderbare Dinge von ihm vorherverkündigt hatten.] Und noch bis auf den heutigen Tag besteht das Volk der Christen, die sich nach ihm nennen, fort.*

Ant 18,3

Die Aussagen des Josephus über Jesus haben natürlich Debatten ausgelöst. Einige dieser Details (durch eckige Klammern gekennzeichnet) scheinen eher von einem späteren christlichen Kopisten zu stammen. In jedem Fall aber wusste Josephus von Jesus und den frühen Christen. Er wusste, dass sich Menschen außerhalb Israels von Jesu Lehren angezogen fühlten, dass er behauptet hatte, der Messias zu sein, und dass er unter Pilatus gekreuzigt worden war.

---

oder dieses Gebiet heute besuchen. Das erfordert natürlich, wenigstens in aller Kürze all das anzureißen, was diese Landschaft in den zweitausend Jahren nach dem Auftreten Jesu verändert hat. In diesen Abschnitten geht es also um Fragen wie: Archäologie, die mögliche Authentizität der Stätte, die Aussagen späterer christlicher Pilger oder Historiker. Und wir lassen, während wir uns mit den »Höhen und Tiefen« der nachbiblischen Zeit beschäftigen, Lukas weit hinter uns. Dies könnte für Kirchenhistoriker oder Archäologen von großem Interesse sein. Allerdings wird in diesen Abschnitten nicht vorausgesetzt, dass die Leser diese Stätten besucht haben (oder bald besuchen werden). Dementsprechend enthalten sie keine praktischen »Touristen«-Informationen.

Zwischen diesen beiden Hauptabschnitten findet sich in jedem Kapitel eine Liste mit Schlüsseldaten, die sich auf den jeweiligen Ort beziehen. Sie enthält Daten aus der Zeit vor Christi Geburt, die besonders relevant für den ersten biblischen Abschnitt sind, sowie auch Daten aus der Zeit nach Christi Geburt, die besonders relevant für den zweiten Abschnitt sind, und verdeutlicht damit die christliche Überzeugung, dass Jesus im Zentrum der menschlichen Geschichte steht (schließlich drehen sich alle westlichen Kalender um seinen Namen – »vor Christus« und »nach Christus«). Außerdem finden sich in dieser Liste viele Daten und Quellen, auf die an anderen Stellen des Kapitels Bezug genommen wird. So kann man auf einen Blick die gesamte Geschichte des jeweiligen Ortes erfassen.

Jedes Kapitel enthält außerdem Kästen, die den Leserinnen und Lesern in detaillierter Form wichtige Hintergrundinformationen liefern, zum Beispiel zur Geschichte, Geogra-

Die Tür im südlichen Querschiff der Geburtskirche in Betlehem. Die griechischen Wörter bedeuten »Licht« und »Leben« – Begriffe, mit denen Jesus im Johannesevangelium charakterisiert wird.

fie, Kultur oder Archäologie. In diesen Kästen finden sich auch einige ausführlichere Zitate aus anderen historischen Quellen.

Unsere Informationen über die Zeit des Neuen Testaments verdanken wir – wie schon erwähnt – vor allem dem jüdischen Historiker Josephus, der Galiläa und Jerusalem offensichtlich gut kannte. Zu Beginn des Ersten Jüdischen Krieges war er einer von Roms »meistgesuchten« Männern – tot oder lebendig. Unter dramatischen Umständen (beschrieben in *Bell* 3,8) lief er zu den Römern über, da er (richtig) voraussah, dass Vespasian, der ihn gefangen nahm, der nächste Kaiser sein würde. Zwanzig Jahre später verfasste er einen vollständigen Bericht über den Krieg und ein allgemeineres Buch zur jüdischen Geschichte (*Ant*). Josephus schrieb sehr ausführlich; verschiedene seiner »Reden« sind umfangreicher als Jesu gesamte Lehren, wie sie in den Evangelien erhalten sind. Was Zahlen anging, neigte er zur Übertreibung und schob vor allem den Zeloten die Schuld für den Jüdischen Krieg in die Schuhe. Nach seiner Version bildeten die Zeloten eine kleine Minderheit, die einen unverhältnismäßig großen Einfluss auf die übrigen, nicht wirklich romfeindlichen palästinensischen Juden ausübten. Dennoch sind seine Werke neben den Evangelien die beste Quelle, etwas über die damaligen Ereignisse in dieser Region zu erfahren. Ihre Lektüre macht uns bewusst, dass die Evangelisten ihre Geschichte nicht in einer Fantasiewelt ansiedelten, sondern in einer realen, durch andere Quellen verifizierbaren Welt. Sie macht auch deutlich, in welcher schwierigen politischen Lage sich Palästina zur Zeit Jesu befand, und räumt auf mit der weit verbreiteten Vorstellung, dass diese Region ein Ort süßer Ruhe und Glückseligkeit war. Kurz: Josephus zu lesen befähigt uns, die Evangelisten – und Jesus – besser zu verstehen.

Für die sich anschließende Epoche werden einige ausführliche Zitate von Kirchenvätern und anderen Zeitzeugen herangezogen, die die Region während des frühen Christentums besuchten. Eusebius (ca. 260–339 n. Chr.) lebte in Cäsarea an der Küste. Er ist berühmt für seine zehnbändige *Kirchengeschichte* (vielleicht das christliche Äquivalent zum Frühwerk des Josephus, ohne das unsere Kenntnis vom frühen Christentum sehr gering wäre) und war in der kritischen Zeit, in der Konstantin die Macht über das gesamte römische (später byzantinische) Reich erlangte, Bischof von Palästina. Am Ende seines Lebens schrieb er die Biografie des Kaisers (*Über das Leben des Kaisers Konstantin*), aber auch zahlreiche Bücher über die Bibel und lokale Ereignisse: eine Geschichte der *Palästinensischen Märtyrer* (zwischen 303 und 310 n. Chr. wurden Christen im Heiligen Land auf kaiserlichen Erlass hin verfolgt), einen *Kommentar zu den Psalmen* sowie ein alphabetisches Verzeichnis biblischer Orte (das *Onomastikon*). Letzteres (um 290 n. Chr. veröffentlicht) gibt uns wichtige Hinweise auf authentische Stätten der Evangelien und zeigt, wie man sich in den ersten 300 Jahren nach dem Tod Jesu an sie erinnerte (oder auch nicht).

Zu den anderen aus jener Periode zitierten Autoren gehören der Pilger von Bordeaux (ein scheinbar sehr einfältiger Mensch, der einen kurzen Bericht über seinen Besuch im Jahr 333 schrieb) und Egeria (wahrscheinlich eine spanische Nonne, die ihren Besuch im Osten des Reiches von 381–384 n. Chr. ausführlich dokumentierte). Ins Blickfeld rücken auch Cyrill (ca. 315–384 n. Chr.), der enthusiastische Bischof von Jerusalem in der Mitte des vierten Jahrhunderts, der in der Fastenzeit des Jahres 348 n. Chr. in der Grabeskirche vor Taufanwärtern seine 18 *Katechesen* verlas, sowie Hieronymus, der Bibelgelehrte, der ab 384 in Betlehem lebte.

Diese Autoren werden zitiert, weil das Heilige Land, wie jeder heutige Besucher der Stätten der Evangelien feststellen wird, von diesen Christen der frühen byzantinischen Periode stark beeinflusst wurde. Das Landschaftsbild änderte sich in dieser Zeit fundamental. Es war die Zeit, in der an zuvor verschütteten oder vergessenen Stätten der Evangelien erstmals Kirchen entstanden. Aus archäologischer Sicht können wir nicht zur Zeit Jesu zurückkehren, ohne uns zuerst mit der Zeit der Byzantiner zu beschäftigen. Diejenigen, die den »Spuren Jesu« folgen möchten, werden – ob es ihnen gefällt oder nicht – merken, dass vor ihnen bereits andere dort gewesen sind. Doch nur wenige Besucher des Heiligen Landes haben Zugang zu den großen, aus dieser Zeit erhaltenen Texten. Unser Buch möchte hier Abhilfe schaffen und Ihnen, wie ich hoffe, zu einer völlig neuen Sichtweise des Landes der Geburt Jesu verhelfen.

Schließlich wird den Leserinnen und Lesern auffallen, dass es verhältnismäßig wenig Hinweise auf Ereignisse der letzten hundert Jahre gibt. Das war eine bewusste Entscheidung, da eine Konzentration auf die politischen Verhältnisse in dieser Region eine ganze Bibliothek neuer Bücher hervorbringen würde. Es gibt zahlreiche Werke anderer (von denen einige in der Bibliografie aufgeführt sind), die sich mit den politischen und theologischen Fragen beschäftigen, die das heutige Israel/Palästina aufwirft. Schon die Schwierigkeit, einen einzigen geeigneten Namen für das Land der Bibel zu finden, zeigt das Ausmaß des Problems: »Israel«, »Palästina«, das »Heilige Land«, das »Land des Herrn« – keiner ist unproblematisch, weder im ersten Jahrhundert noch heute.

Der Verzicht auf die Diskussion gegenwärtiger Probleme bedeutet nicht, dass ich sie für unwichtig halte oder meine, die Menschen sollten Jerusalem besuchen, ohne mit diesen Schwierigkeiten konfrontiert zu werden. Derlei abgeschirmte Besuche finden tatsächlich statt und tragen, indem sie die Probleme ignorieren, nur noch mehr zu ihnen bei. Vielleicht reicht es zu sagen, dass die auf das Wirken Jesu in seiner ursprünglichen Umgebung konzentrierte Sicht (wie hier geschehen) den Blick schärft für manche Grundprobleme, die, wenn man ihnen Beachtung schenkt, den einen oder anderen schmerzlichen Widerspruch im heutigen Land der Bibel zu erklären helfen.

## Eine persönliche Reise

Ich fand es äußerst spannend, jahrelang Menschen durch dieses Land zu führen und die Früchte dieser Tätigkeit in diesem Buch zusammenzutragen, wissenschaftliche Forschung zu betreiben und über das Wirken Jesu im Land der Bibel zu berichten.

1981 war ich das erste Mal in Jerusalem und sofort von seiner Problematik gefesselt. Es folgten zwei Forschungsaufenthalte im Zusammenhang mit meiner Doktorarbeit: Während des ersten ging es um Jerusalem und die Stätten der Evangelien in der byzantinischen Zeit (vor allem um den Gegensatz zwischen Eusebius und Cyrill), während des zweiten um die gleichen Fragen in der Zeit des Neuen Testaments. In jüngster Zeit beschäftige ich mich vor allem mit der biblischen Theologie (wie können wir das Alte und das Neue Testament zusammenbringen?), sowie dem Studium der verschiedenen Vorgehensweise der Verfasser der synoptischen Evangelien (vor allem Lukas). All dies kommt in gewisser Weise in diesem Buch zum Tragen.

Ich bin zahlreichen Menschen dankbar, die mich während meiner Arbeit unterstützt haben: Familie, Freunde und Arbeitskollegen. Die Leserinnen und Leser werden den persönlichen Einfluss vieler in der Bibliografie aufgeführter Autoren spüren. Jerry Murphy O'Connor bin ich für seinen unvergleichlichen archäologischen Führer *The Holy Land* dankbar.

Meine Hoffnung ist, dass auch Sie sich unserer Reise anschließen und dass Sie mit Hilfe dieser Seiten ein wenig an dem Abenteuer teilhaben, gemeinsam »den Spuren Jesu« zu folgen, wie und wo auch immer.

*Peter Walker*
Wycliffe Hall, Universität Oxford

## Schlüsseldaten im Heiligen Land

### Altes Israel (1003–586 v. Chr.)

| | |
|---|---|
| ca. 1003 v. Chr. | David wird König in Hebron, später in Jerusalem. |
| ca. 960 v. Chr. | König Salomo weiht den Tempel in Jerusalem. |
| 722 v. Chr. | Fall Samarias und des nördlichen Königreichs Israel. |
| 586 v. Chr. | Nebukadnezzar erobert Jerusalem. |

### Die Perser (538–322 v. Chr.)

| | |
|---|---|
| ca. 538 v. Chr. | Rückkehr der ersten Juden aus der Babylonischen Gefangenschaft. |
| 458 v. Chr. | Rückkehr von Esra (gefolgt 445 von Nehemia). |

### Die Griechen (332–168 v. Chr.)

| | |
|---|---|
| ca. 168 v. Chr. | Antiochos Epiphanes entweiht den Tempel. |

### Unabhängiges Jüdisches Königreich (168–63 v. Chr.)

| | |
|---|---|
| 167–64 v. Chr. | Makkabäeraufstand. |

### Die Römer (63 v. Chr.–313 n. Chr.)

| | |
|---|---|
| ca. 63 v. Chr. | Pompeius erobert Jerusalem und nimmt den Tempel ein. |
| 37–4 v. Chr. | Herrschaft von Herodes dem Großen. |
| 66 n. Chr. | Erster Jüdischer Krieg. |
| 70 n. Chr. | Fall Jerusalems. |
| 132–135 n. Chr. | Bar-Kochba-Aufstand. |
| 135 n. Chr. | Neugründung Jerusalems als »Aelia Capitolina« unter Kaiser Hadrian. |

### Die Byzantiner (313–637)

| | |
|---|---|
| 325 n. Chr. | Kaiser Konstantin beruft das Konzil von Nicäa ein. |
| 333 n. Chr. | Der »Pilger von Bordeaux« besucht das Heilige Land. |
| 335 n. Chr. | Eusebius von Cäsarea hält bei der Einweihung der Grabeskirche eine Ansprache. |
| 348–384 n. Chr. | Cyrill als Bischof von Jerusalem. |
| 361–363 | Herrschaft von »Julian dem Abtrünnigen«, der den Juden den Wiederaufbau des Tempels erlaubt. |
| 381–384 | Besuch von Egeria; Hieronymus gründet in Betlehem ein Kloster. |
| 451 n. Chr. | Konzil von Chalcedon: Jerusalem wird zum »Patriarchat« erhoben. |
| 614 n. Chr. | Chosrau von Persien plündert Jerusalem. |

### Die Araber (637–1099)

| | |
|---|---|
| 637 n. Chr. | Kalif Omar nimmt Jerusalem ein. |
| 691 n. Chr. | Abd al-Malik lässt den Felsendom errichten. |
| 1010 | Kalif el-Hakim entweiht die Grabeskirche. |
| 1048 | Kaiser Konstantin Monomachus lässt die Grabeskirche wieder aufbauen. |
| 1054 | Großes Schisma zwischen Ost- und Westkirche. |

### Die Latiner (1099–1187)

| | |
|---|---|
| 1099 | Der Erste Kreuzzug. |
| 1187 | Schlacht bei Hattin; Saladin erobert Jerusalem. |
| 1188–1192 | Der Dritte Kreuzzug. |

### Die Mamelucken (1247–1517)

| | |
|---|---|
| 1291 | Fall von Akko. |
| 1453 | Fall von Konstantinopel. |

### Die Ottomanischen Türken (1517–1917)

| | |
|---|---|
| 1537–1542 | Süleiman der Prächtige baut Jerusalems Mauern wieder auf. |
| 1808 | Feuer zerstört einen Großteil der Grabeskirche. |
| 1841 | Anglikaner und Lutheraner gründen ein gemeinsames Bistum in Jerusalem. |
| 1897 | Zionistenkonferenz in Basel. |

### Die Briten (1917–1948)

| | |
|---|---|
| 1917 | Balfour-Deklaration. |

# Betlehem

1

*In jenen Tagen erließ Kaiser Augustus den Befehl, alle Bewohner des Reiches in Steuerlisten einzutragen ...*

*So zog auch Josef von der Stadt Nazaret in Galiläa hinauf nach Judäa in die Stadt Davids, die Betlehem heißt; denn er war aus dem Haus und Geschlecht Davids. Er wollte sich eintragen lassen mit Maria, seiner Verlobten, die ein Kind erwartete. Als sie dort waren, kam für Maria die Zeit ihrer Niederkunft, und sie gebar ihren Sohn, den Erstgeborenen. Sie wickelte ihn in Windeln und legte ihn in eine Krippe, weil in der Herberge kein Platz für sie war.*

*In jener Gegend lagerten Hirten auf freiem Feld und hielten Nachtwache bei ihrer Herde. Da trat der Engel des Herrn zu ihnen ... und sagte: Fürchtet euch nicht, denn ich verkünde euch eine große Freude, die dem ganzen Volk zuteilwerden soll. Heute ist euch in der Stadt Davids der Retter geboren; er ist der Messias, der Herr. Und das soll euch als Zeichen dienen: Ihr werdet ein Kind finden, das, in Windeln gewickelt, in einer Krippe liegt.*

**Lukas 2,1-12**

Offene Felder südlich des im judäischen Bergland gelegenen Betlehem. Das zerklüftete Terrain (mit alten Mauern, Terrassen und Wachtürmen) geht wenige Kilometer weiter östlich in die Kargheit der Wüste Juda über.

# Bescheidene Anfänge

*»Du, Betlehem ... bist keineswegs die unbedeutendste unter den führenden Städten von Juda ...«*
**Matthäus 2,6 (als Zitat aus Micha 5,1.3)**

Es war ein kleines, auf Hügeln gelegenes Dorf mit Blick auf die Wüste im Osten. Nur 10 km von Jerusalem entfernt, war es eine ideale Zwischenstation für alle, die über den alten »Weg der Patriarchen« reisten – von Sichem im Norden bis nach Hebron im Süden. Der Name des Dorfes, Betlehem, bedeutet »Haus des Brotes«. Für die Reisenden bot es sich geradezu an, an diesem von Weizenfeldern und Ackerland umgebenen Ort zu halten und sich mit Vorräten für die Reise einzudecken.

In diesem kleinen, sehr alten Dorf beginnt die Geschichte Jesu. Auch wenn diese Geschichte in mancher Hinsicht ihren Ausgang schon sehr viel früher und an anderen Orten hat, so war Betlehem doch der Ort seiner Geburt – um das Jahr 5 v. Chr.

## Betlehem (vor Christi Geburt)

Das Ereignis der Geburt Jesu hat dem winzigen Betlehem zu einer immensen Bedeutung für die Weltgeschichte verholfen. Allerdings war dieser Ort auch zuvor schon kein unbeschriebenes Blatt. In mehreren mit wichtigen Persönlichkeiten des Alten Testaments verbundenen Geschichten spielt Betlehem eine Rolle:

– Jakob und seine Familie reisten über den »Weg der Patriarchen« (von Bet-El nach Mamre). Doch kaum hatten sie Betlehem (auch als Efrata bekannt) verlassen, starb Jakobs Frau Rahel bei der Geburt ihres Sohnes Benjamin (»Glückskind«). Rahel wurde dort begraben und ihr Grab mit einem Steinmal gekennzeichnet (Gen/ 1 Mose 35,16-20).
– Die im Buch Rut erzählte Geschichte ereignete sich ebenfalls dort (Rut 1,19f.). Rut stammte ursprünglich aus Moab im Osten, hatte aber in eine hebräische Familie

eingeheiratet. Als ihr Mann starb, zog sie mit ihrer trauernden Schwiegermutter Noomi zurück in deren Heimatstadt Betlehem. Dort heiratete sie Noomis Verwandten Boas und wurde die Großmutter von König David.
- Samuel, einer der größten Propheten Israels, kam nach Betlehem, um die Familie eines Mannes namens Isai zu besuchen. Er salbte Isais jüngsten Sohn David als Nachfolger Sauls zum König von Israel (1 Sam 16).
- Als Betlehem später von den Philistern besetzt wurde, äußerte David den Wunsch, Wasser aus der Zisterne am Tor von Betlehem zu trinken. Da drangen »die drei Helden«, Davids drei stärkste Männer, in die Stadt ein, um das Wasser für ihn zu holen. Aber weil seine Männer es ihm unter Lebensgefahr gebracht hatten, weigerte sich David, das Wasser zu trinken, und brachte es Gott als Trankopfer dar (2 Sam 23,13-17).
- In späteren Zeiten wurde Betlehem mit dem großen König David assoziiert, und da die Erwartung stieg, Gott werde einen weiteren König wie David senden, sagte der Prophet Micha voraus, dass aus Betlehem, auch wenn es »so klein unter den Gauen Judas« sei, einer »hervorgehen« werde, »der über Israel herrschen soll« (Mi 5,1).

Es passt also, dass Jesus in diesem Dorf geboren wurde. Im Alten Testament war Betlehem bereits ein Ort der Gefahr (für Rahel, für Davids Männer) und der Freude (der Geburt Benjamins, der Salbung Davids, der Hoffnung auf den Messias). Als ihre beiden Söhne starben, wollte Noomi (die »Liebliche«) »Mara« (die »Bittere«) genannt werden (Rut 1,20). Doch ihre Bitterkeit verwandelte sich wieder in Freude. Auch Jesu Geburt wird von Lukas als Anlass zu »großer Freude« beschrieben, die jedoch von Leid überschattet wird. So führte sie zu Herodes' Massaker an unschuldigen Kindern (Mt 2,16-18). Und im Lukasevangelium heißt es, durch Marias Sohn würden viele

Sonnenuntergang über Betlehem. Die Geburtskirche liegt hinter den Kirchen aus jüngerer Zeit. Dahinter sieht man die Hügel der Wüste Juda und ganz in der Ferne die höheren Berge des Ostjordanlands jenseits des Toten Meeres.

»zu Fall kommen und viele aufgerichtet werden« und ihr selbst »ein Schwert durch die Seele dringen« (Lk 2,34-35).

Betlehem war auch der Heimatort des großen Königs David, der von Hause aus Hirte war. Nun wird den Hirten gesagt, sie sollen in die »Stadt Davids« gehen, um Jesus zu sehen, der im Neuen Testament als der wahre »Sohn Davids«, der lang erwartete Messias und der »gute Hirte« beschrieben wird.

Und schließlich war Betlehem bereits ein Ort, der mit Gottes Aufhebung der gewohnten Ordnung assoziiert wurde. David war noch ein Kind und dazu der jüngste Sohn, als Gott ihn berief. Mit dieser Wahl des zukünftigen Königs hatte Gott also den Erwartungen der Menschen zuwidergehandelt, denn die Menschen sehen auf das äußere Erscheinungsbild, »der Herr aber sieht das Herz« (1 Sam 16,7). Bei Jesus verhält es

## Der Stern von Betlehem

Die Weihnachtsgeschichte ist allgemein bekannt. Doch viele der durch Krippenspiele und Adventskalender populär gemachten Einzelheiten sind in keinem der ursprünglichen Evangelienberichte erwähnt. So gab es zum Beispiel keinen »Stall« – stattdessen wurde Jesus vielleicht in einer Höhle hinter einem Haus (siehe S. 24) geboren. Es ist auch sehr unwahrscheinlich, dass die Hirten und die drei Weisen aus dem Morgenland Jesus gleichzeitig besuchten. Und die Weisen waren keine »drei Könige«: Wir wissen nicht, wie viele es wirklich waren, aber sie waren offensichtlich Astronomen oder (noch eher) Astrologen und keine Könige (Mt 2,1).

Derlei Deutungen bzw. Ausschmückungen können zu der Frage führen, ob auch andere Einzelheiten der Geschichte nur der Fantasie entsprungen sind. Der »Stern«, den die Weisen sehen, ist solch ein Motiv, das viele Fragen aufwirft. Bei Matthäus (2,7-9) heißt es, dass der Stern gerade erst erschienen sei, vor den Weisen herzog und über Betlehem stehen blieb.

Von daher spricht vieles dafür, diesen »Stern« als Kometen zu identifizieren. Laut chinesischen Quellen erschienen um diese Zeit (12, 5 und 4 v. Chr.) drei bedeutende Kometen. Von diesen käme nur der mittlere infrage. Wir wissen, dass Jesus im Jahr 29 »etwa dreißig« war (vgl. Lk 3,23); der Komet im Jahr 12 v. Chr. ist also zu früh, der im Jahr 4 v. Chr. zu spät, da Herodes der Große (der auf die Nachricht von Jesu Geburt so negativ reagierte) vor Ende März des Jahres 4 v. Chr. gestorben war. Der im Jahr 5 v. Chr. erschienene Komet war, so die chinesischen Quellen, im Unterschied zu den anderen ein »Komet mit Schweif«. Er erschien im Osten und war 70 Tage lang sichtbar.

Dieser Komet könnte also durchaus der »Stern« gewesen sein, den die Weisen zunächst im Osten am Morgenhimmel gesehen hatten, der jedoch zwei Monate später bei ihrer Ankunft in Jerusalem nach Süden gewandert war. Betlehem liegt südlich von Jerusalem, sodass der Komet bei Ankunft der Weisen tatsächlich über diesem Ort erschienen sein kann. Dass er über der Stadt »stehen blieb«, berichten Dio Cassius und Josephus mit dem Hinweis auf andere Kometen, die scheinbar über Städten wie Rom oder Jerusalem geschwebt waren. Der Schweif des Kometen war womöglich vertikal über seinen »Kopf« erhoben, sodass es aussah, als weise er auf einen bestimmten Ort hin.

Tatsächlich gab es noch andere astronomische Ereignisse in den vorausgegangenen Jahren, die das Interesse der Weisen geweckt haben mögen: ein Zusammentreffen von Saturn und Jupiter im Sternbild Fische im Jahr 7 v. Chr. (was nur einmal in 900 Jahren vorkommt) sowie ein Zusammentreffen von Saturn, Jupiter und Mars in diesem Sternbild im Jahr 6 v. Chr. (was sich noch seltener ereignet). Als der Komet dann im Sternbild Steinbock erschien, muss dies im Verständnis der Weisen der dritte und letzte Hinweis gewesen sein, dass in Kürze in Israel ein bedeutender König geboren werden würde. Erst dann brachen sie auf.

Der »Stern« des Matthäusevangeliums wurde bereits im 3. Jh. von Origines als Komet identifiziert – obwohl dies zuweilen mit der (falschen) Begründung abgetan wurde, in der Antike hätten Kometen nur als Omen schlechter Nachrichten gegolten. Jüngere astronomische Forschungen legen jedoch nahe, dass Origines sehr wohl Recht gehabt haben könnte.

Trifft dies zu, können wir vielleicht ein genaueres Datum für die Geburt Jesu angeben. Der Komet erschien erstmals zwischen dem 9. März und dem 6. April des Jahres 5 v. Chr.; demzufolge wären die Weisen nicht vor Mai/Juni in Jerusalem eingetroffen. Obwohl Jesus beträchtliche Zeit zuvor geboren sein könnte, wird bei Matthäus eine Verbindung zwischen dem ersten Auftauchen des Sterns und der Geburt Jesu hergestellt (Mt 2,7). Jesus könnte also im Jahr 5 v. Chr. um die Zeit des Paschafestes geboren sein, das in jenem Jahr auf den 20. April fiel. Den 2000. Jahrestag seiner Geburt könnten wir dann auf April 1995 datieren.

Dies würde mit dem Bericht übereinstimmen, dass die Hirten »bei Nacht auf ihren Feldern« waren – ein Detail, das die Wintermonate ausschließt (Dezember bis Februar) und sicherlich auf die Ablammsaison hinweist. Der 25. Dezember als Fest der Geburt Christi wurde erst im frühen 4. Jh. im Kalender der Westkirche festgelegt und ersetzte das auf diesen Tag fallende heidnische Fest *sol invictus* (die »unbesiegte Sonne«).

So scheint es plausibel, dass Jesus im April, um die Zeit des Paschafestes, geboren wurde. Maria und Josef hätten ihn dann im Alter von etwa sechs Wochen in den Tempel gebracht und wären anschließend nach Betlehem zurückgekehrt. Einige Zeit später erhielten sie Besuch von den Weisen. Sie wurden gewarnt, dass Herodes Jesus töten wollte, und flohen daraufhin unverzüglich nach Ägypten.

sich ähnlich: eine bescheidene Geburt in einem winzigen Dorf, doch über den hier Geborenen wird man zu gegebener Zeit auf der ganzen Welt sprechen.

## Fragen zu Weihnachten

Über die näheren Umstände bei der Geburt Jesu bleibt vieles unklar. So stellen sich zum Beispiel im Blick auf die Datierung die Fragen: Wann genau wurde Jesus geboren? Warum reiste Maria mit Josef, obwohl sie hochschwanger war? Die Reise von Nazaret nach Betlehem dauerte mit einem Maulesel oder Esel fünf bis sechs Tage. Vermutlich hätte Josef auch alleine kommen können. Die Tatsache, dass Maria ihn begleitete, weist also vielleicht darauf hin, dass auch sie in Betlehem Eigentum besaß, das in die Steuerlisten der Römer eingetragen werden musste. Das würde bedeuten, dass Marias verstorbener Vater keine Söhne hinterlassen hatte und Maria die älteste Tochter war. Josef begleitete sie aus offensichtlichen Gründen – hatte aber wahrscheinlich auch Besitz in dieser Gegend und musste außerdem Marias Dokument als ihr gesetzlicher Vormund gegenzeichnen.

Und warum gab es bei ihrer Ankunft »keinen Platz in der Herberge«? Eine einleuchtende Erklärung ist ganz einfach die, dass viele andere Menschen nach Betlehem gekommen waren, um sich eintragen zu lassen. Es gab wahrscheinlich im Land ver-

»Sagt nicht die Schrift: Der Messias kommt aus dem Geschlecht Davids und aus dem Dorf Betlehem, wo David lebte?«

**Johannes 7,42**

### Schlüsseldaten: Betlehem

| | | | | | |
|---|---|---|---|---|---|
| ca. 1350 v. Chr. | Betlehem wird vom König von Jerusalem in einem der *Amarna-Briefe* erwähnt. | 135–325 n. Chr. | Hadrian vertreibt die Juden aus dem Gebiet um Jerusalem. Betlehem liegt verlassen und von einem Hain bedeckt da, der dem Vegetationsgott geweiht ist (Hieronymus, *Brief 58*). | | »auf den Feldern der Hirten« erbaute Kirche (*Brief* 46,12). |
| ca. 1020 v. Chr. | Samuels Besuch, um David, den Sohn Isais, zu salben (1 Sam 16,1-13). | | | ca. 530 n. Chr. | Kaiser Justinian lässt die Basilika renovieren und den Narthex und die drei Apsen hinzufügen. |
| ca. 920 v. Chr. | Davids Enkel, König Rehabeam, baut die Stadt zur Festung aus (2 Chr 11,5-6). | ca. 230 n. Chr. | Origines erwähnt in *Gegen Celsus* 1,51, dass Besuchern die »Höhle«, in der Jesus geboren wurde, und die »Krippe« gezeigt werden. | 614 n. Chr. | Die Kirche bleibt bei Invasion der Perser verschont (wegen des vertrauten Gewandes der Weisen auf dem Mosaik der Fassade). |
| ca. 720 v. Chr. | Betlehem wird in Michas Prophezeiung als »so klein unter den Gauen Judas« bezeichnet (Mi 5,1). | | | ca. 1009 | Die Kirche wird trotz Al Hakims Befehl nicht zerstört (weil man den Muslimen erlaubt hatte, das südliche Querschiff zu benutzen). |
| 538 v. Chr. | Rückkehr von 123 Betlehemiten aus dem Exil (Esra 2,21). | ca. 315 n. Chr. | Laut Eusebius wird von den Einheimischen die Höhle Leuten gezeigt, die von weit her kommen, um sie zu sehen (*Demonstratio Evangelica* 3,2). | | |
| ca. 5 v. Chr. | Geburt Jesu; Zusammentreffen von Saturn und Jupiter im Sternbild Fische (Mai, Oktober und Dezember). | | | ca. 1165–1169 | Renovierungen (einschließlich eines neuen, möglicherweise von König Edward I. von England gespendeten Dachs) als Gemeinschaftsprojekt von Kreuzfahrern und Byzantinern. |
| 5–4 v. Chr. | Besuch der »Weisen« und »Kindermord« Herodes' des Großen (Mt 2,1-18). | ca. 326 n. Chr. | Königin Helena ordnet den Bau einer Basilika an der Stätte von Christi Geburt an (Eusebius, *Vom Leben des Kaisers Konstantin* 3,41). | | |
| 4 v. Chr. | Tod von Herodes dem Großen (Josephus, *Ant* 17,8). | 333 n. Chr. | Der Pilger von Bordeaux erwähnt die von Konstantin in Betlehem erbaute Basilika. | 1925 | Barluzzi baut eine Franziskanerkirche auf den Hirtenfeldern. |
| 125 n. Chr. | Das *Protoevangelium des Jakobus* 18 erwähnt Jesu Geburt »in einer Höhle«. Wenig später bemerkt Justin, der Märtyrer, das Gleiche in *Der Dialog mit dem Juden Tryphon* 78. | 339 n. Chr. | Einweihung der Geburtskirche am 31. Mai. | 1948 | Es wird ein Flüchtlingslager bei Betlehem errichtet. |
| | | ca. 384 n. Chr. | Hieronymus gründet hier ein Kloster und erwähnt eine vor Kurzem | 1995 | Betlehem kommt unter die Kontrolle der Palästinensischen Autonomiebehörde. |

streut viele »Nachfahren Davids«. Möglicherweise lebte eine ganze Gruppe von ihnen in Nazaret, sodass Josef und Maria als Teil einer kleinen Gesellschaft nach Süden reisten.

Alternativ könnte man die Formulierung des Lukas aber auch als Zeichen der Diskretion verstehen: Die Herberge war »kein geeigneter Ort«, um ein Kind zur Welt zu bringen. In diesem Fall hätte der angeblich ungehobelte »Herbergsvater« (wie er in vielen Krippenspielen dargestellt wird) möglicherweise sogar versucht, Maria einen Gefallen zu tun: »Ich will dir einen geeigneteren Ort zeigen – einen wärmeren und privateren.« Und so führte er sie zum wärmsten Ort auf der Rückseite des Hauses – einer Höhle.

Das kommt uns zunächst sehr seltsam vor. Doch viele Häuser des 1. Jhs. integrierten natürliche Höhlen, in denen man bei kaltem Wetter auch das wertvolle Vieh halten konnte. Mit großer Sicherheit war dies ein behaglicher Ort – kein Stall auf einem vom Wind gepeitschten Feld –, an dem Maria ihren Erstgeborenen zur Welt brachte. Und bald legte sie ihn in einem Futtertrog (oder einer »Krippe«) zur Ruhe.

Es war kein vielversprechender Beginn. Die Tatsache, dass Maria noch nicht verheiratet, sondern Josef nur »versprochen« war, hat das Gefühl der Scham und Schmach sicher noch verstärkt.

## Ein bescheidener Eintritt in die Welt

Das Lukasevangelium hebt die einfachen Umstände der Geburt Jesu hervor. So überrascht es nicht, dass in diesem Bericht die ersten Besucher Hirten aus der Umgebung waren. Das Matthäusevangelium hingegen betont die königliche Natur der Geburt. Dementsprechend sind die von Matthäus erwähnten Besucher, die womöglich wesentlich später ankamen, da Herodes den Mord an allen Kindern bis zum Alter von *zwei* Jahren angeordnet hatte, exotischer: Sie sind geheimnisvolle »Weise« aus dem Osten, die den »König der Juden« suchen und angemessene Geschenke – Gold, Weihrauch und Myrrhe – mitgebracht haben (Mt 2,11).

Aber auch Lukas macht deutlich, dass es hier um Größeres geht. Denn das Erscheinen der Engel mit ihrer mächtigen Botschaft zeigt, dass diese Geburt sich von jeder anderen unterscheidet: Dieses Kind ist der von Gott erwählte »Retter«. Für Lukas als Nichtjuden besteht die frohe Botschaft darin, dass Jesus nicht nur der jüdische Messias (der »Christus«) ist – er ist auch der »Herr«, dessen Kommen allen Menschen »Frieden auf Erden« bringen wird. Das Ereignis in dieser rückständigen, von der Machtzentrale des Kaisers Augustus weit entfernten Provinz mag unbedeutend erscheinen. Doch Lukas möchte seinen Lesern deutlich machen, dass Jesus der wahre Herr der ganzen Welt ist – eine völlige Umkehr der gewohnten Ordnung. Denn in Gestalt dieses

*Rechts:* Terrassenförmig angelegte Olivenhaine nahe Betlehem. Viele der Terrassen sind über drei Jahrtausende alt.
*Ganz rechts:* Luftaufnahme des Herodeion, einer Palast-Festung, die König Herodes sich in der Nähe von Betlehem bauen ließ.

Kindes betritt Gott selbst seine Welt: »Das Wort ist Fleisch geworden« (Joh 1,14).

Wenn dem so war, dann ist Betlehem der Ort, an dem die Ewigkeit in die Zeit und der Schöpfer in die von ihm geschaffene Welt eintrat. Ein winziger, unbedeutender Ort, doch in seinen dunklen Straßen scheint, wie es in einem Lied heißt, ein »immerwährendes Licht«.

## Betlehem heute

Betlehem ist heute eine wild wuchernde arabische Stadt, flankiert von den Städten Beit Jala im Westen und Beit Sahur im Osten. Obwohl es nur 10 km südlich von Jerusalem liegt, kann die Reise wegen des Kontrollpunktes, den man beim Eintritt in diese palästinensische Enklave passieren muss, ziemlich lange dauern. Die 2004 von israelischer Seite erbaute »Sicherheits«-Mauer erzählt ihre eigene traurige Geschichte. Reisende, die dort auf Schwierigkeiten stoßen, sollten an diejenigen denken, die die Region ab und zu gerne verlassen würden, doch durch Ausgangssperren und andere Restriktionen daran gehindert werden. Die Mauer vermittelt einen Eindruck von Betlehem als einem offenen Gefängnis.

Heutige Betlehem-Besucher gehen oft als Erstes zu den sogenannten **Hirtenfeldern** am Rand von Beit Sahur. Von dort sieht man die Hänge Betlehems und kann sich vorstellen, warum das

*Unten:* Blick auf Betlehem in Richtung Nordwesten über den Manger Square.

**Die Geburtskirche.** (1) Stützpfeiler; (2) Türsturz aus dem 6. Jh.; (3) Portal; (4) Türsturz aus dem 6. Jh.; (5) Narthex; (6) armenische Holzschnitzerei; (7) Eingang zum Franziskanerkloster; (8) Abschluss Seitenschiff; (9) St. Cataldus; (10) Mosaikboden aus dem 4. Jh.; (11) St. Knut; (12) St. Olaf; (13) Taufstein aus dem 4. Jh.; (14) Eingang zur Franziskanerkirche; (15) Eingang zu den Grotten; (16) Mosaikboden aus dem 4. Jh.; (17) Eingang zur Geburtsgrotte; (18) griechisch-orthodoxer Hochaltar.

Dorf zwangsläufig am »Weg der Patriarchen« lag, der entlang des Gebirgszugs südlich nach Hebron führte. Auch die Geburtskirche ist von dort zu sehen und zeigt, wo sich das Dorf im 1. Jh. befand und wie es am Hügel mit Blick über die Felder lag.

Man hat auch einen schönen Blick nach Osten, wo vor allem die konische Form des Herodeions (des »Bunkers« von König Herodes) ins Auge fällt. Die um das Herodeion gelegenen Felder lassen erkennen, dass die Vegetation östlich von Betlehem spärlicher wird.

Es sind auch noch Terrassenfelder zu sehen, die schon in der Antike von den Bauern angelegt wurden, um die Fruchtbarkeit dieses äußerst kargen Bodens zu steigern.

An verschiedenen Stätten hat man im Lauf der Jahre versucht, Besuchern zu veranschaulichen, wo sich die Hirten

Der vierzehnzackige Stern in der Geburtskirche markiert nach der Überlieferung den Geburtsort Jesu.

während der Geburt Jesu befanden: Sowohl der CVJM als auch die römisch-katholische und die griechisch-orthodoxe Kirche haben hier Grundbesitz. Das Gebäude der griechisch-orthodoxen Kirche befindet sich wahrscheinlich an der Stelle, an der die von Egeria (und 670 n. Chr. von Arkulf) erwähnte, im 4. Jh. über einer Grotte errichtete Kirche stand. Diese wurde im 5. Jh. wieder aufgebaut und ist noch erhalten. Als später dort ein Kloster entstand, wurde auf seinem Dach eine weitere Kapelle errichtet, aber noch immer konnten die Besucher hinunter in die Grotte sehen. Auch in dem Gebiet, das den katholischen Franziskanern gehörte, entstand in byzantinischer Zeit eine Klosteranlage. Heute steht dort eine kleine Kirche mit farbenprächtigen Wandgemälden von Barluzzi. Zu besichtigen ist hier ebenfalls eine große Grotte, die eine gute Vorstellung davon vermittelt, wo die Hirten in jener Nacht Zuflucht suchten.

Zurück in Betlehem, gelangt der Besucher schließlich zum Manger Square (»Krippenplatz«). Richtung Osten sieht er sich dort rechts den undurchdringlichen Wänden eines armenischen Frauenklosters und (ein bisschen nach links zurückgesetzt) der katholischen Katharinenkirche gegenüber. Dazwischen liegt die **Geburtskirche**, ursprünglich von Konstantin Anfang des 4. Jhs. erbaut und dann im 6. Jh. von Justinian renoviert. Bei mehreren Angriffen verschont geblieben, ist sie die am längsten ohne Unterbrechung genutzte Kirche der Welt.

Die Umrisse früherer **Eingänge** zu dieser historischen Kirche sind im Mauerwerk deutlich zu erkennen. Hierzu gehören Justinians gewaltige Türstürze aus dem 6. Jh. und der mittelalterliche Bogen, der die Kreuzfahrer dazu zwang, vom Pferd zu steigen, bevor sie die Kirche betraten. Heute gelangen die Besucher jedoch nur gebückt durch einen winzigen Eingang aus der Zeit der türkischen Herrschaft in die Kirche – man könnte sagen so bescheiden, wie Jesus in die Welt trat.

Im Inneren beeindruckt die schlichte Würde der Kirche. Ihre Länge und offene Bauweise vermitteln einen guten Eindruck von byzantinischer Architektur. Unter dem

»In Betlehem zeigt man nun die Höhle, wo er geboren wurde, und in dieser Höhle die Krippe.«
**Origines, Gegen Celsus 1,51**

Die Westfassade der Geburtskirche: Über der winzigen Tür sieht man den Umriss eines mittelalterlichen Bogens.

»Denn der ›Gottmituns‹ hielt es auch um unsertwillen nicht unter seiner Würde, unter der Erde geboren zu werden, und der Ort seiner Geburt im Fleische hieß bei den Hebräern Betlehem. Deshalb stattete auch die gottesfürchtige Fürstin (Helena) die heilige Grotte dort selbst mit mannigfaltigem Schmuck aus.«
**Eusebius, Vom Leben des Kaisers Konstantin 3,43**

Fußboden (unter einigen Falltüren aus Holz) sind die wunderschönen Mosaike der früheren konstantinischen Basilika zu sehen. Oberhalb der Säulen sieht man die Reste einiger **Wandmosaiken**. Das untere Mosaikfeld zeigt die Vorfahren Jesu, auf der Nordwand des Mittelschiffs nach der Überlieferung bei Lukas, auf der Südwand nach Matthäus. Das obere Mosaikfeld fasst einige wichtige, von der frühen Kirche getroffene Entscheidungen zusammen: Die Dekrete von sechs »Provinzialkonzilien« sind auf der Nordwand abgebildet, auf der Südwand hingegen finden sich die Dekrete der ersten sechs »ökumenischen« (also weltweiten) Konzile wie des Konzils von Nicäa oder von Chalcedon. Auf diese Weise soll dem Besucher die wahre, tiefe Bedeutung der Geburt, der hier gedacht wird, nahegebracht werden. Mit »bloßem Auge« betrachtet, war sie ein einfaches, gewöhnliches Ereignis; mit dem »Auge des Glaubens« betrachtet, war sie rückblickend ein einzigartiges Ereignis – der Moment, in dem Gott Mensch wurde.

Durch das südliche Querschiff gelangt der Besucher dann zu einer ausgetretenen Treppe, die zur **Geburtsgrotte** hinabführt. Der erste Eindruck dieser mit Kerzen geschmückten Grotte mag verwirren. Tatsächlich ist sie eine von mehreren alten Höhlen, die an der Rückseite eines Dorfhauses aus dem 1. Jh. lagen; als innerste dieser Höhlen bestimmte man sie im 4. Jh. als den Ort der Geburt Jesu – markiert durch einen in den Fußboden eingelassenen silbernen Stern.

Anfänglich mag man ein wenig seltsam berührt sein. Es gibt keinen »Stall« und die »Krippe«, die sich links in der kleinen Kapelle auf einer tiefer gelegenen Stelle findet, ist offensichtlich nicht die ursprüngliche. Doch es gibt gute Argumente für die Authentizi-

## Hieronymus in Betlehem

Ein berühmter Einwohner von Betlehem war Hieronymus, der 384 n. Chr. aus Rom nach Palästina reiste, in einer Zeit, in der viele Christen das Heilige Land besuchten und beschlossen, dort zu bleiben. Deshalb wurden für diejenigen, die hier studieren und beten wollten, mehrere Klostergemeinden gegründet.

Hieronymus entschied sich dafür, in Betlehem, nahe der konstantinischen Geburtskirche, seine eigene Gemeinde zu gründen. Andere schlossen sich ihm bald an, unter anderem eine Frau namens Paula und deren Tochter Eustochia, die Hieronymus halfen, diese Gemeinde zu hohem Ansehen zu bringen.

Am bekanntesten ist Hieronymus als Übersetzer des Alten und des Neuen Testaments ins Lateinische. Zuvor stand dem westlichen Christentum nur eine griechische Bibelausgabe zur Verfügung. Während seines Aufenthalts in Betlehem studierte Hieronymus den ursprünglichen hebräischen Text des Alten Testaments und zog ortsansässige Rabbiner zurate, sodass er eine völlig neue Übersetzung anfertigen konnte. Sein Werk, die »Vulgata«, überdauerte die Zeit und war bis weit ins 20. Jh. hinein die maßgebliche Bibelübersetzung der römisch-katholischen Kirche.

Hieronymus schrieb auch Bibelkommentare und übersetzte einige wichtige Werke früherer Gelehrter des Heiligen Landes, wie z. B. Origines und Eusebius, ins Lateinische. Diese Werke sowie seine zahlreichen Briefe vermitteln einen guten Eindruck vom damaligen Palästina. In *Brief* 108 beispielsweise beschreibt er Paulas intensiven Besuch der an Jesu Wirken erinnernden »heiligen Orte«. So ermutigte Hieronymus auch einige seiner Freunde, das Heilige Land zu besuchen. Andere hingegen versuchte er davon abzubringen, indem er ihnen versicherte, dass sie Gott in Betlehem nicht näher seien als auf den »entlegenen Britischen Inseln«: »Der himmlische Hof steht sowohl von Jerusalem wie von Britannien aus in gleicher Weise offen« (Brief 58).

Besuchern der Höhlen neben der Geburtsgrotte wird das angebliche Arbeitszimmer des Hieronymus gezeigt. Und möglicherweise hat Hieronymus tatsächlich manchmal hier gearbeitet. Wenn man die Bibel als »Wort Gottes« schätzt, kann die Vorstellung, dass Hieronymus die Übersetzung dieses »Wortes« in unmittelbarer Nähe des Geburtsortes Jesu, der im Johannesevangelium bekanntlich als das »Wort Gottes« bezeichnet wird (Joh 1,1), anfertigte, etwas sehr Überwältigendes haben.

Hieronymus hielt fest, dass Paula »unterhalb der Basilika neben der Höhle des Herrn« begraben wurde, und er traf Vorkehrungen, selbst ebenfalls dort beerdigt zu werden. Die Gräber der beiden sind nicht erhalten, befanden sich aber wohl irgendwo in diesen Höhlen – dem Geburtsort des Mannes, den sie als ihren »Herrn« betrachteten, so nahe wie möglich.

---

tät dieses Ortes. Bereits 135 n. Chr. hieß es, dass Jesus in einer »Höhle« geboren wurde. Diese Höhlen lagen im 1. Jh. in der Tat am Westrand des Dorfes. Konstantins Baumeister konnten sich auf eine am Ort vorhandene Überlieferung stützen, die von den Christen über mehrere Generationen weitergegeben wurde. Wahrscheinlich brachte Maria also hier ganz in der Nähe Jesus, ihr erstgeborenes Kind, zur Welt. Dies ist der Schauplatz der Inkarnation, des Geheimnisses der Menschwerdung Gottes.

Wenn Touristengruppen kommen, herrscht in der Grotte Gedränge; kommt man dann ein wenig später wieder, findet man sie oft verlassen vor. In der Zwischenzeit lohnt sich ein Besuch der Katharinenkirche und der **Hieronymus-Grotte.** Hieronymus, einer der sechs großen »Kirchenlehrer« des frühen Christentums und der Übersetzer der Bibel ins Lateinische (der »Vulgata«), gründete im späten 4. Jh. hier in der Nähe ein Kloster. Eine Karte an der Wand zeigt, wie seine Grotte mit der Geburtsgrotte verbunden ist.

Hat man die Hieronymus-Grotte und weitere Höhlen gesehen, ist es leichter, sich die Geburtsgrotte ohne ihre Ausschmückung vorzustellen und das Ereignis, dessen man hier gedenkt, in all seiner Schlichtheit vor sich zu sehen: den Besuch der Hirten und Maria, die mehr wusste, als sie sagen durfte, und »alles, was geschehen war, in ihrem Herzen« bewahrte (Lk 2,19). Und viele haben an diesem Ort in dem Wissen darüber, was aus diesen bescheidenen Anfängen entstanden ist, die Zeile eines bekannten Liedes gesungen: »O, lasset uns anbeten, den König, den Herrn!«

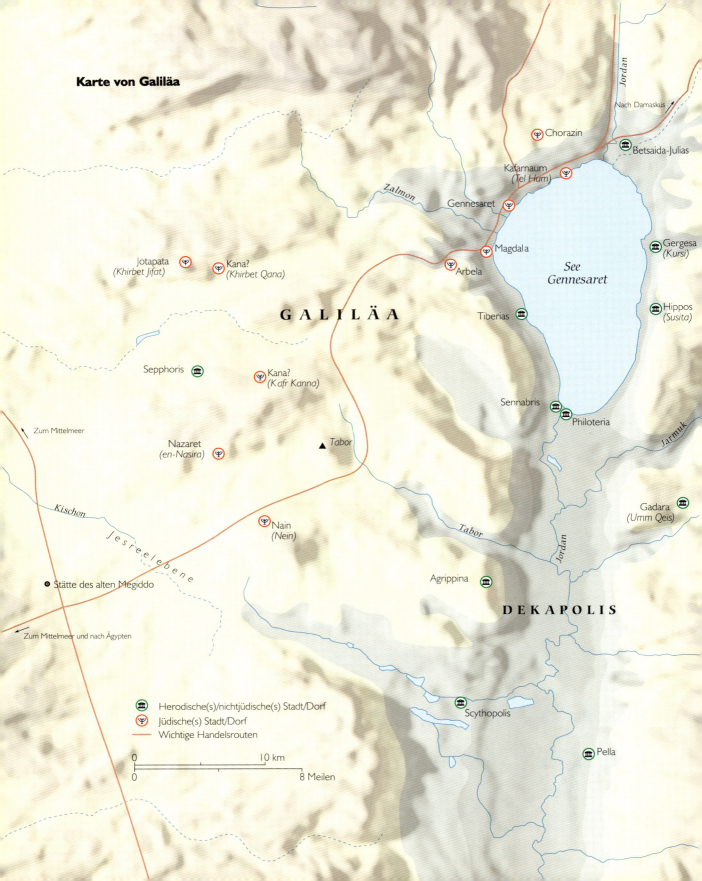

# Nazaret

*Jesus kehrte, erfüllt von der Kraft des Geistes, nach Galiläa zurück ... So kam er auch nach Nazaret, wo er aufgewachsen war, und ging, wie gewohnt, am Sabbat in die Synagoge. Als er aufstand, um aus der Schrift vorzulesen, reichte man ihm das Buch des Propheten Jesaja. Er schlug das Buch auf und fand die Stelle, wo es heißt:*

> Der Geist des Herrn ruht auf mir;
> denn der Herr hat mich gesalbt.
> Er hat mich gesandt,
> damit ich den Armen eine gute Nachricht bringe;
> damit ich den Gefangenen die Entlassung verkünde
> und den Blinden das Augenlicht;
> damit ich die Zerschlagenen in Freiheit setze
> und ein Gnadenjahr des Herrn ausrufe.
> **Jesaja 61,1-2**

*Dann schloss er das Buch, gab es dem Synagogendiener und setzte sich. Die Augen aller in der Synagoge waren auf ihn gerichtet. Da begann er, ihnen darzulegen: Heute hat sich das Schriftwort, das ihr eben gehört habt, erfüllt.*

*Seine Rede fand bei allen Beifall ... und [sie] sagten: Ist das nicht der Sohn Josefs? Da entgegnete er ihnen: Sicher werdet ihr mir das Sprichwort vorhalten: Arzt, heile dich selbst! Wenn du in Kafarnaum so große Dinge getan hast, wie wir gehört haben, dann tu sie auch hier in deiner Heimat! Und er setzte hinzu: Amen, das sage ich euch: Kein Prophet wird in seiner Heimat anerkannt ... Und viele Aussätzige gab es in Israel zur Zeit des Propheten Elischa. Aber keiner von ihnen wurde geheilt, nur der Syrer Naaman.*

*Als die Leute in der Synagoge das hörten, gerieten sie alle in Wut. Sie sprangen auf und trieben Jesus zur Stadt hinaus; sie brachten ihn an den Abhang des Berges, auf dem ihre Stadt erbaut war, und wollten ihn hinabstürzen. Er aber schritt mitten durch die Menge hindurch und ging weg.*
**Lukas 4,14-30**

## Orte der Kindheit

»Aus Nazaret? Kann von dort etwas Gutes kommen?« (Joh 1,46), fragte ein Mann namens Natanaël, als er hörte, wo Jesus aufgewachsen war. Es war eine ehrliche Frage, wie Jesus anerkannte, eine, die damals wohl viele Menschen gerne gestellt hätten.

Denn Nazaret war ein winziges Dorf, das einigen Schätzungen zufolge nicht mehr als 100 Einwohner hatte. Neben der in der Nähe gelegenen Stadt Sepphoris (der Hauptstadt der Region Galiläa) und den größeren Städten am See Gennesaret (wie Betsaida, der Heimatstadt Natanaëls) war dieses Dorf bedeutungslos. Aus Sicht vieler Zeitgenossen Jesu befand sich Nazaret »nicht auf der Karte«.

Blick nach Südwesten über die Verkündigungskirche und das alte Nazaret. Das Dorf lag in einer von Hügeln umgebenen Bergmulde; weiter südlich im Bildhintergrund die Jesreelebene.

## Die frühen Jahre im Verborgenen

Doch möglicherweise war gerade das der Punkt. Es machte Nazaret zum idealen Ort für die Jahre der Vorbereitung Jesu auf sein öffentliches Wirken. Es war ein ruhiges, in einer Mulde in den Bergen Galiläas gelegenes Dorf. Gleichzeitig war es ein Ort, von dem aus das Kind Jesus unauffällig »die Welt beobachten« konnte. Direkt südlich des Dorfes gab es nämlich einen Aussichtspunkt mit einem fantastischen Blick über die Jesreelebene. Von dort konnte der Junge den Verkehr auf der »Via Maris« beobachten, einer Handelsstraße, die Galiläa und Syrien mit dem Mittelmeer und Ägypten verband.

In diesem Dorf wuchs Jesus auf und »seine Weisheit nahm zu und er fand Gefallen bei Gott und den Menschen«, wie Lukas berichtet (Lk 2,52). Abgesehen von einer Geschichte über den zwölfjährigen Jesus, den seine Eltern auf der Rückreise von Jerusalem, wo sie das Paschafest gefeiert hatten, verloren, wissen wir nichts über diese frühen Jahre im Leben Jesu.

Doch schon immer hat diese Zeit eine gewisse Faszination auf die Menschen ausgeübt. Wie, so fragen sie sich, verlief das Leben Jesu in der »Heiligen Familie«? Inwieweit erlernte Jesus Josefs Handwerk? Wann starb Josef? Wie war es, Jesus als älteren Bruder zu haben?

Und vielleicht vor allem: Zeigten sich beim jungen Jesus bereits die wundersamen Kräfte, über die er als Erwachsener verfügte? Die sogenannten »Apokryphen«, wie z. B. das *Kindheitsevangelium nach Thomas*, enthalten diesbezüglich einige fantasievolle Berichte. So soll Jesus zum Beispiel Holzmodelle von Vögeln in lebende Kreaturen verwandelt haben. Die Kirche tat diese Berichte jedoch schon früh (zwischen 150 und 200 n. Chr.) als unzuverlässig ab und gab sich mit dem knappen Bericht in den vier »kanonischen« (»anerkannten«) Evangelien zufrieden. Jesu Kindheit bleibt uns verborgen und wir können nur Vermutungen anstellen, wie sie war.

Tatsächlich äußert sich von den vier Evangelisten nur Lukas über diese Zeit. Woher stammen seine Informationen? Hat er vielleicht als Begleiter des Paulus während dessen zweijährigen Palästinaaufenthalts (57–59 n. Chr.) die Gegend besucht, in der Jesus aufwuchs? Dann hätte er möglicherweise noch Augenzeugen befragen können, vielleicht sogar Jesu Mutter Maria, aus deren Blickwinkel im Lukasevangelium über die Geburt und Kindheit Jesu berichtet wird. Wenn Lukas schreibt: »Maria aber bewahrte alles, was geschehen war, in ihrem Herzen und dachte darüber nach« (Lk 2,19), lässt er die weiteren Einzelheiten jedoch im Dunkeln.

## Nahe Sepphoris, der Hauptstadt Galiläas

Auch aus politischen Gründen war Nazaret ein geeigneter Ort für die Kindheit Jesu. Zu seinen Lebzeiten waren Galiläa und das im Süden liegende Judäa mit Jerusalem als Zentrum zwei getrennte Verwaltungsgebiete. Als Josef und Maria aus Ägypten zurückkehrten, gingen sie nach Nazaret im Norden statt nach Betlehem in Judäa, weil sie, von einem Engel im Traum gewarnt, diesen Ort für sicherer hielten: Hier würde Jesus weiter vom Herrschaftsbereich des Archelaos, Herodes' gewalttätigem Sohn, der nun Judäa kontrollierte, entfernt sein. Die Entscheidung für das bedeutungslose Nazaret ist also strategisch begründet: Jesus musste im Verborgenen bleiben, bis die Zeit reif war.

In Galiläa hingegen herrschte Herodes Antipas. Dieses Gebiet westlich des Sees Gennesaret war viel kleiner als Judäa. Geografisch war es in »Ober«-Galiläa mit bis zu 1000 m hohen Bergen und »Unter«-Galiläa gegliedert. Nazaret thronte ganz im Süden von »Untergaliläa« auf der ersten Berglinie, von der aus man die Jesreelebene (in Judäa) überblicken konnte, nur 6,5 km von Herodes Antipas' Hauptstadt Sepphoris entfernt.

Sepphoris wird im Neuen Testament nicht erwähnt, wir können also nur Vermutungen anstellen, ob Jesus jemals dort gewesen ist. Interessanterweise berichtet Josephus, dass die Römer Sepphoris dem Erdboden gleichgemacht hatten, als sie einen durch den Tod Herodes des Großen im Jahr 4 n. Chr. ausgelösten Aufstand niederschlugen. Doch Herodes Antipas ließ die Stadt gleich anschließend wieder aufbauen. Das bedeutet, dass Sepphoris bis zu Jesu Teenagerzeit eine große Baustelle war – der ideale Ort für jemanden wie Josef, um Arbeit zu finden. Josef war von Beruf *tekton* (Mk 6,3) – ein Wort, das oft als »Zimmermann« übersetzt wird, eigentlich aber jemanden meint, der mit Stein und Holz arbeitet. Josef war also Steinmetz und Bauhandwerker. Zur Entscheidung der Familie, nach Nazaret zu ziehen, trugen wohl auch die guten Beschäftigungsaussichten bei.

Pendelte Josef und legte jeden Tag den 50-minütigen Fußweg zwischen Nazaret und Sepphoris zurück?

Ging der junge Jesus manchmal mit ihm? Machte er dort seine ersten Erfahrungen mit dem Baugewerbe? Lernte er hier, dass man für den Bau eines Turms einen Plan

*»... wie Gott Jesus von Nazaret gesalbt hat mit dem Heiligen Geist und mit Kraft, wie dieser umherzog, Gutes tat und alle heilte, die in der Gewalt des Teufels waren; denn Gott war mit ihm.«*
**Apostelgeschichte 10,38**

## Das alte Sepphoris

*»Und nun entsandte Varus sogleich einen Teil des Heeres unter dem Kommando seines Freundes Gajus in die unweit von Ptolemaïs gelegenen Grenzgegenden Galiläas. Dieser schlug die ihm entgegenrückenden Scharen in die Flucht, eroberte die Stadt Sepphoris, steckte sie in Brand und verkaufte die Einwohner in die Sklaverei. Varus selbst marschierte mit dem ganzen übrigen Heer auf Samaria zu, ohne indes die Stadt anzugreifen; es ergab sich nämlich, dass sie an dem aufrührerischen Treiben der anderen Städte nicht teilgenommen hatte.«*

**Josephus, Bell 2,5**

Sepphoris war während der Kindheit Jesu die Hauptstadt Galiläas und lag nur 6,5 km von Nazaret entfernt. Josephus bezeichnet diese Stadt als »die Zierde von Galiläa« (Ant 18,2), wobei er sich vielleicht auf ihre Schönheit oder auch ihre Verteidigungsfähigkeit bezieht. Ihr Name, der mit dem hebräischen Wort *zippor*, »Vogel«, in Verbindung gebracht wird, ist als Hinweis auf ihre gute Lage verstanden worden. Für die Römer gehörte sie zu den wichtigen Städten der Region, und 38 v. Chr. wurde Sepphoris inmitten eines Schneesturms von Herodes dem Großen eingenommen.

Als Herodes 4 v. Chr. starb, wurde Sepphoris zum Zentrum eines jüdischen Aufstands, der von den Römern unter Varus schnell niedergeschlagen wurde. Herodes Antipas beschloss dann, die Stadt völlig neu aufzubauen und sie zu seiner Hauptstadt zu machen.

Durch die Gründung von Tiberias (im Jahr 20 n. Chr.) wurde Sepphoris zeitweilig in den Schatten gestellt, blieb aber während des gesamten 1. Jhs. ein wichtiges Zentrum. Seine Bewohner nahmen nicht am Aufstand gegen die Römer im Jahr 67 n. Chr. teil, und eine Generation später wurde die Stadt zu Ehren der römischen Kaiser in Diocaesarea umbenannt.

Jüngste Ausgrabungen zeigen das Ausmaß des Wiederaufbaus der Stadt unter Herodes Antipas. Vieles stammt jedoch auch aus Sepphoris' späteren Perioden als jüdische Stadt. Zu sehen sind ein Theater im römischen Stil aus dem frühen 2. Jh., in dem über 4000 Menschen Platz fanden, und ein großes Herrenhaus aus dem frühen 3. Jh. mit einem herrlichen Mosaikboden im Speisezimmer, das wegen der Figur im Zentrum des Mosaiks als »Dionysos-Mosaik« bekannt geworden ist. Auch in der Synagoge aus dem 6. Jh. und in der Unterstadt gibt es schöne Mosaiken. Die Unterstadt mit den rechtwinklig angelegten Kolonnadenstraßen und den Aquädukten, durch die aus 5 km Entfernung Wasser in die Stadt geleitet wurde, zeigt, wie stark Sepphoris im 4. Jh. gewachsen ist.

Das alte Theater an der Nordostseite von Sepphoris.

benötigt (Lk 14,28-30) und dass es wichtig ist, den Turm auf Fels und nicht auf Sand zu bauen (Mt 7,24-27)? Lernte Jesus dort das griechische Theater und die Verwendung von »Masken« kennen, die seine Idee vom »Heuchler« oder »Hypokriten« (griechisch für »Bühnenschauspieler«) prägten – ein Begriff, den er während seines Wirkens oft verwendete (siehe Mt 23,13)? Begegnete er dort zum ersten Mal Nichtjuden und spürte, was es bedeutete, als Israelit in diesem Grenzstaat zu leben, in dem es so schwierig war, die Grenzen zwischen Juden und Nichtjuden aufrechtzuerhalten?

All das wissen wir nicht. Einer Theorie zufolge könnte das Schweigen der Evangelien darüber, ob Jesus jemals Tiberias, die andere neue Stadt des Herodes Antipas, besuchte, darauf hindeuten, dass Jesus sich weigerte, heidnische Zentren zu betreten. Andererseits gibt es viele Hinweise darauf, dass Jesus den Kontakt mit Nichtjuden suchte, sodass er diese Orte sicher nicht bewusst mied. Wahrscheinlicher ist, dass er überallhin reisen durfte, wohin auch Maria und Josef reisten.

Dennoch werden sie ihm beigebracht haben, wie man sich, der Tradition entsprechend, inmitten von Nichtjuden »rein« hält, erst recht, wenn Josef »aus dem Haus und Geschlecht Davids«, Israels großem König (Lk 2,4), stammte. Bei Matthäus und Lukas finden sich hierfür zahlreiche Belege (Mt 1,6; 17,20; Lk 1,27.32; 3,31). Tatsächlich gibt es Anhaltspunkte dafür, dass in Nazaret besonders viele Nachkommen Davids lebten, die, auch wenn sie in materieller Hinsicht sehr arm waren, ihre Abstammungslinie rein hielten, indem sie nicht außerhalb dieser »königlichen« Linie heirateten. Einige Wissenschaftler vertreten die Ansicht, Nazaret sei um 100 v. Chr. von jüdischen Siedlern aus dem Süden des Landes kolonisiert worden als Teil eines bewussten Plans, Galiläa »wieder jüdisch zu machen«. Das wäre ein weiterer Grund dafür, dass Maria und Josef nach Jesu Geburt in Betlehem wieder nach Nazaret zurückkehrten. Nazaret war nicht nur ihre Heimatstadt, in der sie vor ihrer Heirat gelebt hatten; es war auch der Ort, dessen Bewohner die Notwendigkeit verstehen würden, einen in ihrer Mitte aufwachsenden Anwärter auf den Königsthron zu hegen und zu pflegen und zu beschützen.

## Marias seltsamer Besucher

Da der erwachsene Jesus mit seinem Wirken in Kafarnaum am See Gennesaret beginnt, gibt es in den Evangelien nur drei oder vier mit Nazaret verbundene Begebenheiten. Eine davon – »Mariä Verkündigung« – fand vor Jesu Geburt statt. Damals wurde der »Engel Gabriel von Gott in eine Stadt in Galiläa namens Nazaret gesandt«, um der jungen Maria

Maria und Josef mit dem Jesuskind. Viele Künstler haben das Leben der »Heiligen Familie« in Nazaret gemalt, wobei die dargestellte Umgebung oft wohl kaum noch etwas mit der Realität zu tun hatte.

die aufregenden Ereignisse anzukündigen, die ihr Leben verändern sollten (Lk 1,26-38).

Der Leser muss sich vorstellen, dass dieses häufig in der Kunst dargestellte Ereignis in diesem kleinen Dorf des 1. Jhs. stattfand – vielleicht in einem der kleinen Steinhäuser, möglicherweise aber auch auf einem nahe gelegenen Feld. Der Überlieferung zufolge erschien der Engel Maria, als sie zum Brunnen an der Nordseite des Dorfes ging.

Es ist eine dynamische Geschichte, voller Überraschungen, die mit zwei wesentlichen Aussagen endet: erstens mit der biblischen Überzeugung: »…für Gott ist nichts unmöglich«, und zweitens mit Marias Einwilligung: »Mir geschehe, wie du es gesagt hast« (Lk 1,37-38). Angesichts der Armut und Bedeutungslosigkeit Nazarets überrascht es nicht, dass Maria in diesem Ereignis ein Zeichen dafür sieht, dass Gott die menschlichen Wertvorstellungen umstößt: »Denn auf die Niedrigkeit seiner Magd hat er geschaut … Er zerstreut, die im Herzen voll Hochmut sind … und erhöht die Niedrigen« (Lk 1,48.51-52). Kann etwas so Gutes aus Nazaret kommen? Ist dies wirklich der Ort, von dem aus Gottes großer Gesamtplan ausgeführt werden soll?

## Das nahe gelegene Kana

In »Kana in Galiläa«, einem anderen kleinen Dorf nordöstlich von Nazaret, spielt die Geschichte von der »Hochzeit zu Kana«, bei der Jesus Wasser in Wein verwandelte (Joh 2,1-11). Das »Weinwunder« ist zu Recht berühmt – 570 Liter köstlicher neuer Wein werden die Dorfbewohner mehrere Tage lang glücklich gemacht haben! Und den Gastgeber rettete es vor einer Blamage. Doch für den Evangelisten Johannes hatte dieses Wunder noch eine tiefere Bedeutung: Es zeigt Gottes unendliche Großzügigkeit und der neue Wein symbolisiert die Königsherrschaft Jesu, das neue Zeitalter, das mit Jesus beginnt. Aus einem kurzen Wortwechsel zwischen Jesus und Maria geht hervor, dass das Weinwunder für Jesus einen Wendepunkt darstellt. Vor allem aber ist es das erste »Zeichen« für Jesu Herrlichkeit sowie für seine einzigartige Identität und Macht.

## Jesus in der Synagoge von Nazaret

Das wichtigste Ereignis im Zusammenhang mit der Region, in der Jesus aufwuchs, ist für Lukas jedoch seine Rückkehr nach Nazaret, wo er am Sabbat die Synagoge besuchte (siehe S. 31). Als Jesus aus dem Buch des Propheten Jesaja vorlas (Jes 61) und sagte, dieses Schriftwort habe sich in ihm erfüllt, konnte man eine Stecknadel fallen hören. Jesus wies darauf hin, dass die Hoffnungen des Alten Testaments in ihm ihre Erfüllung gefunden hätten, dass er derjenige sei, den der Herr »gesalbt« habe, der Gefangene freilassen könne, das Gnadenjahr des Herrn ausrufe und den Armen eine gute Nachricht bringe.

Anfänglich reagierten seine Zuhörer positiv, doch die Stimmung kippte, als Jesus darauf hinwies, dass die lang erwartete Zeit der Erfüllung mit einschließe, dass Gott auch die Nichtjuden segne, so wie er in den Tagen des Elischa den Syrer Naaman gesegnet hatte. Das passte nicht in das Bild dieser Juden (einschließlich vieler Nachfahren Davids). Deswegen trieben sie Jesus aus der Stadt und brachten ihn an »den Abhang des Berges«. Das kann durchaus der kurze, steile Abhang im Süden gewesen sein, wo man Sicht auf die Jesreelebene hat, aber auch irgendein steiler Abhang auf einem der nahe gelegenen terrassenförmigen Hügel. Wie auch immer: Die »Heimkehr« Jesu nach

»Nirgends hat ein Prophet so wenig Ansehen wie in seiner Heimat, bei seinen Verwandten und in seiner Familie.«
**Markus 6,4**

## Die Lage Kanas

Die genaue Lage Kanas ist umstritten, doch wird es irgendwo zwischen Nazaret und dem See Gennesaret gelegen haben. In Joh 4,46-54 erklärt Jesus in Kana einem königlichen Beamten, dass sein Sohn, der in Kafarnaum im Sterben liegt, leben werde. Der Mann macht sich auf den Weg und trifft unterwegs Boten aus Kafarnaum, die ihm berichten, dass sein Sohn am Tag zuvor »in der siebten Stunde« wieder genesen sei – genau in dem Moment, in dem Jesus zu ihm gesprochen hatte. Aus diesem Treffen, etwa auf halber Strecke zwischen Kafarnaum und Kana, lässt sich schließen, dass die Gesamtentfernung zwischen diesen Orten 24 bis 32 km betrug – ein Fußmarsch von sechs bis acht Stunden.

Johannes nennt dieses Dorf stets »Kana in Galiläa«, vermutlich, um es von einer anderen Stadt gleichen Namens zu unterscheiden (vielleicht jene viel weiter im Norden nahe Sidon gelegene Stadt, die in Jos 19,28 erwähnt wird). Im 4. Jh. kannte man die Lage von Kana jedoch nicht mehr. In seinem *Onomastikon* (um 290 n. Chr.) versucht Eusebius Kana mit der im Buch Josua erwähnten Stadt in Verbindung zu bringen. Doch Reisende und Pilger hielten später das nur vier Meilen nordöstlich von Nazaret liegende Dorf Kefr Kenna für das neutestamentliche Kana. Diese Wahl folgte aber nicht etwa einer alten Überlieferung, sondern dem praktischen Gesichtspunkt, dass Kefr Kenna eben bequem zu erreichen war; es liegt nämlich auf dem Weg zum See Gennesaret und nicht weit entfernt vom Berg Tabor, dem Schauplatz der Verklärung (siehe S. 96).

In jüngster Zeit gehen Archäologen davon aus, dass das Kana des Neuen Testaments wahrscheinlich mit dem rund 13 km nordöstlich von Nazaret gelegenen Khirbet Qana identisch ist. Ausgrabungen haben dort ein kleines Dorf mit einigen Zisternen und Häusern zutage gebracht. Die Luftlinie von Khirbet Qana nach Kafarnaum beträgt rund 27 km.

Nazaret fand ein dramatisches Ende. Der junge Mann aus dem Ort wurde fortgeschickt. Vielleicht rührte die Verachtung der Dorfbewohner daher, dass sie Jesus von früher kannten. Doch Jesus wusste: »Kein Prophet wird in seiner Heimatstadt anerkannt« (Lk 4,24).

Diese Geschichte ist aus verschiedenen Gründen wichtig. Für Historiker ist sie der früheste Bericht darüber, was im 1. Jh. am Sabbat in jüdischen Synagogen vor sich ging. So erfahren wir zum Beispiel, dass ein Synagogendiener Jesus die Schrift brachte und dass dieser aufstand, um daraus vorzulesen.

Für Lukas ist diese Szene jedoch Ausdruck dessen, was Jesus vorhatte. Er setzt sie bewusst an den Anfang seines Berichts über Jesu Wirken als Erwachsener (obwohl er weiß, dass Jesus in Kafarnaum bereits jemanden geheilt hat), damit seine Leser sofort begreifen: Jesus ist gekommen, um eine frohe Botschaft, Freiheit und Zuversicht zu bringen – nicht nur den Israeliten, sondern auch allen Nichtjuden. Die frohe Botschaft mag zu Spal-

*Links:* Die vor Kurzem im »Nazareth Village« rekonstruierte Synagoge. Synagogen hatten eine Tür (oft nach Jerusalem ausgerichtet) und rundherum Sitze. Wir können uns vorstellen, dass alle Augen auf Jesus gerichtet waren, als er sich hinsetzte, nachdem er aus dem Buch Jesaja vorgelesen hatte.

tungen führen, und Jesus mag tragischerweise von vielen zurückgewiesen werden, aber es ist dennoch eine frohe Botschaft – die allen ein Angebot macht.

»Nazaret? Kann von dort etwas Gutes kommen?« Ja, sagt Lukas. Nazaret war der Ausgangspunkt der »Frohen Botschaft« (des »Evangeliums«), die ein Segen für die ganze Welt sein sollte. Nazaret mochte der Welt als völlig unbedeutendes, rückständiges Nest erscheinen, aber Gott hatte diesen Ort als Keimzelle für die Ausbreitung des Evangeliums gewählt.

Und seither bekennen sich Menschen zu diesem bescheidenen Anfang, indem sie ihre Treue gegenüber »Jesus von Nazaret« bekunden. Einige nennen sich sogar »Nazoräer« oder werden von anderen so genannt (*Notzrim* ist das hebräische Wort der Juden zur Beschreibung der Christen). Dem Einen aus dem winzigen Nazaret zu folgen, heißt akzeptieren, dass andere dies zuweilen für lächerlich halten: »*Nazaret? Kann von dort etwas Gutes kommen?*«

## Nazaret heute

> »Nazaret: dem Christus seinen Namen ›der Nazoräer‹ verdankt; und von dem wir, die wir nun ›Christen‹ genannt werden, vor langer Zeit den Namen ›Nazoräer‹ erhielten. [Das Dorf] liegt bis heute in Galiläa ... nahe dem Berg Tabor.«
> **Eusebius, Onomastikon 138–140**

Nazaret ist heute eine große Stadt. Abgesehen von einer neuen Wohnsiedlung (genannt Nazaret-Illit oder »Ober-Nazaret« auf einem Hügel im Osten für jüdische Einwohner) besteht die Bevölkerung aus israelischen Arabern (65 Prozent Muslime, 35 Prozent Christen). Das alte Dorf liegt im Zentrum, nordwestlich der geschäftigen High Street.

In den vergangenen Jahren gab es heftige Diskussionen über den Bau einer Moschee in der Nähe der **Verkündigungsbasilika**, aber noch dominiert deren große, von Weitem sichtbare kegelförmige Kuppel die Skyline.

Diese moderne Kirche wurde von den Franziskanern auf alten Ruinen errichtet, die durchaus von Jesu Elternhaus stammen könnten. Sie besitzt zwei Ebenen. In der großen,

### Schlüsseldaten: Nazaret

| | | | | | |
|---|---|---|---|---|---|
| 4 v. Chr. | Tod von Herodes dem Großen. Jüdischer Aufstand führt zur Zerstörung des benachbarten Sepphoris. | ca. 200 n. Chr. | Rabbi Judah ha-Nasi leitet den Sanhedrin in Sepphoris und beaufsichtigt die Zusammenstellung der Mischna. | ca. 383 n. Chr. | Egeria wird eine »große und sehr prächtige Höhle gezeigt, in der Maria gelebt hat« (Petrus Diaconus, Abschnitt T). |
| 3 v. Chr. | Herodes Antipas beginnt mit dem Wiederaufbau von Sepphoris als seiner neuen Hauptstadt. Jesu Familie kehrt aus Ägypten zurück. | ca. 200 n. Chr. | Julius Africanus berichtet, dass in Nazaret noch einige Verwandte von Jesu Familie leben (Eusebius, *Kirchengeschichte* 1,7). | ca. 650 n. Chr. | Arculf werden »zwei sehr große Kirchen« gezeigt: über den möglichen Stätten des Elternhauses Jesu und der Szene der Verkündigung. |
| ca. 28 n. Chr. | Jesu Rückkehr in die Synagoge von Nazaret. | 251 n. Chr. | Ein Christ namens Konon (der in Kleinasien den Märtyrertod stirbt) behauptet: »Ich komme aus Nazaret in Galiläa; ich gehöre der Familie von Christus an und verehre ihn, wie es auch schon meine Vorfahren getan haben« (*Analecta Bollandia* 18,180). | ca. 1099 | Kreuzfahrer errichten über einer Höhle im Zentrum Nazarets die Verkündigungskirche. |
| ca. 58 n. Chr. | Möglicher Besuch des Lukas von Galiläa aus, um über Jesu Leben zu forschen und einige seiner Verwandten zu treffen. | | | ca. 1620 | Franziskaner erwerben die Ruinen der Verkündigungskirche. |
| ca. 95 n. Chr. | Eusebius zufolge (*Kirchengeschichte* 1,7) werden zwei Enkel von Jesu Bruder Judas vor Kaiser Domitian gebracht, doch als politisch ungefährlich entlassen. | ca. 330 n. Chr. | Joseph von Tiberias erhält vom Kaiser Konstantin die Erlaubnis, in Sepphoris und Nazaret Kirchen zu bauen (Epiphanius, *Panárion* 30,11). | ca. 1730 | Franziskaner bauen diese Kirche wieder auf. |
| | | | | 1955 | Franziskaner reißen die Kirche nieder und errichten die jetzige Verkündigungsbasilika (geweiht 1968). |

Die Westfassade der Verkündigungsbasilika zeigt die Evangelisten und (darüber) den Besuch des Erzengels Gabriel bei Maria. Der lateinische Text über der Tür lautet: »Und das Wort ist Fleisch geworden und hat unter uns gewohnt« (Joh 1,14).

geräumigen, auf die vielen internationalen Pilger eingestellten Oberkirche (mit den bunten Mariendarstellungen aus verschiedenen Ländern) finden regelmäßig Gottesdienste statt.

In der Unterkirche mit der Atmosphäre einer dunklen, geheimnisvollen Krypta finden sich einige Merkmale einer Kreuzfahrerkirche. Zudem kann man von dort auf eine weitere, noch tiefer gelegene Ebene hinabschauen, auf der noch Spuren von byzantinischen Bauten zu erkennen sind, die um einige Höhlen herum angelegt wurden. Im fünften Jahrhundert stand hier eine kleine Kirche mit einem angrenzenden Kloster, die wiederum eine frühere (vorkonstantinische?) Taufkapelle enthielt. Seitlich davon existiert ein Mosaikboden mit der Inschrift: »Geschenk des Diakons Konon aus Jerusalem«. Er stammt wahrscheinlich aus der Mitte des 3. Jhs. (falls Konon der gleichnamige Besucher Nazarets war, der 251 den Märtyrertod starb). Offensichtlich hatten die kleinen Höhlen für die frühen Christen eine wichtige Bedeutung. Möglicherweise befand sich also hier im 1. Jh. eine Synagoge oder (eher?) das Elternhaus Jesu.

Nördlich der Kirche befindet sich ein **Museum** mit zahlreichen Artefakten aus dem 1. Jh. wie Ölpressen und Fundamenten von Häusern, die Teil des Nazarets zu Jesu Zeit waren. Einige Inschriften weisen darauf hin, dass byzantinische Christen diese Stätte als »heiligen Ort« betrachteten.

Rund 137 m westlich, unter dem Gebäude der **Schwestern von Nazaret**, gibt es ebenfalls einige Ruinen, die aus dem 1. Jh. stammen könnten, vielleicht aber auch aus

## Das Dekret von Nazaret

»Es ist mein Wille, dass Gräber auf immer ungestört bleiben ... Denn den Begrabenen soll unter allen Umständen Ehre erwiesen werden. Es ist jedermann aufs Strengste verboten, sie zu stören. Im Fall eines Verstoßes gegen diese Vorschrift ordne ich an, dass der Übertreter zur Todesstrafe verurteilt wird unter der Anklage der Grabschändung.«

Dieses sogenannte »Dekret von Nazaret«, das auf einer Steinplatte in Nazaret gefunden und 1878 nach Paris gebracht wurde, erregte einiges Aufsehen. Es stammt aus dem 1. Jh. und scheint eine vom römischen Kaiser – möglicherweise Claudius (der von 41–54 n. Chr. herrschte) – in der Zeit, in der Galiläa erneut unter römische Herrschaft gelangte, erlassene Verordnung zu sein.

Das kaiserliche Dekret war vielleicht eine Reaktion auf Grabschändungen im Allgemeinen. Doch könnte es auch mit den Gerüchten zusammenhängen, die über das Verschwinden von Jesu Leichnam aus seinem Grab in Jerusalem kursierten. Wurde diese Steinplatte in Nazaret aufgestellt, weil dieses kleine Dorf als der Ort bekannt war, an dem Jesus seine Kindheit verlebt hatte und nach dem sich seine Jünger genannt hatten (»Nazoräer«)? Hatte die römische Obrigkeit von den Predigten der Jünger Jesu über die Auferstehung gehört? Schon früh wurden Jesu Jünger beschuldigt, seinen Leichnam gestohlen zu haben (Mt 28,13-15), sodass dieses Dekret möglicherweise den Zweck hatte, diese Gerüchte so schnell wie möglich zu zerstreuen.

Doch selbst wenn es keine bewusste Verbindung mit Jesus von Nazaret gibt, zeigt das Dekret dennoch, dass die Obrigkeit in dieser Zeit Grabschändung als ein äußerst schweres Verbrechen, ja als Kapitalverbrechen, ansah. Das macht es sehr unwahrscheinlich, dass die (schon eingeschüchterten) Jünger eine solche Tat riskiert hätten.

der Zeit der Kreuzfahrer: Man sieht Steinwände und die Tür eines Hauses.

Der faszinierendste Fund ist jedoch ein Grab aus dem 1. Jh.: In die Grabkammer passen vier oder fünf Menschen, und direkt neben der niedrigen Tür findet sich ein Rollstein. Zur Zeit Jesu war dies vielleicht eine jüdische Grabstätte vor dem Dorf. Manche meinen, es handele sich sogar um das Grab Josefs. Auf jeden Fall erhält man einen sehr guten Eindruck von der Größe und Form der Gräber zu Jesu Lebzeit. Nazaret war damals ein sehr kleines Dorf, und der Besucher kann davon ausgehen, dass er hier den Spuren der Kindheit Jesu folgt.

Andere Sehenswürdigkeiten in Nazaret sind:

### Die Josefskirche

Diese Kirche wurde 1914 über einer mittelalterlichen Kirche mit einer unterirdischen Kammer errichtet. Der Standort wurde in den letzten Jahrhunderten mit Josefs Zimmermannswerkstadt in Verbindung gebracht.

### Marienbrunnen

Dieser Brunnen liegt 400 m nordöstlich der Verkündigungsbasilika (auf der »High Street«). Wahrscheinlich befand sich dort im 1. Jh. der Dorfbrunnen. Er heißt »Marienbrunnen«, weil in seiner Nähe möglicherweise die Verkündigung stattfand. Ganz in der Nähe entstand eine dem hl. Gabriel geweihte Kirche, in der einige herrliche Fresken zu sehen sind. Zudem vermittelt sie dem Besucher einen guten Eindruck von orthodoxer Kirchenarchitektur.

### »Nazareth Village«

Dieses vor kurzem geschaffene Dorf liegt auf einigen alten Terrassen etwa eine halbe Meile südwestlich der Verkündigungsbasilika. Ein Besuch lohnt sich.

Hier kann man zum Beispiel die Rekonstruktion einer Synagoge aus dem 1. Jh. besichtigen (vollständig mit Techni-

# Das Leben zur Zeit Jesu

Wir können davon ausgehen, dass Nazaret zur Zeit Jesu winzig war. Die Schätzungen der Einwohnerzahl variieren von nicht mehr als 20 Häusern bis hin zu 1000 Einwohnern. Sicherlich gab es Handwerker (wie Josef), die im benachbarten Sepphoris arbeiteten, doch viele Einwohner Nazarets waren wohl Hirten oder bearbeiteten das umliegende Land (bis hin zur Jesreelebene). Das Klima war gemäßigt, denn es gab weder extreme Hitze noch Kälte, wie zum Beispiel im Jordantal oder in Obergaliläa.

Einige der Bauernhöfe gehörten Großgrundbesitzern, die die Bauern ausbeuteten. Der Arbeitslohn war gering. Außerdem wurden der Bevölkerung zahlreiche Steuern auferlegt. So gab es z. B. die »Tempelsteuer« von zwei Drachmen, die alle jüdischen Familien jährlich dem Tempel von Jerusalem entrichten mussten.

Laut jüdischem Gesetz mussten Männer über zwölf Jahre alljährlich zu den drei wichtigsten Festen nach Jerusalem gehen, doch tatsächlich schafften sie es wohl nur einmal alle paar Jahre, das Paschafest zu besuchen. Das war ein größeres Unternehmen, das sie bis zu drei Wochen von ihrer Arbeit fernhielt. Zweifellos haben die Dorfbewohner sich gegenseitig ausgeholfen, wenn einige von ihnen, so weit wie möglich gemeinsam, die Reise unternahmen. Lukas berichtet, dass Josef und Maria Jesus im Alter von zwölf Jahren (Lk 2,41-52) mit nach Jerusalem nahmen, aber wir wissen nicht, ob die Familie noch weitere Jerusalembesuche unternahm.

Der Jahreskreis mit den jüdischen Monatsnamen, den religiösen Festen und dem landwirtschaftlichen Jahresablauf.

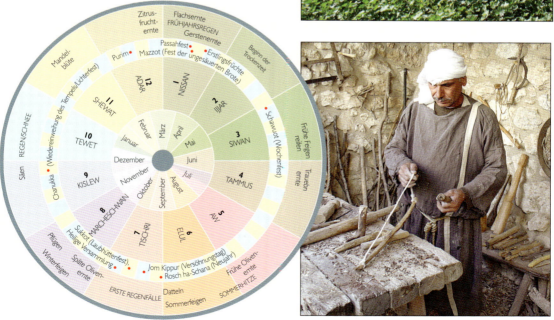

ken und Material des 1. Jhs. gebaut) oder in einem großen Zelt ein authentisches Mahl aus dieser Zeit zu sich nehmen. Insgesamt gewinnt man einen guten Eindruck vom Dorfleben zur Zeit Jesu. Das Dorf liegt auf einer Reihe von alten Terrassen, die es zweifellos zu Jesu Lebzeiten schon dort gab. Wenn man in dieser vor modernen Entwicklungen geschützten Gegend spazieren geht, erhält man eine Ahnung von der Landschaft, in der Jesus seine Kindheit verbracht haben mag.

# Der Jordan

3

Es war im fünfzehnten Jahr der Regierung des Kaisers Tiberius ... Da erging in der Wüste das Wort Gottes an Johannes, den Sohn des Zacharias. Und er zog in die Gegend am Jordan und verkündigte dort überall Umkehr und Taufe zur Vergebung der Sünden. (So erfüllte sich,) was im Buch der Reden des Propheten Jesaja steht:

> Eine Stimme ruft in der Wüste:
> Bereitet dem Herrn den Weg!
> Ebnet *ihm* die Straßen.
> Jede Schlucht soll aufgefüllt werden,
> jeder Berg und Hügel sich senken.
> Was krumm ist, soll gerade werden,
> was uneben ist, soll zum ebenen Weg werden.
> Und alle Menschen werden das Heil sehen, das von Gott kommt.

**Jesaja 40,3-5**

Das Volk zog in Scharen zu ihm hinaus, um sich von ihm taufen zu lassen. Er sagte zu ihnen: Ihr Schlangenbrut, wer hat euch denn gelehrt, dass ihr dem kommenden Gericht entrinnen könnt? Bringt Früchte hervor, die eure Umkehr zeigen, und fangt nicht an zu sagen: Wir haben ja Abraham zum Vater. Denn ich sage euch: Gott kann aus diesen Steinen Kinder Abrahams machen. Schon ist die Axt an die Wurzel der Bäume gelegt; jeder Baum, der keine gute Frucht hervorbringt, wird umgehauen und ins Feuer geworfen ... Ich taufe euch nur mit Wasser. Es kommt aber einer, der stärker ist als ich, und ich bin es nicht wert, ihm die Schuhe aufzuschnüren. Er wird euch mit dem Heiligen Geist und mit Feuer taufen. Schon hält er die Schaufel in der Hand, um die Spreu vom Weizen zu trennen und den Weizen in seine Scheune zu bringen; die Spreu aber wird er in nie erlöschendem Feuer verbrennen.

**Lukas 3,1-9**

## Taufe und Erneuerung

Wenn man Leute über den Jordan sprechen hört, hat man manchmal den Eindruck, er sei so groß wie der Nil oder der Amazonas. In einigen Kirchenliedern ist er der Fluss des Todes, den wir nur mit Gottes Hilfe durchqueren können.

Tatsächlich ist der Jordan selten mehr als 13 m breit. Nicht umsonst sprach Naaman (ein Feldherr aus Assyrien um 730 v. Chr.) in herablassendem Ton von ihm: »Sind nicht der Abana und der Parpar, die Flüsse von Damaskus, besser als alle Gewässer Israels?« (2 Kön 5,12). Ein bis zweimal pro Jahr kann es flutartige Überschwemmungen geben, doch ansonsten schlängelt sich der Jordan langsam und gemächlich durch das Jordantal. Sein nördlicher Abschnitt führt von den Ausläufern des Hermon hinab zum See Gennesaret (dem „Galiläischen Meer"), der südliche Abschnitt vom See

> »Wenn ich an die Ufer des Jordan gelange,
> nimm mir meine Herzensangst.
> Führe mich durch alle Todesgefahren und Höllenängste
> und leite mich sicher auf Kanaans Seite.«
>
> **William Williams, »Leite mich, allmächtiger Jehova«**

Gennesaret zum Toten Meer. Dieser südliche Abschnitt beträgt nur 105 km Luftlinie, doch die vielen Windungen verlängern ihn um 30 Prozent. Er ist auch nicht schiffbar, da es an vielen Stellen flache Felsen gibt, und er führt nirgendwohin – außer in die leblose Hitze des Toten Meers.

## Der Jordan im Alten Testament

Zur Zeit Jesu war dieser kleine, unbedeutende Fluss bereits mit verschiedenen Schlüsselereignissen in der Geschichte Israels verbunden.

Zum einen bildete der Jordan die Ostgrenze des »Gelobten Landes« (Dtn/5 Mose 3,17). Er war der Fluss, den Moses selbst nie durchquerte und durch den sein Nachfolger Josua die Bundeslade trug. Im Jordan »heiligten« sich die Israeliten auf ihrem Weg nach Jericho (Jos 3–4). In Josua 4 wird erzählt, dass zwölf Steine aus dem Flussbett ans Ufer gelegt wurden. Sie sollten daran erinnern, dass Gott den Israeliten beim Eintritt in das Gelobte Land genauso geholfen hatte wie bei der Flucht aus Ägypten, als sie durch das Schilfmeer gezogen waren – einem wichtigen »Übergangsritus« für ihre Vorfahren.

Zweitens wurde der Jordan mit den großen Propheten aus dem 8. Jh. in Verbindung gebracht – Elija und Elischa (2 Kön 2). Beide durchquerten den Jordan. Dazu schlug Elija mit seinem Mantel auf das Wasser, das sich daraufhin teilte. Dann fuhr er in seinem »feurigen Wagen« zum Himmel empor und ließ Elischa allein am Ostufer zurück. Dieser musste nun seinen Glauben unter Beweis stellen, indem er Elijas Mantel auf die gleiche Weise verwendete. Die Menschen, die das folgende Wunder Elischas beobachteten, waren sich sicher: Der Geist Elijas ruhte nun auf Elischa. Es war ein Zeichen dafür, dass mit dem Mantel auch der Geist Elijas auf Elischa übergegangen war. So wie Josua am Jordan Moses Nachfolge angetreten war, trat jetzt auch Elischa Elijas Nachfolge an.

Die dritte Episode ereignete sich einige Jahre später in der (schon erwähnten) Geschichte von Naaman. Elischa ließ ihm durch einen Boten mitteilen, dass sein Aussatz geheilt werde, wenn er sich siebenmal im Jordan wasche (2 Kön 5,14). Naaman protestierte heftig, doch schließlich überredeten seine Diener ihn, dem »Gottesmann« zu gehorchen, und »da wurde sein Leib gesund wie der Leib eines Kindes.« Dieser Nichtjude, der in der Armee der Feinde Israels diente, bekannte dann: »Jetzt weiß ich, dass es nirgends auf der Erde einen Gott gibt außer in Israel« (2 Kön 5,15).

Trotz seiner bescheidenen Ausmaße hatte der Jordan in der Bibel also eine wichtige Bedeutung: Er war der Ort für

die Neuanfänge einzelner Menschen wie auch des Volkes Israel; er war ein Ort der Heilung, der auch Nichtjuden offen stand, und ein Ort, der Gottes Treue und Macht offenbarte.

## Neuanfänge

Es ist kein Zufall, dass der Jordan mit dem Wirken des Täufers Johannes in Verbindung gebracht wird. Dort, im Jordan, taufte Johannes die Israeliten. Denn für einen Neuanfang war dies ein biblischer Ort *par excellence*.

Und tatsächlich: Hier gab es die Chance eines Neuanfangs für *Israel*. So wie Gott in der Vergangenheit an diesem Ort sein Volk erwählt hatte, so fand nun an eben dieser Stelle eine erneute Erwählung statt. Indem er die Israeliten zur Taufe rief, zeigte Johannes ihnen ihren Platz innerhalb des Volkes Gottes. Die Taufe, zu der Johannes die Israeliten einlud, erinnert an die sogenannte „Proselytentaufe", die Nichtjuden erhielten, wenn sie zum Judentum übertraten. Die Taufe des Johannes stellte somit eine Herausforderung für die Israeliten dar – es war, als ob er damit ihre alte Zugehörigkeit zum Volk Gottes infrage stellte und sie sich um eine Erneuerung bemühen müssten. Sie konnten sich nicht einfach darauf verlassen, Nachkommen Abrahams zu sein: »... fangt nicht an zu sagen: Wir haben ja Abraham zum Vater. Denn ich sage euch: Gott kann aus diesen Steinen Kinder Abrahams machen« (Lk 3,8).

Der Jordan war auch der Ort, an dem sich die Israeliten Gott von Neuem zuwandten und sich auf das vorbereiteten, was er mitten unter ihnen tun würde. Vielen missfiel es natürlich, dass Johannes ihr Abstammungsprivileg infrage stellte. Sie waren gekränkt – ähnlich wie Naaman. Wie wir in Kapitel 2 gesehen haben, gab es dieselbe heftige Reaktion, als Jesus den Vorfall mit Naaman als Beispiel für Gottes Absicht

## Qumran, die Essener und Johannes der Täufer

»Bahnt für den Herrn einen Weg durch die Wüste! Baut in der Steppe eine ebene Straße für unseren Gott!« (Jes 40,3). Es besteht wenig Zweifel daran, dass diese Worte Johannes den Täufer inspirierten. Er sah sich selbst als derjenige, der in die Wüste gerufen wurde, um Gottes Volk auf den Tag vorzubereiten, an dem dieser die Israel gegebenen Versprechen erfüllen werde.

Doch diese Worte inspirierten auch andere. Im 2. Jh. v. Chr. gründete eine Gruppe in der Wüste nahe den Ufern des Toten Meeres eine Ordensgemeinschaft. Von der Tempelhierarchie in Jerusalem desillusioniert, fühlten sich die Mitglieder zur Gründung einer alternativen Gemeinschaft berufen. Ihren Gründer nannten sie den »Lehrer der Gerechtigkeit«. Da sie sich in der Wüste angesiedelt hatten und sich dem Studium der Heiligen Schriften und vor allem der Prophetenbücher widmeten, betrachteten sie sich möglicherweise als eine Art Vorhut, die sich auf Gottes Zeitalter der Erfüllung vorberei-

tete. Vielleicht würden das der steten Heiligung gewidmete Leben und die Hingabe an die Heiligen Schriften schneller den Tag herbeiführen, an dem Gott zu seinem Volk kam.

Bei dieser Gruppe handelt es sich um die sogenannten Essener. Josephus erwähnt sie als eine der wichtigsten Philosophenschulen des Judentums des 1. Jhs. und vermittelt uns eine Vorstellung von ihrer Lebensweise. Einige Essener lebten in normalen Gemeinden überall im Land, die Mehrzahl jedoch in Qumran, einer Siedlung am Toten Meer. Um 100 v. Chr. wuchs die kleine Gemeinde. Sie wurde zeitweise aufgelöst, als Herodes der Große versuchte, seine Kontrolle über das Land zu festigen (40–37 v. Chr.), gruppierte sich jedoch neu und blieb in Qumran, bis ihre Siedlung 68 n. Chr. von den Römern zerstört wurde.

Die heutige Ruinenstätte vermittelt uns einen Eindruck vom Leben dieser Gemeinde. Es gibt dort einen Friedhof mit über tausend Gräbern. Aushebungen der Gräber legen nahe, dass diese Gemeinde vorrangig (aber nicht ausschließlich) aus Männern bestand; wahrscheinlich lebten sie im Zölibat. Zu sehen sind auch ein Aquädukt, das Speisezimmer, der Versammlungsraum und das Scriptorium. In Letzterem wurden die Heiligen Schriften wie auch andere Schriften kopiert, für die Qumran später berühmt wurde.

1947 entdeckte ein beduinischer Hirtenjunge namens Muhammed ed-Dhib in einer der Höhlen westlich der Siedlung einige Schriftrollen. Nach und nach fand man in insgesamt elf Höhlen jene alten Schätze, die als »Schriftrollen vom Toten Meer« bekannt wurden. Vermutlich bilden sie einen Teil der Bibliothek der Gemeinde, die in den Höhlen versteckt wurde, als die römischen Armeen anrückten.

Die Schriftrollen sind für Wissenschaftler eine wahre Fundgrube. Von besonderem Interesse ist die vollständige Schriftrolle des Buches Jesaja, die nun im Israel-Museum in Jerusalem zu sehen ist. Sie stammt aus dem 1. Jh. n. Chr. und ist somit um tausend Jahre älter als die vor diesem Fund bekannte älteste Kopie des hebräischen Textes. Ein Vergleich der beiden Manuskripte zeigt, wie wenig der Text sich in diesem Zeitraum verändert hatte. Das beweist, wie sorgfältig die heiligen Texte abgeschrieben wurden. Wir können deshalb davon ausgehen, dass unsere heutigen Bibeltexte den Originaltexten sehr nahekommen.

Die Qumran-Gemeinde ermöglicht uns auch einen faszinierenden Einblick in das Milieu, in dem Jesus und seine Jünger wirkten. Und sie verhilft

anführte, Menschen zu segnen, die nicht zum Volk Israel gehören (Lk 4,24–30). Sowohl Johannes als auch Jesus provozierten derlei Reaktionen, wenn sie Israels Status infrage stellten. Auch der Evangelist Lukas konnte nicht ignorieren, dass Gott Nichtjuden in sein Volk aufnehmen will. Deshalb leitete er seinen Bericht über Johannes den Täufer mit einem Jesaja-Zitat ein (Jes 40,3-5), in dem eine Zeit vorausgesagt wird, in der »alle Menschen das Heil sehen [werden], das von Gott kommt«. Gott tat etwas Neues – für ein neues Volk.

Mit Johannes verband sich auch für *einzelne Menschen* ein Neuanfang. Lukas berichtet, dass Einzelne aus der Menge, Zöllner und Soldaten, Johannes Fragen stellten.

uns zu einem neuen Verständnis des Neuen Testaments. So spielt zum Beispiel im Johannesevangelium das Thema »Licht« und »Finsternis« eine große Rolle.

Während die Gelehrten früher glaubten, dies sei auf griechischen Einfluss zurückzuführen, weiß man heute, dass es zur Gedankenwelt der im 1. Jh. in Palästina lebenden Juden gehörte. Es gibt noch weitere interessante Parallelen zwischen Qumran und dem Neuen Testament. Die Essener hofften darauf, dass der Tempel in Jerusalem ersetzt würde – eher durch ein Volk, das vom Geist Gottes durchdrungen war, statt durch ein neues Gebäude aus Stein. Die neutestamentlichen Texte zeigen, dass Jesus selbst in diese Richtung dachte und dass seine Jünger sich aufgrund ihrer Verbindung zu Jesus als neue, vom Heiligen Geist erfüllte Tempelgemeinde verstanden (1 Kor 3,16-17; 1 Petr 2,1-10).

Wir wissen allerdings nicht, ob die Verfasser des Neuen Testaments mit den Schriften der Essener vertraut waren. Unklar ist auch, ob Johannes der Täufer oder Jesus direkten Kontakt zu den Essenern hatte. Es gibt jedoch enge Parallelen zwischen dem asketischen Stil des Johannes und dem disziplinierten Lebensstil der Qumran-Gemeinde. Der Ort, an dem Johannes taufte (im Südabschnitt des Jordans), lag sicher nicht sehr weit entfernt. Doch Johannes ging es mit seiner Botschaft letztlich um etwas anderes. Er *hoffte* nicht nur darauf, dass Gott seine Versprechen erfüllte. Er trat vielmehr als Prophet auf, der die *Erfüllung* dieser Versprechen verkündete und auf eine Gestalt hinwies, mit deren Auftreten ein neues Zeitalter anbrechen würde.

*Ganz links:* Blick am Spätnachmittag (nach Süden) auf die Ruinen Qumrans.
*Links:* Eine der vielen Höhlen (Höhle 4) im Westen der Qumrangemeinde, in denen die wertvollen Schriftrollen versteckt waren.

Johannes zeigte den Menschen, wie sie auf praktische Weise echte Reue zeigen können. Doch auch wenn die Worte des Johannes direkt und manchmal hart waren, so waren sie doch begleitet von dem Versprechen der »Vergebung der Sünden« (Lk 3,3). Lukas liegt das Thema der Vergebung Gottes sehr am Herzen, das durch das Kommen Jesu nun auch einzelnen Menschen zuteilwird. Das Wirken des Johannes am Jordan ist ein Zeichen dafür, dass Gott jedem vergibt, der von Herzen bereut und zu ihm zurückkehrt.

Schließlich markiert der Jordan auch einen Neuanfang für *Jesus selbst*. Alle Evangelisten sehen in der Taufe Jesu den Beginn seines öffentlichen Wirkens. Bescheiden folgt

## Der Jordan

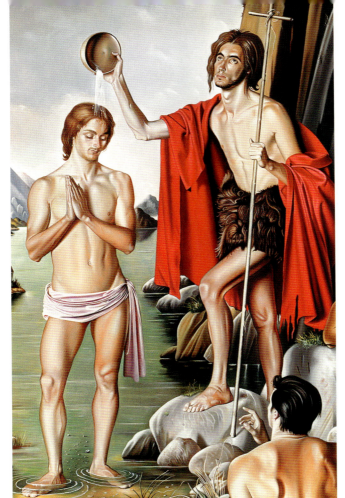

Die Darstellung des Johannes, der Wasser über Jesu Haupt gießt (ihn also nicht untertaucht), geht auf früheste Zeiten zurück.

Jesus dem Ruf des Johannes nach einer nationalen Erneuerung. Er teilt die Hoffnung seines Volkes und unterstützt es in seiner erneuten Hinwendung zu Gott. Jesus wird von Johannes im Jordan getauft und erhält dabei von Gott die einzigartige Bestätigung seiner Berufung: Der Heilige Geist kommt auf ihn herab, und eine Stimme verkündet: »Du bist mein geliebter Sohn, an dir habe ich Gefallen gefunden« (Lk 3,22).

Diese Worte kennzeichnen den Anfangspunkt des Wirkens Jesu als Messias. Der Gott Israels bestätigt und stärkt seinen geliebten Sohn und bringt seine väterliche Freude zum Ausdruck. Zweifellos hätte er diese Worte auch schon früher sprechen können – sie sind nicht *nur in diesem Moment* gültig –, doch sie sind ein klares Zeichen dafür, dass etwas Neues geschehen wird: Jesus tritt in die Fußstapfen von Johannes. So wie Josua die Nachfolge des Mose und Elischa die Nachfolge Elijas antrat, so erhält Jesus ein deutliches Zeichen, dass er das Werk des Johannes fortführen soll (Jesus vergleicht Johannes in Lk 7,27 tatsächlich mit Elija). Und so wie der Jordan den Beginn von Josuas Feldzug ins Gelobte Land markierte, so kennzeichnet er nun den Beginn des »Feldzugs« dieses »neuen« Josua (der Name »Jesus« ist die griechische Form des hebräischen Namens »Josua«, was »Heil« oder »Rettung« bedeutet). Für beide verband sich die Erfüllung ihrer Aufgabe mit Leid. Aber dieses Mal waren die verwendeten Waffen keine Kriegswaffen und das Ziel war nicht die Ausdehnung der Herrschaft Gottes über das »Gelobte Land«, sondern über die »ganze Welt«. »*Alle* Menschen«, so Lukas, würden »das Heil sehen, das von Gott kommt«.

### Schlüsseldaten: Der Jordan

| | |
|---|---|
| ca. 1400–1200 v. Chr. | Die Israeliten überqueren bei ihrem Einzug ins Gelobte Land den Jordan (Jos 1–4). Der Psalmist vergleicht dies später mit ihrer Durchquerung des Schilfmeers (Ex/2 Mose 13,17–14,31). |
| ca. 870 v. Chr. | Elija fährt in einem »feurigen Wagen« zum Himmel empor, und Elischa rät Naaman, sich siebenmal im Jordan zu waschen (2 Kön 2–5). |
| ca 27 n. Chr. | Jesus wird von Johannes dem Täufer im Jordan getauft (Mk 1,9-11). |
| ca. 240 n. Chr. | Origines besucht das »jenseits des Jordan gelegene Betanien« als Teil seiner »Suche nach den Spuren« Jesu und seiner Jünger (*Johanneskommentar* 6). |
| ca. 290 n. Chr. | Eusebius erwähnt, wie gern man an den Jordan reist (*Onomastikon* 58,19). |
| ca. 333 n. Chr. | Der Pilger von Bordeaux besucht den Jordan. Konstantin bereut auf dem Totenbett, dies nicht getan zu haben (Eusebius, *Vom Leben des Kaisers Konstantin* 4,62). |
| 1917 | Die britische Armee baut in der Nähe von Jericho die Allenby-Brücke. |
| 1967 | Israel kontrolliert das Westjordanland. Der Jordan wird so zum Grenzfluss zwischen Israel und Jordanien. |

# Der Jordan heute

Der Jordan hat sich seit der biblischen Zeit kaum verändert, doch er ist schwerer zugänglich geworden – zumindest an den mit Jesus und Johannes dem Täufer verbundenen Bereichen. Das liegt daran, dass dieser Fluss über weite Strecken als internationale Grenze zwischen Israel und dem Haschemitischen Königreich Jordanien fungiert. An seinem Westufer gibt es einen abgesperrten und mit Patrouillen besetzten Bereich und einen staubigen Pfad, der zweimal am Tag auf Fußspuren hin kontrolliert wird. Der wichtigste Übergang zwischen Israel und Jordanien ist die **Allenby-Brücke** in der Nähe von Jericho, die 1917 von den Briten unter General Allenby als Pontonbrücke gebaut wurde.

Es ist also schwirig, die mutmaßliche **Taufstätte Jesu** zu besuchen. Doch gibt es dort sowieso nicht viel zu sehen. Manche Besucher begnügen sich mit der Besichtigung des orthodoxen **Gerasimusklosters**, der Kirche mit der silbernen Kuppel im Osten Jeri-

## Taufe im Jordan

Werke wie das *Onomastikon* des Eusebius zeugen davon, dass in der Zeit des frühen Christentums viele Christen an den Jordan pilgerten. Kaiser Konstantin, der unmittelbar vor seinem Tod im Jahr 337 getauft wurde, hatte auf eine Taufe im Jordan gehofft. Zweifellos empfanden viele wie er. So reisten im 4. Jh. Pilger mit Flaschen voller Jordanwasser nach Hause, das für Taufen gedacht war – eine Praxis, die sich bis heute gehalten hat.

Auch bereits Getaufte verspüren oft den Wunsch, in das Wasser einzutauchen, mit dem Jesus getauft wurde. Häufig geht dies mit einer Erneuerung des Taufversprechens einher. Andere sehen eine symbolische Verbindung zwischen dem Eintauchen in den Jordan und der Vorbereitung auf den Tod. Die Taufmetaphorik ist im Sinne des Apostels Paulus tatsächlich mit Tod und Auferstehung verbunden (vgl. Röm 6,1-4).

Dieser Gedanke spielt vor allem für orthodoxe Christen eine wichtige Rolle. Bis heute kaufen viele griechisch-orthodoxe Pilger in Jerusalem – also am Ort des Todes und der Auferstehung Jesu – ihr eigenes »Leichentuch« und begeben sich dann zum Jordan, wo sie, in dieses Tuch gehüllt, in den Fluss eintauchen – eine liturgische Vorbereitung für den endgültigen »Übergang«. Die griechische Mythologie kennt die Figur des Charon (des Fährmanns, der die Menschen aus diesem Leben über den Styx in die Unterwelt, den Hades, bringt). Die christliche Tradition hat später den Styx durch den Jordan und Charon durch Jesus Christus ersetzt. Im Rahmen dieser Tradition war die beschriebene Praxis des Eintauchens in den Jordan auch bei den vielen russisch-orthodoxen Christen beliebt, die das Heilige Land in den Jahrzehnten vor der Oktoberrevolution von 1917 besuchten.

Frühe Darstellungen von der Taufe Jesu auf Ikonen zeigen ihn bis zur Taille im Fluss stehend, während Johannes ihm Wasser über den Kopf gießt. Das mag so gewesen sein. Die Ikonen könnten aber auch die Taufpraxis des frühen Christentums widerspiegeln und somit nahelegen, dass

das »völlige Eintauchen« nicht die Norm war. Byzantinische Taufbecken waren oft so angelegt, dass der Täufling ins Wasser hinabstieg; derjenige, der die Taufe vornahm, schöpfte Wasser und besprengte ihn damit. Im Taufbecken bewegten sich die Täuflinge häufig von Westen Richtung Osten, um so auf symbolische Weise den Werken der Finsternis zu entsagen und sich dem Licht zuzuwenden. Anschließend erhielten sie weiße Gewänder als Symbol der Vergebung und der Auferstehung in ein neues Leben.

*Oben: Moderne orthodoxe Pilger erneuern am Jordan (bei Yardenit) ihr Taufversprechen und tragen ihre weißen Totenhemden.*

chos, näher kommt man an den Fluss nicht heran. Nur einmal im Jahr, am orthodoxen Festtag der Taufe Jesu im Januar, ist es Besuchern erlaubt, zum Gedenken daran bis ans Flussufer zu gehen.

Vor Kurzem wurden am Ostufer des Jordan (also nicht in Israel) interessante Ruinen entdeckt. Mit großer Sicherheit kennzeichnen sie die Stelle, an der die Byzantiner der Taufe Jesu gedachten. Im Johannesevangelium heißt es ausdrücklich, dass Johannes (zumindest eine Zeit lang) »in Betanien, auf der anderen Seite des Jordan« taufte (Joh 1,28). Origines scheint dieses **Betanien**, das nicht zu verwechseln ist mit dem Betanien am Ölberg, gekannt zu haben. Möglicherweise lag es genau dort, wo die byzantinischen Ruinen stehen.

Im Johannesevangelium heißt es weiterhin, dass Johannes auch »in **Änon** bei Salim« taufte, »weil dort viel Wasser war« (Joh 3,23). Die genaue Stelle ist nicht bekannt, sie könnte aber rund 32 km weiter nördlich des Gebiets um Jericho gelegen haben. Auch dort ist heutzutage der Zugang aus politischen Gründen nicht möglich; deswegen gehen interessierte Besucher meist nach **Yardenit**. Dieser Abschnitt des Jordans gleich nach dem See Gennesaret gehört zu Israel und ist deswegen leicht zugänglich. Wir wissen nicht, ob Johannes so weit im Norden taufte, er konzentrierte sich wohl eher auf die Wüste Juda im Süden; doch dort im Norden gelangt man am bequemsten zu den Wassern des Jordan.

Es gibt noch weitere Gelegenheiten, den Oberlauf des Jordan nördlich des Sees Gennesaret zu sehen, vor allem von der Brücke auf der Straße zwischen Kafarnaum und Betsaida aus. Zur Zeit Jesu war dort die Grenze zwischen Galiläa (dem Territorium von Herodes Antipas) und der Gaulanitis (dem Territorium seines Bruders Herodes Philippos), an der möglicherweise Zöllner patrouillierten. »Als er [Jesus] weiterging, sah er Levi, den Sohn des Alphäus, am Zoll sitzen« (Mk 2,14). Falls sie nicht in Kafarnaum war, könnte sich diese Zollstelle auch hier am Fluss Jordan befunden haben.

Zur Zeit Jesu lag im Norden des Jordan ein kleiner See, der Semachonitis-See im heutigen **Hulebecken**, der aber mittlerweile verschlammt ist. Schließlich kann man den Jordan auch an verschiedenen Stellen in der Nähe seiner Quelle in den Ausläufern des Hermon sehen – vor allem in **Dan** und **Cäsarea Philippi**.

Die Bedeutung, die dieser kleine Fluss auch heute noch hat, wird oft unterschätzt. Wasser ist lebensnotwendig, und seit jeher ist der Jordan der Hauptweg, über den die kühlen Wasser des schneebedeckten Hermon ins Land gelangen. Westlich von Kafarnaum gibt es eine große Pumpstation, von der aus das Wasser durch unterirdische Leitungen in viele Teile des Landes gelangt. Dies erklärt, warum der Wasserspiegel des Sees Gennesaret heute oft sehr viel niedriger ist als früher – sowohl zur Zeit der Bibel als auch noch in der jüngsten Vergangenheit.

Daneben hat der Jordan eine sehr große symbolische Bedeutung. Aufgrund seiner Rolle in der Bibel ist er zum Schlüsselsymbol für den Übergang von einer Lebensform in die andere geworden: ob in der Metaphorik der Taufe (vom Tod zum Leben) oder als Metapher für den physischen Tod (durch den der Mensch ins ewige Leben übergeht).

---

*»O, Jordan bank was a great old bank!*
*Dere ain't but one more river to cross.*
*We have some valiant soldier here,*
*Dere ain't but one more river to cross.*
*O, Jordan stream will never run dry,*
*Dere ain't but one more river to cross.*
*Dere's a hill on my left, and he catch on my right,*
*Dere ain't but one more river to cross.«*
**Spiritual**

# Die Wüste Juda

4

*Erfüllt vom Heiligen Geist, verließ Jesus die Jordangegend. Darauf führte ihn der Geist vierzig Tage lang in der Wüste umher, und dabei wurde Jesus vom Teufel in Versuchung geführt. Die ganze Zeit über aß er nichts; als aber die vierzig Tage vorüber waren, hatte er Hunger. Da sagte der Teufel zu ihm: Wenn du Gottes Sohn bist, so befiehl diesem Stein, zu Brot zu werden. Jesus antwortete ihm: In der Schrift heißt es: Der Mensch lebt nicht nur von Brot.*

*Da führte ihn der Teufel (auf einen Berg) hinauf und zeigte ihm in einem einzigen Augenblick alle Reiche der Erde. Und er sagte zu ihm: All die Macht und Herrlichkeit dieser Reiche will ich dir geben; denn sie sind mir überlassen und ich gebe sie, wem ich will. Wenn du dich vor mir niederwirfst und mich anbetest, wird dir alles gehören. Jesus antwortete ihm: In der Schrift steht: Vor dem Herrn, deinem Gott, sollst du dich niederwerfen und ihm allein dienen.*

*Darauf führte ihn der Teufel nach Jerusalem, stellte ihn oben auf den Tempel und sagte zu ihm: Wenn du Gottes Sohn bist, so stürz dich von hier hinab; denn es heißt in der Schrift: Seinen Engeln befiehlt er, dich zu behüten; und: Sie werden dich auf ihren Händen tragen, damit dein Fuß nicht an einen Stein stößt. Da antwortete ihm Jesus: Die Schrift sagt: Du sollst den Herrn, deinen Gott, nicht auf die Probe stellen.*

*Nach diesen Versuchungen ließ der Teufel für eine gewisse Zeit von ihm ab.*
**Lukas 4,1-13**

## Die Versuchung Jesu

Die Wüste Juda ist einsam und unwirtlich. Es erscheint deshalb zunächst merkwürdig, dass Jesus nach seiner Taufe im Jordan dorthin ging. Warum begann er nicht sofort mit seinem öffentlichen Wirken? Für Jesus war etwas anderes wichtig: Er suchte Zeit allein mit Gott und entschloss sich bewusst dazu, jenen Versuchungen ins Auge zu blicken, denen er bei seinem öffentlichen Wirken begegnen würde. Die Evangelisten sehen in dieser Episode im Leben Jesu den Grundstein für den späteren Erfolg und die Kraft seines Wirkens.

### Die Wüste Juda

Geografisch betrachtet war das alte Land Israel in vielerlei Hinsicht sehr bemerkenswert. Im Unterschied zu seinen Nachbarländern, die vor allem von trockenen Wüsten beherrscht wurden, war Israel ein kleiner, fruchtbarer Streifen Land, der vom Regen profitierte, den das Mittelmeer ins Land trieb. Das Alte Testament beschreibt es als das »Land, wo Milch und Honig fließen« (Dtn/5 Mose 6,3). Als die Israeliten aus der Sklaverei in Ägypten nach Israel kamen, fiel ihnen der starke Gegensatz zwischen diesen beiden Ländern bestimmt sofort auf: In Israel gab es nicht nur in den Flüssen (wie dem Nil und dem Jordan) Wasser – es fiel auch vom Himmel!

## Die Wüste Juda

Das gilt jedoch nur für die Westhälfte. Durch das Zentrum des Landes zieht sich eine Hügelkette, die dafür sorgt, dass die Region im Osten im »Regenschatten« liegt. In diese Region, die Wüste Juda, ging Jesus nach seiner Taufe im Jordan.

Die Wüste ist ein Ort einzigartiger Schönheit und tiefer Ruhe, ein Ort, der dem Menschen seine Zerbrechlichkeit und seine Abhängigkeit vom Wasser vor Augen führt, dass er zum Überleben braucht. Darüber hinaus war die Wüste in biblischen Zeiten ein Ort, an dem die Menschen die Einsamkeit suchten, um ungestört die Stimme Gottes vernehmen zu können. Das Wirken des Täufers Johannes nahm hier seinen Ausgang: »Eine Stimme ruft: Bahnt für den Herrn einen Weg durch die Wüste« (Jes 40,3). So ist es nichts Außergewöhnliches, dass Jesus diesen Ort aufsuchte, um Gottes Worte zu vernehmen und sein eigenes Wirken danach auszurichten.

Blick nach Westen über die Wüste Juda bis zum Wadi Kelt und den Außenbezirken von Jerusalem.

# Die Wüste im Alten Testament

Jesus kannte die Bedeutung der Wüste für die Geschichte des Volkes Gottes.

In der »Wildnis« hatte sich Israel geformt: Vierzig Jahre lang war das Volk auf dem Weg von Ägypten ins Gelobte Land durch die Wüste Sinai und den Negev gezogen. Während dieser Zeit hatte das israelitische Volk Gottes Gesetz empfangen. Es war eine Zeit der Versuchung, der Vorbereitung und des Vertrauens auf Gottes Fürsorge, der ihnen »Manna« schenkte und sie mit Wasser aus dem Felsen versorgte. Doch es war auch eine Zeit, in der die Israeliten gegen ihren Gott aufbegehrten. Im Rückblick wird diese Phase immer wieder mit ihrem Ungehorsam gegenüber Gott, ihrem Erlöser, in Verbindung gebracht: »Ach, würdet ihr doch heute auf seine Stimme hören!«, ermahnt der Psalmist sie später. »Verhärtet euer Herz nicht wie in ... der Wüste ... Dort haben eure Väter mich versucht, sie haben mich auf die Probe gestellt und hatten doch mein

> »Sie redeten gegen Gott; sie fragten: ›Kann uns denn Gott den Tisch decken in der Wüste?‹«
> **Psalm 78,19**

Die Wüste Juda

## Geologische Eigenschaften der Wüste

In geologischer Hinsicht ist das Heilige Land sehr vielseitig: Es erstreckt sich von den fruchtbaren Ebenen entlang der Mittelmeerküste bis zu dem Gebirgsrücken hin, der im Zentrum des Landes von Nord nach Süd verläuft. Es gibt zwei bedeutende Wüsten: der Negev im Süden, der bis zur Wüste Sinai in Ägypten reicht, und im Osten die viel kleinere Wüste Juda (nördlich und westlich des Toten Meeres).

Die Wüste Juda liegt unmittelbar im Regenschatten des hügeligen Landes – die vom Mittelmeer kommenden Regenwolken steigen höher, um die Hügel zu überqueren, und geben deshalb nicht viel Regen ab. Je mehr das Gelände zum Jordan hin abfällt, desto weniger Niederschläge sind jährlich zu verzeichnen. Sich dort anzusiedeln und Landwirtschaft zu betreiben, ist äußerst schwierig.

Im Gegensatz zu anderen Wüsten finden wir hier keine Sanddünen vor, sondern viele felsige Hügel, die manchmal zu einer abgerundeten Form geschliffen sind. Es gibt jedoch auch die eine oder andere Schlucht, die den Verlauf eines ausgetrockneten Flussbetts (auf Arabisch *wadi*) bestimmt, in dem sich zwei- bis dreimal im Jahr ein reißender Sturzbach entwickeln kann. Wasser ist ein rares Gut, aber wer die Wüste kennt, wird oft schnell fündig: Es gibt eine Handvoll schöner Quellen und einige winzige Oasen.

Die Geologen bezeichnen die höher gelegene westliche Seite der Wüste Juda als »Syrische Steppe«: ein raues Gelände mit gerade so viel Niederschlag, dass sich Nomadenvölker (wie die Beduinen) eine karge Existenz sichern können. Weiter im Osten trifft man auf einen Streifen Felswüste, ähnlich der Sahara. Doch selbst hier können die Berge für kurze Zeit mit dem grünen Glanz von wildem Gras und Blumen bedeckt sein, bevor die große Sommerhitze einsetzt. Schließlich gelangen wir ins Jordantal, das die Fortsetzung des Ostafrikanischen Grabenbruchs darstellt und insgesamt unterhalb des Meeresspiegels liegt. Jesus und seine Jünger durchqueren also auf ihrer kurzen Reise von Jericho nach Jerusalem (insgesamt 26 km) nicht weniger als vier der wichtigsten geologischen Zonen: vom Grabenbruch durch den saharaähnlichen Abschnitt und die Syrische Steppe nach Jerusalem, das im Hügelland gelegen ist und seine Niederschläge somit von den Regenwolken des Mittelmeers erhält. Dabei mussten Jesus und seine Jünger 914 Höhenmeter überwinden: Jerusalem liegt mindestens 750 m über, das Tote Meer 411 m unter dem Meeresspiegel.

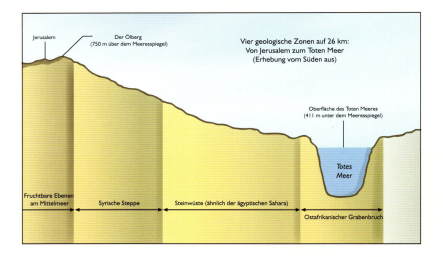

Tun gesehen ... Sie sind ein Volk, dessen Herz in die Irre geht, denn meine Wege kennen sie nicht« (Ps 95,7-10). Von späteren Generationen erwartete man, dass sie aus den Lektionen in der Wüste lernen würden: Vertraut auf Gott, nicht auf euch selbst, und hört sein Wort.

Auch später im Alten Testament spielt die Wüste häufiger eine Rolle. Manchmal ist sie ein Zufluchtsort, wie im Fall des jungen David, der vor König Saul flieht (1 Kön 19). Ein anderes Mal ist sie ein Ort der Genesung und Erholung, wie für den erschöpften Elija (1 Sam 23). Nach seiner Begegnung mit den Propheten des Baal »geriet Elija in

Der saharaähnliche Abschnitt der Wüste, der Ende März von einem grünen Glanz bedeckt ist.

Angst und ging weg, um sein Leben zu retten«, und zwar in Richtung Süden bis nach Beerscheba und dann weiter bis zum Negev.

Dort hörte er »ein sanftes, leises Säuseln« und vernahm Gottes Stimme. Gestärkt ging er aus dieser Situation hervor.

Die Wüste ist auch ein Ort der Prophezeiungen und der Erwartungen, der Hoffnung auf das, was Gott für sein Volk tun wird, nachdem es in Gefangenschaft geraten ist. Als der Prophet Jesaja seine tröstende Botschaft verkündet (Jes 40,1-9), zieht er eine seltsame Verbindung zwischen diesem neuen Werk Gottes und der Wüste:

*Tröstet, tröstet mein Volk ...*
*Eine Stimme ruft: Bahnt für den Herrn einen Weg durch die Wüste! Baut in der Steppe eine ebene Straße für unseren Gott! ...*
*Was krumm ist, soll gerade werden, und was hügelig ist, werde eben.*
*Dann offenbart sich die Herrlichkeit des Herrn ...*
*Alles Sterbliche ist wie das Gras ... Das Gras verdorrt, die Blume verwelkt, doch das Wort unseres Gottes bleibt in Ewigkeit ...*
*Jerusalem, du Botin der Freude ...*
*Sag den Städten in Juda: Seht, da ist euer Gott!*

So wie Gott beim Auszug aus Ägypten in der Wüste zu seinem Volk gesprochen und es unterwiesen hatte, so spielt die Wüste auch bei der Befreiung aus der Babylonischen Gefangenschaft eine entscheidende Rolle. Die »frohe Botschaft« der Befreiung verbindet

*»Er machte Ströme zur dürren Wüste, Oasen zum dürstenden Ödland, fruchtbares Land zur salzigen Steppe; denn seine Bewohner waren böse. Er machte die Wüste zum Wasserteich, verdorrtes Land zu Oasen.«*
**Psalm 107,33-35**

## Die Wüste Juda

sich mit dramatischen Ereignissen, wenn Gottes Volk durch die Wüste aus der Gefangenschaft zurückkehrt. Gottes Wort wird von Neuem gehört und verstanden. Doch vor allem ist die Wüste der Ort der Vorbereitung auf die Ankunft des Herrn selbst – »Seht, da ist euer Gott!«

Auf diesem Hintergrund werden die vielen biblischen Bezüge der Worte »in der Wüste erging das Wort Gottes an Johannes« deutlich. »Und er zog in die Gegend am Jordan«, so lesen wir, »und verkündigte dort überall Umkehr und Taufe zur Vergebung der Sünden« (Lk 3,3). Mit anderen Worten: So wie Jesaja es prophezeit hatte, geht nun die Zeit der Gefangenschaft, die durch Gottes Urteil über die Sünde herbeigeführt wurde, ihrem Ende entgegen. Und so wie Jesaja dies als Vorbereitung für die Ankunft des Herrn gesehen hatte, sagt Johannes nun deutlich: »Es kommt aber einer, der stärker ist als ich« (Lk 3,16).

Es gibt ähnliche Parallelen, wenn Jesus selbst in die Wüste geht. Wie David ist er ein angehender neuer König, der sich gegenüber seinen Feinden behaupten muss. Er ist ein neuer Prophet, der am Anfang seines Wirkens steht und die Bestätigung braucht, wahrhaftig im Namen Gottes zu sprechen. Wie das Volk Israel »vierzig Jahre« in der Wüste verbrachte, so verbringt Jesus nun »vierzig Tage« in der Wüste Juda – nicht, um wie Israel gegen Gott aufzubegehren, sondern um auf sein Wort zu hören.

Der Bericht des Lukas bestätigt diese Parallele zwischen der Geschichte Jesu und der Geschichte Israels, indem Jesus dort dreimal aus dem Buch Deuteronomium (5 Mose) zitiert (Lk 4,4.8.12). Diese wichtigen Passagen stammen aus der Zeit unmittelbar vor dem Einzug der Israeliten in das Gelobte Land: Würde Israel ein treuer »Sohn« im Dienste Gottes sein? Auch Jesus meditiert in der Vorbereitung auf sein eigenes Wirken darüber, was es bedeutet, ein treuer Israelit zu sein. Wird es ihm gelingen, dort treu zu bleiben, wo sein Volk versagt hat?

Möglicherweise spiegelt die Reihenfolge der drei Versuchungen etwas von Israels Reise ins Gelobte Land wider: das Murren der Israeliten in der Wüste angesichts ihrer Nahrung; die Besteigung des Berges Nebo durch Mose, von dem aus er einen Blick auf

> »Dann führte er sein Volk hinaus wie Schafe, leitete sie wie eine Herde durch die Wüste.«
> **Psalm 78,52**

das Gelobte Land erhaschen konnte; und schließlich die Einnahme Jerusalems und der Bau des Tempels als Ort der Gottesverehrung. Auf ähnliche Weise wird Jesus nun zunächst durch das Verlangen nach Brot versucht, dann auf einen Berg geführt, wo ihm »alle Reiche der Erde« gezeigt werden, und schließlich zum Tempel von Jerusalem gebracht. Wir erhalten deutliche Hinweise, dass sich die Erlösungsgeschichte Gottes mit seinem Volk wiederholt, dass sie dem Moment der Erfüllung entgegengeht und dass die Vollendung dieser Geschichte auf Jesu Schultern ruht.

## Gebet und Abgeschiedenheit

Jesus zieht sich also von der Menge zurück. Er macht das im gesamten Lukasevangelium immer wieder, um in Ruhe zu beten. Jesus war ein Mann des Gebets, jemand, der das Alleinsein suchte, um sich ganz seiner Beziehung zu Gott zu widmen.

Indem er nun die Wüste aufsucht, betont Jesus die absolute Priorität Gottes in seinem Leben und Wirken. Er geht ganz *in* Gott auf, um *mit* und *für* Gott hinausgehen und tätig werden zu können. So überrascht es nicht, dass er unmittelbar danach – »erfüllt von der Kraft des Geistes« – nach Galiläa zurückkehrte (Lk 4,14). Jesus war, bereits »erfüllt vom Heiligen Geist« (Lk 4,1), in die Wüste hineingegangen, doch aus diesem *Erfülltsein* ist nun durch Gebet und Alleinsein mit Gott eine tiefe *Kraft* gewachsen.

Die Lehren aus dieser Geschichte haben auch Jesu Anhänger seither immer wieder inspiriert: so beispielsweise der Wert des Fastens in wichtigen Situationen des Lebens; der Nutzen der Heiligen Schrift in Zeiten der Versuchung; das Sichzurückziehen vor Zeiten großer Anstrengung; die Wichtigkeit, die Integrität des Seelenlebens zu bewahren, damit sich dieses im Einklang mit dem öffentlichen Auftreten befindet.

## Der Kampf gegen das Böse

Man könnte hier auch von der geistlichen »Kriegsführung« sprechen. Für unsere Ohren mag es fremd klingen, aber die Geschichte der Versuchung Jesu wird als Kampf mit einer Personifizierung des Bösen dargestellt, die der Evangelist »Teufel« nennt. Dieser Teufel fühlt sich durch die Gestaltwerdung des Einen, des »Gottessohns«, bedroht. Deswegen stellt er unaufhörlich dessen Identität infrage (»Wenn du Gottes Sohn bist«), vielleicht weil er weiß, dass man das Handeln einer Person am effektivsten negativ beeinflussen kann, wenn man Verwirrung über die ihr von Gott verliehene Identität stiftet. Er versucht, die Bedeutung der Heiligen Schrift zu verdrehen. Er behauptet auch zu Unrecht, Macht über »alle Reiche der Erde« zu haben, und beansprucht damit die Autorität Gottes.

Jesus antwortet direkt und ohne zu zögern, der Teufel bleibt erfolglos. Er hält der Unwahrheit Zitate aus der Heiligen Schrift entgegen (»In der Schrift heißt es ...«). Er lässt nicht zu, dass Gottes Wort verdreht oder verzerrt wird. Wird die Schrift falsch verwendet, lässt er dies nicht auf sich beruhen, sondern zitiert sie wahrheitsgemäß. Der Teufel versucht, seine eigene Verehrung zu erzwingen, doch Jesus bleibt dem Herrn, seinem Gott, treu und dient nur ihm allein. Das entbehrt nicht einer tiefgründigen Ironie. Denn obwohl Jesus am Ende selbst von den Menschen verehrt werden wird, unterwirft er sich ganz der Autorität Gottes – und lässt nicht zu, dass sich das Böse zwischen ihn und den Vater drängt.

*»Die Wüste ... eine Gelegenheit, mich meiner Einsamkeit zu stellen und sie in Alleinsein zu verwandeln.«*
**Henri Nouwen**

Die Wüste Juda

All dies kann man nur schwer in Worte fassen. Auch wenn ihre Berichte von einer kunstvollen Einfachheit geprägt sind, weisen die Evangelisten doch auf die geheimnisvolle Tiefe des Wirkens Jesu hin, die unter der Oberfläche des Erzählten sichtbar wird.

Bei der Versuchung Jesu hat man das Gefühl, dass Gott selbst angegriffen wird. Auf jeden Fall scheint der Erfolg des Auftrags Jesu gefährdet zu sein.

Aber Jesus schwankt nicht, er bleibt standhaft. Er missbraucht die spirituelle Macht und die Autorität nicht, die Gott ihm verliehen hat. Er »fällt« nicht und wechselt nicht auf die »dunkle Seite«. Jesus, der von Gott Gesandte und mit Macht und Autorität Ausgestattete, bleibt Gott treu und erfüllt seine Aufgabe bis zum bitteren Ende.

Die entscheidende Schlacht ist geschlagen, und obwohl der Teufel nur »für eine gewisse Zeit« von ihm ablässt, steht hier das Ergebnis der späteren Gefechte bereits fest. Selbst angesichts der Qualen der bevorstehenden Kreuzigung widersteht Jesus der Versuchung, auf andere Weise Ruhm zu erlangen und seinen Weg zu verlassen. Auch an diesem Punkt, an dem die Mächte des Bösen so aggressiv und so finster wie nie zuvor auftreten, bleibt Jesus seiner Sendung treu.

## Leben am Ort des Todes

Selbst in der Wüste ist die Erfahrung von Kreuz und Auferstehung also nicht fern. In diesem Sinn wird die Wüste unversehens zum Ort eines großen Sieges. Diese „Wüstenwanderung" erweist sich als entscheidend für den Ausgang des Kampfes. Paradoxerweise verwandelt sich die Wüste dabei vom Ort des Todes und der Ausweglosigkeit in einen Ort des Lebens und der Hoffnung. Jesus verwandelt die trockene, staubige Wüste in einen Platz äußerster Schönheit, was auch die Jünger erfahren, wenn sie ihren ganz persönlichen „Wüstenerfahrungen" ausgesetzt sind. Für alle, die Jesus nachfolgen, gilt die Zusage aus Ps 84:

»Wohl den Menschen, die Kraft finden in dir …
 Ziehen sie durch das trostlose Tal,
  wird es für sie zum Quellgrund …«
**Psalm 84,6-7**

Eine kleine Oase (En Farah) in der Wüste, etwa auf halbem Weg zwischen Jerusalem und Jericho.

## Schlüsseldaten: Die Wüste Juda

| | | | |
|---|---|---|---|
| ca. 1020 v. Chr. | David flieht vor König Saul in die Wüste (1 Sam 24) und gelangt an Orte wie En Gedi am Westufer des Toten Meers. | | dem Berg der Versuchung) und schließlich das Kloster Sukka (*Wadi Khareitun*) gründet. |
| ca. 870 v. Chr. | Erzählungen über Elija, wie er beim Bach Kerit (östlich des Jordans) von Raben gefüttert wird und zum Berg Horeb flieht (1 Kön 17–19). | 405 n. Chr. | Aufenthalt Euthymius' (377–473 n. Chr.) in En Farah; später gründet er eine Laura bei Khan el-Ahmar, die nach seinem Tod zu einem Zönobium umgebaut wird (478–481). |
| ca. 120 v. Chr. | Johannes Hyrkan baut eine Festung (Hyrkania), die Herodes der Große später als Gefängnis und Hinrichtungsort (u. a. für seinen Sohn Antipater) nutzt. | 455 n. Chr. | Gerasimus (gest. 475 n. Chr.) gründet ein Zönobium und eine Laura am Ufer des Jordan (*deir Hajla*). |
| 67 n. Chr. | Simon, der Sohn des Gioras, bedient sich nach Josephus der Höhlen in En Farah während des Kriegs gegen die Römer (*Bell* 4,9). | 457 n. Chr. | Ankunft von Sabas (439–532 n. Chr.). In der Folgezeit Gründung von Mar Saba (die »Große Laura«) mit Blick auf das Kidrontal. Zum Zeitpunkt seines Todes gibt es in der Wüste östlich von Jerusalem über 70 Klostergemeinden. |
| 68–73 n. Chr. | Römische Armeen ziehen durch die Wüste (Sie zerstören Qumran und belagern das weiter südlich an der Westküste des Toten Meers gelegene Masada). | 470 n. Chr. | Martyrius (457–486 n. Chr.), später Patriarch von Jerusalem, gründet ein Kloster 8 km östlich der Stadt (das heute im Vorort Maale Adummim liegt). |
| 330 n. Chr. | Ankunft von Chariton, der zuerst in En Farah weilt, später dann (um 340 n. Chr.) das Kloster Duka (auf | | |
| 492 n. Chr. | Sabas besucht Hyrkania (damals als »Castellion« bekannt) und gründet das Kloster des Scholaren. | | |
| 575–618 n. Chr. | Goldenes Zeitalter des Georgsklosters (gegründet ca. 480 n. Chr.), das über dem Wadi Kelt liegt. Dies ist der Überlieferung nach die Stelle, an der Elija auf dem Weg zum Berg Horeb (1 Kön 19) Halt machte. | | |
| 716 n. Chr. | Johannes von Damaskus (675–749 n. Chr.) verfasst im Kloster Mar Saba seine Verteidigungsschrift der Ikonen. | | |
| um 1100 | Jesu »Berg der Versuchung« wird als Djebel Qarantal identifiziert (der einen Blick auf Jericho bietet). Griechisch-orthodoxe Rekonstruktion des »Klosters der Versuchung«. | | |
| 1930er-Jahre | Bau einer Asphaltstraße von Amman nach Jerusalem unter britischem Mandat, die teilweise der Route der alten Römerstraße folgt. | | |

# Die Wüste Juda heute

Für viele Menschen, die unter der Hektik des westlichen Lebensstils leiden, kann ein Besuch der Wüste eine lebensverändernde Erfahrung sein. Plötzlich treten Stille, Ruhe und ein langsames, gleichmäßiges Tempo an die Stelle von Lärm, Geschäftigkeit und Hetze. Auch wenn die Reisepläne der Touristen oft von einer ähnlichen Hektik bestimmt sind, wird der kluge Reisende irgendwann die Ruhe der Wüste suchen.

Es gibt viele verschiedene Möglichkeiten, die Wüste Juda, die so viel Unterschiedliches bietet, kennenzulernen. Dies hängt ganz von Engagement und Vorliebe des Reisenden ab. Hier einige Orte, deren Besichtigung sich lohnt und an denen man die verschiedenen Gesichter der judäischen Wüste entdecken kann:
– Cañons mit bizarren Gesteinsformationen südwestlich des Toten Meers
– Wadis (zum Beispiel **En Gedi** oder **En Farah**)
– **Masada**
– die Ruinen bei **Qumran** mit ihren Höhlen, in denen einige der Schriftrollen vom Toten Meer gefunden wurden
– der **Berg der Versuchung**, von dem man einen herrlichen Ausblick auf das Jordantal hat, sowie das dort befindliche Kloster
– die alte **Römerstraße** zwischen Jerusalem und Jericho (sie folgt dem Kamm mit Blick auf das Wadi Kelt)

- die Wanderstrecke vom **Wadi Kelt** über das **Georgskloster** bis hin zum Aussichtspunkt mit Blick auf Jericho in der Nähe der Ruinen des Herodespalasts
- die Klosterruinen des **Euthymiusklosters** (südlich der Hauptstraße von Jerusalem nach Jericho) oder des **Martyriusklosters** (dies ist weniger angenehm, da diese Ruinen inzwischen von den Häusern der Siedlung Maale Adummim umgeben sind).
- Betlehem, Beit Sahur und das berühmte Kloster **Mar Saba** (St. Saba). Dort kann in den Felsen entlang des Kidrontals gewandert werden.

Obwohl der Besuch dieser Orte nicht übermäßig beschwerlich ist, empfehlen sich doch eine sorgfältige Vorbereitung sowie einige Vorsichtsmaßnahmen: Gutes Schuhwerk, angemessenen Sonnenschutz, einen ausreichenden Wasservorrat, genügend Nahrung und einen Salzstreuer (wichtig, um ein Dehydrieren zu vermeiden!) sollte man auf alle Fälle bei sich haben. Solche Unternehmungen benötigen vielleicht mehr Zeit als »gewöhnliche« Besichtigungen, aber genau in diesen Situationen gelangt man an Orte völliger Ruhe und schafft es für einen Augenblick, jeglichem Zeitdruck zu entfliehen.

Die Wüste zu erleben, ist für viele ein tiefgehendes und berührendes Erlebnis, das die Sehnsucht nach mehr weckt.

Die Menschen zieht es aus unterschiedlichen Gründen in die Wüste: die körperliche Herausforderung, der Kampf mit der Hitze bei Tag und mit der Kälte bei Nacht, die Suche nach Ausgeglichenheit und innerem Frieden; das Entdecken der eigenen körperlichen Stärken und Schwächen.

Touristen auf der schmalen Römerstraße von Jerusalem nach Jericho.

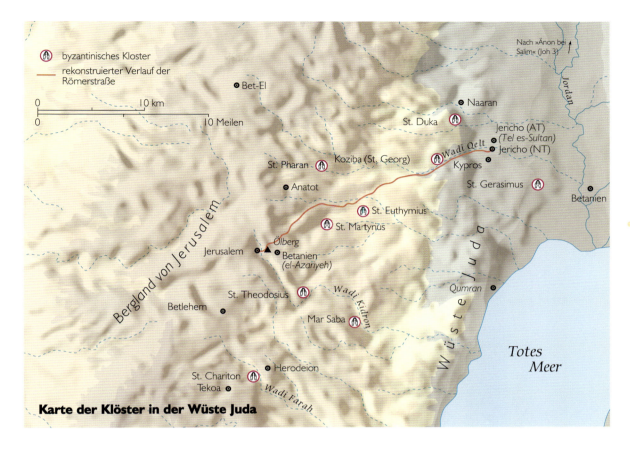

**Karte der Klöster in der Wüste Juda**

Auch das Interesse an der christlichen Geschichte kann ein Grund sein, warum es Menschen in die Wüste Juda zieht. Fünfhundert Jahre nach Jesu Lebzeiten war diese Wüste zu einer wahren »Stadt« mit Hunderten von Mönchen geworden.

Diese Klöster zu besuchen, bedeutet: sich berühren lassen von ihrem Beispiel entschlossener Hingabe an Gott; dem Willen, seinen Ruf zu hören, Christus nachzueifern und nach der Gegenwart des Heiligen Geistes zu hungern. Dieser Ruf mag in unserem modernen, geschäftigen Leben anders aussehen als damals, aber die Herausforderung bleibt dieselbe.

Ein kurzer Besuch eines der noch in Betrieb befindlichen Klöster bietet die Möglichkeit, Menschen kennenzulernen, die diesem Ruf in unserer Zeit gefolgt sind und die zuvor oft ein ganz normales und »städtisches« Leben geführt haben. Zu **Mar Saba** haben (wie zu den Athos-Klöstern in Griechenland) nur Männer Zutritt, doch im **Georgskloster** und im Kloster am **Berg der Versuchung** sind auch Frauen willkommen. Die meisten Besucher verlassen die Klöster beeindruckt und mit einigen Fragen: Wieso entschließen sich diese Menschen zu so einem Leben? Könnte ich das auch? Und wenn nicht, warum nicht?

Wer allein in der Wüste ist, dem kommen unwillkürlich solche Fragen. Erst in der Stille werden wir uns unserer inneren Unruhe bewusst.

Erst in der Abgeschiedenheit stellen wir uns unserem Alleinsein und all dem, was zu unserer Persönlichkeit dazugehört. Auf diese Weise gelangen wir oft zu einem neuen

## Die Wüstenväter

Die Mönche, die in der Wüste Juda lebten, sind als die »Wüstenväter« bekannt. Sie waren Teil einer Bewegung, die im Mittleren Osten rund 300 Jahre lang blühte. Das Mönchtum begann in Ägypten mit einem Mann namens Antonius (250–356 n. Chr.), der um 280 n. Chr. allein in die Wüste ging, um dort zu leben. Bald breitete sich das Mönchtum nach Palästina aus, das reizvollerweise in der Wüste lag, in der Jesus selbst gebetet hatte. Obwohl ihre Zellen äußerst abgelegen waren, wussten die Mönche doch, dass hinter dem westlichen Horizont die »Städte der Fleischwerdung« (Jerusalem und Betlehem) lagen, die im Leben Jesu, dem sie nun folgten, eine wichtige Rolle gespielt hatten. Spiritualität und Geschichte waren somit untrennbar miteinander verwoben und die Wüste nicht weit entfernt von der Stadt.

Es gab zwei unterschiedliche Arten des mönchischen Lebens. Einige Mönche lebten für sich in Höhlen-Zellen, sogenannten Lauras (griechisch für »enge Gasse«), und kamen nur an den Wochenenden in einem nahe gelegenen Gebäude zusammen. Andere Mönche teilten sich ein Gebäude, das Zönobium (griechisch für »Kloster«). Oft sah es wie ein quadratisches Fort aus. Der Begründer der Zönobien war Pachomius (292–346 n. Chr.). In Palästina verband man oft beide Formen. Man bildete die jungen Mönche in einem Zönobium aus, bevor man ihnen erlaubte, in den entlegenen Zellen zu leben. Diese Mischform wurde von Gerasimus entwickelt, der am Jordan ein Kloster gründete. In den meisten Fällen gab es einen älteren Mönch, der als »Abba« oder »Vater« anerkannt wurde, ein erfahrener spiritueller Meister, der die anderen Mönche beraten konnte.

Zu den Mönchszellen, die mit einer Schilfmatte, einem Schaffell und einem Gefäß für Nahrung und Wasser ausgestattet waren, gehörte manchmal auch ein kleines Stück bebautes Land. Der Tagesablauf eines Mönchs bestand aus der Meditation über die Schrift, dem Lesen der Psalmen sowie manueller Arbeit (beispielsweise dem Weben von Körben, die dann vom Kloster verkauft wurden). Als Grundnahrung stand Wasser und Brot (*paxamatia* genannt) zur Verfügung, das mehrere Tage lang essbar war. Suppe, Oliven und Linsen gehörten in der Regel ebenfalls zur täglichen Nahrung, während Feigen, Trauben und Wein ein seltener Luxus waren.

Die *Sprüche der Wüstenväter* (eine Sammlung von Geschichten, die späteren Klostergemeinschaften als Ratgeber dienten) vermitteln einen guten Eindruck von ihrer Weisheit und Gottesfurcht. Als Haupttugenden werden natürlich das Schweigen und die Einsamkeit herausgestellt: »Ein Bruder bat um Rat. Man sagte ihm: ›Geh und sitz in deiner Zelle, und deine Zelle wird dich alles lehren.‹«

Der Bewegung wurde 614 n. Chr., als die persische Armee nach Palästina vorrückte, jäh ein Ende bereitet. Mehrere Klöster haben die Schädel der während dieser Invasion getöteten Mönche aufbewahrt. Einige Schlüsselfiguren – wie Chariton, Euthymius, Sabas und Theodosius – hatten wichtige Klöster gegründet, doch allein das Kloster Mar Saba hat diese Zeit überstanden und ist seither ununterbrochen in Betrieb.

### »Pratum Spirituale«

Einen besonderen Einblick in das Klosterleben in der Wüste Juda gibt uns das Werk des Johannes Moschus *Pratum Spirituale* aus dem Jahr 615 n. Chr. Moschus wurde in der Nähe von Damaskus geboren, war aber über zehn Jahre lang Mönch in der Wüste Juda, zuerst im großen Kloster St. Theodosius (nahe Betlehem), dann im abgelegeneren Kloster Pharan, das von Chariton gegründet wurde. Moschus verbrachte außerdem zehn Jahre als Mönch am Berg Sinai.

Angesichts der Gefahr durch die Perser verließen er und sein jüngerer Freund Sophronius das Heilige Land und gingen zuerst nach Alexandria und später nach Rom. Nach dem Tod des Johannes kehrte Sophronius nach Jerusalem zurück und war dort Patriarch, als die muslimischen Armeen 637 n. Chr. eintrafen. Für Johannes geriet die mönchische Lebensweise im Laufe seines Lebens zunehmend in Gefahr. Er suchte deshalb während eines Großteils seines Lebens als Mönch nach der besten Lebensform für seine Brüder. Seine Schriften dokumentieren die Blütezeit des mönchischen Ideals im Heiligen Land.

Hier sei eine seiner Geschichten erzählt, die von einem Mönch berichtet, der in der Wüste Juda zwischen Jerusalem und Jericho verkehrte – auf der Straße, die Jesus als Schauplatz für sein Gleichnis vom barmherzigen Samariter wählte.

*In den Zellen von Koziba lebte ein Mönch, der sich sehr um die Bedürftigen kümmerte. Er wanderte mit Brot und Wasser vom heiligen Jordan zur Heiligen Stadt. Sah er jemanden, der von Müdigkeit übermannt wurde, schulterte er dessen Bündel und trug es bis zum Ölberg.*

*Wenn er auf dem Rückweg anderen begegnete, denen es ebenso erging, schulterte er ihre Bündel und trug sie bis Jericho. Manchmal schwitzte er unter einer großen Last, manchmal trug er ein Kind auf seinen Schultern, einmal sogar zwei gleichzeitig.*

*Manchmal setzte er sich und flickte das Schuhwerk der Menschen, denn er trug das, was er hierzu benötigte, bei sich ... Wenn er jemanden fand, der nackt war, gab er ihm sein Gewand.*

**Pratum Spirituale, Kapitel 24**

*Rechts: Das griechisch-orthodoxe Georgskloster am Rande des Wadi Kelt.*

Die Wüste Juda

Verständnis von uns selbst und einer neuen Wertschätzung von Freunden und Gefährten.

Und gerade in *dieser* Wüste, in der Wüste Juda, wird es – vielleicht wegen ihrer biblischen Geschichte – leichter, an den Gott der Bibel zu denken, eben jenen Gott, der sein Volk durch die Wüste hindurch ins Gelobte Land führte, der Propheten in die Wüste rief, damit sie sein Wort hören konnten, und der schließlich Jesus in die Wüste sandte, damit er dort einen Sieg über die Kräfte der Dunkelheit erringen konnte.

Die Wüste im Land der Bibel scheint so manchmal in besonderer Weise eine Stätte zu sein, an der wir dem Jesus der Evangelien näherkommen können. In den Städten mag er für uns schwer fassbar sein, ja selbst auf den grünen Hügeln Galiläas; aber irgendetwas an den steinigen Felsen der Wüste bringt ihn uns näher – als jemanden, der unsere menschliche Zerbrechlichkeit teilte und uns in schweren Stunden Kraft geben kann.

# Galiläa und seine Dörfer

5

*Jesus kehrte, erfüllt von der Kraft des Geistes, nach Galiläa zurück. Und die Kunde von ihm verbreitete sich in der ganzen Gegend. Er lehrte in den Synagogen und wurde von allen gepriesen.*
**Lukas 4,14-15**

## Jesu öffentliches Wirken

Von der Wüste aus kehrte Jesus »nach Galiläa« zurück. Der Schwerpunkt seines Wirkens verlagert sich nun von Nazaret, dem Ort seiner Kindheit, nach Kafarnaum («Haus des Nahum«), einer kleinen Hafenstadt am Nordufer des Sees Gennesaret. »Er verließ Nazaret, um in Kafarnaum zu wohnen« (Mt 4,13), dem Ort, den man später auch »seine Stadt« nannte (Mt 9,1).

Der Name Galiläa leitet sich wahrscheinlich vom hebräischen Wort *galil* ab, das »Kreis« bedeutet. Geografisch war es in zwei unterschiedliche Gebiete gegliedert, die Josephus als »Obergaliläa« und »Untergaliläa« beschrieb. Obergaliläa nannte man die bergige Region im Norden und Westen, die heute die natürliche Grenze zum Staat Libanon bildet. Obergaliläa erhob sich teilweise bis auf 1000 m über den Meeresspiegel. Untergaliläa (um den See herum gele-

## Josephus über den See Gennesaret

Galiläa wird oft als »Oase des Friedens« bezeichnet. Ein anderes Bild zeichnet Josephus, wenn er den See und die Ebene von Gennesaret in jenem Abschnitt seines Werkes *Der Jüdische Krieg* beschreibt, in dem es um die schonungslose Niederschlagung des ersten Jüdischen Aufstands im Jahr 67 n. Chr. geht. Die Bürger von Tiberias ergaben sich, doch bei Tarichäa (Magdala) tobten heftige Kämpfe. Es entbrannte auch eine Schlacht auf dem See Gennesaret, von der Josephus berichtet: »... die Zahl der Erschlagenen (einschließlich derer, die in Tarichäa getötet wurden) betrug 6500« (*Josephus, Bell* 3,10).

Jesus wirkte nur dreißig Jahre zuvor an den Ufern eben dieses Sees in einem Galiläa, das sich am Rande eines Aufstands befand. Es brauchte nicht viel, um seine Predigt vom »Reich Gottes« zu einem Funken werden zu lassen, der die ganze Region in Brand setzen würde.

Josephus beschreibt den See und die Ebene von Gennesaret folgendermaßen:

> *Der See Gennesar, der seinen Namen von der angrenzenden Landschaft hat, ist vierzig Stadien breit und hundertvierzig lang. Gleichwohl ist sein Wasser süß und zum Trinken sehr geeignet, denn es ist ... überall klar, weil der See von sandigen Ufern begrenzt ist, und so temperiert, dass es sich gut schöpfen lässt. Es ist milder als Fluss- oder Quellwasser, bleibt aber dabei doch immer kühler, als man nach der Ausdehnung des Sees erwarten sollte. Wird das Wasser der freien Luft ausgesetzt, so gibt es dem Schnee an Kälte fast nichts nach; zur Sommerszeit pflegen deshalb die Einwohner dies bei Nacht zu tun. Es gibt im See auch allerlei Arten von Fischen, die an Geschmack und Gestalt von denen anderer Gewässer verschieden sind. In der Mitte wird er vom Jordan durchschnitten ...*
>
> *Den Gennesar entlang erstreckt sich eine gleichnamige Landschaft von wunderbarer natürlicher Schönheit. Infolge der Fettigkeit des Bodens versagt sie keinerlei Gewächs, und es haben sie denn auch die Bewohner mit allen möglichen Arten davon bepflanzt ... Was sich hier vollzieht, könnte man ebenso wohl einen Wettstreit der Natur nennen, die das einander Widerstrebende auf einen Punkt zu vereinen trachtet, als einen edlen Kampf der Jahreszeiten, deren jede diese Landschaft in Besitz zu nehmen sucht. Denn der Boden bringt die verschiedensten, anscheinend einander fremden Obstsorten nicht bloß einmal im Jahr, sondern lange Zeit hindurch fortwährend hervor. So liefert er die königlichen Früchte, Weintrauben und Feigen, zehn Monate lang ohne jede Unterbrechung, während die übrigen Früchte das ganze Jahr hindurch mit jenen der Reihe nach reif werden. Zu dem milden Klima gesellt sich dann noch die Bewässerung durch eine sehr kräftige Quelle, die von den Eingeborenen des Landes Kafarnaum genannt wird.*
>
> **Josephus, Bell 3,10**

An anderer Stelle berichtet er über den Bevölkerungsreichtum Galiläas und die damit verbundene Wehrhaftigkeit seiner Bewohner:

> *Galiläa zerfällt in das sogenannte Ober- und Unterland ... Ungeachtet des geringen Umfangs dieser beiden Landschaften und ihrer durchweg nichtjüdischen Umgebung hielten die Galiläer doch jedem feindlichen Angriff stand, da sie von Jugend auf mit dem Kampfe vertraut waren und allzeit eine bedeutende Kopfzahl aufwiesen. Den Männern fehlte es nie an Mut, und dem Lande nie an Männern ... Aus dem nämlichen Grunde hat es eine Menge von Städten, und auch die Bevölkerung der Dörfer ist wegen der Fruchtbarkeit des Bodens überall so dicht, dass selbst das kleinste Dorf mehr als fünfzehntausend Einwohner zählt.*
>
> **Josephus, Bell 3,3**

gen) lag 180 m unter dem Meeresspiegel und hatte einige fruchtbare Ebenen, in denen Getreide wuchs. Das öffentliche Wirken Jesu ist wohl größtenteils in Untergaliläa zu lokalisieren.

## Galiläas schöner See

Den Mittelpunkt dieses Gebietes bildete der See Gennesaret. Dieser Süßwassersee wurde vom schmelzenden Schnee des Bergs Hermon, den der Jordan mit sich führte, versorgt. Er war von zahlreichen Häfen umgeben und bildete das Zentrum einer blühenden Fischindustrie. Aus der Vogelperspektive hatte er die Form einer Harfe, wobei seine Ausdehnung 26 km von Norden nach Süden und 14,5 km am breitesten Punkt von Westen nach Osten betrug. Auch sein Name in alttestamentlicher Zeit – »See von Kinneret« – war möglicherweise vom hebräischen Wort *kinnor*, welches »Harfe« bedeutet, abgeleitet. Josephus sprach hingegen vom See Gennesar; die Evangelisten verwendeten ebenfalls diesen Namen, nannten den See aber auch »Galiläisches Meer« oder sogar »See von Tiberias«, nach der neuen Stadt an seinem Südwestufer. Drei Kilometer südlich von Tiberias verließ der Jordan den See und floss zum salzigen Toten Meer. Im Gegensatz zu diesem wimmelte es im See Gennesaret von Leben.

Der See war teilweise von sehr hohen Bergen umgeben, die Schutz vor Wind und Sturm boten. Wenn der Wind jedoch seine Richtung änderte und durch eines der Täler wehte, konnte der See plötzlich rau und gefährlich werden. Da er rund 210 m unter dem Mittelmeerspiegel lag, war es dort in den Sommermonaten manchmal unerträglich heiß. Zu anderen Jahreszeiten bot er nach einer Wanderung in den Bergen willkommene Wärme.

Den See umgaben eine Reihe unterschiedlicher Landschaften. Im Osten befand sich der karge Höhenzug der Berge

Blick vom Arbelpass auf die Ebene von Gennesaret.

der Gaulanitis. Im Norden, wo der Jordan durch einen weiteren, kleineren See, den Semachonitis-See, floss, lag ein sumpfiges, unwirtliches Gebiet, das im Laufe der Jahre vom Jordan verschlammt wurde. Im Nordwesten hinter Kafarnaum erstreckten sich einige Hügel aus vulkanischem schwarzem Basaltstein sowie die fruchtbare Ebene von Gennesaret. Im Westen schließlich erhoben sich die mächtigen Felsen des Arbelpasses, der die Menschen daran hinderte, über Land von der Ebene aus nach Tiberias zu gelangen. Dies war nur von Südwesten oder per Boot möglich.

## »Das Galiläa der Heiden« – Jüdisches Grenzgebiet

Das Alte Testament erwähnt diese Region erstaunlich selten. Es taucht plötzlich im 8. Jh. v. Chr. auf, als Jesaja prophezeit, dass Gott »das Gebiet der Heiden wieder zu Ehren bringen wird« und die Menschen ein »helles Licht« sehen werden (Jes 8,23–9,1). Matthäus verstand das Wirken Jesu in Galiläa als die Erfüllung dieser Weissagung Jesajas (Mt 4,13-16).

Jesaja spricht davon, dass Galiläa das »Gebiet der Heiden« sei. Dies erinnert daran, dass die Bevölkerung Galiläas seit der Eroberung durch die Assyrer und der Deportierung eines Großteils der Israeliten immer eine Mischung aus Juden und Nichtjuden gewesen ist. Anders als im südlich gelegenen Samaria kehrten viele Juden aus dem Exil nach Galiläa zurück. Zur Zeit Jesu bildeten sie möglicherweise die Mehrheit in dieser

»... später bringt er die Straße am Meer wieder zu Ehren, das Land jenseits des Jordan, das Gebiet der Heiden. Das Volk, das im Dunkel lebt, sieht ein helles Licht; über denen, die im Land der Finsternis wohnen, strahlt ein Licht auf.«
**Jesaja 8,23–9,1**

## Die Orte in Galiläa, an denen Jesus wirkte

Das Wirken Jesu beschränkte sich nicht nur auf Kafarnaum. Lukas und Matthäus erwähnen noch zwei andere Städte – Chorazin und Betsaida – und erzählen, dass Jesus dort »die meisten Wunder getan hatte« (Mt 11,20). Die Evangelien berichten davon, dass Jesus einen Aussätzigen, einen Mann mit einer »verdorrten Hand« und eine verkrüppelte Frau heilte – diese Wunder sind möglicherweise in diesen Städten oder in ihrer Umgebung zu lokalisieren (Mk 1,40-45; 3,1-6; Lk 13,10-17).

Doch Jesus wirkte auch andernorts, denn »in der folgenden Zeit wanderte er von Stadt zu Stadt und von Dorf zu Dorf« (Lk 8,1). In diesem Zusammenhang sagte Jesus auch, er habe keinen Ort, »wo er sein Haupt hinlegen« könne (Lk 9,58). Er sandte seine Jünger »in alle Städte und Ortschaften, in die er selbst gehen wollte« (Lk 10,1). Aus den neutestamentlichen Texten geht also hervor, dass Jesus weit herumkam. Er wirkte in der Stadt Nain (rund 32 km südwestlich des Sees) und mindestens einmal im Gebiet von »Tyrus und Sidon«, bekannt als Syrophönizien (Lk 7,11; Mk 7,24-30). Es gibt weitere Hinweise auf Orte – z. B. Magadan und Dalmanuta (vgl. Mt 15,39; Mk 8,10) –, deren Lage heute nicht mehr genau bestimmt werden kann.

Erwähnt werden auch weniger spezifische Orte. Oft ist Jesus irgendwo zum Essen zu Gast (Lk 7,36-50; 14,1-24). Er spaziert durch ein Kornfeld und muss sich von der Öffentlichkeit kritisieren lassen, weil er seinen Jüngern erlaubt, Ähren abzureißen (Lk 6,1-5). Er sucht einen »einsamen Ort« nicht weit von Kafarnaum auf, wo Simon und seine Begleiter ihn betend vorfinden (Mk 1,35-37).

Das Wirken Jesu im Gebiet um den See Gennesaret lässt sich folgendermaßen zusammenfassen:

**In Kafarnaum:** Jesus lehrt in der Synagoge und treibt einen unreinen Geist aus; viele Menschen werden geheilt, einschließlich der Schwiegermutter des Petrus und eines Gelähmten, den man durch ein Dach zu Jesus hinablässt; Jesus beruft den Zöllner Levi und speist in dessen Haus; der Diener eines römischen Hauptmanns wird geheilt (Mk 1,21-26,29-34; 2,1-17; Lk 7,1-10). Kafarnaum könnte auch der Ort sein, an dem Jesus die Tochter des Synagogenvorstehers Jaïrus heilt und an dem die Schriftgelehrten Jesus mit Beelzebul vergleichen (siehe Mk 5,21-43; 3,20-30).

**Am See:** Jesus beruft die ersten Jünger; er befiehlt Simon, seine Netze erneut auszuwerfen; er lehrt die Menge vom Boot aus (einschließlich des Gleichnisses vom Sämann); der auferstandene Jesus erscheint dort Petrus und den anderen Jüngern, als sie eines Morgens vom Fischen zurückkommen (Mk 1,14-20; Lk 5,1-11; Mk 3,9-10; Mk 4,1-25; Joh 21,7-23).

**Auf dem See:** Jesus gebietet einem heftigen Sturm Einhalt; er geht über das Wasser; er spricht über den »Sauerteig der Pharisäer« (Mk 4,35-41; 6,47-52; 8,14-21).

**Auf der Nordseite des Sees:** Jesus speist 5000 Menschen an einem »einsamen Ort«, wahrscheinlich irgendwo jenseits von Betsaida; in Betsaida heilt er auch einen Blinden (Mk 6,30-44; 8,22-26).

**Auf der Südostseite des Sees und in der Dekapolis:** Jesus heilt einen Besessenen; dann einen Taubstummen; er speist 4000 Menschen (Mk 5,1-20; 7,31-37; 8,1-9).

**In der Ebene von Gennesaret:** hier finden Krankenheilungen statt (Mk 6,53-55).

### Berge, Hügel und Ebenen

Im Matthäusevangelium befindet sich Jesus häufiger auf einem »Berg« (Mt 5,1; 28,16). Matthäus zieht damit eine Parallele zwischen Jesus und Mose, der mit dem Berg Sinai in Verbindung gebracht wurde. Doch Matthäus und die anderen Evangelisten wussten genau, dass die »Berge« um den See Gennesaret im Vergleich zum Sinai recht niedrig waren. Es wäre wohl angemessener, hier von Hügeln statt von Bergen zu sprechen (das griechische Wort enthält beide Bedeutungen). Die Formulierung des Matthäus hilft seinen jüdischen Lesern, die Verbindung zwischen Jesus und Mose herzustellen.

Jesus nutzte die Hügel um den See Gennesaret, wenn er sich von der Menge zurückziehen wollte. Manchmal wird es ihn dann auf die einsamen Höhen an der Ostseite des Sees gezogen haben. Ein anderes Mal mögen ihm die niedrigeren Hügel hinter Kafarnaum ausgereicht haben. Dort hat er möglicherweise seine zwölf Apostel erwählt oder die »Bergpredigt« gehalten (Mk 3,13; Mt 5–7). Auf diesen Hügeln gibt es auch etliche Plateaus. So muss es also keinen Widerspruch darstellen, wenn Lukas berichtet, dass Jesus seine Predigt »in der Ebene« hielt (Lk 6,17). Matthäus legt mit Jesu *Berg*predigt mehr Gewicht auf die Autorität Jesu, Lukas' *Feld*rede betont hingegen die Zugänglichkeit Jesu für seine Zuhörer.

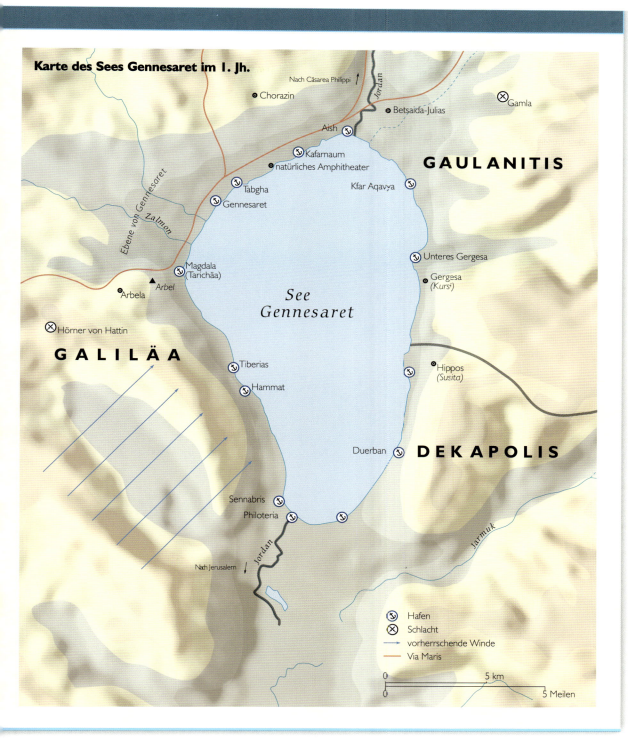

Galiläa und seine Dörfer

69

Luftaufnahme von Kafarnaum am See Gennesaret. In der Franziskaneranlage heben sich die weißen Steine der großen alten Synagoge gegen den schwarzen Basalt der nahe gelegenen kleinen Häuser ab. Die neue Kirche mit der roten Kuppel gehört der griechisch-orthodoxen Gemeinde.

Region. Aber es handelte sich noch immer um ein »Grenzgebiet«. Anders als in Jerusalem im Süden kamen die Juden hier ständig mit Nichtjuden in Kontakt.

In so einem Umfeld war es für die Juden wichtig, sich von ihren nichtjüdischen Nachbarn abzugrenzen. Unterscheidungsmerkmale – wie die Beschneidung, die Einhaltung des Sabbats, Speise- und Hygienevorschriften und häufige Pilgerfahrten nach Jerusalem – spielten in einer solchen Gesellschaft eine bedeutende Rolle. Jeder, der diese Regeln infrage stellte, griff die Lebensart der Juden an.

So ist es nicht verwunderlich, dass die Pharisäer in dieser Region eine sehr mächtige Interessengruppe bildeten. Sie wollten den Menschen helfen, gemäß der jüdischen Thora zu leben, um den Tag, an dem Gott sein Volk von der Herrschaft der Heiden befreien würde, schneller herbeizuführen. Deshalb machten sie sehr klar deutlich, wann die Grenzen überschritten waren und wann gegen ihr Verständnis von den erwähnten Regeln verstoßen wurde.

Gewisse Gebiete waren vorrangig, wenn nicht sogar ausschließlich, von Nichtjuden besiedelt: die sogenannte »Dekapolis« (griechisch für »zehn Städte«) im Osten und Süden des Sees; möglicherweise auch die neue Stadt Tiberias, die von Herodes Antipas zu Ehren des heidnischen römischen Kaisers provokativ an der Stätte eines alten jüdischen Friedhofs erbaut wurde. Andernorts handelte es sich jedoch um gemischte, polyglotte Gemeinden, in denen das Verhältnis zwischen Juden und Nichtjuden angespannt war. In Galiläa sprach man Aramäisch, doch in der Osthälfte des Reiches war auch Griechisch als Lingua franca üblich – als Verkehrssprache beim Handel zwischen verschiedenen Volksgruppen. Mindestens zwei der Jünger Jesu hatten griechische Namen (Andreas und Philippus), für die es kein aramäisches Äquivalent gab. Beide sprachen Griechisch.

## Kafarnaum und der internationale Handel

Alles in allem hatte Galiläa im 1. Jh. ein internationales Flair. Im Unterschied zu Jerusalem lag es an einer wichtigen Handelsroute – an der bei Jesaja erwähnten »Straße am Meer«. Diese »Via Maris« verband die Märkte von Mesopotamien und Damaskus mit dem Mittelmeer und Ägypten und führte durch die Ebene von Gennesaret, am Nordufer des Sees entlang, direkt durch Kafarnaum.

Kafarnaum war auch die letzte Stadt vor der neuen Grenze zwischen dem »eigentlichen« Galiläa und der Gaulanitis im Osten, die nach dem Tod von Herodes dem Großen im Jahre 4 v. Chr. errichtet wurde. Diese Grenze verlief inmitten des Jordan. Damit lag Betsaida – der Geburtsort der Jünger Philippus, Andreas und Petrus – nicht mehr in »Galiläa«. Das bedeutet weiter, dass Kafarnaum als Grenzstadt vermehrte Einnahmen hatte und ein Paradies für Zöllner war. Wahrscheinlich gab es dort ein Zollamt und eine kleine Garnison – deswegen erwähnt Lukas den römischen »Hauptmann«, der den armen Städtern beim Bau ihrer Synagoge half (Lk 7,2-5). Es ist durchaus denkbar, dass einige der Jünger nach Kafarnaum zogen, um nicht mehrfach Steuern zahlen zu müssen, wenn sie ihren frischen Fisch zu Orten wie Magdala/Tarichäa am Westufer des Sees transportierten.

Die Entscheidung Jesu, nach Kafarnaum zu gehen, war also strategischer Natur. Nazaret war in der Tat sehr abgelegen, das ebenfalls kleine und noch immer ziemlich arme Kafarnaum schien hingegen ideal zu liegen – genau richtig für einen Prediger, der so viele Menschen wie möglich erreichen wollte. Aus dem »Galiläa der Heiden« sollte zu gegebener Zeit ein »Licht für die Welt« kommen.

## Jesu Botschaft und Themen

Den Evangelien zufolge kennzeichneten zwei Dinge das Wirken Jesu in Galiläa, die sich auf den ersten Blick zu widersprechen scheinen. Einerseits wird die Autorität, mit der Jesus lehrte, herausgestellt: »... denn er lehrte sie wie einer, der (göttliche) Vollmacht hat, nicht wie die Schriftgelehrten« (Mk 1,22). Jesus sprach über Gott wie jemand, der genau wusste, von wem er redete. Seine Taten stützten diese Autorität: seine Ehrfurcht gebietende Macht über die großen Feinde des Menschen – Krankheiten, Katastrophen, Dämonen und sogar den Tod.

Andererseits betonen die Evangelien den einfachen Stil seiner Predigten und seine Nähe zum Volk. Jesus bediente sich nicht abstrakter Theorien, sondern griff für jedermann nachzuvollziehende Beispiele aus dem Alltag auf. Galiläa bot ihm in dieser Hinsicht reichlich »Material«.

*»Und sein Ruf verbreitete sich in ganz Syrien ... Scharen von Menschen aus Galiläa, der Dekapolis, aus Jerusalem und Judäa und aus dem Gebiet jenseits des Jordan folgten ihm.«*
**Matthäus 4,24-25**

## Motive aus dem galiläischen Alltag in Jesu Verkündigung

Die folgende Liste bezieht sich auf die Kapitel 5–15 im Lukasevangelium und gibt einen Überblick über die vielen Bilder, die Jesus dem Alltagsleben in Galiläa entnimmt, um seine Botschaft vom Reich Gottes zu verdeutlichen. Die Liste zeigt die Anschaulichkeit seiner Verkündigung. Anhand von einfachen, alltäglichen Dingen vermittelte Jesus geistliche Realitäten.

- Hochzeitsbräuche
- Weinschläuche
- gestohlene Kleidungsstücke
- Splitter im Auge
- Bäume, die schlechte Früchte hervorbringen
- schlechte Baufundamente
- Kinder, die auf dem Marktplatz sitzen und einander zurufen
- unterschiedliche Beschaffenheiten des Bodens
- Leuchter
- Begräbnisbräuche
- Pflügen
- Eier und Skorpione
- Raubüberfall
- dreckiges Geschirr
- Gartenkräuter
- nicht gekennzeichnete Gräber
- billige Spatzen
- übergroße Scheunen
- Raben und Lilien
- gute und schlechte Hausverwalter
- Familienstreitigkeiten
- Wettervorhersage
- ein Esel, der Wasser braucht oder in einen Brunnen fällt
- Senfkorn und Sauerteig
- eine Henne und ihre Küken
- Felder und Kühe
- Militärstrategie
- nutzloses Salz
- verlorenes Schaf und verlorene Drachme

Genau diese Einfachheit und Situationsgebundenheit seiner Reden hat jedoch dazu geführt, dass einige Menschen Jesu Botschaft und die von ihm verwendeten Bilder nicht verstehen. Sie zeichnen ein Bild von Jesus als umherziehendem Philosophen, der mittels anspruchsloser Metaphern ungefährliche Wahrheiten verkündete.

Doch das Gegenteil war der Fall. Jesus verkündete eine radikal neue Botschaft – das Reich Gottes. Mit anderen Worten: Israels Gott wurde endlich zum König! Viele der Zuhörer Jesu sehnten sich genau danach; sie waren bereit, zu den Waffen zu greifen, um dieses Reich zu errichten, wenn dadurch das Ende der Herrschaft der heidnischen Römer herbeigeführt werden würde.

Nur dreißig Jahre zuvor hatte Judas der Galiläer einen galiläischen Aufstand gegen Rom angeführt, der jedoch kläglich gescheitert war. Dreißig Jahre nach Jesus versuchten es die Galiläer erneut, wobei es, wie Josephus schreibt, zu einem entsetzlichen Gemetzel kam.

In diesem angespannten und unberechenbaren Klima trat Jesus auf – offensichtlich mit der richtigen Botschaft: der Ankündigung des Gottesreiches. Kein Wunder, dass die Menge ihm zunächst folgte und ihn zu ihrem König machen wollte. Doch seltsamerweise stellte Jesus alles auf den Kopf.

Erstens implizierten seine Reden, dass es der falsche Weg sei, gegen die Römer zu kämpfen, denn Gott segne die »Friedensstifter«. Stattdessen sollten die Nichtjuden am Reich Gottes teilhaben.

Zweitens befand sich der König dieses neuen Reiches schon »in ihrer Mitte«; es war derjenige, der sie »auf ihren Straßen« (Lk 13,26) gelehrt hatte. Jesus selbst war der König, der langerwartete Messias. Hätte er dies jedoch öffentlich verkündet, wäre er mit Sicherheit von der Menge missverstanden worden. So sprach er in Gleichnissen und Rätseln und weihte die Menschen nur nach und nach in dieses Geheimnis ein. Seine Absicht ließ jedoch keinen Zweifel zu. Jesus forderte seine Zuhörer zu absolutem Gehorsam ihm gegenüber auf! Er war derjenige, dem sie vertrauen sollten – ihm allein sollten sie folgen.

## Ein Sturm zieht auf

Lukas berichtet zwar zu Beginn seines Evangeliums von der Popularität Jesu – davon, wie die Menschen »aus allen Dörfern Galiläas und Judäas und aus Jerusalem« (Lk 5,17) herbeiströmten, um ihn zu hören –, doch Jesu Wirken in Galiläa war nicht nur von Erfolg geprägt. Die Herausforderung, die die Botschaft Jesu enthielt, faszinierte die Menschen, befremdete sie aber zugleich. Und immer war die Opposition zu spüren, vor allem vonseiten der religiösen Führer des Judentums, die die radikale Ausrichtung der Lehren Jesu begriffen.

All das, was später in Jerusalem passieren würde, war also bereits in Galiläa spürbar. »Es werden aber Tage kommen«, wie Jesus kurz nach Beginn seines öffentlichen Wirkens äußert, »da wird ihnen der Bräutigam genommen sein« (Lk 5,35). Um bei Jesu Bild von der Hochzeit zu bleiben: Sein Wirken in Galiläa waren keine „Flitterwochen auf Dauer". Seine Botschaft vom Reich Gottes hatte von Beginn an einen radikalen Charakter. Und obwohl Jesus in diesem Grenzstaat zum Teil andere Kontroversen verursachte als später in der Hauptstadt, erkannte man den roten Faden in seiner Botschaft. Er verkündete den mit seinem Kommen verbundenen Anbruch eines neuen Zeitalters. Galiläa war kein Ort idyllischer Ruhe mehr, sondern ein Ort, an dem ein gewaltiger Sturm heraufzog.

## Schlüsseldaten: Galiläa und seine Dörfer

| | | | | | |
|---|---|---|---|---|---|
| 1350–1150 v. Chr. | Erwähnung des »Sees Kinneret« zur Zeit der Eroberung Israels (Jos 12,3; 13,27). | 67 n. Chr. | Die römischen Truppen unter Vespasian belagern Gamla (Josephus, *Bell* 4,1-83) und zerstören Betsaida-Julias. | | christliche Gemeinde, als unter Heraklius die Herrschaft der Byzantiner wiederaufgerichtet wird. |
| ca. 730 v. Chr. | Jesaja prophezeit, Gott werde das Gebiet der Heiden wieder »zu Ehren« bringen (Jes 8,23–9,1). | ca. 330 n. Chr. | Joseph von Tiberias erhält von Kaiser Konstantin die Erlaubnis, in Galiläa Kirchen zu bauen, möglicherweise einschließlich einer »Hauskirche« über dem Haus von Petrus in Kafarnaum (Epiphanius, *Panárion* 30,11). | 700–900 n. Chr. | Die Schule zu Tiberias vollendet die »Interpunktion« des hebräischen Textes des Alten Testaments. |
| 64 v. Chr. | Das jüdische Susita (eine Stadt am Ostufer des Sees Gennesaret) wird unter Pompeius Teil der Dekapolis. | | | ca. 1033 | Tiberias wird durch ein Erdbeben zerstört. |
| ca. 38 v. Chr. | Herodes der Große spürt Anhänger seines Rivalen Antigonus auf, die sich in den Höhlen beim Berg Arbel versteckt halten (Josephus, *Ant* 14,15). | | | 1099 | Kreuzfahrer bauen unter Tankred Tiberias wieder auf. |
| | | ca. 383 n. Chr. | Egeria erwähnt die in Kafarnaum erbaute Kirche und identifiziert den Ort der Speisung der Fünftausend in Heptapegon (Petrus Diaconus 5,2-4). | 1187 | Saladin besiegt die Kreuzfahrer bei den Hörnern von Hattin (nahe Tiberias). |
| 4 v. Chr. | Susita wird wieder Teil der Provinz Syrien. | | | ca. 1894 | Franziskaner erwerben das Gebiet von *Tell Hum* (Kafarnaum). |
| ca. 20 n. Chr. | Zu Ehren von Kaiser Tiberius gründet Herodes Antipas Tiberias als neue Hauptstadt Galiläas (anstelle von Sepphoris). | ca. 400 n. Chr. | Vollendung der jüdischen *Gemara* in Tiberias. | ca. 1933 | Bau einer Kapelle in Heptapegon (*Tabgha*) zum Gedenken an die Geschichte von der Erscheinung des Auferstandenen in Johannes 21. |
| | | ca. 450 n. Chr. | Bau einer neuen achteckigen Kapelle über dem Haus von Petrus in Kafarnaum. | | |
| ca. 20 n. Chr. | Herodes Philippus gründet Betsaida-Julias zu Ehren der Frau des Augustus neu (Josephus, *Ant* 18,2). Von dort stammten drei der Jünger Jesu: Petrus, Andreas und Philippus (Joh 1,44). | ca. 480 n. Chr. | Bau einer neuen Basilika in Heptapegon zum Gedenken an die Speisung der Fünftausend. | 1938 | Errichtung einer Kirche auf dem Berg der Seligpreisungen. |
| | | | | 1982 | Bau der Benediktinerbasilika in Tabgha zum Gedenken an »Brote und Fische«. |
| ca. 27–30 n. Chr. | Jesu Wirken rund um das »Galiläische Meer« (Mt 4,18; 15,29; Mk 1,16; 7,31), auch bekannt als »See von Tiberias« (Joh 6,1; 21,1). | ca. 614 n. Chr. | Mögliche Zerstörung der christlichen Basilika in Kafarnaum durch die jüdische Gemeinde während der Invasion der Perser. | 1992 | Franziskaner bauen eine moderne achteckige Kapelle über dem Haus des Petrus in Kafarnaum. |
| | | ca. 629 n. Chr. | Mögliche Zerstörung der jüdischen Synagoge in Kafarnaum durch die | | |

# Das heutige Galiläa

Wer nie die Möglichkeit hatte, ins Heilige Land zu reisen, stellt sich einen Besuch Galiläas oft als Höhepunkt einer solchen Reise vor – nicht zu Unrecht. Dabei spielt nicht nur die natürliche Schönheit des Sees und seiner Umgebung eine wichtige Rolle. Wenn man hier den Blick über die Silhouette des Landes schweifen lässt, kann man sich in dem Bewusstsein, dass Jesus das Gleiche vor Augen hatte, leicht Szenen aus dem Neuen Testament vorstellen. Im Gegensatz zu Betlehem und Jerusalem bietet die völlige Ruhe dieser Region Raum, die Gedanken zu sammeln und die Vorstellungskraft spielen zu lassen.

## Galiläa besichtigen

Heutige Besucher haben für die Sehenswürdigkeiten rund um den See Gennesaret oft nicht mehr als 24 Stunden Zeit. Deswegen sollten sie vor der Planung ihrer Reiseroute Folgendes bedenken:

### Unterkunft
Manche Besucher bevorzugen es, vor allem während der Spätsommermonate, wenn es am See schwül sein kann, in den Hügeln (in Safat oder sogar Nazaret) zu wohnen. Näher am See gibt es »unkonventionellere« Unterkunftsmöglichkeiten wie Zeltplätze oder Kibbuzim sowie Hotels oder christliche Jugendherbergen in Tiberias.

### Reisezeit
Im Winter, wenn die Tage kürzer sind, wird man nicht alles anschauen können. Aus klimatischen Gründen und wegen der Farbenpracht der Natur ist ein Besuch im April oder Anfang Mai sehr reizvoll, später im Jahr liegt über dem See oft ein Hitzedunstschleier. Wer im See schwimmen will, sollte beachten, dass er oft bis weit in den Sommer hinein eisig kalt ist – ein Großteil des Wassers besteht aus frisch geschmolzenem Schnee vom Berg Hermon!

### Ein Bootsausflug
Die Fahrt mit einem Boot über den See ist ein besonderes Erlebnis. Die auf größere Gruppen eingestellten Bootsunternehmen in Tiberias bieten die »Dreiecks«-Fahrt *Tiberias–Kafarnaum–En Gev* an. Man kann frühmorgens von Tiberias nach Kafarnaum fahren und spät am Nachmittag dann von En Gev nach Tiberias zurückkehren. Auch das Mittagessen an Bord einzuplanen, lohnt sich.

### Das gemeinsame Mahl feiern
Christliche Besucher möchten vielleicht während ihrer Reise zusammen das »Brot brechen«. Das kann eine sehr bewegende Erfahrung sein – die vielen spirituellen Eindrücke können hier zusammenfließen. Kleinere Gruppen finden vielleicht bei ihrer Unterkunft oder »abseits des üblichen Weges« einen geeigneten Ort, aber am besten holt man die Erlaubnis ein, eine der hierfür vorgesehenen Stätten nutzen zu dürfen: zum Beispiel beim Berg der Seligpreisungen, in Tabgha oder auch in der Kapelle des CVJM (nördlich von Tiberias). Die ersten beiden Stätten sind malerisch gelegen, werden aber von katholischen Ordensgemeinschaften geführt. Nichtkatholische Gruppen müssen also gut darauf achten, was dort erlaubt ist.

### Den Berg der Seligpreisungen besuchen
Die Stätte wird um 12 Uhr mittags für einige Stunden geschlossen. Möchte man aber Eucharistie/Abendmahl feiern und anschließend in der Herberge zu Mittag essen, darf man sich auch länger aufhalten. Es ist ein idealer Ort, in der Mitte des Tages einmal ungestört seinen Gedanken nachzuhängen. Anschließend kann man zum See hinabgehen. Das dauert nur etwa zwanzig Minuten, bietet aber die Möglichkeit, in den Hügeln von Galiläa »abseits des üblichen Wegs« spazieren zu gehen.

---

Der See ist nicht sonderlich groß, sodass man die vielen sehenswerten Orte in relativ kurzer Zeit besuchen kann. Wir werden die Stätten im Uhrzeigersinn betrachten und einer Gruppe imaginärer Besucher folgen, die vor Sonnenaufgang am Südende des Sees angekommen sind, dann irgendwo in Tiberias bleiben und am nächsten Tag die Gegend erkunden möchten.

Einen herrlichen Blick auf den gesamten See hat man von verschiedenen Stellen aus, z. B. von den Hügeln oberhalb von Tiberias und Kafarnaum. Den schönsten ersten Eindruck gewinnt man jedoch am **Südende des Sees:** z. B. dort, wo der Jordan abfließt (nahe der Abzweigung nach Yardenit), oder an einem der Aussichtspunkte weiter nordöstlich. An einem klaren Tag ist der schneebedeckte Gipfel des Hermon manchmal von Norden her aus einer Entfernung von 100 km zu sehen.

Das **heutige Tiberias** liegt 8 km vom Südende entfernt am Westufer des Sees. Als größte Stadt am See bietet es dem Besucher viele touristische Einrichtungen, einschließlich einer Multi-Media-Präsentation über Geografie und Geschichte des Gebietes und sogar Thermalbäder. Wer etwas mehr Zeit mitbringt, kann die Ruinen des **alten Tiberias** besuchen, die sich in den Hügeln südlich der modernen Stadt befinden: eine Basilika, ein Badehaus, ein Theater und ein antikes Einkaufszentrum. Ganz in der Nähe, auf dem »Berg Berenice«, steht eine byzantinische Kirche, die in späterer Zeit von Kreuzfahrern genutzt wurde. Vom 2. Jh. an wurde Tiberias ein blühendes Zentrum des rabbini-

*»Kafarnaum, Betsaida und Betsaida und Chorazin und die anderen Dörfer im Evangelium finden sich selbst bis zum heutigen Tag am See von Tiberias. Dieses Galiläa, in dem der Sohn Gottes den größten Teil seines Lebens verbrachte ...«*
**Eusebius, Jesajakommentar 9,1**

*Rechts:* Das sogenannte »Jesusboot«, das 1986 aus dem See Gennesaret geborgen wurde.

**Legende**

– Wohnkomplex, 1. Jh. n. Chr.

– Umbau, 4. Jh. n. Chr.

– achteckige Kirche, 5. Jh. n. Chr.

Plan, der die über dem Haus des Petrus gebauten Kirchen zeigt.

0 — 10 Meter
0 — 10 Yards

schen Judentums. Hier wurde an der *Gemara* gearbeitet, einem Teil des *palästinensischen Talmud.* Außerhalb der Stadt liegen die Gräber einiger wichtiger Rabbis: Yochanan ben Zakkai (ca. 90 n. Chr.), Akiba (der Rabbi, der Bar Kochba 130 n. Chr. als Messias akzeptierte) sowie der große Maimonides (ca. 1200 n. Chr.).

Die heutige Straße von Tiberias nach Norden führt durch die früher unpassierbaren Felsen des **Arbel**. Rechts liegen einige Ruinen, die wahrscheinlich die Stätte des alten Dorfes **Magdala** kennzeichnen (auch als Tarichäa bekannt) – vermutlich der Heimatort Maria Magdalenas. Ein Stückchen weiter am See gelangt man zum Kibbuz **Nof Ginnosar** (in dem das »Jesusboot« untergebracht ist).

Links liegt die fruchtbare **Ebene von Gennesaret,** die Josephus so begeistert beschreibt (siehe S. 66). Hat man das moderne Wasserpumpwerk hinter sich gelassen, gelangt man in das Gebiet, in dem der erwachsene Jesus zu wirken begann – **Kafarnaum** und Umgebung. Ein Großteil des alten Kafarnaum gehört nun den Franziskanern, was aber nicht für die weiße Kirche mit der roten Kuppel gilt: Sie gehört der griechisch-orthodoxen Gemeinde.

Hier erhalten wir eine gute Vorstellung von der Stadt, die Jesus als Ausgangspunkt seines Wirkens wählte. Auffällig ist vor allem, wie klein die meisten Häuser sind. Fast alle sind aus schwarzem Basaltgestein gebaut. Vielleicht lehrte Jesus gerade in einem Haus dieser Art, als man einen Gelähmten zu ihm brachte (Lk 5,17-26). Die Wände dieser einfachen Häuser hätten kein schweres Dach tragen können, sodass es wahrscheinlich aus mit Lehm und Stroh bedeckten Zweigen bestand. Auf den unebenen schwarzen Fußböden kann man verlorene Dinge schlecht wiederfinden – wie beispielsweise die Drachme, die die Frau in einem Gleichnis Jesu verliert (Lk 15,8-10).

Seit etwa der Mitte des 1. Jhs. n. Chr. scheint einer dieser Räume – den dort gefundenen Artefakten nach zu urteilen – öffentlich genutzt worden zu sein. Die Wände wurden um diese Zeit verputzt und auf einigen fanden sich in den Putz geritzte Hinweise auf Jesus als Herrn und Messias. Das legt nahe, dass der Raum als Andachtsstätte diente – wohl deshalb, weil man glaubte, Jesus habe diesen vermutlich im Haus von Simon Petrus gelegenen Raum genutzt (Lk 4,38). Nachdem im 4. Jh. Christen eine »Hauskirche« über diesen Raum gebaut hatten, wurde er im 5. Jh. zum Mittelpunkt einer größeren, achteckigen Kirche mit kunstvollen Mosaiken, die jedoch im 7. Jh. zerstört wurden. Obwohl hier vor Kurzem eine moderne achteckige Andachtsstätte entstand (die meist nur dann geöffnet ist, wenn katholische Gruppen die Messe feiern, sind der ursprüngliche Raum und die späteren Kirchenwände noch sichtbar. Wenn man bedenkt, dass die Tradition des Ortes

als Andachtsstätte bis ins 1. Jh. zurückreicht, dann liegt die Vermutung sehr nahe, dass dies ein Ort war, an dem Jesus weilte – nämlich das Haus seines wichtigsten Apostels Petrus.

Nur 35 m nördlich finden sich die beeindruckenden Ruinen einer Synagoge. Wir wissen, dass Jesus in einer Synagoge in Kafarnaum lehrte, vielleicht an dieser Stätte. Doch die Synagoge im 1. Jh., die ein römischer Hauptmann finanzierte (Lk 7,2-5), war zweifellos kleiner. Das heute zu besichtigende imposante Gebäude aus weißem Kalkstein stammt aus dem 3. oder 4. Jh. n. Chr. Die geographische Nähe zur Kirche über dem Haus des Petrus könnte von der damaligen Rivalität zwischen jüdischen und christlichen Gemeinden zeugen; Galiläa war ein vorrangig jüdisches Gebiet, doch die byzantinische Obrigkeit war christlich. Alternativ wäre folgende Erklärung denkbar: Wurde diese beeindruckende »Synagoge« möglicherweise von Christen statt von Juden erbaut, um Pilgern eine Vorstellung von der in den Evangelien erwähnten Synagoge zu vermitteln?

Das Haus des Petrus in Kafarnaum. Die konzentrischen achteckigen Wände aus dem 5. Jh. zeigen, wie das ursprüngliche Haus in eine Andachtsstätte verwandelt wurde. Der zentrale Raum liegt im Schatten und ist heute am besten zu sehen, wenn man durch den Glasboden der vor Kurzem über ihm erbauten katholischen Kirche blickt.

Eine moderne Statue von Jesus und Simon Petrus in Tabgha.

»Brich, oh Herr, für mich das Brot des Lebens, wie du in Galiläa das Brot gebrochen hast.«

**Mary Lathbury, »Brich das Brot des Lebens«**

Geht man nun von Kafarnaum am Seeufer entlang ein kleines Stück zurück in Richtung Tabgha, gelangt man zu einer Bucht, die als natürliches Amphitheater fungierte. Markus erzählt, dass sich bei einer Gelegenheit so viele Menschen um Jesus scharten, dass er »in ein Boot auf dem See« stieg und sich setzte; »die Leute aber standen am Ufer« (Mk 4,1). Diese kleine Bucht, deren akustisches »Zentrum« weniger als 9 m vom Ufer entfernt ist, könnte dieser Ort gewesen sein. Man kann sich gut vorstellen, wie die Menschen an den Lippen Jesu hingen, während das Wasser leise gegen das Boot plätscherte: »Wer Ohren hat zu hören, der höre!« (Mk 4,9).

Nur etwa eine Meile westlich von Kafarnaum findet man in der Gegend von **Tabgha** zwei interessante Sehenswürdigkeiten. Der Name *Tabgha* ist eine arabische Entlehnung des griechischen Wortes *Heptapegon*, das auf die dort entspringenden »sieben Quellen« verweist. Diese Gegend wurde von byzantinischen Christen ausgewählt, um einer Reihe von Episoden aus den Evangelien zu gedenken.

Die erste Sehenswürdigkeit, die an eine biblische Geschichte erinnert, ist die sogenannte **Primatskapelle**. Sie nimmt eine Erzählung aus Joh 21 auf: Nach seiner Auferstehung steht Jesus am Seeufer und bereitet den müden Jüngern, die auf Fischfang waren, ein Frühstück zu. Er spricht mit Petrus, der ihn ja zuvor dreimal verleugnet hatte, und fragt ihn: »Liebst du mich?« Eine moderne Statue stellt eine Begegnung zwischen Petrus und Jesus dar, vermutlich die im Johannesevangelium erwähnte. Es könnte sich aber auch um eine Episode zu Beginn des Wirkens Jesu handeln, in der Petrus angesichts einer großen Menge gefangener Fische zu Jesus sagt: »Herr, geh weg von mir; ich bin ein Sünder« (Lk 5,1-8). Diese Evangelienberichte sowie die Atmosphäre der Stätte veranlassen viele Besucher, hier Halt zu machen. Wenn Jesus an dieser Stelle seine Jünger traf und sie speiste, könnte er dann nicht heute auf irgendeine Art und Weise das Gleiche tun? Nicht von ungefähr feiern deshalb viele Reisende hier gemeinsam Eucharistie/Abendmahl.

Mehrere Charakteristika dieser Stätte stammen wahrscheinlich aus der Zeit *nach* Jesus: die sechs herzförmigen Steine im Sand, die man später für die »zwölf Throne« hielt, die Jesus nach Lk 22,30 seinen zwölf Jüngern versprach und von denen jeweils eine Hälfte einen Jünger repräsentiert; die Steinstufen unterhalb der Kirche, über die Jesus nach Egerias Aussage gegangen sein soll. Der flache Felsen im Osten der heutigen kleinen Kapelle ist vielleicht der von ihr erwähnte »Stein, auf den der Herr das Brot legte«. Ihrem Tagebuch entnehmen wir, dass man aus ihm einen »Altar« gemacht hatte, der kurz vor ihrem Besuch in den 380-ern n. Chr. in eine kleine Kirche integriert wurde. Es ist naheliegend, dass man an dieser Stätte also auch der Speisung der Fünftausend gedachte.

Es dauerte so auch nicht lange, bis man zur Erinnerung an dieses »Speisungswunder« eine eigene größere Kirche baute. Diese zweite Sehenswürdigkeit in Tabgha, die **Brotvermehrungskirche**, liegt etwa 180 m westlich. Der Besucher gelangt in den Hof eines modernen benediktinischen Gebäudes, das 1982 fertiggestellt wurde. So weit wie möglich wurden das Atrium und die hier 480 n. Chr. entstandene Kirche nachgebaut.

Das Innere der Kirche vermittelt einen guten Eindruck von den offen angelegten byzantinischen Kirchen dieser Zeit (4. bis 7. Jh. n. Chr.): Das Mittelschiff und zwei Seitenschiffe zeigten auf eine runde »Apsis« am Ostende, die für die Geistlichkeit bestimmt war. Der Abendmahlstisch war für alle sichtbar, wobei nur eine niedrige Mauer (wenn überhaupt) die »Kanzel« vom »Mittelschiff« trennte. Es sind einige der originalen Bodenmosaiken zu sehen, einschließlich des berühmten Mosaiks von den Broten und den Fischen. Andere zeigen Vögel und Pflanzen, wie sie hier aus dieser Gegend, aber auch aus der Nilregion, bekannt sind. Es finden sich auch noch Hinweise auf die viel kleinere, im 4. Jh. an dieser Stelle errichtete Kirche.

An so einem wunderbaren und beeindruckenden Ort erscheint es beinahe unangebracht, Fragen nach den historischen Fakten zu stellen. Die Evangelienberichte legen jedoch nahe, dass die Speisung der Fünftausend am gegenüberliegenden Seeufer stattfand. Sie sprechen von einem »einsamen Ort«, weit entfernt von jedem Dorf, mit Betsaida als der nächstgelegenen Stadt. Die Speisung der Viertausend erfolgte mit großer Wahrscheinlichkeit im nichtjüdischen Gebiet im Südosten des Sees (der »Dekapolis«),

Die Brotvermehrungskirche, gebaut nach byzantinischem Muster: eine Basilika mit drei Apsen unter einem kreuzförmigen Dach und einem Atrium (Hof) im Westen.

Die Kirche auf dem Berg der Seligpreisungen. Ihre achteckige Form erinnert an die acht Seligpreisungen Jesu.

da wir deutliche Hinweise darauf haben, dass sie unter Nichtjuden stattfand (Mk 7,31–8,10; Mt 15,29-39).

Wenn dies der Fall war, dann haben die Byzantiner den Ort nicht korrekt identifiziert. Das sollte uns aber weder überraschen noch beunruhigen. Die genaue Stätte eines Ereignisses dieser Art ist wohl kaum auszumachen. Und angesichts der schwierigen Reisebedingungen für damalige Pilger wurde wohl zwangsläufig ein Ort gewählt, der auf der Strecke nach Kafarnaum lag und der auch als Ort für die andere berühmte Speisungsgeschichte in Joh 21 dienen konnte.

Ebenfalls aus praktischen Gründen lokalisierten die Byzantiner sicherlich auch die Bergpredigt in diesem Gebiet – so erklären sich die Ruinen einer kleinen Kirche mit Kloster aus dem 4. Jh. auf der anderen Seite der Straße landeinwärts. 1938 wurde weiter oben auf dem Berg eine neue Kirche zum Gedenken an diese Predigt Jesu gebaut. Über eine befestigte Straße dorthin zu gelangen, erfordert einen Umweg. Doch die Mühe lohnt sich. Denn vom **Berg der Seligpreisungen** hat man eine herrliche Sicht über den gesamten See und viele der Stätten, die mit dem Wirken Jesu in Verbindung gebracht werden. Wer mag, gelangt auf einem verhältnismäßig leichten Wanderweg durch galiläische Felder zurück zum See.

Auch beim Besuch des Bergs der Seligpreisungen sollte man nicht die Frage nach der Authentizität stellen. Jesus verkündete seine Botschaft an vielen verschiedenen Orten, und der Bericht des Matthäus bietet eine kurze Auswahl und Zusammenfassung seiner Lehren, die Jesus vielleicht bei vielen anderen Gelegenheiten und an anderen Orten wiederholte. Doch wer diese Stätte besucht, kann sich den äußeren Rahmen seiner Reden sicherlich besser vorstellen.

Die Ruhe dieses schönen Ortes könnte zu der Annahme verleiten, Jesu Worte seien eher unaufgeregt und besänftigend gewesen. Doch sie waren radikal, fordernd und revolutionär. Jesus rief Israel zu einer neuen Lebensweise auf; sein Königreich war etwas völlig Neues: »Nur wenige« würden »das Tor, das zum Leben führt«, finden, und das Haus derjenigen, die nicht nach seinen Worten handelten, würde »einstürzen und völlig zerstört werden« (Mt 7,14.26-27). Die Bergpredigt ist nach wie vor die beeindruckendste Predigt des Neuen Testaments, und manch einer mag den Besuch nutzen, um sie – in der Hoffnung, ihre Botschaft neu zu vernehmen – von Anfang bis Ende zu lesen.

Überquert man nun den **Jordan**, gelangt man nach **Betsaida**. Diese Stadt wurde erst vor Kurzem ausgegraben, und es gibt verhältnismäßig wenig zu sehen. Es wird sogar bezweifelt, dass es sich tatsächlich um Betsaida handelt. Die Stätte liegt über eine Meile vom heutigen Seeufer entfernt und auf einer Höhe, die niemals vom See aus zugänglich gewesen wäre, selbst wenn man seinen damaligen Wasserspiegel etwas höher ansetzt. Es wurde jedoch ein Raum mit zahlreichen Fischfangutensilien gefunden. Wahrscheinlich lebten in dieser Stadt also Fischer, auch wenn sie keinen direkten Zugang zum Wasser hatten. Für christliche Besucher ist Betsaida weiterhin bedeutsam als die Heimatstadt von Petrus, Andreas und Philippus, bevor sie nach Kafarnaum zogen. Die Entfernung zwischen der Stadt und dem See mag ein Grund gewesen sein, umzuziehen, denn in Kafarnaum waren die Jünger wesentlich näher am Wasser.

Wenige Meilen weiter am Ostufer des Sees finden sich die Ruinen einer byzantinischen Kirche und das Kloster **Kursi**. Der Name könnte eine Entlehnung von »Gergesa« sein, was wiederum auf den Ort eines der ungewöhnlichsten Wunder Jesu verweist: die Heilung eines Besessenen, dessen Dämonen in Schweine hineinfuhren, die sich daraufhin in den See stürzten und ertranken. In den Evangelien wird der Ort »Gadara« oder »Gerasa« genannt (Mt 8,28; Mk 5,1; Lk 8,26).

Sicher ist auf jeden Fall, dass diese Stätte nicht weit vom See entfernt lag, ein steiles Ufer hatte und dass sie in einem nichtjüdischen Gebiet lag – kein Jude hätte Schweine gezüchtet!

Kursi böte sich zur Identifizierung mit »Gergesa« an, da die Anlage in der Nähe der nichtjüdischen Stadt Susita/Hippos liegt. Die Byzantiner scheinen einen Ort auf einem Hügel etwas weiter südlich des Klosters mit der Wunderstätte in Verbindung gebracht zu haben. Er ist durch einen großen Felsblock markiert. Es könnte aber durchaus auch ein noch weiter südlich gelegener Ort gewesen sein. Wie dem auch sei, auch diese Ruinen vermitteln eine gute Vorstellung von der byzantinischen Kirchenarchitektur und von einem Ort, der in alten Zeiten als Gebetsstätte diente.

Fünf Kilometer weiter südlich liegt auf einem Hügel das alte **Susita**, auch **Hippos** genannt, wahrscheinlich, weil die Stadt jemanden an ein Pferd (griechisch: »Hippos«) erinnerte. Dort gibt es römische und byzantinische Ruinen, einschließlich einer Kirche aus dem 5. Jh. Susita gehörte einst zur Dekapolis, war zur Zeit Jesu jedoch Teil der Provinz Syrien – daran sieht man, wie nahe beieinander »Syrien« und »Palästina« damals lagen. Interessanterweise lautet die erste Äußerung des Matthäusevangeliums über die Popularität Jesu folgendermaßen: »Und sein Ruf verbreitete sich in ganz Syrien« (Mt 4,24); erst danach ist die Rede von den Menschenscharen aus »Galiläa, der Dekapolis, aus Jerusalem und Judäa und aus dem Gebiet jenseits des Jordan«. Auch hier wird Galiläas »internationale« Lage als Vorposten des Judentums inmitten anderer Völker zum Ausdruck gebracht.

Am See vor Hippos liegt der **Kibbuz En Gev**. Von dort können Besucher eine **Bootsfahrt** über den See nach Tiberias unternehmen. Auf halber Strecke wird oft der Motor abgestellt, damit man die Ruhe des Sees spüren kann. Es ist eine beeindruckende Erfahrung, in einem solchen Moment zu lesen, wie Jesus einem Sturm Einhalt gebot: »Er ... drohte dem Wind und den Wellen, und sie legten sich und es trat Stille ein« (Lk 8,24). Hier bietet sich die Möglichkeit, das Ehrfurchtgebietende dieser Situation zu spüren, sich selbst wie die Jünger zu fühlen und mit ihnen die uralte Frage zu stellen: »Was ist das für ein Mensch, dass ihm sogar der Wind und der See gehorchen?« (Mk 4,41). Die Fragen, die das einzigartige Leben des Mannes aus Galiläa aufwirft, beschäftigen die Menschen auch nach Jahrhunderten noch.

»Vicisti, O Galilæe« (»Du hast doch gesiegt, Galiläer«).
**Worte des sterbenden heidnischen Kaisers Julian Apostata (332–363 n. Chr.)**

# 6 Samaria

*Er musste aber den Weg durch Samarien nehmen. So kam er zu einem Ort in Samarien, der Sychar hieß und nahe bei dem Grundstück lag, das Jakob seinem Sohn Josef vermacht hatte. Dort befand sich der Jakobsbrunnen. Jesus war müde von der Reise und setzte sich daher an den Brunnen; es war um die sechste Stunde. Da kam eine samaritische Frau, um Wasser zu schöpfen. Jesus sagte zu ihr: Gib mir zu trinken! ... Die samaritische Frau sagte zu ihm: Wie kannst du als Jude mich, eine Samariterin, um Wasser bitten? Die Juden verkehren nämlich nicht mit den Samaritern. Jesus antwortete ihr: Wenn du wüsstest, worin die Gabe Gottes besteht und wer es ist, der zu dir sagt: Gib mir zu trinken!, dann hättest du ihn gebeten, und er hätte dir lebendiges Wasser gegeben ... Die Frau sagte zu ihm: Herr, ich sehe, dass du ein Prophet bist. Unsere Väter haben auf diesem Berg Gott angebetet; ihr aber sagt, in Jerusalem sei die Stätte, wo man anbeten muss. Jesus sprach zu ihr: Glaube mir, Frau, die Stunde kommt, zu der ihr weder auf diesem Berg noch in Jerusalem den Vater anbeten werdet. Ihr betet an, was ihr nicht kennt, wir beten an, was wir kennen; denn das Heil kommt von den Juden. Aber die Stunde kommt und sie ist schon da, zu der die wahren Beter den Vater anbeten werden im Geist und in der Wahrheit; denn so will der Vater angebetet werden. Gott ist Geist und alle, die ihn anbeten, müssen im Geist und in der Wahrheit anbeten.*
**Johannes 4,4-24**

## Samaria im 4. Jahrhundert

*Hier ist der Berg Garizim. Hier brachte Abraham, wie die Samariter sagen, das Opfer dar (Berg Morija), und man erreicht den Gipfel über Stufen, dreihundert insgesamt. Am Fuß des Berges liegt ein Ort namens Sichem. Dort befindet sich das Grab, in das Josef gelegt wurde, auf dem Grundstück (villa), das sein Vater Jakob ihm gab (Jos 24,32). Von dort wurde Dina, die Tochter Jakobs, von den Kindern der Amoriter weggebracht (Gen/1 Mose 34,2). Ein Meile von dort gibt es einen Ort namens Sychar, von dem die Frau aus Samarien zu dem Ort kam, an dem Jakob einen Brunnen grub, um Wasser zu holen, und unser Herr Jesus sprach mit ihr (Joh 4,5-30). Hier gibt es Platanen, die Jakob pflanzte, und ein Bad (balneus), das mit Wasser aus dem Brunnen versorgt wird.*
**Der Pilger von Bordeaux, 587–588
(der Samaria 333 n. Chr. besuchte)**

## Der Feind im Inneren

Zur Zeit Jesu gab es mitten in Palästina ein Sperrgebiet – das Gebiet der Samaritaner, das die Galiläer auf ihrem Weg nach Jerusalem mieden. Stattdessen nahmen sie die Route durch das Jordantal und zogen dann von Jericho hinauf nach Jerusalem. Es war ein Umweg von 40 km, den sie auf sich nahmen, um den Gefahren zu entgehen, die mit einer Reise durch Samaria verbunden waren.

Die seit 400 Jahren bestehende Feindschaft wird im Johannesevangelium auf den Punkt gebracht: »Die Juden verkehren nämlich nicht mit den Samaritern« (Joh 4,9). Besuchte Jesus trotz dieser Feindseligkeiten Samaria? Und zu welcher Haltung gegenüber den Samaritanern ermunterte er seine Anhänger?

Das Neue Testament gibt eine klare Antwort: Bei mindestens einer Gelegenheit reiste Jesus *in der Tat* mitten durch Samaria.

Die Rede ist von der bedeutungsvollen Begegnung zwischen Jesus und einer samaritanischen Frau (Joh 4,1-42). Ein anderes Mal fragten zwei der Jünger Jesu, Jakobus und Johannes, ob sie befehlen sollen, dass »Feuer vom Himmel fällt«, und zwar auf ein ungastliches samaritanisches Dorf (Lk 9,54). Jesus wies sie entschieden zurecht – ein an ihm sonst eher unbekannter Zug.

Unter den Menschen, die Jesus heilte, befanden sich auch Samaritaner. Bei einer Heilung von zehn Aussätzigen beispielsweise gab es nur einen, der umkehrte und ihm dankte: ein Samaritaner (Lk 17,16). »Ist denn keiner umgekehrt, um Gott zu ehren, außer diesem Fremden?«, fragte Jesus scharf. Er zwang sein Publikum mithilfe des Gleichnisses vom barmherzigen Samariter, seine Vorstellung vom »Fremden« und »Anderen« zu überdenken (Lk 10,25-37). Einen Samaritaner als Helden seiner Geschichte zu wählen, hieß, seinen Zuhörern mehr Mitgefühl abzuverlangen, als ihnen lieb war: Sich seinen Glaubens- und Volksgenossen gegenüber als »Nächster« zu verhalten, war das eine, aber Samaritanern gegenüber, ihren direkten geografisch-politischen »Nächsten«? Das war zu viel verlangt.

> »... Und er schickte Boten vor sich her. Diese kamen in ein samaritisches Dorf und wollten eine Unterkunft für ihn besorgen. Aber man nahm ihn nicht auf, weil er auf dem Weg nach Jerusalem war. Als die Jünger Jakobus und Johannes das sahen, sagten sie: Herr, sollen wir befehlen, dass Feuer vom Himmel fällt und sie vernichtet? Da wandte er sich um und wies sie zurecht ...«
> **Lukas 9,52-55**

## Geografie und Geschichte

Das Gebiet, in dem die Samaritaner zur Zeit Jesu lebten, war fast so groß wie ganz Galiläa. Es lag im zentralen Bergland mit den für die Gegend typischen Ter-

Luftaufnahme von Sebaste, die einen alten israelitischen Turm nahe der sehr viel später erbauten christlichen Johanneskirche zeigt.

rassenfeldern und war Schauplatz einiger wichtiger Ereignisse, von denen die Bibel berichtet.

Sichem zum Beispiel war die alte Stadt, die Abraham besuchte und in der sein Enkel Jakob einen Brunnen kaufte. Dort versammelte auch Josua die Israeliten und forderte sie auf: »Entscheidet euch heute, wem ihr dienen wollt« (Jos 24,15). Sichem bot sich als wichtige Stadt geradezu an: Von Quellen umgeben und im Zentrum eines alten Straßensystems gelegen, befand es sich am Eingang des einzigen Ost-West-Passes in diesem Bergland. Dieser Pass trennte zwei einander gegenüberliegende Berge: den Ebal und den Garizim.

Ein anderes Beispiel war die antike Stadt Samaria selbst, die von Herodes dem Großen in »Sebaste« umbenannt wurde. Über 200 Jahre lang fungierte sie als Hauptstadt des Nordreiches Israel, und zwar während der Regierungszeit von Königen wie Omri, Ahab und Jerobeam.

Die Feindschaft zwischen dem jüdischen Volk und den Samaritanern hatte eine lange Tradition. Das Potenzial für einen Bruch zwischen Nordreich und Südreich war seit dem 10. Jh. v. Chr. gegeben, als sich die zehn Stämme »Israels« nach der vereinigenden Ära Salomos und Davids von den anderen beiden Stämmen »Judas« trennten. Es verwundert nicht, dass Amos, ein Prophet aus dem Süden, sich über die Dekadenz der Herrscher des Nordreiches Israel ausgelassen hat.

Die dort Lebenden litten später unter der Herrschaft der Assyrer, die 722 v. Chr. ihre Oberschicht deportierten und das Gebiet von Samaria weitgehend mit Ausländern besiedelten. Ca. 150 Jahre später ereilte Juda unter den Babyloniern ein ähnliches Schicksal. Als die jüdischen Gefangenen schließlich aus dem Exil zurückkehrten und den Tempel von Jerusalem wieder aufbauen wollten, stießen sie auf erheblichen Wider-

## Josephus beschreibt die Samaritaner

Josephus erwähnt Samaria und seine Bewohner an mehreren Stellen. Er fasst auch die Gründe zusammen, warum die Juden die Samaritaner als ihre Feinde betrachteten. Einige dieser Gründe liegen weit in der Vergangenheit, andere resultieren aus jüngsten Ereignissen:

*Salmanasar [der Assyrer], der die Israëliten aus ihren Wohnsitzen vertrieb, siedelte dort das Volk der Chuthäer an, die früher das Innere von Persien und Medien bewohnt hatten und von dem Lande, in welches sie verpflanzt wurden, den Namen Samariter erhielten ... [Zweihundert Jahre später] veranlassten [die Samariter] die Völkerschaften Syriens, die Satrapen zu bitten, sie möchten ... den Bau des Tempels hintertreiben und den Juden bei ihrer Arbeit Schwierigkeiten und Hindernisse in den Weg legen.*
**Josephus, Ant 10,9; 11,4**

*Übrigens ereignete sich unter dem Landpfleger Coponius ... folgender Vorfall [um 10 n. Chr.]. An dem Feste der ungesäuerten Brote, welches wir Pascha nennen, pflegten die Priester gleich nach Mitternacht die Tore des Tempels zu öffnen. Kaum war das diesmal geschehen, als einige Samariter, die heimlich nach Jerusalem gekommen waren, menschliche Gebeine in den Hallen und im ganzen Tempel verstreuten. Deshalb musste man, ganz gegen die sonst bei dem Fest geltende Gewohnheit, den Zutritt zum Tempel verbieten.*
**Josephus, Ant 18,2**

Im Jahr 36 n. Chr. – nur wenige Jahre nachdem Jesus das Gebiet am Berg Garizim besucht hatte – erhoben sich die Samaritaner gegen Rom. Pontius Pilatus wurde wegen seines brutalen Vorgehens gegen die Aufständischen vom Kaiser nach Rom zurückbeordert. Josephus beschreibt das folgendermaßen:

*Unterdessen hatten auch die Samariter sich empört, aufgereizt von einem Menschen, der sich aus Lügen nichts machte ... Er forderte das Volk auf, mit ihm den Berg Garizim zu besteigen, der bei den Samaritern als heiliger Berg gilt, und versicherte, er werde dort die heiligen Gefäße vorzeigen, die von Mose daselbst vergraben worden seien. Diesen Worten schenkten die Samariter Glauben, ergriffen die Waffen ..., um in möglichst großer Anzahl auf den Berg rücken zu können. Pilatus jedoch kam ihnen zuvor und besetzte den Weg, den sie zurücklegen mussten, mit Reiterei und Fußvolk. Diese Streitmacht griff die Anführer an, hieb eine Anzahl von ihnen nieder, schlug den Rest in die Flucht und nahm noch viele gefangen, von welch letzteren Pilatus die Vornehmsten und Einflussreichsten hinrichten ließ.*
**Josephus, Ant 18,4**

stand vonseiten der Samaritaner. Den Juden mag dies wie ein Verrat von vermeintlichen Verwandten vorgekommen sein. Seit dieser Zeit betrachteten sie die Samaritaner in ihrer Mehrheit als fremdstämmig und ihre Religion als unrein. Die Samaritaner hingegen behaupteten, einer reineren Form des Judentums zu folgen, das sich ausschließlich auf die fünf Bücher des Mose (Genesis bis Deuteronomium) stützte. So lehnte Nehemia auch ihre Hilfsangebote ab und überredete die persische Obrigkeit, den Samaritanern die Kontrolle über Jerusalem zu entziehen. Als Antwort darauf bauten die Samaritaner ihren eigenen Tempel auf dem Berg Garizim. Die Lage spitzte sich endgültig zu, als Johannes Hyrkan, einer der Herrscher Jerusalems aus der Hasmonäer-Dynastie, die Samaritaner unterwarf und ihren Tempel zerstören ließ. Nachdem der römische General Pompeius die Samaritaner fünfzig Jahre später von der Herrschaft Jerusalems befreit hatte, verweigerten sie jede Art von Beziehung zu den Juden. Das antike Judentum war gespalten.

## Jesus und die Samaritanerin

Dieser unversöhnlichen Situation begegnete auch Jesus. Viele seiner jüdischen Glaubensgenossen sehnten sich nach einem Ende der Römerherrschaft, doch für die Samaritaner hatte die Ankunft der Römer etwas Positives bedeutet – sie waren nicht länger unter jüdischer Herrschaft. So bestanden zwischen den beiden Gruppen sowohl religiöse als auch politische Gegensätze. Vor diesem Hintergrund stellte die Samaritanerin Jesus ihre Frage nicht von ungefähr; sie war vielmehr Ausdruck eines jahrhundertealten Streites, der durch Feindseligkeiten und gegenseitige Beschuldigungen wachgehalten wurde. »Unsere Väter haben auf diesem Berg [Garizim] Gott angebetet; ihr aber sagt, in Jerusalem sei die Stätte, wo man anbeten muss« (Joh 4,20). Wie hat Jesus auf diese Herausforderung reagiert?

Jesus durchtrennt den »Gordischen Knoten« mit einer Antwort, die seine Autorität zeigt. Nachdem die Frau, deren geheime Ehegeschichte er kennt, ihn schon als »Propheten« identifiziert hat, sagt er eine Zeit voraus, in der ihre Frage nicht länger relevant sein wird, eine Zeit ohne »Entweder – Oder«. Implizit deutet er damit schon die bevorstehende Zerstörung des Tempels von Jerusalem an: So wie der Tempel der Samariter von Hyrkan zerstört worden war, sollte schon bald auch Jerusalems Tempel nicht mehr existieren.

Jesus will mit seinen Worten keineswegs die jüdischen Glaubensvorstellungen und Bräuche kritisieren. Im Gegenteil: Er macht deutlich, dass der Glaube der Samaritaner auf Unwissenheit beruht und nicht auf Offenbarung und dass das Jerusalemer Judentum im Mittelpunkt des Heilsplanes Gottes steht (Joh 4,22). Der Grund für seine endzeitliche, gegen Jerusalem gerichtete Prophezeiung ist eben jener alternative Plan Gottes. Er läutet eine neue Zeit ein, in der die Menschen überall auf der Welt direkten Zugang zu ihm haben werden. Die Nähe zu Gott ist nicht an bestimmte Orte wie Jerusalem oder den Berg Garizim gebunden, sondern entsteht durch die Verbindung mit dem Geist Gottes. »Gott ist Geist, und alle, die ihn anbeten, müssen im Geist und in der Wahrheit anbeten« (Joh 4,24). Wie kommt es, dass Jesus von diesen neuen Voraussetzungen und Möglichkeiten der Gottesverehrung so überzeugt ist? Und auf welche Weise soll man diese verwirklichen? Der Dialog strebt nun seinem Höhepunkt entgegen. Die Frau nennt das Stichwort »Messias« – und verweist damit auf den einzigartigen Propheten, den auch die Samaritaner erwarteten. Und Jesus klärt sie jetzt endgültig auf: »Ich bin es, ich, der mit dir spricht« (Joh 4,26).

»Die Stunde kommt, zu der ihr weder auf diesem Berg noch in Jerusalem den Vater anbeten werdet.«
**Johannes 4,21**

Für den Evangelisten Johannes ist die Begegnung Jesu mit der Samaritanerin ein zentrales Ereignis. Es zeigt, dass Jesus mit allen Menschen in Beziehung tritt – das gilt sowohl für Nikodemus, den gläubigen Juden (Joh 3,1-21), als auch für die »ungläubige« Samaritanerin.

Es erinnert außerdem an alte biblische Geschichten wie die von Isaaks Knecht, der am Brunnen mit Rebekka spricht (Gen/1 Mose 24,10-27). Darüber hinaus verdeutlicht die Erzählung die Bereitschaft Jesu, Tabus zu brechen – ob religiöser, rassischer, sexueller oder sozialer Natur –, um Menschen aus ihrer Not zu befreien. Und die Geschichte der Begegnung am Jakobsbrunnen offenbart die geschickte Art Jesu, Unterhaltungen zu führen, bei denen er Menschen hilft, verborgene und verdrängte Bereiche ihres Lebens zu entdecken.

Doch vor allem demonstriert diese Begebenheit die neue Realität, die durch das Kommen Jesu aufscheint: die Kraft von Gottes Geist, von dem Jesus hier als dem »lebendigen Wasser« spricht, das im Menschen zur »sprudelnden Quelle« wird (Joh 4,10.14). Dieser alte Brunnen, der seit der Zeit Jakobs dort steht, erhält eine völlig neue Bedeutung: Er bietet einen Vorgeschmack auf das Wasser des Geistes Gottes, das in die Welt strömt. Dieses Wasser konnte die tiefe Kluft, die Samaritaner und Juden jahrhundertelang getrennt hatte, verschwinden lassen und die Beziehungen zwischen den Menschen mit neuem Leben und neuer Hoffnung füllen.

## Heil für die Welt

Im Lukasevangelium finden wir ähnliche Aussagen über Samaria. Hier lässt das Kommen Jesu die Feindschaft zwischen den alten Gegnern schmelzen (siehe S. 82). In der Apostelgeschichte beschreibt Lukas weiter, wie die Botschaft Jesu dank der Kraft des Heiligen Geistes von Jerusalem über »Judäa und Samarien« bis »an die Grenzen der Erde« verbreitet wird (Apg 1,8). Die Botschaft von Jesus, dem ein samaritanisches Dorf einst keine Gastfreundschaft gewährt hatte, »weil er auf dem Weg nach Jerusalem war« (Lk 9,53), wird nun von Jerusalem aus durch die Jünger Jesu in Samaria verbreitet – in diesem Fall durch Philippus (Apg 8,5-13). Da sie die alten Spannungen zwischen Juden und Samaritanern nur allzu gut kannten, waren die Apostel in Jerusalem wahrscheinlich überrascht und erfreut, als sie »hörten, dass Samarien das Wort Gottes angenommen hatte« (Apg 8,14). Deswegen sandten sie eine Spitzendelegation aus (Petrus und Johannes), um den Samaritanern das Geschenk des Heiligen Geistes zu bringen und ihnen damit zu bestätigen, dass sie nun voll und ganz zur Gemeinde Jesu gehörten.

Wie in Johannes 4 gibt es auch hier eine Verbindung zwischen Samaria und dem Geist Gottes: Der Geist ist das Zeichen für den Anbruch von Gottes neuem Zeitalter in der Welt, in dem alle alten Mauern zwischen den Völkern niedergerissen werden.

Diese Veränderung bringt auch der beeindruckende Sinneswandel des Jüngers Johannes zum Ausdruck. Er und sein Bruder Jakobus hatten das samaritanische Dorf durch ein Feuer zerstören wollen; doch jetzt geht Johannes mit einer neuen Botschaft von Jesus und mit dem Feuer seines Geistes nach Samaria. Petrus und Johannes »predigten das Evangelium in vielen samaritanischen Dörfern«. Welch ein Gegensatz zu dem, was er noch vor einem oder zwei Jahren gerne getan hätte! Johannes' Haltung gegenüber Samaria hat sich durch die Botschaft Jesu vollkommen verändert.

*»Aber ihr werdet die Kraft des Heiligen Geistes empfangen, der auf euch herabkommen wird; und ihr werdet meine Zeugen sein in Jerusalem und in ganz Judäa und Samarien und bis an die Grenzen der Erde.«*
**Apostelgeschichte 1,8**

## Schlüsseldaten: Samaria

Im Gebiet von »Samaria« gibt es mehrere sehenswerte Stätten: das alte Sichem, die Berge Garizim und Ebal, das Dorf Sychar und einige Meilen westlich die Stadt Samaria selbst (gegründet ca. 880 v. Chr. von Omri). Folgende Jahreszahlen und Ereignisse sind mit diesen Stätten verbunden:

|  |  |
|---|---|
| ca. 1850 v. Chr. | Abraham und später Jakob besuchen Sichem (Gen/1 Mose 12,1-7; 33,18-20); Josef wird dort begraben (Jos 24,32). |
| 1700–1300 v. Chr. | »Goldenes Zeitalter« von Sichem (in Konkurrenz zu Megiddo). |
| 1400–1200 v. Chr. | Versammlung der Stämme Israels unter Josua (Jos 24). |
| 1300–1100 v. Chr. | Gescheiterter Versuch Abimelechs, König zu werden (Ri 9). |
| ca. 930 v. Chr. | Das Nordreich (Israel) trennt sich nach dem Tod von König Salomo (1 Kön 12–13) vom Südreich (Juda) mit Sichem als Hauptstadt. |
| ca. 880 v. Chr. | König Omri gründet die Stadt Samaria. |
| ca. 870 v. Chr. | Herrschaft von König Ahab (verheiratet mit Isebel); Wirken von Elija und Elischa (1 Kön 16–2 Kön 10). |
| 780–730 v. Chr. | Herrschaft von König Jerobeam II.; Wirken von Amos und Hosea. |
| 722 v. Chr. | Einfall der Assyrer in Samaria und im Nordreich Israel; Deportation von 30 000 Israeliten und Besiedlung mit Nichtisraeliten (2 Kön 17,24). |
| um 500 v. Chr. | Samaria ist die Hauptstadt einer Provinz im Persischen Reich. |
| ca. 450 v. Chr. | Widerstand der Samaritaner gegen den Wiederaufbau des Tempels von Jerusalem (Neh 4); Ende der Samaritanerherrschaft über Juda. |
| 333 v. Chr. | Alexander der Große bevölkert die Stadt Samaria mit Makedoniern und siedelt ihre samaritanischen Einwohner in eine neue Stadt am Berg Garizim um; Sichem wird teilweise wiederaufgebaut. |
| ca. 190 v. Chr. | Die Samaritaner bauen einen eigenen Tempel auf dem Berg Garizim (2 Makk 6,2; Josephus, *Ant* 11,8). |
| 108 v. Chr. | Johannes Hyrkan zerstört die Stadt Samaria; das Gebiet fällt unter die Herrschaft Jerusalems. |
| 107 v. Chr. | Johannes Hyrkan zerstört den Tempel der Samaritaner und Sichem (Josephus, *Bell* 1,2). |
| 64 v. Chr. | Pompeius bringt die Region Samaria unter römische Herrschaft. |
| 57 v. Chr. | Gabinius beginnt mit dem Wiederaufbau der Stadt Samaria. |
| ca. 27 v. Chr. | Augustus übergibt die Stadt Samaria Herodes dem Großen, der den Großteil der Stadt wieder aufbaut (und sie in Sebaste, griechisch für »Augustus«, umbenennt). |
| 36 n. Chr. | Pontius Pilatus wird nach dem Massaker an Samaritanern in der Nähe des Bergs Garizim abgesetzt. |
| 72 n. Chr. | Titus gründet die Flavia Neapolis (westlich von Sichem). |
| ca. 100 n. Chr. | Justin der Märtyrer wird in Neapolis geboren. |
| 200 n. Chr. | Unter Septimus Severus wird die Stadt Samaria zu einer römischen Kolonie. |
| 4. Jh. n. Chr. | »Goldenes Zeitalter« der Samaritaner unter der Herrschaft von Baba Rabba. |
| ca. 380 n. Chr. | Bau der kreuzförmigen Kirche über dem Jakobsbrunnen. |
| 484 n. Chr. | Samaritaneraufstand gegen byzantinische Christen in Neapolis; Kaiser Zenon baut auf dem Berg Garizim eine Marienkirche. |
| 529 n. Chr. | Erneuter Aufstand der Samaritaner; sie überfallen viele Kirchen und Klöster. Kaiser Justinians blutige Niederschlagung des Aufstands führt zur fast völligen Vernichtung der Samaritaner. |
| 8. Jh. n. Chr. | Muslime zerstören die byzantinische Kirche auf dem Berg Garizim. |
| ab 1800 | Die Samaritaner dürfen alljährlich für sechs Wochen zurück zum Berg Garizim, um das Paschafest zu feiern. |
| 1893 | Bau einer griechisch-orthodoxen Krypta über dem Jakobsbrunnen. |
| 1927 | Großes Erdbeben in Nablus. |

# Das heutige Samaria

Samaria ist ein Teil des Heiligen Landes, der von Besuchern oft gemieden wird. Das ist kaum verwunderlich, denn die moderne Stadt **Nablus**, die direkt zwischen den Bergen Garizim und Ebal liegt, ist seit vielen Jahren ein politischer Unruheherd. Der unerschrockene Besucher hat deswegen die Stätten in diesem Gebiet oft ganz für sich.

Ein Besuch des alten Samaria lohnt sich jedoch. Dieser Teil der West Bank (in dem in jüngster Zeit keine Siedlungen entstanden) zeigt vielleicht am besten, wie die **hügelige Landschaft** des Heiligen Landes in alten Zeiten aussah. Auf den sanften Hügeln finden sich Jahrtausende alte Terrassen, die sich wohl kaum verändert haben, seit die Stammesoberhäupter vor fast 3000 Jahren über die Gipfel wanderten.

Auch der **Jakobsbrunnen** ist sehr beeindruckend, denn hier handelt es sich um eine der Stätten des Landes, deren Authentizität gesichert ist. Brunnen bewegen sich nicht von der Stelle, sodass wir davon ausgehen können, dass Jesus an genau diesem Brunnen mit der Samaritanerin sprach. »Der Brunnen ist tief«, sagte sie (Joh 4,11), und tatsächlich: Er ist über 20 m tief! Und noch immer enthält er sauberes Trinkwasser. Heute ist er von der Krypta einer halb fertiggestellten orthodoxen Kirche umgeben, deren Bau im Zuge des Ersten Weltkriegs zum Erliegen kam.

An dieser Stätte kann man sich gut vorstellen, wie Jesus sich hier von seiner Reise ausruhte, während die Jünger und die Samaritaner zwischen dem Brunnen und der im Nordwesten gelegenen Stadt Sychar hin- und herwanderten – ein zehnminütiger Fußweg.

In **Sichem** *(Tell Balata)*, einer Stadt, die ihre Blütezeit zu Beginn des 2. Jhs. v. Chr. hatte, findet man noch immer antike Tonscherben. Es gibt dort einige alte Tempel, doch die beeindruckendste Sehenswürdigkeit ist wohl das Stadttor, das dem Besucher einen guten Eindruck vermittelt von dieser wichtigen gesellschaftlichen Institution in biblischer Zeit.

Im Alten Testament finden sich mehrere Hinweise auf die gesellschaftliche Funktion des **Stadttores**. Es war ein Ort, an dem sich die führenden Männer der Stadt trafen,

Luftaufnahme der Ausgrabungen am Berg Garizim.

um notwendige Geschäfte zu tätigen. So kaufte Abraham z. B. »am Stadttor« das Grundstück für das Grab seiner Frau (Gen 23,8-10); Boas verhandelte am Tor, wer als Ruts Löser fungieren sollte (Rut 4,1-6); und ein Mann mit einer guten Frau ist, wie es in den Sprichwörtern heißt, »in den Torhallen geachtet« (Spr 31,23). Derlei Szenen kann man sich hier lebhaft vorstellen.

Einen atemberaubenden Blick über Zentral-Samaria hat man vom **Gipfel des Berges Garizim,** den man am besten nicht über Nablus, sondern von Süden her erklimmt. Man versteht, warum der ein wenig höhere Berg Ebal (im Norden) bei den Samaritanern mit einem Fluch belegt war – auf seinen kahlen, grauen Felsen wächst kaum etwas – und warum der Pass zwischen Ebal und Garizim eine so wichtige Handelsroute darstellte. Sie führte vom zentralen Bergland Richtung Mittelmeer. Vom Gipfel des Garizim aus sieht man das Plateau, auf dem die kleine noch existierende Samaritanergemeinde die sechswöchige Paschazeit feiert. Auf dem Gipfel selbst finden sich die Überreste einer im 5. Jh. erbauten **achteckigen Kirche,** die im 8. Jh. von Muslimen zerstört wurde, sowie (direkt östlich davon) die Ruine des **alten Samaritanertempels,** der gegen Ende des 2. Jhs. zerstört wurde.

Von den Ruinen der Akropolis der **alten Stadt Samaria** aus kann man an klaren Tagen die Küste sehen. Die Akropolis war ein wichtiges Zeichen der neuen Hauptstadt des Nordreiches Israel. Sie signalisierte Offenheit für Beziehungen zu anderen Staaten des Mittelmeerraumes.

Man findet dort noch viele Ruinen: Stadttore, Reste eines Säulengangs, einen Marktplatz und ein römisches Theater. Zeichen von Herodes' Neugründung der Stadt als **Sebaste** sind überall zu sehen, doch vor allem zeugt hiervon der Tempel auf dem Gipfel der Akropolis, den er Augustus (»dem Erhabenen«) weihte.

In der byzantinischen Ära und der Kreuzfahrerzeit brachten die Christen die Stadt Samaria mit der **Begräbnisstätte des Täufers Johannes** in Verbindung. Den Evangelien zufolge (z. B. Mk 6,17-29) ließ Herodes Antipas im Zusammenhang mit seiner Geburtstagsfeier Johannes hinrichten (siehe S. 13). Wir wissen nicht, wo dies geschah, aber es ist wahrscheinlicher, dass Herodes sich in seiner neuen Hauptstadt Sepphoris (siehe S. 33) befand. Dennoch gibt es hier eine **kleine Kirche aus dem 6. Jh.** an eben der Stelle, an der man den Kopf des Johannes entdeckt haben will. Und in der angrenzenden Stadt Sebastije befindet sich eine große, von **Kreuzfahrern erbaute Kathedrale,** die angeblich sein Grab enthält.

Nicht zuletzt werden dem Besucher in **Samaria** die religiösen und politischen Spannungen bewusster, unter denen das Gebiet über weite Strecken seiner Geschichte gelitten hat – und auch in der Gegenwart weiter leidet. Es ist eine Ironie der Geschichte, dass das Bergland, das die alten Israeliten vor den Philistern im Westen schützte, eben das Land ist, das die Palästinenser nun als Schutz vor den sich (von Westen her) ausbreitenden Siedlungen der Israelis behalten möchten. Bestimmte Rollen und Situationen haben sich im Laufe der Zeit umgekehrt und ziehen heftige Kämpfe nach sich.

Vielleicht lehren die Worte, die Jesus in Samaria sprach, als er sich den akuten, bedenklichen Spannungen seiner Zeit gegenübersah, uns auch heute noch etwas. Jesus sah einen Tag voraus, an dem die Spannungen zwischen Juden und Samaritanern keine Bedeutung mehr haben würden, denn mit seinem Kommen in die Welt war ein neues Zeitalter angebrochen. Er deutet einen Tag an, an dem die erbitterten Kämpfe um fest umrissene Orte unnötig sein werden, weil Gott für alle Menschen überall auf der Welt, unabhängig von Kultur oder Geografie, erreichbar sein wird. Die Vision des Friedens und der Versöhnung wartet noch auf ihre Erfüllung – und sie ist gleichzeitig eine Aufforderung an uns, sich für beides einzusetzen.

*»Aber die Stunde kommt und sie ist schon da, zu der die wahren Beter den Vater anbeten werden im Geist und in der Wahrheit.«*
**Johannes 4,23**

## Die Kreuzfahrer

Die große Kathedrale in der Mitte des modernen Dorfes Sebastije stammt aus dem 12. Jh. und zeugt von einer bedeutenden Ära in der Geschichte des Heiligen Landes: der Zeit der Kreuzzüge.

Die Kreuzfahrer waren von 1099 (am 15. Juli des Jahres nahmen sie Jerusalem ein) bis 1291 im Land, als die Küstenstadt Akko an die Mamelucken fiel. Das »Lateinische Königreich« befand sich in der Mitte des 12. Jhs. auf dem Höhepunkt seiner Macht. In dieser Zeit wurden zwei einflussreiche militärische Orden gegründet: der Hospitaliter- und der Templerorden. Letzterer erhielt seinen Namen, weil sich das Hauptquartier seiner Ritter auf dem Tempelberg in Jerusalem in der Aqsa-Moschee befand, die die Kreuzfahrer für den »Tempel Salomos« hielten.

Das Lateinische Königreich erlitt am 4. Juli 1187 eine fast vollständige Niederlage bei den Hörnern von Hattin oberhalb von Tiberias. Saladin lockte die Tempelritter, die von ihren Wasservorräten abgeschnitten waren, zu einer Konfrontation in der brennenden Sonne. Ein Teil von Galiläa wurde während des Dritten Kreuzzugs (1189–1192) zurückerobert, doch die Kreuzfahrer wurden nach und nach zum Meer zurückgedrängt.

Sie hinterließen zahlreiche Gebäude, die die Zeit überdauert haben: beeindruckende Burgen wie Belvoir (mit Blick auf das Jordantal und Samaria) und einige einzigartige Kirchen wie die in Latrun, Abu Ghosh und Qubeiba (siehe S. 205). In Jerusalem zeugt die Renovierung der Grabeskirche

Luftaufnahme von den Ruinen der Burg Belvoir auf einem der Berge von Gilboa mit Blick über das Jordantal.

(siehe S. 190) und der St.-Anna-Kirche beim Betesda-Teich (siehe S. 170) von ihrem Einfluss.

Die St.-Anna-Kirche ist seit dem 12. Jh. praktisch unverändert und vermittelt einen guten Eindruck von der durch einfache Strenge geprägten Architektur der Kreuzfahrer. Nachdem sie jahrelang nicht genutzt wurde, überließen die Türken sie den Franzosen als Zeichen der Dankbarkeit für ihre Hilfe im Krimkrieg 1856.

### Gedanken zu den Kreuzzügen

Die Kreuzfahrerzeit hat auch auf andere, schmerzlichere Weise ihre Spuren im Heiligen Land hinterlassen. Das heutige Interesse des Westens am Heiligen Land wird oft als eine moderne Form des Kreuzfahrergedankens interpretiert – als Wunsch nach Kontrolle. Das mit der Eroberung Jerusalems im Jahr 1099 verbundene Gemetzel setzte dem *modus vivendi* zwischen den Christen der Ostkirche und den Muslimen ein Ende, die über 500 Jahre friedlich in dieser Stadt zusammengelebt hatten. Zweifellos gab es auf beiden Seiten gewaltsame Übergriffe, doch dieses Gemetzel hat sich tief in das kulturelle Gedächtnis eingeprägt. Auch bei den heutigen Feindseligkeiten spielt es noch eine nicht unerhebliche Rolle.

Das Bild der Kreuzfahrer, die mit blutbefleckten Schwertern in die Grabeskirche eindrangen und das *Te Deum* sangen, ist noch in vielen Köpfen präsent. Der Anblick eines Kreuzfahrerkreuzes beschwört Bilder herauf, die nichts mehr mit dem Kreuz zu tun haben, das die Christen zum Symbol ihres Glaubens an den gekreuzigten Christus gewählt hatten. Auch wenn die Christen in den letzten Jahren Entschuldigungen für die Kreuzzüge vorgebracht haben, zeigt dies in gewisser Weise doch nur, dass es sich dabei noch immer um eine offene Wunde handelt.

Aus den Kreuzzügen lassen sich einige Lehren ziehen. Sie werfen viele Fragen auf, die es zu bedenken gilt: Welche Bedeutung hat das Heilige Land für Christen? Ist es überhaupt ein »heiliges Land«? Einige sprechen lieber vom »Land des Heiligen« – als Hinweis darauf, dass dieses Land nicht auf sich selbst, sondern auf den Gott hindeuten soll, der sich dort offenbart hat. Der Glaube, dass das Land selbst »heilig« sei, hat paradoxerweise zu höchst *un*heiligem Verhalten geführt. Mit den gleichen Denkstrukturen haben wir es zu tun, wenn Menschen im Namen *ihres* Gottes davon überzeugt sind, dass das Land *ihnen* gehören muss.

Die Kreuzzüge führen uns also die Gefahr vor Augen, die eigentliche Botschaft des Neuen Testaments misszuverstehen und falsche Schlüsse daraus zu ziehen. Es ist eine Sache zu glauben, dass Jesus der Mensch gewordene Sohn Gottes war, der einst in diesem Land gelebt hat. Doch es ist eine andere Sache, daraus abzuleiten, dass Jerusalem noch immer eine »Heilige Stadt« und das Land noch immer etwas Besonderes ist und dass die Bibel einer Menschengruppe das Recht gibt, diese Stadt zu besitzen. Im Gegenteil lässt sich aus den Worten des Neuen Testaments der Schluss ziehen, dass Jerusalem und das Land Israel mit der Ankunft Jesu an Bedeutung verloren haben. Vielleicht ging gleichzeitig mit Jesu Tod auch die Glanzzeit dieses Landes zu Ende. Das würde bedeuten, dass weder die Stadt noch das Land die Kämpfe darum wert sind.

In Anbetracht dessen erhalten die Worte, die Jesus an die Samaritanerin richtet, eine völlig neue Bedeutung. Nicht bestimmte Orte sind entscheidend, warnt Jesus, sondern die

Die St.-Anna-Kirche in Jerusalems Altstadt.

Ausrichtung auf Gottes Allgegenwart durch seinen Heiligen Geist: »... die Stunde kommt, zu der ihr weder auf diesem Berg noch in Jerusalem den Vater anbeten werdet ... die wahren Beter [werden] den Vater anbeten ... im Geist und in der Wahrheit; denn so will der Vater angebetet werden« (Joh 4,21.23).

# Cäsarea Philippi

*Jesus betete einmal in der Einsamkeit, und die Jünger waren bei ihm. Da fragte er sie: Für wen halten mich die Leute? Sie antworteten: Einige für Johannes den Täufer, andere für Elija; wieder andere sagen: Einer der alten Propheten ist auferstanden. Da sagte er zu ihnen: Ihr aber, für wen haltet ihr mich? Petrus antwortete: Für den Messias Gottes. Doch er verbot ihnen streng, es jemand weiterzusagen. Und er fügte hinzu: Der Menschensohn muss vieles erleiden ... er wird getötet werden, aber am dritten Tag wird er auferstehen ...*

*Jesus [nahm] Petrus, Johannes und Jakobus beiseite und stieg mit ihnen auf einen Berg, um zu beten. Und während er betete, veränderte sich das Aussehen seines Gesichtes und sein Gewand wurde leuchtend weiß. Und plötzlich redeten zwei Männer mit ihm. Es waren Mose und Elija; sie erschienen in strahlendem Licht und sprachen von seinem Ende, das sich in Jerusalem erfüllen sollte. Petrus und seine Begleiter aber waren eingeschlafen, wurden jedoch wach und sahen Jesus in strahlendem Licht und die zwei Männer, die bei ihm standen ... Während er noch redete, kam eine Wolke und warf ihren Schatten auf sie ... Da rief eine Stimme aus der Wolke: Das ist mein auserwählter Sohn, auf ihn sollt ihr hören. Als aber die Stimme erklang, war Jesus wieder allein. Die Jünger ... erzählten in jenen Tagen niemand davon.*

*Als sie am folgenden Tag den Berg hinabstiegen, kam ihnen eine große Menschenmenge entgegen. Da schrie ein Mann aus der Menge: Meister, ich bitte dich, hilf meinem Sohn! ... Er ist von einem Geist besessen; plötzlich schreit er auf, wird hin und her gezerrt und Schaum tritt ihm vor den Mund ... Ich habe schon deine Jünger gebeten, ihn auszutreiben, aber sie konnten es nicht. Da sagte Jesus: O du ungläubige und unbelehrbare Generation! Wie lange muss ich noch bei euch sein und euch ertragen? Bring deinen Sohn her! Als der Sohn herankam, warf der Dämon ihn zu Boden und zerrte ihn hin und her. Jesus aber drohte dem unreinen Geist, heilte den Jungen und gab ihn seinem Vater zurück. Und alle gerieten außer sich über die Macht und Größe Gottes.*
**Lukas 9,18-22.28-43**

## Von Paneas zu Cäsarea Philippi

An einem klaren Frühlingstag kann man die schneebedeckten Gipfel des Hermon aus einer Entfernung von rund 110 km sehen. Der 2750 m hohe Berg bildete in alten Zeiten eine natürliche Grenze des Landes Israel. Die Verfasser der alttestamentlichen Bücher hatten oft von dem Land gesprochen, das sich von »Dan bis Beerscheba« erstreckte. Dan gehörte zu den Städten, die in den Ausläufern des Hermon lagen. In seiner Nähe befand sich die Stadt Paneas auf einem Plateau rund 350 m über dem Meeresspiegel. Paneas hob sich von anderen Städten durch einen Quellfluss ab, der in einer Grotte entsprang – eine der Quellen, die den Jordan speisten; hier verehrte man Pan, einen »Naturgott«. Die Stadt wurde von Philippus, dem Sohn Herodes' des Großen, in »Cäsarea Philippi« umbenannt. Diesen Namen hatte Philippus sich selbst und auch dem römischen Kaiser Augustus zu Ehren gewählt. In das »Gebiet von Cäsarea Philippi« (Mt 16,13) kam Jesus mit seinen Jüngern zu einem entscheidenden Zeitpunkt seines Wirkens.

## Weit entfernt vom jüdischen Stammland

Es war nicht das erste Mal, dass Jesus die Ufer des Sees Gennesaret verließ und nach Norden ging. Schon früher war er in die Küstengebiete von Tyrus und Sidon (»Syrophönizien«) gereist. Innerhalb der Grenzen des biblischen Israel markiert Cäsarea Philippi den nördlichsten Punkt, an dem sich Jesus jemals aufhielt. In diesem abgeschiedenen, dünn besiedelten Teil des Landes konnte er nachdenken und sich mit den dramatischen Ereignissen auseinandersetzen, die ihn bei seiner Rückkehr in den Süden erwarten würden. So ist es nachvollziehbar, dass er an diesem Ort seine Absicht kundtat, nach Jerusalem zu gehen. Dies war auch der Ort, an dem seine Jünger – wie er hoffte – seine eigentliche Identität erkennen würden.

Wir wissen nicht, ob Jesus sich je wirklich in die Stadt Cäsarea Philippi wagte. Wahrscheinlich hielt er sich mit seinen Jüngern an einem abgelegeneren Ort auf. Nach Markus ging Jesus »in die Dörfer bei Cäsarea Philippi« (Mk 8,27). Das mag an der Vergangenheit dieser Stadt gelegen haben. Das Gebiet befand sich zwar innerhalb der alten Grenzen Israels, doch seine Geschichte und seine Bevölkerung waren fast ausschließlich nichtjüdisch. Die in der Nähe der römischen Provinz Syrien gelegene Region war bekannt als »Gaulanitis« (die heutigen »Golanhöhen«) und ihre Bewohner werden wenig Loyalität gegenüber Jerusalem empfunden haben. Die neue Hauptstadt wurde zudem schon lange mit dem Heidentum assoziiert, wie ihr ursprünglicher Name »Paneas« zeigt. Der passende Name für diese Stadt wäre somit eigentlich »Cäsarea Paneas«. Er würde verdeutlichen, dass es sich um einen ausgesprochen nichtjüdischen Ort handelte, eine heidnische Kultstätte, die dem Römischen Reich äußerst verbunden war.

Selbst im Spätsommer zeigt sich der Hermon schneebedeckt über den Dörfern Nordisraels.

Kein Wunder also, wenn Jesus sich von dieser Stadt fernhielt. Gleichzeitig scheint dies für Jesus eine passende Umgebung gewesen zu sein, um den Jüngern seine wahre Identität zu offenbaren. Kaiser Augustus mochte behaupten, die Welt zu regieren, vielleicht sogar »ein Sohn Gottes« zu sein. Aber was, wenn Israels lang erwarteter, königlicher Herrscher – der gesalbte »Messias« – nun aufgetaucht war? War er nicht der wahre Herrscher der Welt? Galt es nicht vielmehr, ihn als Gott zu verehren?

Die Evangelien berichten in diesem Zusammenhang von drei markanten Episoden: dem Messiasbekenntnis des Petrus, der Verklärung Jesu und der Heilung des besessenen Jungen.

## Das Bekenntnis des Petrus

Die erste dieser Episoden stellt einen Wendepunkt in der Geschichte Jesu dar. Die Menschen hatten erlebt, dass Jesus erstaunliche Dinge tat, und sie hatten seine Lehren vernommen. Aber sie rätselten noch immer über seine Person: Wer war dieser Jesus? War er ein Prophet? Angesichts der Tatsache, dass es seit den Tagen Maleachis 400 Jahre zuvor keine authentische Prophetie mehr gegeben hatte, war diese Mutmaßung nicht ohne Brisanz. In Jesu Worten glaubten die Menschen, die Stimme des Gottes Israels zu hören. Ähnliches hatten sie über Johannes den Täufer gesagt, und Jesus hatte ihnen zugestimmt – bis zu einem gewissen Punkt. Nach den Worten Jesu war Johannes ein Prophet, ja sie hatten mit Johannes »sogar mehr gesehen als einen Propheten« (Lk 7,26).

Wer also war Jesus? Er beschrieb sich selbst als den »Menschensohn« – aber was bedeutete das? Die letzten Verse der Prophezeiung Maleachis enthielten folgendes Versprechen: »Bevor aber der Tag des Herrn kommt, der große und furchtbare Tag, seht, da sende ich zu euch den Propheten Elija« (Mal 3,23). War nun Johannes oder Jesus der »zurückgekehrte Elija«?

Jesus stellt seinen Jüngern, weit entfernt von ihrem Zuhause in Galiläa und abseits von den Menschenmengen, schließlich die Frage: »Für wen haltet *ihr* mich?« Die Möglichkeit, sich hinter den Antworten anderer zu verstecken, ist vorbei. Die vagen Vermutungen gehören der Vergangenheit an. Die Verwirrung der Jünger ist spürbar. Doch Petrus bricht das beklommene Schweigen und fasst in Worte, was niemand zuvor ausgesprochen hat: »Für den Messias Gottes« (Lk 9,20).

Jesus weist diese Identifizierung nicht zurück.

Wenn Petrus Jesus als »Messias« bezeichnet, dann heißt das aber noch nicht unbedingt, dass er Jesus als göttliche Person versteht. »Messias« war der Titel für einen Menschen, der Gottes Volk regieren, dieses Volk gegenüber Gott repräsentieren und seinen Sieg über die Heiden herbeiführen würde. Und Petrus hatte womöglich einige dieser eher »politischen« Bedeutungen im Sinn. Wenn ihr Meister der wahre Messias-König war, dann war es jetzt Zeit, nach Jerusalem zu marschieren und die bewaffnete Revolution gegen Gottes Feinde zu eröffnen. Die politische Karriere Jesu hatte nun begonnen und Petrus würde sein stellvertretender Kommandeur sein!

Wir können davon ausgehen, dass die folgenden Worte Jesu über die Notwendigkeit seines Leidens in Jerusalem Petrus zutiefst irritierten. Jesus machte sofort deutlich, dass seine Art des Messiasamtes den damaligen Erwartungen der Menschen zuwiderlief. Er *würde* Gottes Volk regieren und von seinen Feinden befreien, aber auf völlig andere Weise, als sie es erwarteten. Es war nicht sein Weg, die Waffen gegen die Römer zu erheben; stattdessen würde sein Weg an ein römisches Kreuz führen. Und die, die ihm folgen wollten, mussten bereit sein, »täglich ihr Kreuz auf sich« zu nehmen.

---

»An einem Ort, an dem nun verkündet wurde, der römische Kaiser (Cäsar) sei der Herr der bewohnten Welt, behauptete Jesus, der Messias Israels zu sein, der rechtmäßige und wahre Herr der Welt.«

**C. P. Thiede**

Diese Worte trafen seine Jünger unvorbereitet. Die Reaktion des Petrus macht klar, warum Jesus in der Öffentlichkeit so vorsichtig sein musste, wenn er auf sein Messiasamt hinwies. Denn es war beinahe unmöglich, diesen Titel nicht misszuverstehen. Jesus unternahm etwas ganz Neues: Er verband zwei Motive des Alten Testamentes, die nie zuvor verbunden worden waren: den königlichen, herrschenden Messias und den »Gottesknecht«, von dem der Prophet Jesaja gesprochen hatte (Jes 52–53). Das schien ein Widerspruch in sich zu sein. Doch genau darin bestand die messianische Berufung Jesu, seine einzigartige Identität und sein Schicksal. Dieses neu gefüllte Messiasverständnis durchbrach die Erwartungen des Judentums und stimmte schon gar nicht mit den Vorstellungen des Heidentums überein. Weder die Art, wie ein Cäsar die Welt regierte, noch die Herrschaftsform von Marionettenkönigen wie Philippos waren damit vergleichbar.

## Die Verklärung Jesu auf dem Berg

»Etwa acht Tage später« erwartete Petrus ein weiterer Schock: die Enthüllung der wahren Identität Jesu, die über die des »Messias« noch hinausging (Lk 9,28-36). Dieses Mal wurde Jesus nur von dreien seiner Jünger begleitet: von Petrus und den Brüdern Jakobus und Johannes. Jesus stieg mit ihnen »auf einen Berg« – mit großer Wahrscheinlichkeit handelte es sich dabei um den Hermon.

Das griechische Wort für »Berg« meint oft das, was wir »Hügel« nennen; es handelt sich also wohl eher um einen Hang. Es gibt auch keinen zwingenden Grund dafür, dass die Begebenheit auf einem Berggipfel stattgefunden haben muss. So kommen in dieser Region, die größtenteils durch das flache Vulkangestein der Gaulanitis gekennzeichnet ist, am ehesten die unteren »Hänge« des Berges Hermon infrage. Jesus führt die Jünger zu einem sehr abgeschiedenen Ort, an dem ihnen Gott offenbart wird. Die Wahl eines »Berghanges« mag eine bewusste Entscheidung gewesen sein. Er soll möglicherweise einen anderen Berg ins Gedächtnis rufen: den Berg, an dem Gott sich Mose und später auch Elija offenbart hatte – den Berg Sinai.

Als Jesus betete, änderte sich plötzlich »das Aussehen seines Gesichtes und sein Gewand wurde leuchtend weiß« (Lk 9,29). Diese Verklärung Jesu ist ein einzigartiger Moment, in dem etwas von seiner außergewöhnlichen Identität aufleuchtet.

Für Jesus selbst bedeutet dieses seltsame Ereignis eine Ermutigung, bevor er sich auf den einsamen Weg zu seinem »Ende« (wörtlich »Exodus«) in Jerusalem begibt. Ähnlich wie bei seiner Taufe im Jordan erhält er nun von Gott die Bestätigung seines Vaters: »Das ist mein auserwählter Sohn« (Lk 9,35).

Seine Jünger jedoch stehen vor einer großen Herausforderung. Die Offenbarung dieser Facette der Person Jesu muss sie völlig überraschen. Sie sehen Jesus zusammen mit Mose und Elija, den beiden bedeutendsten Gestalten des Alten Testaments, die das Gesetz und die Propheten repräsentieren. Aber offensichtlich ragt Jesus in seiner Bedeutung noch über die beiden wichtigsten Gestalten der jüdischen Überlieferung hinaus. Jesus ist Gesetzgeber und Prophet – und noch weit mehr! Wie Mose wird er einen neuen »Exodus« herbeiführen, doch im Unterschied zum Exodus des Mose wird dieser neue Aufbruch *allen* Menschen zugutekommen. Die Jünger sehen die »Herrlichkeit« Jesu, ein Ausdruck, der im biblischen Denken eng mit *Gott selbst* verbunden ist. Außerdem werden sie in eine Wolke gehüllt – auch Wolken werden in der Bibel mit Gott assoziiert. Sie sind Zeichen seiner Gegenwart. All dies sind Hinweise auf die göttliche Identität Jesu. Die Stimme, die die Jünger hören, bestätigt diese Identität dann ausdrücklich. An die Jünger ergeht die Aufforderung: »Auf ihn sollt ihr hören.« Wenn Jesus Gottes aus-

*»Wir haben seine Herrlichkeit gesehen, die Herrlichkeit des einzigen Sohnes vom Vater, voll Gnade und Wahrheit.«*

**Johannes 1,14**

## Der Schauplatz der Verklärung Jesu: Tabor oder Hermon?

Es bleibt ein Geheimnis, wo genau sich dieses wichtige Ereignis abgespielt hat. Seit Mitte des 4. Jhs. haben die Christen es traditionell mit dem Berg Tabor in Verbindung gebracht – einem kleinen Berg in der Jesreelebene im Südwesten des Sees Gennesaret.

Für diese Wahl gab es ästhetische Gründe. Die schöne runde Form des Tabor verleiht ihm eine natürliche Aura der Vornehmheit und macht es leicht, ihn als heiligen Berg anzusehen. Im Unterschied zu vielen anderen Bergen ist sein Gipfel leicht zugänglich, sodass man sich an diesem Ort ein so geheimnisvolles Ereignis wie die Verklärung gut vorstellen kann.

Es gab aber auch praktische Gründe für diese Wahl. Als christliche Pilgerreisen im 4. Jh. zunahmen, fragten immer mehr Besucher nach dem Ort gerade dieser Begebenheit. Da sie vor allem Nazaret und den See Gennesaret besuchten, wählte man einen Ort, der auf dem Weg zu diesen Stätten lag. Es hätte keinen Sinn gemacht, einen Ort zu wählen, der viele Meilen nördlich des Sees gelegen war, da die meisten Besucher nie dorthin gelangten. Und so bestätigte Bischof Cyrillus von Jerusalem im Jahr 348, dass die Verklärung »auf dem Berg Tabor« stattgefunden habe (*Katechesen* 12,16).

Tatsächlich könnte man den Schauplatz der Verklärung 80 km nördlich des Sees Gennesaret an einem der unteren

»*Jesus wurde auf dem Berg Tabor verwandelt.*«
**Cyrillus, Katechesen 12,16**

Hänge des Hermon oder auf einem der Hügel in der angrenzenden Gaulanitis lokalisieren.

In den neutestamentlichen Berichten deutet nichts darauf hin, dass Jesus sich auf einem Berggipfel befand. Es heißt nur, dass er auf einen »hohen Berg« ging (Mk 9,2). Letztendlich kann man aus dem Bibeltext nur schließen, dass es sich um einen entlegenen Hang einer bestimmten Anhöhe gehandelt haben muss. In den Ausläufern des Hermon gibt es viele infrage kommende Stellen. Der Leser des Evangeliums wird ganz automatisch in dieses Gebiet geführt, da die Verklärung nur wenige Tage nach dem Bekenntnis des Petrus in den Dörfern »bei Cäsarea Philppi« (Mk 8,27) stattfand. Es ist sehr unwahrscheinlich, dass Jesus innerhalb so kurzer Zeit in die genau entgegengesetzte Richtung wanderte.

Vor Cyrillus bevorzugten Christen wie Eusebius den Hermon als Schauplatz der Verklärung. Eusebius, der eine Generation vor Cyrillus schrieb, scheint von der sich entwickelnden Tabor-Tradition gewusst zu haben, spricht sich aber dennoch für den Hermon aus. In seinem *Kommentar zu den Psalmen* heißt es, dass Ps 89,13 (in dem von Tabor und Hermon die Rede ist) eine Prophezeiung der »wundersamen Verklärung« Christi auf beiden Bergen sein könnte. Als Historiker, der die Werke des Josephus kannte, wusste er wohl auch, dass es im 1. Jh. ein Dorf auf der Spitze des Tabor gegeben hatte. Tatsächlich baute Josephus eine Mauer um dieses Dorf, um es während des Jüdischen Aufstands von 67 n. Chr. zu schützen (Josephus, Bell 2,20; 4,1). Aus der Sicht eines Historikers erschien es nicht plausibel, dass dies der Ort der Verklärung gewesen sein sollte.

Diese Diskussion gibt ein gutes Beispiel für die Diskrepanz zwischen historischer Genauigkeit und dem spirituellen Bedürfnis von Besuchern, eine zugängliche und geeignete Stätte für die biblischen Ereignisse auszumachen. Das geschieht auch an anderen Orten des Heiligen Landes, wo historisch eher unwahrscheinliche Stätten sich für das Gebet und die Meditation der Pilger anbieten. Vielleicht ist letzten Endes das Ereignis wichtiger als der Schauplatz, die theologische Wahrheit wichtiger als die geografische Genauigkeit.

Die Verklärung Jesu sollte man aus diesem Blickwinkel betrachten. Dieses Ereignis lässt sich nicht durch den Bau von drei Hütten für Jesus, Elija und Mose festhalten, wie Petrus es sich gewünscht hatte. Überdies zwingt es die Jünger, nicht so sehr auf konkrete Orte, sondern auf das Wort Gottes zu achten – »Auf ihn sollt ihr hören!«

Dennoch dürfen wir trotz alldem nicht vergessen, dass die Evangelien davon berichten, dass dieses und andere Ereignisse tatsächlich stattfanden. In diesem Sinne ist der christliche Glaube weder *reine Geschichte noch reine Spiritualität*, sondern eine fragile Kombination von beidem. Die Verklärung hat ihre Wurzeln im historischen Ereignis der Menschwerdung Jesu, weist jedoch auf die mit dem Kommen Jesu verbundene Wirklichkeit des ewigen Lebens hin.

Kunst und Literatur zeigen, wie die Verklärung Jesu seit Jahrhunderten die Fantasie der Menschen anregt. In der östlichen orthodoxen Theologie nimmt sie einen wichtigen Platz ein. Dort betrachtet man sie als die Enthüllung des Planes Gottes, alle Menschen an der »göttlichen Natur« Anteil haben zu lassen (bekannt als *theiosis*). Die Formulierung »an der göttlichen Natur Anteil erhalten« geht auf den 2. Petrusbrief zurück (2 Petr 1,4). In diesem kurzen Brief denkt der Verfasser über das Verklärungsereignis nach und möchte dem Leser seine Bedeutung vermitteln.

*Wir waren Augenzeugen seiner Macht und Größe. Er hat von Gott, dem Vater, Ehre und Herrlichkeit empfangen; denn er hörte die Stimme der erhabenen Herrlichkeit, die zu ihm sprach: Das ist mein geliebter Sohn, an dem ich Gefallen gefunden habe. Diese Stimme, die vom Himmel kam, haben wir gehört, als wir mit ihm auf dem heiligen Berg waren.*

**2 Petrus 1,16-18**

Der rundliche Gipfel des Tabor ragt in der Jesreelebene auf. Das Dorf Dabburiyah an seinem Fuß verdankt seinen Namen Debora, der Richterin des Alten Testaments, die in dieser Ebene in die Kämpfe gegen Sisera verwickelt war (Ri 4–5).

Der verklärte Jesus zwischen Mose und Elija, die das Gesetz und die Propheten repräsentieren.

»Tabor hat die Aura eines heiligen Berges.«
**J. Murphy O'Connor**

erwählter Sohn ist, dann müssen seine Worte als Worte Gottes geachtet werden und seinen Befehlen als Befehlen Gottes gehorcht werden.

Und dann ist plötzlich alles wieder wie zuvor: »Jesus [ist] wieder allein« (Lk 9,36). Die Jünger schweigen über das, was sie gesehen haben. Doch es wird bei ihnen einen tiefen, dauerhaften Eindruck hinterlassen haben.

Einige Wochen später wird Jesus in Jerusalem eben diese drei Jünger zu einem Hang am Fuße des Ölbergs mitnehmen – zum Garten Getsemani. Anders als bei der Verklärung werden sie dieses Mal jedoch einen weinenden, zutiefst verzweifelten Mann sehen. Den Rest ihres Lebens werden sie damit verbringen, diese beiden mächtigen Bilder miteinander in Einklang zu bringen: das Leiden Jesu im Garten Getsemani und die Herrlichkeit seiner Verklärung.

## Der Abstieg

Die Verklärung Jesu wurde für den Augenzeugen Petrus zu einer tiefgreifenden Erfahrung. Und die Sache war noch nicht zu Ende. Auf dem Berg hatte er gesagt, was ihm spontan einfiel: »Wir wollen drei Hütten bauen« (Lk 9,33). Doch die göttliche Stimme hatte ihn unterbrochen und ihm befohlen, zu schweigen und zuzuhören. Er hatte diese kostbare Erfahrung festhalten, sie vielleicht sogar kontrollieren wollen. Aber alles ging so schnell vorüber, wie es gekommen war. Als er und die beiden anderen Jünger danach den Berg wieder hinabstiegen, wurden sie unsanft zurück in die Realität geholt.

Während ihrer Abwesenheit hatten die anderen Jünger vergeblich versucht, einen besessenen Jungen zu heilen, den ein verzweifelter Vater zu ihnen gebracht hatte. So wie Mose mit dem goldenen Kalb und mit Israels Ungläubigkeit konfrontiert worden war, als er vom Sinai herabstieg (Ex/2 Mose 32), so wird nun Jesus mit dem »mangelnden Glauben« seiner Jünger konfrontiert: »O du ungläubige und unbelehrbare Generation! Wie lange muss ich noch bei euch sein?« (Lk 9,41). Jesus heilt den Jungen. Und alle – nicht nur die, die mit Jesus am Berghang waren – »gerieten außer sich über die Macht und Größe Gottes«.

Diese Episoden in der Region von Cäsarea Philippi sind von zentraler Bedeutung für die Geschichte Jesu. Weit entfernt von Galiläa und Jerusalem weisen sie auf die tiefere Bedeutung dessen hin, was sich an diesen Orten unter der Oberfläche ereignet. Die Jünger und mit ihnen auch die Leserinnen und Leser der Evangelien lernen, Jesus in einem völlig neuen Licht zu sehen. Von seinen Fragen herausgefordert und durch seine Verzweiflung zurechtgewiesen, wird ihr Glaube an ihn auf die Probe gestellt. Denen, die »Ohren haben zu hören«, wird eine neue Sichtweise angeboten.

Für Jesus sind inzwischen die Würfel gefallen. Die einleitende Phase seines Wirkens ist vorüber. Als er vom Berg herabsteigt, entschließt »sich Jesus, nach Jerusalem zu gehen« (Lk 9,51). Er sagt seinen Jünger deutlich, was ihn in der Hauptstadt erwartet:

»Der Menschensohn muss vieles erleiden und … verworfen werden; er wird getötet werden …« (Lk 9,22). Lukas beschreibt nun in zehn langen Kapiteln (dem sogenannten »Reisebericht«), wie Jesus sich seinem Ziel Jerusalem nähert. Auf dem eingeschlagenen Weg nach Jerusalem äußert sich Jesus auch über dieses Ziel und sein damit verbunde-

## Schlüsseldaten: Cäsarea Philippi

| | | | | | |
|---|---|---|---|---|---|
| ca. 198 v. Chr. | Die Seleukiden aus Syrien siegen nahe Paneas über die Ptolemäer aus Ägypten. Das Gebiet gerät unter syrische Kontrolle. | | die Stadt nach sich und dem Kaiser. | | der an Blutfluss leidenden Frau, die von Jesus geheilt wurde (Eusebius, *Kirchengeschichte* 7,18). |
| | | 55 n. Chr. | Herodes Agrippa versucht, die Stadt nach Kaiser Nero in »Neronias« umzubenennen. | | |
| 20 v. Chr. | Kaiser Augustus schenkt das Gebiet Herodes dem Großen, der neben der Pangrotte einen Tempel aus weißem Marmor baut. | 70 n. Chr. | Titus verbringt nach der Einnahme Jerusalems einige Zeit in diesem Gebiet. | 1100–1300 | Verschiedene Eroberungszüge der Kreuzfahrer und später der Mamelucken. |
| 2 v. Chr. | Herodes' Sohn Philippus erhebt Cäsarea Philippi zur Hauptstadt seiner »Tetrarchie« und benennt | 300 n. Chr. | Die christliche Kirche ist inzwischen gut etabliert. Eusebius erwähnt die hier erhaltene Statue | 1967 | Das kleine syrische Dorf (ehemals Cäsarea Philippi, heute Banias) fällt an Israel zurück. |

nes Schicksal: »Doch heute und morgen und am folgenden Tag muss ich weiterwandern; denn ein Prophet darf nirgendwo anders als in Jerusalem umkommen« (Lk 13,33). Jesus weiß, wo und wie alles enden wird. Nach der Verklärung auf dem Berg geht es nun unaufhaltsam bergab.

# Das heutige Cäsarea Philippi

Das alte Cäsarea Philippi kann wegen seiner Nähe zur **großen Pangrotte** am Fuße des Hermon eindeutig identifiziert werden. Einer der Quellflüsse des Jordan entsprang direkt in dieser Grotte, kommt heute aber aufgrund eines Erdbebens aus einem Spalt etwas weiter unterhalb. Aus verschiedenen Gründen haben wir es hier mit einer der interessantesten Stätten in diesem Gebiet zu tun. In der Nähe (nämlich zur Rechten der Quelle) finden sich einige Ruinen aus dem 2. und 3. Jh. n. Chr. – die eines Schreins und die eines Tempels. Die Grotte selbst wurde jedoch als inneres Heiligtum in den Tempel Herodes' des Großen integriert. Etwas weiter links befindet sich eine natürliche Terrasse, die vielleicht zum Palast des Philippus gehörte.

Kanaanitische und israelitische Ruinen der alten Stadt Hazor mit Blick über das Huletal.

Auf der anderen Seite der Straße sind die Ruinen der **mittelalterlichen Stadt** zu sehen. Noch deutlich erkennbar sind Teile von Mauern und Türmen der Kreuzfahrer. Von der Stadt aus dem 1. Jh. zeugen die Ruinen von **zwölf parallel laufenden Gewölben,** bei denen es sich wohl um Lagerhäuser in der Nähe des Forums oder des Marktplatzes gehandelt hat.

Die Stätte erinnert deutlich daran, dass dieses Gebiet zur Zeit Jesu nichtjüdisch war. Da die Evangelien den Schluss nahelegen, dass Jesus die Stadt selbst gar nicht besucht hat, zieht es der Besucher vielleicht vor, sich auf die Umgebung zu konzentrieren. Man spürt die Nähe des Hermon und die Bedeutung des Quellflusses, der vom schmelzenden Schnee des Berges gespeist wird, für das Land im Süden.

Es bietet sich außerdem ein Besuch des nahe gelegenen **Dan** an, wo es ebenfalls Quellen gibt, deren Wasser in den Jordan fließt. Auch die **Burg Nimrod,** eine beeindruckende, während der Kreuzfahrerzeit gebaute muslimische Festung, zählt zu den Sehenswürdigkeiten dieser Region. Von ihren Zinnen aus hat man einen herrlichen Blick über das Huletal. Heute zeichnet sich diese Landschaft durch eine florierende Landwirtschaft aus. Doch bis zum 19. Jh. war das Gebiet von Malariasümpfen bedeckt, die nur teilweise mithilfe der vielen dort angepflanzten Eukalyptusbäume entwässert werden konnten. Wahrscheinlich war zur Zeit Jesu ein Großteil des Gebietes am Oberlauf des Jordans sumpfig und unwirtlich. Das spricht dafür, dass Jesus mit seinen Jüngern ganz bewusst so weit nach Norden ging – in eine sehr unbequeme und ungewohnte Gegend. Cäsarea Philippi lag rund 48 km nördlich des Sees Gennesaret.

# Jericho

8

*Als Jesus in die Nähe von Jericho kam, saß ein Blinder an der Straße und bettelte. Er hörte, dass viele Menschen vorbeigingen, und fragte: Was hat das zu bedeuten? Man sagte ihm: Jesus von Nazaret geht vorüber. Da rief er: Jesus, Sohn Davids, hab Erbarmen mit mir! ... Jesus blieb stehen und ließ ihn zu sich herführen ... [Jesus] fragte ihn: Was soll ich dir tun? Er antwortete: Herr, ich möchte wieder sehen können. Da sagte Jesus zu ihm: Du sollst wieder sehen. Dein Glaube hat dir geholfen. Im gleichen Augenblick konnte er wieder sehen. Da pries er Gott und folgte Jesus. Und alle Leute, die das gesehen hatten, lobten Gott.*

*Dann kam er nach Jericho und ging durch die Stadt. Dort wohnte ein Mann namens Zachäus; er war der oberste Zollpächter und war sehr reich. Er wollte gern sehen, wer dieser Jesus sei, doch die Menschenmenge versperrte ihm die Sicht; denn er war klein. Darum lief er voraus und stieg auf einen Maulbeerfeigenbaum, um Jesus zu sehen, der dort vorbeikommen musste. Als Jesus an die Stelle kam, schaute er hinauf und sagte zu ihm: Zachäus, komm schnell herunter! Denn ich muss heute in deinem Haus zu Gast sein. Da stieg er schnell herunter und nahm Jesus freudig bei sich auf. Als die Leute das sahen, empörten sie sich und sagten: Er ist bei einem Sünder eingekehrt. Zachäus aber wandte sich an den Herrn und sagte: Herr, die Hälfte meines Vermögens will ich den Armen geben, und wenn ich von jemand zu viel gefordert habe, gebe ich ihm das Vierfache zurück. Da sagte Jesus zu ihm: Heute ist diesem Haus das Heil geschenkt worden, weil auch dieser Mann ein Sohn Abrahams ist. Denn der Menschensohn ist gekommen, um zu suchen und zu retten, was verloren ist.*
**Lukas 18,35–19,10**

## Die am tiefsten gelegene Stadt der Welt

Um nicht durch Samaria reisen zu müssen, gingen galiläische Pilger auf ihrem Weg nach Jerusalem normalerweise hinab ins Jordantal und näherten sich der Stadt dann von Osten her. Als Jesus sich auf seine letzte Reise nach Jerusalem begab, dürfte er mit seinen Jüngern ebenfalls durch dieses Tal gewandert sein, das Gebirge von Samaria und das Gilboagebirge zur Rechten (im Westen), die Berge von Gilead zur Linken.

Da das Jordantal unter dem Meeresspiegel liegt, wird es dort selbst im März ziemlich heiß und drückend gewesen sein. Zu dieser Jahreszeit waren die Berge mit einem leichten Grün bedeckt, und auch nahe den Ufern des Jordan zeigte sich Vegetation. Doch die wichtigste Oase in diesem ansonsten eher kargen Terrain war Jericho – rund 90 km südlich des Sees Gennesaret gelegen und nur 11 km nördlich des Toten Meeres. Jeder, der von Galiläa nach Jerusalem reiste, kam durch Jericho. Die Stadt war eine wichtige Station, um sich vor dem Aufstieg nach Jerusalem noch einmal zu stärken.

Der Hügel des alttestamentlichen Jerichos *(Tell es-Sultan)* mit seinen großen Ausgrabungsgräben und der Oase im Hintergrund.

Es war in der Tat eine wunderschöne Oase mitten in der Wüste, voller Dattelpalmen, Bougainvillen und Obstbäumen. Im Sommer war es dort zwar heiß und feucht, doch im Winter – anders als in Jerusalem mit seinen kalten Winden – warm und angenehm. Aus diesem Grund hatten einige Mitglieder der Jerusalemer Aristokratie dort »Zweithäuser« – z.B. König Herodes, der seinen Winterpalast in Jericho errichten ließ.

Zur Zeit Jesu war diese Oase seit fast acht Jahrtausenden bewohnt: Jericho ist die älteste Stadt der Welt, die ohne Unterbrechung bewohnt war. In den hundert Jahren vor Jesu Auftreten war ein »neues« Jericho entstanden, das über eine halbe Meile südlich der alten Stadt lag. Die Altstadt – Zeuge des hohen Alters Jerichos – war inzwischen verlassen.

## Das alte und das neue Jericho

Als Jesus an der alten Stadt vorbeiging und sich der neuen Stadt näherte, war ihm sicher bewusst, welche Rolle Jericho in der Vergangenheit gespielt hatte: Es war der Ort, an dem die Israeliten das Gelobte Land betreten hatten. Nachdem sie unter der Führung Josuas von Osten her den Jordan durchquert hatten, nahmen sie als Erstes diese strategisch wichtige Stadt ein. Ihr Sieg war ein Zeichen dafür, dass Gott sich um sein Volk kümmerte, und gleichzeitig ein Ausdruck der Zusage, dass sie einmal das gesamte Land besitzen würden – ein Ziel, dessen Verwirklichung noch viele Jahre in Anspruch nehmen würde.

## Das Tote Meer

Besucher Jerichos machten zu allen Zeiten auch einen Abstecher zum Toten Meer, das nur 11 km südlich der Stadt liegt. Auch der Pilger von Bordeaux nahm bei seinem Besuch im 4. Jh. einen Umweg dafür in Kauf und schrieb über das Tote Meer: »Sein Wasser ist sehr bitter, es gibt darin keine Fische, und keine Schiffe segeln dort. Wenn jemand darin schwimmt, lässt das Wasser ihn an der Oberfläche treiben« (*Der Pilger von Bordeaux* 597). Der römische General Vespasian, der 68 n. Chr. ans Tote Meer kam, trieb einige seiner Leute, die nicht schwimmen konnten, hinein, um zu sehen, ob sie trotz zusammengebundener Arme auf dem Wasser treiben könnten (Josephus, *Krieg* 4,9). Eine amüsantere Geschichte liefert uns der byzantinische Schöpfer der Mosaikkarte von Madaba (siehe S. 199), der Fische darstellte, die den Jordan herabkommen und dann versuchen zurückzuschwimmen. Der Gegensatz zwischen diesem »Meer des Todes« und dem See Gennesaret, in dem es vor Leben wimmelt, ist enorm.

Die einzigartige Beschaffenheit des Toten Meeres wurde im Laufe der Geschichte immer wieder kommentiert. Es wurde mit den biblischen Geschichten der Städte Sodom und Gomorra assoziiert, die sich im »Gebiet im Umkreis« (Gen/1 Mose 19) befanden. Klassische Autoren wie Aristoteles und Strabon bezeichneten es als »Asphalt-Meer«. Außergewöhnlich ist dieses Meer deswegen, weil es an seinem Südende keinen Ablauf für das Wasser gibt, das (entweder vom Jordan oder aus den *Wadis*) dort hineinfließt. Das liegt daran, dass es sich hier um den tiefstgelegenen Ort (411 m unter dem Meeresspiegel) unseres Planeten handelt.

Aufgrund der großen Wassermengen, die heute dem See Gennesaret zum Verbrauch entnommen werden, sinkt der Wasserspiegel des Toten Meeres noch weiter. Da das Wasser nur durch Verdampfen entweichen kann, konzentrieren sich im verbleibenden Wasser Mineralien wie Magnesium, Kalzium und Kalium. Seit jeher werden diese Mineralien für industrielle Zwecke genutzt. In jüngster Zeit sind an den Küsten des Toten Meeres auch Heilbäder entstanden.

Dort und in den angrenzenden Gebirgen gibt es mehrere historische Stätten. Im Jordangebirge (im Osten) befinden sich sowohl der Berg Nebo, von dem aus Mose vor seinem Tod das Gelobte Land sah (Dtn/ 5 Mose 34,1), sowie die Festung Machärus, in der Herodes Antipas nach Josephus Johannes den Täufer hinrichten ließ (Josephus, *Ant* 18,5). Am Westufer liegen Qumran (siehe S. 46), die Quellen von En Gedi (wo David sich nach 1 Sam 24 vor Saul versteckte) und der berühmte Felsvorsprung von Masada (siehe S. 105).

An diese berühmte Geschichte erinnerten sich die Menschen zur Zeit Jesu aus verschiedenen Gründen:
- Weil sich Israel damals verpflichtet hatte, Gottes Befehlen zu gehorchen und »nicht nach rechts oder nach links davon« abzuweichen (Jos 1,7).
- Weil der geheimnisvolle »Anführer des Heeres des Herrn« (Jos 5,13-15) möglicherweise ein Hinweis auf den Herrn selbst war.
- Weil Gott Achan verurteilte und Rahab rettete – Letzteres ein Beispiel dafür, dass Gott diejenigen rettet, die an ihn glauben (selbst wenn sie nicht zum Volk Israel gehören).
- Weil Gott Israel einen Nachfolger für Mose schenkte: Josua, ein Mann, dessen Name passenderweise »Gott rettet« oder »Rettung« bedeutet.

Jetzt näherte sich der Stadt Jericho eine andere Person mit diesem kraftvollen Namen – nicht Josua, der Sohn des Nun, sondern Jesus von Nazaret, gefolgt von seinen zwölf Jüngern. Symbolisch gesehen repräsentieren die Jünger die zwölf Stämme Israels. Wie die alten Israeliten, die in der Wüste murrten, streiten sie sich unterwegs und versuchen herauszufinden, wer von ihnen der Größte ist. Denn sie spüren, dass die Reise Jesu zur Aufrichtung des Reiches Gottes führen wird, und bei diesem königlichen Fest will jeder von ihnen in der ersten Reihe sitzen.

Es mag ihnen so vorkommen, als wiederhole sich die Geschichte: So wie Josua in das lang ersehnte »Gelobte Land« einzog, so wird Jesus jetzt das lang erwartete »Königreich« errichten und Gottes Feinde besiegen. Jesu Gleichnis vom strengen König, der von einer langen Reise zurückkehrte und erwartete, dass seine Diener einen angemessenen Gewinn für ihn erwirtschaftet hatten, endet mit der Ermordung der Feinde des Königs: »Doch meine Feinde, die nicht wollten, dass ich ihr König werde – bringt sie her und macht sie vor meinen Augen nieder!« (Lk 19,27).

Was also wird Jesus tun, wenn er das neue Jericho erreicht? An diesem Ort spricht er sich noch nicht explizit gegen die Feinde Gottes aus. Stattdessen betont er, dass Gott diejenigen retten wird, die ihn anrufen. Er heilt den Blinden, den der Evangelist Markus Bartimäus nennt. Bartimäus identifiziert Jesus als »Sohn Davids«, also als denjenigen, der der nächste König Israels sein wird. Weil er an Jesus glaubt, wird Bartimäus geheilt.

Jericho ist auch Schauplatz der berühmten Geschichte von dem Mann, der auf einen Baum kletterte, um Jesus zu sehen: Zachäus. Bei diesem reichen jüdischen Zöllner, der von seinen eigenen Leuten gehasst wird, weil er aufseiten der Römer steht, kehrt Jesus ein.

Für den Evangelisten Lukas zeigt diese Episode grundlegende Charakteristika der Person Jesu: seine Gleichgültigkeit gegenüber dem, was andere von ihm dachten; seine Hinwendung zu einzelnen Personen; seine Ablehnung der Korruption und die Tatsache, dass er »Außenseiter« willkommen hieß (sogar diejenigen, die mit den Römern zusammenarbeiteten). Jesus war gekommen, um »zu suchen und zu retten, was verloren ist« (Lk 19,10).

Wenige Kapitel zuvor hatte Jesus in Form von Gleichnissen sein eigenes Handeln erklärt – Geschichten, die davon erzählen, dass Gott die Verlorenen rettet: das Gleichnis vom verlorenen Schaf und von der verlorenen Drachme sowie die Gleichnisse vom verlorenen Sohn (Lk 15). In all diesen Erzählungen geht es um die Suche nach etwas Verlorenem und die Freude, es wiedergefunden zu haben. Jesus sucht und findet nun einen Verlorenen namens Zachäus.

Schließlich erinnert die Zachäusgeschichte daran, was hier viele Jahrhunderte zuvor mit Rahab geschehen war. Von allen Bewohnern Jerichos wurde ausgerechnet diese nichtjüdische Prostituierte von Josua gerettet. Und so wie Josua, der Mann mit dem

*Am siebten Tag aber brachen sie beim Anbruch der Morgenröte auf und zogen, wie gewohnt, um die Stadt, siebenmal ... Als die Priester beim siebten Mal die Hörner bliesen, sagte Josua zum Volk: Erhebt das Kriegsgeschrei! Denn der Herr hat die Stadt in eure Gewalt gegeben.*
**Josua 6,15-16**

## Die Belagerung von Masada

Masada errang in den Jahren nach der Zerstörung Jerusalems Bedeutung, als die Zeloten sich in dieser Festung verschanzten (73–74 n. Chr.). Josephus beschreibt ausführlich die Belagerung Masadas durch die Römer und gibt auch die Rede des Zelotenführers Eliezer wieder (Auszüge unten), der die Belagerten aufruft, lieber Selbstmord zu begehen, statt lebend in die Hände der Römer zu fallen. Am nächsten Tag, so Josephus, wurden die Römer von einer unheimlichen Stille und nur sieben Überlebenden empfangen (zwei Frauen und fünf Kindern).

Josephus hat die Geschichte wohl ziemlich ausgeschmückt: So scheint es einige Parallelen zu seiner Behauptung zu geben, einen Selbstmordpakt in Jotopata überlebt zu haben. Die Länge von Eliezers Rede ist vergleichbar mit anderen dramatischen Reden antiker Autoren, aber sie klingt sehr nach dem speziellen Stil des Josephus. Dennoch lohnt es sich, den Bericht zu lesen.

Masada ist der tragische Endpunkt des nationalistischen Eifers, der durch die Generationen hindurch rasch gewachsen war und einen nicht zu unterschätzenden Hintergrund für das Wirken Jesu bildete. Der Fall dieser Festung bedeutete zugleich das Ende der Welt des 1. Jhs., also der Welt, die Jesus kannte. Jesus hatte vor dem, was geschehen könnte, in einem einzigen kurzen Satz gewarnt: »... alle, die zum Schwert greifen, werden durch das Schwert umkommen« (Mt 26,52).

*Schon lange sind wir, wackere Kameraden, entschlossen, weder den Römern noch sonst jemand untertan zu sein außer Gott allein, weil er der wahre und rechtmäßige Gebieter der Menschen ist; jetzt aber ist der Augenblick gekommen, der uns mahnt, unsern hehren Entschluss durch die Tat zu bekräftigen ... Denn wie wir die Allerersten waren, die sich gegen ihr Joch aufgelehnt haben, so sind wir auch die Letzten, die noch von ihnen bekämpft werden. Ich halte es für eine besondere Gnade Gottes, dass er uns in den Stand setzt, ehrenvoll als freie Leute unterzugehen, was anderen ... nicht vergönnt war.*

*Wir wissen ja schon im Voraus, dass wir morgen in Feindeshand geraten werden; aber noch haben wir die freie Wahl, mit unsern Lieben eines edlen Todes zu sterben ... Gleich anfangs vielleicht ... hätten wir den Ratschluss Gottes mutmaßen und erkennen sollen, dass er das einst ihm so teure Volk der Juden dem Verderben geweiht habe. Denn wäre er uns gnädig geblieben oder nur mäßig über uns erzürnt gewesen, so würde er wohl dem Untergang so vieler Menschen nicht ruhig zugeschaut und seine hochheilige Stadt nicht dem Feuer und der Zerstörungswut unserer Feinde preisgegeben haben ... Ihr seht also, wie Gott unsere eitlen Erwartungen Lügen straft, indem er eine Plage über uns kommen lässt, die unsere Hoffnungen völlig zuschanden macht ...*

*Die Strafe dafür aber wollen wir nicht von unsern Todfeinden, den Römern, sondern von Gott durch unsere eigne Hand erleiden; denn sein Strafgericht ist das mildere. Ungeschändet sollen unsere Weiber sterben, frei von Sklavenketten unsere Kinder! Und sind sie uns im Tode vorangegangen, so wollen wir selbst einander den Liebesdienst erweisen – dann wird der Ruhm, die Freiheit hochgehalten zu haben, uns ein ehrenvolles Leichenbegängnis erset-*

*zen! Zuvor aber wollen wir unsere Kostbarkeiten und die ganze Burg durch Feuer vernichten ... Nur die Nahrungsmittel wollen wir ihnen übrig lassen, damit sie nach unserm Tode zum Zeugnis dienen, dass nicht der Hunger uns bezwang, sondern dass wir, wie von Anfang an, so auch jetzt noch entschlossen waren, den Tod der Knechtschaft vorzuziehen.*

**Josephus, Bell 7,8**

Der Palast des Herodes auf dem Felsvorsprung von Masada mit Lagerhäusern und einem Badekomplex (oberhalb bzw. südlich davon).

## Schlüsseldaten: Jericho

| | | | | | |
|---|---|---|---|---|---|
| 8. Jh. v. Chr. | Mesolithische Bevölkerung in diesem Gebiet. | 30 v. Chr. | König Herodes erhält die Gärten von Octavian/Augustus zurück; Bau von »Kypros« (einer Festung im Westen mit Blick auf die Stadt) und der Römerstraße nach Jerusalem. | 5. Jh. n. Chr. | Bau der neuen byzantinischen Stadt (Eriha) östlich des römischen Jerichos. |
| 7. Jh. v. Chr. | Bau von Mauern (2 m dick): Siedlung für 2000 Menschen (3 ha groß). | | | ca. 1850 | Bau eines griechisch-orthodoxen Klosters auf dem Berg der Versuchung (»Quarantana«). |
| 1400–1200 v. Chr. | Ära Josuas und Eroberung der Stadt durch die Israeliten. | 4 v. Chr. | Herodes der Große stirbt in seinem Palast in Jericho. | in den 1930-ern | Ausgrabungen am *Tell es-Sultan* unter Leitung von James Garstang. |
| ca. 870 v. Chr. | Neubesiedlung Jerichos zur Zeit König Ahabs und Besuch der Propheten Elija und Elischa (2 Kön 2). | 69 n. Chr. | Die Bewohner Jerichos werden von Titus vertrieben (Josephus, *Bell* 4,8). | in den 1950-ern | Weitere Ausgrabungen unter Leitung von Kathleen Kenyon. |
| 37 v. Chr. | Marcus Antonius schenkt Kleopatra die Dattelhaine und den Balsamgarten in Jericho. | 200 n. Chr. | Einige Schriftrollen der Bibel werden (laut Origines) in der Nähe der Stadt gefunden. | 1967 | Jericho kommt unter israelische Herrschaft. |
| 36 v. Chr. | Der 17-jährige Hohepriester Aristobulus (der Letzte der Hasmonäerdynastie) wird bei einem Gartenfest in Herodes' Palast ertränkt (Josephus, *Bell* 1,2). | ca. 333 n. Chr. | Der Pilger von Bordeaux besucht das Gebiet und beschreibt seine wichtigsten Stätten (siehe S. 107). | 1994 | Jericho ist eines der ersten Gebiete, die (als Ergebnis der Verträge von Oslo) der Palästinensischen Autonomiebehörde unterstellt werden. |

programmatischen Namen „Gott rettet", nach Jericho gekommen war, so weist Jesus nun auf seine einzigartige Rolle als Erlöser hin, der in diese Stadt und in die ganze Welt gesandt war.

# Jericho heute

Das moderne Jericho ist in jüngster Zeit gewaltig gewachsen. Es gehörte zu den ersten Gebieten, die Anfang der Neunzigerjahre des 20. Jhs. wieder palästinensischer Kontrolle unterstellt wurden. Aus der Entfernung wirkt die Stadt zuweilen wie eine Fata Morgana am Horizont, erweist sich dann jedoch als atemberaubende Oase in der Wüste. Im Herzen dieser Oase befindet sich noch immer die alte Quelle, die über 3800 Liter Wasser pro Minute hervorbringt. Sie ist auch heute noch ein wichtiger Treffpunkt für alle, die dort Wasser für den kommenden Tag holen.

Wenn man sich der Stadt von Norden her nähert, sieht man zur Rechten noch Überreste der Lehmhüttenlager, in denen nach 1948 mehrere Jahrzehnte lang palästinensische Flüchtlinge lebten. Dann schiebt sich der aus der Ebene herausragende Hügel **Tell es-Sultan** ins Bild, der eine Fläche von 3 Hektar beansprucht. Als die Israeliten ins Gelobte Land kamen, hatte es an diesem Hügel schon mindestens *zwanzig* unterschiedliche Siedlungen gegeben. Heute kann man dort Teile der alten Mauern und einen großen, 9 m hohen runden Steinturm sehen, in dessen Mitte sich 22 Stufen befinden.

## Der Pilger von Bordeaux besucht Jericho und Jerusalem

*Wenn man den Hügel hinabsteigt, sieht man rechts, hinter einem Grab, den Maulbeerfeigenbaum, in den Zachäus kletterte ... Anderthalb Meilen von der Stadt entfernt liegt die Elischaquelle ... Oberhalb davon befindet sich das Haus der Dirne Rahab ... Hier stand die Stadt Jericho, um deren Mauern die Kinder Israels mit der Bundeslade herumgingen ... Nichts davon ist zu sehen, außer dem Ort, an dem die Bundeslade stand, und den zwölf Steinen, die die Kinder Israels aus dem Jordan mitbrachten.*

Dies sind die Aufzeichnungen des Pilgers von Bordeaux, der 333 n. Chr. von Gallien (dem heutigen Frankreich) ins Heilige Land reiste. Sein Stil ist knapp, doch sein Reisebericht gewährt uns Einblicke in die frühesten Tage der »Pilgerfahrten« ins Heilige Land. Kaiser Konstantin war erst neun Jahre zuvor nach der Schlacht von Adrianopel in der Osthälfte des Reiches an die Macht gekommen. Die Tatsache, dass der Pilger diese Reise überhaupt unternahm, zeigt, dass Konstantins Herrschaft neue Reisemöglichkeiten eröffnete. Der Bericht ist auch ein interessantes Zeugnis davon, was die ortsansässigen Führer ihren neuen Besuchern zeigten!

Generell wirkt der Pilger ein wenig leichtgläubig. Er macht einige offensichtliche Fehler (er glaubt z. B., der Ölberg sei die Stätte der Verklärung und nicht der Himmelfahrt gewesen). Viele der Dinge, die man ihm zeigte, können nicht authentisch gewesen sein: Stand Rahabs Haus nach 1500 Jahren wirklich noch? Hatte man jenen Maulbeerfeigenbaum identifiziert, auf den Zachäus gestiegen war? Und gab es ihn nach 300 Jahren noch? Man spürt, dass die einheimischen Führer geschickt das Bedürfnis der Besucher nach eindeutiger Zuordnung der Bibelstätten befriedigten. So ist es nachvollziehbar, dass Wissenschaftler skeptisch sind, wenn von angeblichen »Traditionen« die Rede ist, die im 4. Jh. zum ersten Mal auftauchen.

Der Pilger von Bordeaux besuchte Betlehem und das alte Samaria (siehe S. 82), doch am ausführlichsten beschrieb er Jerusalem und den Ölberg. Im Folgenden weitere Auszüge aus seinem Bericht:

*In Jerusalem gibt es neben dem Tempel zwei große Teiche ... die Salomo anlegen ließ; und weiter in der Stadt ebensolche Teiche mit fünf Portiken, die Betesda genannt werden ...*

*Es gibt auch die Ecke eines sehr hohen Turms, den unser Herr bestieg und auf dem der Versucher ihn [versuchte] ... Und in dem Gebäude, dort, wo der Tempel Salomos stand, soll das Blut des Zacharias sein ... noch heute sichtbar ... Es gibt zwei Hadrianstatuen und nicht weit davon entfernt einen perforierten Stein. Dorthin kommen die Juden jedes Jahr, salben ihn, klagen, zerreißen ihre Gewänder und gehen wieder.*

*Wenn man aus Jerusalem herauskommt und auf den Berg Zion steigt, sieht man unten im Tal links neben der Mauer einen Teich, den sie Siloah nennen und der vier Portiken hat; und außerhalb der Mauer gibt es noch einen Teich ... Auf dieser Seite geht man hoch zum Zion und sieht, wo sich das Haus des Priesters Kajaphas befand. Dort steht auch noch eine Säule, an der Jesus gegeißelt wurde ...*

*Wenn man aus der Mauer heraus und auf das Tor von Neapolis zugeht, sieht man rechts, unten im Tal, Mauern, wo das Haus oder Prätorium von Pontius Pilatus stand. Hier wurde unser Herr vor seiner Passion verhört. Links befindet sich der kleine Hügel Golgota, auf dem der Herr gekreuzigt wurde.*

*Nur einen Steinwurf entfernt findet sich eine Gruft (Krypta), in die sein Leichnam gelegt wurde, der am dritten Tag wieder auferstand. Dort wurde jetzt auf Befehl von Kaiser Konstantin eine Basilika gebaut, eine Kirche von wunderbarer Schönheit, an deren Seite sich Reservoirs befinden, aus denen Wasser geschöpft wird, und ein Bad, in dem Kleinkinder gewaschen werden.*

*Wenn man von Jerusalem zum Tor im Osten geht, um den Ölberg zu besteigen, kommt man ins Tal Josophat. Links bei den Weinbergen liegt an der Stelle, an der Jesus von Judas Iskariot verraten wurde, ein Stein. Rechts steht eine Palme, von der die Kinder Zweige abbrachen und auf die Straße legten, als Christus kam ...*

*Von dort steigt man zum Ölberg hoch, wo der Herr seine Jünger vor der Passion lehrte. Dort wurde auf Befehl Konstantins eine Basilika von großer Schönheit gebaut. Nicht weit entfernt befindet sich der kleine Hügel, auf den der Herr ging, um zu beten, als er Petrus und Johannes mitnahm und sie Mose und Elija sahen.*

Einer Kohlenstoffdatierung zufolge soll er um 6850 v. Chr. (plus/minus 210 Jahre) entstanden sein.

Steht der Besucher auf der Spitze des Hügels und blickt hinab auf den Grabenbruch, wird ihm das hohe Alter der Stätte bewusst. In dieser rauen Landschaft schlugen sich unsere Vorfahren vor fast 10 000 Jahren mühsam durch und bauten zu ihrem Schutz erste Mauern. Zweifellos war die Lage der Stadt von entscheidender Bedeutung: Es war der Ort, an dem die Straßen, die über den Jordan zu den Hügeln im Osten und Westen führten, die Route des Tales (von Norden nach Süden) kreuzten. Die nahe gelegene Allenby-Brücke stellt heutzutage die wichtigste Verbindung zum 40 km entfernten Amman dar, dessen Lichter abends von den Gipfeln der Berge des Ostjordanlands zu sehen sind.

Es gibt hier eine dem heiligen Zachäus geweihte orthodoxe Kirche und zahlreiche Bäume, von denen einer durchaus der »Maulbeerfeigenbaum« aus dem Lukasevangelium sein könnte. Zweifellos eine interessante Stätte ist der **Herodespalast.** Er liegt 2,5 km südlich des alten *tell* und grenzt an das Gebiet an, in welchem das neue Jericho zur Zeit Jesu erbaut wurde. Die Ruinen des Palastes mit seinen beiden Schwimmbädern zeugen vom herodianischen Luxus. Von dort sieht man auch die Festung des Herodes, die nach seiner Mutter »Kypros« benannt ist; offensichtlich legte Herodes größten Wert auf Sicherheit – selbst wenn er sich entspannte. Gleich bei den Ruinen befindet sich der Pfad, der Richtung Westen ins Wadi Kelt und nach Jerusalem führt. Jericho war und ist der Knotenpunkt für alle Reisenden – egal, ob sie Richtung Norden, Süden, Osten oder Westen unterwegs sind.

Sonnenaufgang über den Hügeln des Ostjordanlands von der Westseite des Toten Meeres her gesehen.

# Betanien

9

*Als Jesus in Betanien im Haus Simons des Aussätzigen bei Tisch war, kam eine Frau mit einem Alabastergefäß voll echtem, kostbarem Nardenöl, zerbrach es und goss das Öl über sein Haar. Einige aber wurden unwillig und sagten zueinander: Wozu diese Verschwendung? Man hätte das Öl um mehr als dreihundert Denare verkaufen und das Geld den Armen geben können ... Jesus aber sagte: Hört auf! Warum lasst ihr sie nicht in Ruhe? Sie hat ein gutes Werk an mir getan. Denn die Armen habt ihr immer bei euch und ihr könnt ihnen Gutes tun, so oft ihr wollt; mich aber habt ihr nicht immer. Sie hat getan, was sie konnte. Sie hat im Voraus meinen Leib für das Begräbnis gesalbt. Amen, ich sage euch: Überall auf der Welt, wo das Evangelium verkündet wird, wird man sich an sie erinnern und erzählen, was sie getan hat.*
**Markus 14,3-9**

## Ein ruhiger Zufluchtsort

Betanien war ein kleiner Weiler mit vielleicht zwanzig Häusern, der am Südosthang des Ölbergs lag. Es stellte im 1. Jh. einen idealen Ort dar, um sich zurückzuziehen. Wenn man vor der Haustür stand und nach Osten oder Süden schaute, konnte man den Blick über die Weite der Wüste Juda schweifen lassen. Außer ein paar Nomadenzelten gab es dort keine menschlichen Behausungen: Betanien war die letzte Station vor der Wüste.

Man konnte also in Betanien aufwachen und von der Westseite des Toten Meeres her sehen, wie die Sonne über den Hügeln des Ostjordanlands aufging, wie ihr Licht dann nach und nach das rund 900 m tiefer gelegene Jordantal durchflutete und schließlich auf dem 20 km östlich gelegenen Toten Meer glitzerte. Im Süden konnte man auch die konische Form des Herodeions ausmachen, der nicht weit von Betlehem gelegenen Festung, die Herodes dem Großen nur etwa 30 Jahre zuvor als letzte Bastion gedient hatte.

Wenn der Wind von Osten kam, brachte er die trockene Hitze der Wüste mit sich. Aber glücklicherweise kam der Wind meistens aus der anderen Richtung und führte gelegentlich eine frische Brise vom Mittelmeer heran. In Betanien bot sich also die Gelegenheit, die Wüste zu betrachten, während man vor ihrer größten Hitze geschützt war. Und man entging noch etwas anderem: dem geschäftigen Treiben im nur 3 km entfernten Jerusalem, das außer Sichtweite hinter dem Ölberg lag. Betanien war der ideale Ort, um der Unruhe der Großstadt zu entfliehen – nach einem Fußweg von nur 45 Minuten war man in einer völlig anderen Welt.

### »Ein Zuhause fern von zu Hause«

Aus allen Evangelien erfahren wir, dass Betanien in den Tagen vor Jesu Tod zu seinen Lieblingsorten gehörte. Er war schon früher hier gewesen und hatte mit mindestens

Betanien

Die griechisch-orthodoxe Kirche (oben) und die Franziskanerkirche (unten) in Betanien. Zwischen ihnen (in der Nähe des Minaretts der Moschee) befindet sich nach der Überlieferung das Grab des Lazarus. Zur Zeit Jesu wird sich diese Grabstätte außerhalb des Dorfes befunden haben, das weiter oben auf dem Berg im Westen lag.

»Betanien – das ›Zuhause Jesu‹.«

**Origines, Kommentar zum Evangelium nach Matthäus 26,26**

einer Familie Freundschaft geschlossen – mit Lazarus und seinen beiden Schwestern Maria und Marta. Obwohl Lukas nur von einem gewissen »Dorf« spricht, ist die berühmte Geschichte von Martas Klage über ihre häuslichen Pflichten (Lk 10,38-42) mit großer Wahrscheinlichkeit hier in Betanien anzusiedeln. Wenn dem so ist, dann könnte dies ein Hinweis darauf sein, dass Jesus schon früher in Jerusalem gewesen war und nicht nur zu seinem in den drei synoptischen Evangelien hervorgehobenen letzten Besuch. Man spürt, dass Jesus sich im Haus von Maria und Marta willkommen fühlte – »ein Zuhause fern von zu Hause«. Jemand, der viel reiste und einmal gesagt hatte, er habe »keinen Ort, wo er sein Haupt hinlegen« könne (Lk 9,58), wusste einen solchen Ort sicherlich umso mehr zu schätzen.

Als Jesus also von Jericho aus über die Römerstraße wanderte und Vorbereitungen für seinen Einzug in Jerusalem treffen wollte, ließ er seine Jünger einen kleinen Umweg nach Süden über die Nachbardörfer Betfage und Betanien machen. Dort würden sie einen Esel finden, den sie losbinden und ihm bringen sollten (Lk 19,28-32). Möglicherweise war dies vorher so vereinbart und da Jesus Freunde in Betanien hatte, würde niemand das Tun seiner Jünger infrage stellen.

Während Jesu öffentliches Wirken zunehmend in die Kritik geriet, wurde Betanien für ihn zu einem wichtigen Zufluchtsort. Nach dem Bericht des Lukas verließ er in den Tagen vor dem Paschafest nachts Jerusalem und ging auf den »Ölberg«. Gemeint ist sicherlich Betanien (Mt 21,17). Das Haus des Lazarus war für Jesus ein Ort des Rückzugs und der Erholung, der ihm neue Kraft verlieh, sich der Hitze Jerusalems, seinen Herrschern und der Menge zu stellen.

Wir spüren hier den Kontrast zwischen der großen Stadt Jerusalem und dem kleinen Dorf Betanien – zwischen dem Ort der Kontroversen und der endgültigen Ablehnung auf der einen sowie dem Ort des Friedens und der Sicherheit auf der anderen Seite. Es war also wohl kein Zufall, dass sich Jesus nach Lukas gerade in der Nähe von Betanien vor seiner Himmelfahrt endgültig von seinen Jüngern verabschiedete. Denn dieses Dorf – nicht Jerusalem – war sein wahres Zuhause.

## Ein Zufluchtsort

Das Haus des Lazarus in Betanien war möglicherweise auch der Ort, zu dem die meisten Jünger am Abend der Festnahme Jesu flohen. In den Evangelien heißt es einfach: »Da verließen ihn alle und flohen« (Mk 14,50). Aber wohin sind sie geflohen? Jesus selbst wurde vom Garten Getsemani, der am Fuß des Ölbergs lag, *westwärts* zurück in die Stadt geführt. Der naheliegende Fluchtweg war also *ostwärts* über den Gipfel des Berges nach Betanien. Dort konnten die Jünger sich neu gruppieren.

Wenn dem so war, dann kehrten sie an diesem schicksalhaften Wochenende nicht mehr nach Jerusalem zurück – sie waren wohl nicht dabei, als Jesus starb. Maria schlich sich am Freitag in die Stadt, doch die Jünger, die in Betanien blieben, dürften von Jesu Tod erst am Samstagabend nach Ende des Sabbats erfahren haben. Betanien war tatsächlich ein sicherer Ort, aber auch zu weit entfernt, um aktuelle Neuigkeiten zu erfahren. Das bedeutete für die Jünger ein nervenaufreibendes Warten. Sie wagten es wahrscheinlich erst am Sonntag, nach Jerusalem zurückzukehren.

Trifft dies zu, dann wäre das ein weiterer Grund dafür, dass der endgültige Abschied Jesu in der Nähe von Betanien stattfand. Denn dieser Ort hatte sich nicht nur für Jesus, sondern auch für seine Freunde als wichtiges Zuhause erwiesen. Jerusalem war ein potenziell gefährlicher Ort, doch vom ganz in der Nähe gelegenen Betanien aus konnte Jesus seine neue Gemeinde hinaus in die Welt senden. Und so wie Betanien ein Ort des ungewissen Wartens gewesen war, so war es nun auch ein Ort der Zuversicht. Jesus würde wiederkommen (vgl. Apg 1,9-11).

Doch Betanien ist in den anderen Evangelien noch mit zwei weiteren bemerkenswerten Episoden verbunden: einer ergreifenden, traurigen und auf den Tod hinweisenden Geschichte sowie einer, die vom Sieg des Lebens über den Tod erzählt.

## Die intuitive Salbung

Zwar nennt Markus die Frau, die Jesus im Haus von Simon dem Aussätzigen salbte, nicht beim Namen, nach Johannes aber handelte es sich um Maria (Joh 12,3). Die Frau, die zuvor zu Jesu Füßen gesessen und ihm zugehört hatte, nähert sich ihm nun mit einem Alabasterkrug voll kostbarem Öl und gießt ihm den Inhalt über die Füße. Jedermann war peinlich berührt.

Alle Anwesenden, einschließlich Judas Iskariots, tadelten Maria wegen dieser Verschwendung – das Öl hätte für »dreihundert Denare« (Joh 12,5) verkauft werden können! Doch Jesus betrachtete die Sache als einen intuitiven und symbolischen Akt. Maria hatte im Gegensatz zu den anderen gespürt, dass er bald sterben würde. Dies war ihre Art, Jesu Körper im Voraus zu salben; ihre Art zu zeigen, dass sie wusste, was ihm bevorstand, und Anteil daran zu nehmen; ihre Art zu tun, was ihr später vielleicht nicht mehr möglich sein würde: nämlich das Kostbarste, was sie besaß, ihm, den sie liebte, zum Geschenk zu machen. Und Jesus rügte sie dafür nicht.

Im Nachhinein sind wir uns der bitteren Ironie bewusst, dass Jesus, den seine Jünger bald zum wahren König der Welt und himmlischen »Bräutigam« erklärten, in seinem Menschenleben einer Krönung oder Hochzeit nie näher kam als mit dieser Salbung in Betanien. Doch gleichzeitig war diese Salbung ein prophetisches Symbol seines eigenen Begräbnisses. Jesus sagte bei jenem Mahl im abgelegenen Betanien voraus, dass man sich »überall auf der Welt ... an [diese Frau] erinnern und erzählen [werde], was sie getan hat« (Mk 14,9).

## Die Auferweckung des Lazarus

Seine besondere Bedeutung erhält Betanien in der Evangelientradition jedoch vor allem als der Ort, an dem Jesus sein größtes Wunder wirkte – die Erweckung des Lazarus. Das letzte Wort in Betanien ist nicht der Tod, sondern das Leben.

*Ein Mann war krank, Lazarus aus Betanien, dem Dorf, in dem Maria und ihre Schwester Marta wohnten ... Daher sandten die Schwestern Jesus die Nachricht: Herr, dein Freund ist krank ... Als Jesus ankam, fand er Lazarus schon vier Tage im Grab liegen ... Denn Jesus war noch nicht in das Dorf gekommen; er war noch dort, wo ihn Marta getroffen hatte. Die Juden, die bei Maria im Haus waren und sie trösteten, sahen, dass sie plötzlich aufstand und hinausging. Da folgten sie ihr, weil sie meinten, sie gehe zum Grab, um dort zu weinen. Als Maria dorthin kam, wo Jesus war, und ihn sah, fiel sie ihm zu Füßen und sagte zu ihm: Herr, wärst du hier gewesen, dann wäre mein Bruder nicht gestorben. Als Jesus sah, wie sie weinte und wie auch die Juden weinten, die mit ihr gekommen waren, war er im Innersten erregt und erschüttert. Er sagte: Wo habt ihr ihn bestattet? Sie antworteten ihm: Herr, komm und sieh! Da weinte Jesus. Die Juden sagten: Seht, wie lieb er ihn hatte! ... Da wurde Jesus wiederum innerlich erregt und er ging zum Grab. Es war eine Höhle, die mit einem Stein verschlossen war. Jesus sagte: Nehmt den Stein weg! ... Jesus sagte zu ihr: Habe ich dir nicht gesagt: Wenn du glaubst, wirst du die Herrlichkeit Gottes sehen? ... Nachdem er dies gesagt hatte, rief er mit lauter Stimme: Lazarus, komm heraus! Da kam der Verstorbene heraus; seine Füße und Hände waren mit Binden umwickelt, und sein Gesicht war mit einem Schweißtuch verhüllt. Jesus sagte zu ihnen: Löst ihm die Binden und lasst ihn weggehen!*
**Johannes 11,1-44**

Es ist eine Geschichte voller Schmerz und menschlicher Gefühle. Jesus weint. Doch für Johannes ist die eigentliche Botschaft der Geschichte in Betanien eine andere: Jesus ist derjenige, der Macht über den Tod hat; er selbst ist »die Auferstehung und das Leben« (Joh 11,25).

Dieser Höhepunkt der ersten Hälfte des Johannesevangeliums bringt einen Stein ins Rollen. Denn das Wunder veranlasst einige Menschen, zu den religiösen Autoritäten in Jerusalem zu gehen und ihnen Bericht davon zu erstatten. Daraufhin beginnt man, die Hinrichtung Jesu zu planen. Bei den Leserinnen und Lesern des Evangeliums werden verschiedene Fragen geweckt: Warum muss dieser Jesus, der offensichtlich Macht über den Tod hat, sterben? Und was wird nach seinem Tod geschehen? Wird der Tod tatsächlich das letzte Wort haben?

In dieser Hinsicht geht von Betanien eine Botschaft nach Jerusalem aus – die Botschaft, dass Gott die Macht hat, auch Jesus auferstehen zu lassen. Betanien ist also nicht nur eine sichere Bleibe, ein Zuhause für Jesus und seine Jünger; nicht nur ein Ort, an dem Jesus in besonderer Weise in das Leben einer Familie involviert ist; nicht nur ein Ort der Vorbereitung auf die Ereignisse des Palmsonntags oder die Kreuzigung. Es ist auch ein Ort neuen Lebens, ein winziger Weiler, an dem die Leben spendende Macht Jesu als Messias erlebbar wird.

»Jesus erwiderte ihr: Ich bin die Auferstehung und das Leben. Wer an mich glaubt, wird leben, auch wenn er stirbt ...«
**Johannes 11,25**

### Schlüsseldaten: Betanien

|  |  |
|---|---|
| ca. 530 v. Chr. | Angehörige des Stammes Benjamin kehren aus dem Exil zurück und lassen sich weiter oben auf dem Berg im Dorf Ananeja nieder (Neh 11,32). |
| ca. 290 n. Chr. | Eusebius beschreibt das Grab des Lazarus als »Gruft« (Onomastikon 58,15-17). |
| 333 n. Chr. | Der Pilger von Bordeaux spricht von der »Gruft (Krypta), in die Lazarus gelegt wurde, den der Herr erweckte« (BP 596,1). |
| ca. 350–380 n. Chr | Bau der »Lazarium«-Kirche. Atrium und Grabeingang liegen westlich der Kirche. |
| 381–384 n. Chr. | Besuch Egerias am »Lazarus-Samstag«, acht Tage vor Ostern. |
| 6. Jh. n. Chr. | Erweiterung der »Lazarium«-Kirche (Die Apsis wird weiter nach Osten verlegt). |
| ca. 1138–1144 | Königin Melisende baut über dem Grab ein Kloster und eine Kreuzfahrerkirche. |
| 14. Jh. | Zerstörung der beiden Kirchen; der Grabeingang wird nun durch eine Moschee verbaut. |
| 16. Jh. | Franziskaner brechen von der Nordseite her einen neuen Eingang zum Grab in den Felsen. |
| 1954 | Bau einer Franziskanerkirche über der Stätte der Kirche aus dem 4. Jh.; Ausgrabungen des franziskanischen Archäologen Saller. |
| 1965 | Bau einer griechisch-orthodoxen Kirche an neuer Stätte westlich des Grabs. |

# Betanien heute

Über die Lage Betaniens herrscht keinerlei Zweifel. Im Namen des arabischen Dorfes El-Azarieh ist noch die Bezeichnung der Byzantiner enthalten – »Lazarium«, das heißt »der Ort des Lazarus«. Bis vor einigen Jahrzehnten war El-Azarieh ein kleines Dorf. Wenn man vom Ölberg kommt und in südöstlicher Richtung wandert, benötigt man nur 20 Minuten dorthin. Dies ist eindeutig das Gebiet, in dem sich das Betanien zur Zeit Jesu befand. Und obwohl dort in den letzten 70 Jahren viel gebaut wurde, spürt man noch immer, dass es der letzte bewohnte Ort vor der im Osten liegenden Wüste Juda ist.

Die genaue Lage des Hauses von Simon dem Aussätzigen oder von Lazarus und seinen Schwestern ist uns allerdings nicht bekannt. Die Häuser des Dorfes aus dem 1. Jh. lagen vielleicht etwas weiter oben am Hügel, einem Gebiet, das Besuchern heute nicht mehr zugänglich ist. Im frühen Christentum konzentrierte man sich nicht vorrangig auf diese Häuser, sondern auf die Lage des Lazarusgrabes, das sich *außerhalb* des Dorfes (normalerweise im Osten) befunden haben dürfte. In den Schriften des Origines (ca. 240 n. Chr.) ist die Rede davon, dass Betanien der Ort war, an dem Jesus sich zu Hause fühlte. Doch es gibt keinen Anhaltspunkt dafür, dass Origines sich wirklich auf die

## Egeria besucht Betanien

Egeria beschreibt die Andacht im Lazarium zu Betanien am Samstag vor Palmsonntag:

*Und wenn es dann auf die siebte Stunde zugeht, kommen alle zum Lazarium ... das heißt Betanien ... Wenn man dann von Jerusalem zum Lazarium geht, liegt ... eine Kirche an der Straße an der Stelle, wo Maria, die Schwester des Lazarus, dem Herrn entgegenkam ... Wenn der Bischof dorthin kommt, ziehen ihm alle Mönche entgegen, und das Volk kommt hinzu. Man ... liest das zum Ort passende Evangelium, wo die Schwester des Lazarus dem Herrn entgegenkommt ...*

*[Dann] geht man von dort mit Hymnen bis zum Lazarium. Ist man aber im Lazarium angekommen, dann versammelt sich die ganze Menge so, dass nicht nur der Ort selbst, sondern auch die umliegenden Felder voll von Menschen sind. Man rezitiert auch zum Tag und zu diesem Ort passende Hymnen und Antiphonen. Genauso sind auch die vorgetragenen Lesungen für den Tag passend ... ein Priester geht an einen erhöhten Ort und liest die Stelle, wo im Evangelium geschrieben steht: »Als Jesus sechs Tage vor dem Osterfest nach Betanien kam ...« ... Das geschieht deshalb an diesem Tag, weil im Evangelium geschrieben steht, dass es sich sechs Tage vor dem Osterfest in Betanien ereignet habe.*

**Egeria 29,3-6**

Wenn wir uns Jerusalem nähern, werden wir uns noch häufiger auf Egeria beziehen. Wir haben bereits einige ihrer Kommentare zu Galiläa erwähnt (siehe S. 78). Wer war Egeria? Und warum ist ihr Tagebuch so wichtig?

Egeria war offensichtlich eine spanische Nonne. Zwischen 381 und 384 n. Chr. besuchte sie die Osthälfte des Römischen Reiches. Von Konstantinopel aus erreichte sie Jerusalem im Jahr 381, rechtzeitig zum Osterfest. Sie blieb drei Jahre lang im Heiligen Land und unternahm Exkursionen nach Ägypten, in die Wüste Sinai, zum Berg Nebo und nach Galiläa. Das Heilige Land verließ sie nach dem Osterfest des Jahres 384 und kehrte via Antiochia und Edessa nach Konstantinopel zurück. Es zeugt von Entschlossenheit und hervorragender Konstitution, dass sie all diese Entfernungen per Maulesel oder zu Fuß zurücklegte.

Für ihre Klostergemeinde zu Hause führte sie ein Tagebuch. Das einzige noch erhaltene Manuskript wurde 1884 in Arezzo entdeckt. Es zeigt, wie stark sich das christliche Pilgertum nur zwei Generationen nach Konstantin entwickelt hatte. Fast alle Stätten des Neuen Testaments und einige des Alten Testaments waren identifiziert worden und viele durch eine Kirche gekennzeichnet. Aus dem ganzen Reich und auch von außerhalb strömten zahlreiche Pilger ins Heilige Land. Viele Nonnen und Mönche kamen nicht nur als Besucher, sondern blieben in Jerusalem oder Betlehem.

Man hatte sogar einen Kalender geschaffen, um bestimmte Ereignisse der Evangelien zur rechten Zeit zu feiern. Dieses »liturgische Jahr« (wahrscheinlich von Bischof Cyrillus von Jerusalem festgelegt) sollte einen nachhaltigen Einfluss auf die christliche Kirche (siehe S. 198) weltweit haben. Einige dieser Feiern dürften auf dem Ölberg stattgefunden haben – im Garten Getsemani oder in der *Eleona*, einer Kirche in der Nähe des Gipfels. Die meisten fanden jedoch in dem Gebäudekomplex auf Golgota und an der Stätte von Jesu Grab statt. Egeria erwähnt hier die »große Kirche«, auch *Martyrium* (das bedeutet „Zeugnis") genannt, den Bereich »am Kreuz« und die *Anastasis* (was „Auferstehung" bedeutet). Sie spricht auch häufig von ihrer Freude darüber, dass die verlesenen Schriftstellen passend zum Tag und zum Ort ausgewählt wurden, an dem der Gottesdienst stattfand.

Die folgenden Auszüge zeigen, wie Egeria am Palmsonntag im Jahr 384 n. Chr. das Gedenken an Jesu Einzug in Jerusalem miterlebte. Auch wenn dies nicht ausdrücklich gesagt wird, scheint es, als habe Bischof Cyrillus den Platz Jesu auf dem Esel eingenommen!

*Am Sonntag, mit dem man in die Osterwoche eintritt ... geht jeder nach Hause, um schnell zu essen, damit alle zu Beginn der siebten Stunde in der Kirche bereit sind, die in Eleona steht, das heißt auf dem Ölberg, wo die Höhle ist, in der der Herr gelehrt hat ... Zu Beginn der neunten Stunde steigt man mit Hymnen zum Imbomon hinauf, das heißt an jenen Ort, wo der Herr in den Himmel auffuhr. Dort setzt man sich. Das ganze Volk wird nämlich in Gegenwart des Bischofs immer aufgefordert, sich zu setzen ...*

*Und wenn die elfte Stunde begonnen hat, wird die Stelle aus dem Evangelium vorgelesen, wo die Kinder mit Zweigen und Palmwedeln dem Herrn entgegengehen ... Sofort erhebt sich der Bischof, und dann geht das ganze Volk zu Fuß von der Spitze des Ölbergs hinab. Das ganze Volk geht vor ihm her mit Hymnen und Antiphonen und rezitiert als Antwortvers immer: »Gesegnet, der kommt im Namen des Herrn.« ... Und alle Kinder, die es hier gibt, auch die, die noch nicht zu Fuß gehen können, weil sie zu klein sind, und sich bei ihren Eltern am Hals festhalten, tragen Zweige – die einen von Palmen, die anderen von Ölbäumen. So wird der Bischof in der Weise geleitet, wie der Herr begleitet worden ist. Vom Gipfel des Berges bis zur Stadt ... gehen alle den ganzen Weg zu Fuß, auch wenn es vornehme Damen und Herren sind.*

**Egeria 30–31**

Der griechisch-orthodoxe Patriarch und sein Klerus am »Lazarus-Samstag« (dem Tag vor Palmsonntag) in Betanien.

Das Innere des Lazarusgrabs

Suche nach diesem alten Dorf gemacht hat. Bei Eusebius und Cyrillus (50 bis 100 Jahre später) richtet sich der Fokus dann ganz auf das Wunder der Erweckung des Lazarus.

Mit großer Wahrscheinlichkeit wurde das **Lazarusgrab** richtig identifiziert und wir können davon ausgehen, dass sich an dieser Stätte im 1. Jh. ein Friedhof befand. Direkt nördlich davon wurden weitere Gräber aus dem 1. Jh. gefunden. Hinweise auf das Grab des Lazarus reichen bis ins 3. Jh. zurück (Eusebius' *Onomastikon*). Bei Egerias Besuch Anfang der Achtzigerjahre des 4. Jhs. gab es östlich des Grabes eine Kirche mit einem Hof und einem Durchgang zum Grab. Die Kirche wurde vor allem in der Karwoche für Pilgergottesdienste genutzt, wurde aber sehr bald zu klein. Zwei Jahrhunderte später erweiterte man sie.

Dass hier zwei unterschiedliche Kirchen standen, kann man bei einem Besuch der **modernen Franziskanerkirche** noch sehen. Sie enthält einige schöne Wandgemälde, die Szenen zeigen, die mit Betanien in Verbindung gebracht werden. Der direkte Weg von der Kirche zum Grab wurde jedoch durch einige Gebäude einschließlich einer kleinen Moschee verbaut. Auch wenn es sich mit großer Wahrscheinlichkeit um die authentische Stätte handelt, ist doch ein Großteil des ursprünglichen Felsengrabs durch Mauerwerk verdeckt – wohl weil hier die Kreuzfahrer ihre Kirche über dem Grab bauten.

Die westlichen Kirchen beziehen El-Azarieh nicht in ihre Palmsonntagsprozessionen mit ein. Diese beginnen im Nachbardorf **Betfage**. Betanien erwacht jedoch am Samstag eine Woche vor dem orthodoxen Osterfest zum Leben. Dann ziehen von der rund 450 m östlich gelegenen Pfarrkirche farbenfrohe Prozessionen zum Grab. Besucher, die es an diesem Morgen besichtigen, sollten es verlassen haben, bevor der Geistliche kommt und mit der Lesung von Johannes 11 beginnt. Es kam schon vor, dass ahnungslose Touristen gerade in dem Moment aus dem Grab ins Sonnenlicht traten, in dem die Worte Jesu verlesen wurden: »Lazarus, komm heraus.«

»Jedes Haus ist ein Betanien, wenn Christus darin lebt.«
**Patience Strong**

# 10 Der Ölberg

*Abends aber ging er zum Ölberg hinaus und verbrachte dort die Nacht.*
**Lukas 21,37**

*Jesus ... ging, wie er es gewohnt war, zum Ölberg; seine Jünger folgten ihm.*
**Lukas 22,39**

*Dann kehrten sie vom Ölberg, der nur einen Sabbatweg von Jerusalem entfernt ist, nach Jerusalem zurück.*
**Apostelgeschichte 1,12**

## Der Lieblingsort Jesu

Zur Zeit Jesu war der Ölberg, wie sein Name es nahelegt, mit Olivenhainen bedeckt. Von Betanien aus benötigte man rund 20 Minuten bis zum Bergrücken und von dort weitere 20 Minuten, um den Westhang hinab nach Jerusalem zu gelangen. Der Ölberg war der südlichste Teil einer von Norden nach Süden verlaufenden Hügelkette, zu der z. B. auch der Skopus gehörte. Diese Kette bildete einen Schutzwall zwischen Jerusalem und der im Osten gelegenen Wüste Juda.

### Der Ölberg im Alten Testament

Die Verfasser der Psalmen schienen die Hügel, die Jerusalem umgeben, zu schätzen: »Wie Berge Jerusalem rings umgeben, so ist der Herr um sein Volk von nun an auf ewig« (Ps 125,2). Der Ölberg, dessen Gipfel rund 90 m über der Stadt lag, war der höchste dieser Berge. Die Wächter auf den Stadtmauern dürften ihre Augen »zu den Bergen« aufgehoben und dort nach Feinden Ausschau gehalten haben. Die »Wächter«, die »auf den Morgen« warteten, haben nach Osten geblickt und gesehen, wie die ersten Lichtstrahlen der Morgendämmerung auf den Kamm des Ölbergs fielen und ihn erhellten (vgl. Ps 121,1; 130,6).

Im Alten Testament wird der Ölberg nur bei fünf Gelegenheiten ausdrücklich erwähnt:
– Mit Abschaloms Verrat konfrontiert, floh König David aus der Stadt und »stieg ... weinend den Ölberg hinauf« (2 Sam 15,30).
– Über 300 Jahre später hatte der Reformkönig Joschija einige »Kulthöhen« oder kleine Tempel »östlich von Jerusalem, südlich vom Berg des Verderbens« entweiht, die König Salomo dort für die Götter seiner ausländischen Ehefrauen (Astarte, Kemosch und Milkom) erbaut hatte (2 Kön 23,13).

- Der Ölberg war auch in die Reinigungsrituale des Tempels einbezogen worden, bei denen eine rote Kuh geopfert wurde. Israel hatte den Befehl erhalten, dieses ungewöhnliche Opfer »vor dem Lager« (Num/4 Mose 19,1-10) darzubringen. Entsprechend der *Mischna* zog der Hohepriester also vom Tempel zum Gipfel des Ölbergs, um dort dieses Ritual zu vollziehen.
- In einer Vision sieht Ezechiel Folgendes: »Die Herrlichkeit des Herrn stieg aus der Mitte der Stadt empor; auf dem Berg im Osten der Stadt blieb sie stehen« (Ez 11,23). Im Rahmen dieser dramatischen Vision vom Strafgericht Gottes war der

Blick nach Westen über den Gipfel des Ölbergs auf Jerusalem mit dem Tempelberg. Der Turm gehört zum russischen Himmelfahrtskloster.

Ölberg der »letzte Ort« der Anwesenheit Gottes, bevor dieser die Stadt Jerusalem der Zerstörung preisgibt.
– Schließlich hatten einige der späteren Propheten beschrieben, wie Gott über die Völker in den Tälern und auf den Hügeln bei Jerusalem Gericht hält. Nach Joël 4,2 findet dies im »Tal Joschafat« statt (später mit dem »Kidrontal« identifiziert), während Sacharja dafür den Ölberg wählt: »Doch dann wird der Herr hinausziehen und gegen diese Völker Krieg führen ... Seine Füße werden an jenem Tag auf dem Ölberg stehen, der im Osten gegenüber von Jerusalem liegt. Der Ölberg wird sich in der Mitte spalten und es entsteht ein gewaltiges Tal von Osten nach Westen« (Sach 14,3-4). Solch beeindruckende Visionen vom Gericht Gottes haben möglicherweise dazu beigetragen, dass viele Juden ihre Toten am Hang des Berges sowie im Kidrontal begraben in dem Glauben, dass sie dort am Tag des Gerichts als Erste von Gott gesegnet werden.

Ein Ort, der Schutz und Zuflucht bot, ein Ort des Aufbruchs, ein Ort der Götzenverehrung, ein Ort, an dem man Opfer darbrachte, ein Ort des Gerichts und eine Begräbnisstätte: Dies waren einige der Bilder, mit denen die jüdischen Zeitgenossen Jesu den Ölberg identifizierten.

## Ein Ort der Rast für Pilger

Schließlich war der Ölberg der Ort, von dem aus der müde Pilger, der von Jericho durch die Wüste gewandert war, endlich zum ersten Mal den Tempel sehen konnte. Es war auch der Ort, an dem viele Pilger unter den Bäumen ihr Nachtlager aufschlugen, vor allem während des Paschafestes, wenn sich Jerusalems Bevölkerung mehr als verdreifachte. Denn neben Betanien und Betfage scheint es auf dem Berg kaum Dörfer gegeben zu haben.

Der Ölberg spielt im Bericht über den letzten Jerusalembesuch Jesu eine große Rolle. Wenn Jesus nicht innerhalb der Stadtmauern weilt oder sich in Betanien ausruht, dann ist er dort zu finden.

Wir wollen uns in diesem Zusammenhang drei bestimmte Episoden näher ansehen: den »triumphalen Einzug« Jesu in die Stadt, seine Unterhaltung mit einigen seiner Jünger über die Zukunft des Tempels sowie sein letztes Gebet vor seiner Festnahme im Garten Getsemani, dem Olivenhain am Fuße des Berges.

## Ein triumphaler Einzug

*Als er an die Stelle kam, wo der Weg vom Ölberg hinabführt, begannen alle Jünger freudig und mit lauter Stimme Gott zu loben wegen all der Wundertaten, die sie erlebt hatten. Sie riefen: Gesegnet sei der König, der kommt im Namen des Herrn.*
**Lukas 19,37-38**

Lukas liefert uns hier die Beschreibung eines seltsamen Ereignisses. Es sollte sicher ein bedeutender Moment werden, den Jesus sorgfältig geplant hatte, doch war dieser Einzug alles andere als »triumphal«. Schließlich ritt Jesus nicht auf einem Pferd in die Stadt ein, sondern auf einem Esel!

Und als er sich Jerusalem näherte, weinte er – nicht unbedingt ein Verhalten, das man mit einem Sieger verbindet, der im Triumph in eine Stadt einzieht.

Der Hinweis auf das spontane Lob Gottes durch die Jünger lässt uns ahnen, wie ergriffen die Pilger gewesen sein müssen, als sie schließlich das Panorama der Stadt vor sich sahen. Auf diesen Moment hatten sie bei jedem ihrer Besuche Jerusalems gewartet. Dieses Mal wollten die müden Männer aus Galiläa die Aufmerksamkeit der Bewohner Jerusalems auf etwas Ungewöhnliches lenken: auf die Ankunft des mächtigen Predigers aus Galiläa, der »Wunder« tat und von dem die Galiläer erwarteten, dass er nun das lang ersehnte »Reich Gottes« herbeiführen würde.

Kein Wunder, dass dies den Pharisäern missfiel. Doch Jesus versuchte nicht, die Jünger zum Schweigen zu bringen. Dies war ein entscheidender Moment in der Geschichte Jerusalems, vielleicht der größte überhaupt – ein Moment, für den die Steine der Stadt geschaffen waren. So erwiderte Jesus den Pharisäern: »Wenn sie schweigen, werden die Steine schreien« (Lk 19,40).

Doch dieser »König« war anders, als man sich Könige vorstellte. Die bewusste Wahl eines Esels signalisierte, dass er in friedlicher Absicht gekommen war, nicht mit dem Anliegen, einen Krieg zu entfachen. Auch wenn Jesus für die Obrigkeit Jerusalems eine Herausforderung darstellte, brauchte sie keine *militärische* Konfrontation zu befürchten. Und obwohl einige seiner Anhänger es sich vielleicht gewünscht hatten, war Jesus nicht gekommen, um zu kämpfen – weder mit den heidnischen Römern noch mit der jüdischen Tempelaristokratie. Im Gegenteil: Nach seinem aufsehenerregenden »Einzug« zog er sich für die Nacht wieder nach Betanien zurück (Mk 11,11). Die »Hitzköpfe« unter seinem Gefolge waren sicherlich zutiefst enttäuscht. Aus ihrer Sicht hatte Jesus »die Gelegenheit nicht genutzt«.

*»Reite weiter, reite weiter mit Würde, mit bescheidener Pracht reite weiter, dem Tod entgegen.«*
**Henry Milman, »Ride on, ride on in Majesty«**

Doch für diejenigen, die die Weissagungen des Alten Testamentes kannten, bedeutete der Esel noch etwas anderes. Sacharja hatte Jerusalems Freude bei der Ankunft seines Königs vorausgesehen:

*Juble laut, Tochter Zion! Jauchze, Tochter Jerusalem! Sieh, dein König kommt zu dir ... er ist demütig und reitet auf einem Esel ... Er verkündet für die Völker den Frieden; seine Herrschaft reicht von Meer zu Meer und vom Eufrat bis an die Enden der Erde.*
**Sacharja 9,9-10**

Mit der Wahl des Esels rief Jesus bewusst diese Prophezeiung wach, um den Menschen nicht nur die »Demut« seiner Herrschaft zu zeigen, sondern auch anzudeuten, dass er der wahre König Jerusalems und der wahre Herrscher der Welt war. Er würde zwar nicht mit militärischer Macht herrschen, doch sein Reich würde groß sein. Es war ein wahrer messianischer Akt – die Behauptung, Israels lang erwarteter »Gesalbter« zu sein, derjenige, der Israel und die Welt regieren würde.

Doch diesem Ereignis wohnte noch eine tiefere Dimension inne. Denn im biblischen Denken war der wahre »König Zions« kein anderer als *Gott selbst*. Jerusalem war, wie Jesus selbst gesagt hatte, die »Stadt des großen Königs« (Mt 5,35), die Stadt, deren wahrer König allein der Gott Israels war. Sie wurde in den Psalmen als die »Gottesstadt« (Ps 46,5; 48,2) gefeiert. Und in Jesajas berühmter Vision war der Zeitpunkt, zu dem Zion/Jerusalem rufen konnte: »Dein Gott ist König«, der Moment, in dem der Herr »nach Zion zurückkehrt« (Jes 52,7-8). Wollte Jesus dadurch, dass er als »Zions König« auf einem Esel ritt, darauf hinweisen, dass der Moment gekommen war, in dem der *Herr selbst* nach Zion zurückkehrte?

Wir kennen bereits die Vision des Propheten Ezechiel, wonach die Herrlichkeit des Herrn den Zion verließ und auf dem Ölberg stehen blieb. Verkörperte nun Jesus die Herrlichkeit Gottes, die nach all diesen Jahrhunderten in Menschengestalt in diese Stadt zurückkehrte? Wenn dem so war, sollte es uns nicht überraschen, dass es im Tempel später Kontroversen gab. Denn dies war ein beängstigender Augenblick für den Tempel und für Jerusalem – die Ankunft ihres wahren Königs, des Herrn selbst.

Diese tiefere Bedeutung, die den Menschen »verborgen« blieb, erklärt vielleicht die Tränen Jesu in diesem entscheidenden Moment: »Als er näher kam und die Stadt sah, weinte er über sie« (Lk 19,41). Jesus vermochte zu sehen, was weder seine Kritiker noch seine Anhänger sahen. Dies, so sagte er, war die Zeit, da Gott zu den Menschen kam – oder genauer: die Zeit einer göttlichen »Heimsuchung«. Es war Jerusalems Schicksalsstunde: Die *Stadt* Gottes erlebte in diesem Moment die Ankunft des Gottes*sohnes*.

Aber sie »erkannte« ihn nicht, und ihre Blindheit würde tragische Folgen haben: »... deine Feinde ... [werden dich] einschließen ... Sie werden ... keinen Stein auf dem anderen lassen« (Lk 19,43-44). In der Art eines Propheten sah Jesus voraus, wie es innerhalb einer Generation um diese Stadt stehen würde – die römischen Legionen würden sie belagern und den Tempel zerstören.

Es war eine entsetzliche Aussicht. Neben politischen Fehlern, der Unfähigkeit der Menschen zu erkennen, »was ... Frieden bringt«, jüdischem Nationalismus und der Sehnsucht nach Unabhängigkeit von römischer Fremdherrschaft würde ein weiterer entscheidender Faktor für diese Situation verantwortlich sein: die Unfähigkeit der Bewohner Jerusalems, zu erkennen, dass ihre Sehnsucht nach einem Königreich durch diesen nicht kämpfenden Messias aus Nazaret auf andere Weise erfüllt wurde, als die Menschen es erwarteten. Wenn sie erkannt hätten, was dieser Jesus ihnen anbot, hätten sie nicht zu kämpfen brauchen. Es gab nun eine andere Möglichkeit, das Volk Got-

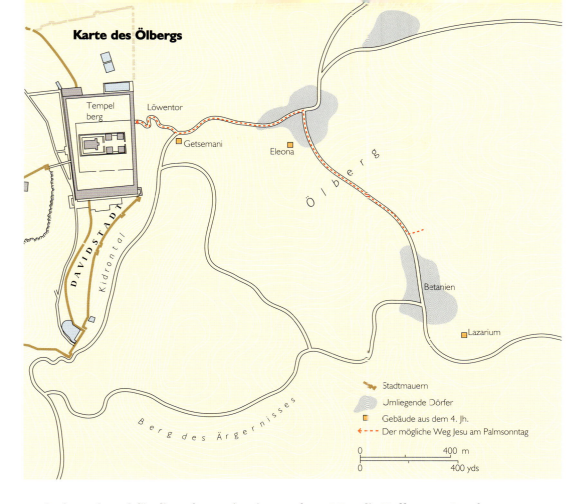

tes in der Welt und für die Welt zu sein, einen anderen Weg, die Hoffnungen Israels zu erfüllen, den sie jedoch ablehnten. Und die Folgen davon brachten jeden, der ein Herz für das Volk Gottes hatte, zum Weinen. Nicht umsonst endete dieser sogenannte »triumphale Einzug« in Tränen.

## Offenbarungen auf dem Berg

*Als einige darüber sprachen, dass der Tempel mit schönen Steinen und Weihegeschenken geschmückt sei, sagte Jesus: Es wird eine Zeit kommen, da wird von allem, was ihr hier seht, kein Stein auf dem andern bleiben; alles wird niedergerissen werden.*
**Lukas 21,5-6**

Einige Tage nach seinem Einzug in Jerusalem sprach Jesus erneut von der bevorstehenden Zerstörung des Tempels. Verständlicherweise fragten seine Jünger, wann dies geschehen werde. Und Jesus, der mit vieren von ihnen irgendwo »auf dem Ölberg saß, dem Tempel gegenüber« (Mk 13,3), antwortete ausführlich. In dieser sogenannten »Endzeitrede«, die göttliche Geheimnisse über Gegenwart und Zukunft »offenbart«, dient Jesus die Frage seiner Jünger nach der Zerstörung des Tempels (die für sie womöglich das »Ende« der ihnen bekannten jüdischen Welt bedeutete) als Stichwort, um eine Vision vom *endgültigen Ende* aller Dinge zu enthüllen.

»Dort, in eben jener Grotte, hat nach einer glaubwürdigen Erzählung der Erlöser der Welt seine Jünger in die Tiefe seiner Geheimnisse eingeweiht.«
**Eusebius, Vom Leben des Kaisers Konstantin 3,43**

Jesus spricht hier sowohl über die Zerstörung Jerusalems als auch über das »Kommen des Menschensohns«. Diese beiden Bedeutungsebenen haben seither für einige Verwirrung gesorgt. Dennoch scheint Jesu geheimnisvolle Rede zum Ölberg als Ort zu passen.

Denn dieser Berg spielt nicht nur in Sacharjas apokalyptischen Zukunftsvisionen eine Rolle. Er bot sich als einziger Ort, der einen Gesamtüberblick über Jerusalem gewährt, Jesus auch geradezu an, seine Jünger über die Zukunft der Stadt zu belehren und sie dazu anzuhalten, weit über den Rand der Stadt hinauszusehen und Gottes größeren Plan für die Welt zu erkennen. Da dieser Berg sich zudem »dem Tempel gegenüber« befand, war er für Jesus auch der naheliegende Ort, um die Einzigartigkeit des Tempels infrage zu stellen und zu zeigen, dass nun etwas anderes im Mittelpunkt von Gottes Plan stand – nämlich er selbst als der »Menschensohn«. In dieser Hinsicht betonte der *physische* Unterschied zwischen dem Tempel und dem Ölberg auf symbolische Weise den *spirituellen* Kontrast zwischen dem Tempel und Jesus. Jesus begann damit, die Verbundenheit seiner Jünger mit dem Tempel durch eine neue Vision zu ersetzen: die Verpflichtung auf ihn selbst. Hier auf dem Ölberg sollte sich ihre Treue zu Jerusalem auf Jesus verlagern.

In einer zum Paschafest völlig überlaufenen Stadt war der Ölberg darüber hinaus der einzige Ort der Ruhe. Etwas davon ist in der dritten und letzten Evangelienepisode auf dem Berg vor Jesu Tod zu spüren: Jesus betet im Garten Getsemani. Dies waren seine letzten ruhigen Stunden vor seiner Festnahme, Folter und Hinrichtung.

## Getsemani: Der letzte Rückzugsort Jesu

*Dann verließ Jesus die Stadt und ging, wie er es gewohnt war, zum Ölberg; seine Jünger folgten ihm. Als er dort war, sagte er zu ihnen: Betet darum, dass ihr nicht in Versuchung geratet! Dann entfernte er sich von ihnen ungefähr einen Steinwurf weit, kniete nieder und betete. Vater, wenn du willst, nimm diesen Kelch von mir! Aber nicht mein, sondern dein Wille soll geschehen.*
**Lukas 22,39-42**

»Getsemani« bedeutet »Ölkelter«. Wir müssen uns einen von einer Mauer umgebenen Bereich vorstellen, der vielleicht einem Bekannten von Jesus oder seinen Jüngern gehörte und einen Olivenhain und einige Ölkelter enthielt. Dort verbrachten Jesus und seine Jünger möglicherweise auch die vorhergehenden Nächte, abseits der vielen galiläischen Pilger, die ihr Nachtlager am Hang aufgeschlagen hatten. Die Evangelisten berichten, dass Jesus *wie gewohnt* zum Ölberg ging (Lk 22,39) und dass Judas den Ort gut kannte, »weil Jesus dort oft mit seinen Jüngern zusammengekommen war« (Joh 18,2). Der Ort, den Jesus als letzte Gebetsstätte ausgewählt hatte, war ihm also vertraut. Unter dem Licht des Vollmonds zum Paschafest dürften er und seine Jünger – von düsterem Schweigen unterbrochen – Hymnen oder Psalmen gesungen haben, während sie nach dem letzten Abendmahl in der Stadt hinab ins Kidrontal bis zum Garten Getsemani gingen. »Jesus [ging] mit seinen Jüngern hinaus, auf die andere Seite des Baches Kidron. Dort war ein Garten; in den ging er mit seinen Jüngern hinein« (Joh 18,1).

In Getsemani sehen wir, wie Jesus »Qualen« erleidet – eine einsame Gestalt, die sich betend an den Vater wendet; in einiger Entfernung die schlafenden Jünger. Die drei Jünger, die zuvor die Verklärung Jesu miterlebt hatten, sehen ihn nun zutiefst bekümmert. Wir erfahren hier auch etwas über den inneren Kampf Jesu und über die bittere Realität der Unumgänglichkeit des Kreuzes. Denn wenn es für ihn einen anderen Weg gegeben hätte, seine Aufgabe zu erfüllen, hätte er ihn sicherlich gewählt. Der »Kelch« ist im Alten Testament in der Regel ein Bild für den »Zorn des Herrn« und wurde den Feinden Gottes gereicht (Jer 25,15-16). Jetzt musste Jesus diesen Kelch trinken, um seine Anhänger davor zu bewahren.

»Und er ging ein Stück weiter, warf sich zu Boden und betete: Mein Vater, wenn es möglich ist, gehe dieser Kelch an mir vorüber. Aber nicht wie ich will, sondern wie du willst.«
**Matthäus 26,39**

Von den Ereignissen in Getsemani lernen wir jedoch vor allem eines: Jesus wählte bewusst den Weg des Kreuzes. Sein Tod am Kreuz war kein Zufall. Wenn er sich ihm hätte entziehen wollen, hätte er innerhalb von vierzig Minuten in Betanien in Sicherheit sein oder sich in der Wüste verstecken können. Stattdessen wartete er hier im Garten Getsemani, vielleicht zwei bis drei Stunden lang. Die Jünger waren als Fischer daran gewöhnt, nachts wach zu bleiben, aber sie schliefen *drei* Mal ein. Die Wahl des Ortes gibt uns also in vielfältiger Hinsicht Aufschluss über die Art des Auftrags Jesu. Wenn Jesus hätte *kämpfen* wollen, hätte er sich von Westen her der Stadt nähern können. Hätte er *flüchten* wollen, hätte er über den Ölberg nach Osten fliehen können. Doch Jesus traf eine schwierige und schmerzvolle Entscheidung: Er blieb dort im Garten – scheinbar passiv und anderen die Initiative überlassend. Den Evangelien zufolge war er aber in Wirklichkeit der Einzige, der die Situation unter Kontrolle hatte.

Judas trifft schließlich nach Gesprächen und Verhandlungen in der Stadt mit einigen Soldaten in Getsemani ein. Sie weichen zurück, als sie Jesus sehen, Judas hingegen gibt Jesus einen Kuss – das eindeutige Erkennungszeichen für die Soldaten. Kurz darauf wird Jesus gefesselt zurück in die Stadt geführt. Zwei Jünger folgen ihm unauffällig, doch die anderen fliehen in die einzig mögliche Richtung – über den Ölberg nach Betanien.

## Nach der Auferstehung: Von Jerusalem zum Ölberg

Doch das ist nicht das Ende der Geschichte. Der Ölberg spielt in der Zeit nach der Auferstehung Jesu erneut eine wichtige Rolle.

Zum einen taucht der auferstandene Jesus einige Male an einem Ort auf, den die Evangelisten nicht näher benennen, bei dem es sich aber durchaus um den Ölberg gehandelt haben könnte – ein von der Stadt entfernter, abgeschiedener Ort. Dort könnte z. B. Simon Petrus seine wichtige Begegnung mit Jesus gehabt haben (erwähnt in Lk 24,34). Vielleicht ging Petrus, voller Reue über die Tatsache, dass er Jesus verleugnet hatte, zurück zum Garten Getsemani, um allein nachzudenken und zu beten, und Jesus begegnete ihm dort.

Und wo erschien Jesus den beiden Frauen (Mt 28,9-10)? Wenn sich die Mehrzahl der Jünger in Betanien aufhielt, dann waren die Frauen wahrscheinlich unterwegs, um ihnen die überraschende Nachricht vom leeren Grab zu überbringen. Und plötzlich stand Jesus vor ihnen, wiederum irgendwo auf dem Ölberg. Dies war schließlich der Ort, den er in der vorangegangenen Woche am häufigsten aufgesucht hatte.

Und nicht zuletzt ist der Ölberg die Stätte der Himmelfahrt Jesu (Apg 1,1-12). Wie bereits erwähnt (S. 111), ereignete sich die Himmelfahrt nach Lk 24,50 in der »Nähe von Betanien«. In Apg 1,12 spricht Lukas jedoch einfach vom »Ölberg«. Der genaue Ort dieses Ereignisses bleibt unklar, denn es weist nichts darauf hin, dass es am *höchsten* Punkt des Berges stattfinden musste. Es ist jedoch wahrscheinlich, dass es sich um irgendeinen Platz auf dem Ölberg handelte.

Dieser Berg gehörte geografisch zum Einzugsgebiet der Stadt Jerusalem – er lag nur »einen Sabbatweg ... entfernt« (Apg 1,12) –, war von seiner Bedeutung her aber ihr »Gegenspieler«. Mit anderen Worten, es war der perfekte Ort für die Etablierung eines neuen, alternativen Zentrums der Heilsgeschichte. Jesus hatte darauf hingewiesen, dass sich die Tage, in denen Jerusalem in Gottes Plan einen einzigartigen Platz einnahm, dem Ende zuneigten. Etwas Neues hatte die Stadt berührt, und sie würde nie wieder die Gleiche sein.

## Schlüsseldaten: Der Ölberg

| | | | | | |
|---|---|---|---|---|---|
| ca. 980 v. Chr. | David flieht über den Ölberg (2 Sam 15,30); später nutzt Salomo den Berg als »Kulthöhe« für die Schreine fremder Götter (1 Kön 11,7-8). | ca. 200 n. Chr. | Die apokryphe Apokalypse des Johannes (Kapitel 97) erzählt, dass Jesus Johannes in einer Höhle am Ölberg erschien (angeblich zur Zeit der Kreuzigung). | 392 n. Chr. | Poimenia finanziert den Imbomon, um die Stätte der Himmelfahrt zu kennzeichnen. |
| ca. 622 v. Chr. | Der Reformkönig Joschija lässt diese Schreine zerstören (2 Kön 23,13). | ca. 290 v. Chr. | Eusebius berichtet, dass viele christliche Pilger den Berg besuchen. | 400– 600 n. Chr. | Bau vieler Klöster und Kirchen auf dem Berg. |
| ca. 592 v. Chr. | Im Exil hat Ezechiel die Vision, dass die Herrlichkeit des Herrn den Tempel verlässt und auf dem Ölberg stehen bleibt (Ez 11,23). | 333 n. Chr. | Der Pilger von Bordeaux kommt zum Ölberg. | ca. 1198 | Saladin überlässt ortsansässigen Muslimen die Herrschaft über die Stätte der Himmelfahrt. |
| ca. 30 n. Chr. | Jesus auf dem Ölberg. | ca. 335 n. Chr. | Fertigstellung der Eleona (Basilika) über einer Grotte auf dem Ölberg (Eusebius, *Vom Leben des Kaisers Konstantin* 3,43). | 1857 | Bau der Pater-Noster-Kirche und des Karmeliterklosters. |
| ca. 55 n. Chr. | Landpfleger Felix verhindert, dass der jüdische Prophet aus Ägypten, der seine Truppen auf dem Ölberg versammelt hat, gewaltsam in Jerusalem eindringt (Josephus, *Bell* 2,13.5). | | | 1883 | Franziskaner bauen eine Kirche in Betfage. |
| | | 381– 384 n. Chr. | Egeria beschreibt ihren Besuch des Ölbergs einschließlich der Gottesdienste in der Eleona und auf dem Gipfel. | 1924 | Benediktiner bauen im Garten Getsemani die Kirche der Nationen. |
| | | | | 1955 | Franziskaner bauen die »Dominus-Flevit«-Kapelle. |

Dieses »Etwas« war Jesus selbst; und von nun an würde nicht Jerusalem im Zentrum der Aufmerksamkeit und der Gottesverehrung stehen, sondern Jesus.

Jesus ging mit seinen Jüngern auf den Ölberg. Vielleicht war auch hier wieder etwas von Ezechiels Vision von der »Herrlichkeit des Herrn« zu spüren, die die Stadt Jerusalem hinter sich ließ und auf dem Ölberg stehen blieb. Möglicherweise erfüllte sich aber auch Sacharjas seltsame Prophezeiung: »Seine Füße werden an jenem Tag auf dem Ölberg stehen« (Sach 14,4). Auf jeden Fall wurde Jesus hier »vor ihren Augen emporgehoben, und eine Wolke nahm ihn auf und entzog ihn ihren Blicken« (Apg 1,9) – mit der Ankündigung, dass er eines Tages wiederkehren würde.

# Der Ölberg heute

Je näher wir Jerusalem kommen, desto vielfältiger wird die Reiseroute. Die in den Evangelien genannten Stätten sind geografisch nicht so angeordnet, dass wir bequem den Stationen im Leben Jesu folgen könnten. Oft sind wir gezwungen, an einem Ort über mehrere Ereignisse nachzudenken (auf S. 130 finden Sie einen Vorschlag für eine Route im Raum Jerusalem). Dies wird bereits deutlich, sobald wir den Ölberg erreichen: Hier denken wir zum einen an Jesu Einzug in Jerusalem, zum anderen an seine Himmelfahrt. Zudem bietet der Berg einen herrlichen Blick auf Jerusalem und seine Umgebung. Viele Besucher kommen zu Beginn ihres Jerusalembesuches nicht wegen der zu besichtigenden Stätten zum Ölberg, sondern um eben diesen Blick zu genießen (siehe S. 117).

Am schönsten ist es, den Ölberg zu Fuß zu erkunden. Ein Vormittag reicht aus, um von Betfage über den Bergkamm und am Garten Getsemani vorbei in Jerusalems Alt-

## Der Ölberg

stadt zu wandern, wo man dann rechtzeitig zum Mittagessen eintrifft. Wir folgen in diesem Abschnitt also einigen imaginären Besuchern, die früh am Morgen in Betfage abgesetzt wurden, dem Ausgangspunkt von Jesu »triumphalem Einzug«.

Betfage – dem »Haus der grünen Feigen« – kann man sich aus verschiedenen Richtungen nähern. Von Süden her ist es über eine Straße zu erreichen, doch zwischen Betfage und Betanien – ein angenehmer Spaziergang von einer Viertelstunde – gibt es keine Straßenverbindung. Die meisten Besucher kommen über die breite Straße von der Nordostecke der Altstadt, biegen bei der Kreuzung auf dem Bergkamm rechts ab, fahren durch das Dorf Et Tur und folgen an dessen Ende einer engen Linkskurve nach Betfage. Die Kreuzung auf dem Berg bildet übrigens einen »Sattel« und war der Ort, an dem die **Römerstraße** über den Berg in Richtung Jericho verlief. Man erreicht ihn auch von Norden her – vom Berg Skopus, der hinter dem Campus der hebräischen Universität liegt – oder von Osten aus der Wüste, indem man den Spuren der alten Römerstraße folgt, wobei in diesem Fall der Anstieg sehr steil ist.

**Betfage** liegt an den Hängen des Berges und ist heute nur an einer Kirche zu erkennen, die 1883 auf den Ruinen einer mittelalterlichen Kirche entstand. Die genaue Lage des ursprünglichen Dorfes bleibt ungewiss, doch mit großer Wahrscheinlichkeit befand es sich in dieser Gegend. Im 4. Jh. scheint Betfage als Standort einer kleinen Kirche zum Gedenken an die Begegnung Jesu mit Maria und Marta außerhalb von Betanien ausgewählt worden zu sein. Die Kreuzfahrer waren an Betfage wegen eines Felsens interessiert, der sich nun in der Kirche befindet. Sie stellten sich vor, dass Jesus von diesem Felsen aus den Esel bestieg, wobei sie vergaßen, dass ein solches Hilfsmittel bei einem kleinen Esel wohl nicht unbedingt nötig war!

Die Kirche bietet sich heute als idealer Ort an, in Ruhe über die Ereignisse des Palmsonntags nachzudenken. Manche Besucher spazieren auch schweigend von dort bis auf den Kamm des Berges. Am Palmsonntag jedoch bildet die Kirche den Ausgangspunkt einer unglaublich langen Prozession – die ersten Teilnehmer kommen bereits in der Altstadt an, bevor der Klerus am Ende der Prozession überhaupt losmarschiert ist! Die

Der Ölberg, von den Mauern der Altstadt (in der Nähe des Stephanstores) her gesehen. Der Bereich des Gartens Getsemani ist durch zwei Kirchen gekennzeichnet: die russische Maria-Magdalenen-Kirche mit den goldenen Kuppeln und die Kirche der Nationen nahe der Hauptstraße. Zur Zeit Jesu war der gesamte Berg wohl von Olivenhainen bedeckt, die jedoch von den römischen Truppen, die 70 n. Chr. Jerusalem belagerten, vernichtet wurden.

Straße ist mit Kirchenfahnen geschmückt und die Menschen singen Kirchenlieder. All dies hilft dabei, sich vorzustellen, wie aufgeregt die Menge damals wohl gewesen ist, als dieser »Prophet aus Galiläa« auf so seltsame Weise in die Hauptstadt der Nation einzog.

Oben auf dem Bergkamm müssen wir unser Nachdenken über den Palmsonntag unterbrechen. Dort steht etwa 30 m rechts eine kleine, von einer Mauer umgebene Moschee, die die traditionelle **Stätte der Himmelfahrt Jesu** kennzeichnet. Da es sich hier um den höchsten Punkt des Ölbergs handelt, wurde diese Stelle im 4. Jh. von byzantinischen Christen als der geeignetste Ort angesehen, um die Himmelfahrt Jesu zu feiern.

Die erste byzantinische Kirche auf diesem Berg war die über einer Grotte erbaute *Eleona*, 45 m weiter südlich. Die Versuche, dort der Himmelfahrt zu gedenken, wurden jedoch von dem Wunsch der Pilger vereitelt, dieses Ereignis an einer Stätte unter freiem Himmel lokalisiert zu wissen. Schon zur Zeit von Egerias Besuch Anfang der Achtzigerjahre des 4. Jhs. fanden die Feierlichkeiten außerhalb der Kirche auf der nahe gelegenen Anhöhe statt. Ein Jahrzehnt später finanzierte eine Frau namens Poimenia den Bau eines geeigneten Gebäudes (bekannt als *Imbomon*). Es war streng genommen keine Kirche, sondern eine oktogonale Portikusanlage, errichtet über dem überlieferten Fußabdruck Jesu.

Heute wird die Stätte durch Kreuzfahrerbauten geprägt, die später die Muslime übernahmen. Sie bauten ein Dach über das Imbomon und fügten eine *mihrab* ein – eine Gebetsnische, die nach Mekka weist. Der angebliche Abdruck von Jesu rechtem Fuß ist noch erhalten. Zwar dürfen die orthodoxen Kirchen den achteckigen Hof am Himmelfahrtstag nutzen, doch ist es schwierig, wenn nicht gar verboten, dort zu beten. Aus diesem Grund wie auch angesichts der vielen Veränderungen der Stätte im Laufe der Geschichte fällt es hier oft schwer, sich auf die ursprüngliche Himmelfahrtsgeschichte zu konzentrieren. Das ist schade, denn die Himmelfahrt ist ja ein wichtiger Bestandteil des christlichen Glaubensbekenntnisses. An ihrer theologischen Bedeutung ändern jedoch weder die geografische Unsicherheit noch nachfolgende geschichtliche Kuriosa etwas.

Geht man nun den Weg, den man gekommen ist, wieder zurück, gelangt man zur sogenannten **»Pater-Noster«-Kirche.** Hierbei handelt es sich teilweise um eine Rekonstruktion der wichtigsten byzantinischen Kirche auf dem Ölberg, die damals als *Eleona* (»Ölbaumbasilika«) bekannt war. Nach den Ausgrabungen an der Kreuzigungsstätte machten sich Konstantins Architekten an den Bau zweier weiterer Gebäude: eines hier auf dem Ölberg und ein anderes in Betlehem. Nach der Vorstellung von Erzbischof Eusebius war jede dieser drei Stätten mit einer »Grotte« sowie einem wesentlichen Teil des Glaubensbekenntnisses verbunden (Jesu Geburt, Tod/Auferstehung und Himmelfahrt). Dieser Gedanke war aber ein wenig gekünstelt und wenig überzeugend. Vor allem das Plädoyer des Eusebius für eine »Himmelfahrtsgrotte« war nicht von Erfolg gekrönt. Und so kam es dazu, dass das Ereignis der Himmelfahrt – wie wir gesehen haben – weiter oben auf dem Hügel angesiedelt wurde.

Man kann nun in diese Grotte, die sich unterhalb des Altarraums der byzantinischen Kirche befindet, hineingehen. Die Arbeiter Konstantins scheinen dort ein sogenanntes *kokhim*-Grab aus dem 1. Jh. freigelegt zu haben. Erwähnenswert ist, dass einige Bischöfe von Jerusalem (einschließlich Bischof Cyrillus) auf dem Ölberg begraben wurden, möglicherweise in oder in der Nähe der Grotte. Trotz aller Merkwürdigkeiten bedeutete diese Grotte den frühen Christen sehr viel (siehe S. 129), und es ist durchaus

*»Noch heute steht der Ölberg, welcher noch jetzt gewissermaßen die Augen der Gläubigen auf den hinweist, der auf einer Wolke auffuhr – ein Wegweiser zur Himmelspforte, durch welche Jesus einzog.«*
**Cyrillus, Katechesen 14,23**

möglich, dass schon Jesus selbst sie irgendwann genutzt hatte. Einer Sache können wir uns zumindest sicher sein: Diese Grotte befand sich zu seinen Lebzeiten schon dort.

Zurück auf ebener Erde erhält der Besucher einen guten Eindruck von den Proportionen der *Eleona* – von ihrem Mittelschiff und dem Hof im Westen. Außerdem sieht er sich der Darstellung des Vaterunsers in nicht weniger als 62 Sprachen gegenüber! Die Identifikation dieser Stätte als Ort, an dem Jesus das Vaterunser lehrte, erfolgte erst einige Zeit vor der Ankunft der Kreuzfahrer, doch diese Tradition hat sich bis heute gehalten.

Verlässt man das Gelände nun, biegt nach links in Richtung Süden ab und lässt die zur Rechten liegenden Gebäude hinter sich, sieht man plötzlich das Panorama Jerusalems vor sich. Dies ist ein guter Zeitpunkt, um sich zu orientieren (siehe S. 130), aber auch, um noch einmal gedanklich zum Palmsonntag zurückzukehren und sich an die anschaulichen Worte des Lukasevangeliums zu erinnern: »Als er an die Stelle kam, wo der Weg vom Ölberg hinabführt, begannen alle Jünger freudig und mit lauter Stimme Gott zu loben« (Lk 19,37). Lukas hat die Freude jenes überwältigenden Moments, wenn der Pilger endlich Jerusalem sieht, sehr treffend eingefangen.

Über einige Treppenstufen beginnt der Besucher dann den steilen Abstieg vom Ölberg. Ihm gegenüber liegt die goldene Kuppel des muslimischen »Felsendoms«. Linker Hand befinden sich ein paar Gräber aus dem 1. Jh. (fälschlicherweise einigen Propheten des Alten Testaments zugeschrieben), zur Rechten eine kleine Kirche mit einem Dach in Form einer Träne. Das ist die **»Dominus-Flevit«-Kirche** (lateinisch: »Der Herr weinte«). Sie wurde 1955 von den Franziskanern über einem byzantinischen Kloster und einigen Friedhöfen erbaut und erinnert an den Moment des Einzugs in Jerusalem, in dem Jesus über Jerusalem weinte (Lk 19,41-44).

Jerusalem, wie man es durch das Fenster von »Dominus Flevit« sieht: Kreuz und Kelch sind bewusst nicht auf die goldene Kuppel des Felsendoms, sondern auf die Grabeskirche hin ausgerichtet.

Durch das Bogenfenster mit dem zentralen Kelchmotiv, das sich zum Kalvarienberg hin öffnet, blickt man wie durch die Linse der Evangelienberichte auf Jerusalem und sieht die Stadt als Ort, an dem Jesus zurückgewiesen und getötet wurde. Paradoxerweise lautet eine mögliche Bedeutung des Namens Jerusalem »Stadt des Friedens«. Angesichts der Auseinandersetzungen, deren Zentrum diese Stadt durch die Jahrhunderte hindurch war und bis heute ist, fällt es schwer, das Gelände zu verlassen, ohne an die mächtigen Worte Jesu zu denken: »Wenn doch auch du an diesem Tag erkannt hättest, *was dir Frieden bringt*« (Lk 19,42).

Geht man weiter den von hohen Mauern gesäumten Hang hinab, gelangt man schließlich durch einige Tore zur russisch-orthodoxen **Maria-Magdalenen-Kirche**. Die Tore sind nur wenige Stunden pro Woche geöffnet, sodass man womöglich zu einem anderen Zeitpunkt zurückkommen muss, um im Idealfall die von einer kleinen Gruppe von Nonnen gesungene Liturgie miterleben zu dürfen.

Hier einen Gottesdienst am Karfreitag oder am Ostersonntag um Mitternacht zu besuchen, kann eine sehr beeindruckende Erfahrung sein – ein Einblick in eine völlig andere Welt.

## Eusebius und der Ölberg

Bis 300 n. Chr. war es für Besucher Jerusalems am einfachsten, auf dem Ölberg über die Geschichten in den Evangelien nachzudenken. Denn im Gegensatz zur Stadt selbst, die zweimal zerstört worden war, hatte sich dort wenig verändert.

Davon berichtet uns Eusebius, der christliche Gelehrte, der in Cäsarea Maritima arbeitete (siehe S. 14). In seinem Kommentar zu Sach 14,4 (»Seine Füße werden an jenem Tag auf dem Ölberg stehen«) schrieb er Folgendes über den Ölberg (ca. 315 n. Chr.):

*Aus aller Welt kommen Menschen, die an Christus glauben ... um die Stadt kennenzulernen, die, wie die Propheten vorhergesagt haben, eingenommen und zerstört wurde, und auf dem Ölberg gegenüber der Stadt die Messe zu feiern ...*

*[Von dort aus] war auch die Herrlichkeit des Herrn emporgestiegen, als sie die ehemalige Stadt verließ (Ez 11,23) ... Dort standen wahrhaftig, gemäß der allgemeinen und als gültig anerkannten Überlieferung, die Füße unseres Herrn und Erlösers, der das Wort Gottes verkörpert und der ... den Ölberg zu der Grotte hinaufstieg, die dort zu sehen ist. Dort betete er und offenbarte seinen Jüngern auf dem Gipfel des Ölbergs das Mysterium seines Endes, bevor er in den Himmel auffuhr.*

**Eusebius, Demonstratio Evangelica 6,18**

### Pilgerfahrten im frühen Christentum

Auch wenn Eusebius übertrieben haben mag, bleibt doch der Eindruck, dass schon vor der Ära Konstantins etliche Christen nach Jerusalem pilgerten. Nur wenige von ihnen kennen wir mit Namen: Meliton von Sardes, Alexander (den man während seines Besuches bat, Bischof von Jerusalem zu werden), Origines (den Bibelgelehrten aus Alexandria, der sich in Cäsarea niederließ, um seine Bibelforschung fortzusetzen) und ein Mann namens Pionius (der später wegen seines Glaubens in Smyrna als Märtyrer starb). An anderer Stelle schreibt Eusebius, dass diese Besucher auch zum Garten Getsemani und zum Jordan gingen (*Onomastikon* 74,16-18; 58,19). Weiter heißt es, dass der Ölberg ein wichtiger Ort für ihre »Gottesdienste« war. Wir begegnen an dieser Stelle aber noch nicht dem Wunsch, die »heiligen Orte« ausfindig zu machen, der ab dem 4. Jh. so viele Pilger erfasste.

### Die Bedeutung der Zerstörung Jerusalems (70 n. Chr.)

Das Eusebiuszitat verdeutlicht auch, wie die frühen Christen den Fall Jerusalems interpretierten: als Bestätigung des Evangeliums – als Erfüllung sowohl der Weissagungen der Propheten des Alten Testaments als auch der Prophezeiungen Jesu. Die Zerstörung des Tempels bedeutete eine Zäsur innerhalb der biblischen Geschichte. Hatte zuvor ein bestimmtes Land die zentrale Rolle in Gottes Geschichte mit den Menschen gespielt, so breitete sich das Wort des Herrn nun von Jerusalem bis an die »Grenzen der Welt« aus (Apg 1,8).

Das bedeutete, dass Jerusalem seinen theologischen Sonderstatus verloren hatte. Eusebius argumentierte, Verse wie Gal 4,26 und Hebr 12,22 zitierend, dass die Christen sich nicht auf das physische Jerusalem, sondern auf die »himmlische« oder »geistige« Stadt konzentrieren sollten. Bei ihrem Jerusalembesuch, so Eusebius, sollte also vor allem auch die Bedeutung der dramatischen Zerstörung dieser Stadt im Mittelpunkt stehen. Der »spirituelle« Ansatz des Eusebius verlor jedoch etwas von seinem Reiz, als bei den Christen unter Konstantin wieder das Interesse am physischen Jerusalem geweckt wurde.

### Die mysteriöse Grotte

Schließlich erwähnte Eusebius die »Grotte, die dort zu sehen ist«. Offensichtlich verbanden die frühen Christen diese Grotte nahe dem Gipfel des Berges mit Ereignissen im Leben Jesu. Anfänglich war sie vielleicht für kleine Gruppen einfach nur ein geeigneter Ort gewesen, um in Ruhe beten zu können – unbeeinträchtigt vom Wetter oder von Menschenmengen. Nach und nach assoziierte man sie jedoch mit Jesu »Rede über die Endzeit« (Lk 21,5-36) sowie mit anderer Gesprächen, die er vor der Himmelfahrt mit seinen Jüngern geführt hatte (Apg 1,3-8).

Heute neigen wir eher zu der Vorstellung, dass diese Gespräche »unter freiem Himmel« stattfanden und dass Jesus und seine Jünger den Blick über das Panorama des Tempels schweifen ließen. Eine Grotte hingegen passte gut in das Bild, dass Jesus geheime Wahrheiten über die Zukunft und »das Mysterium seines Endes« preisgab. Sie sprach auch die Vorstellungskraft häretischer Gruppen an, wie ihr Auftauchen in der *Apokalypse des Johannes* zeigt.

Am Ende seines Lebens versuchte Eusebius, seine »Grottentheologie« zu entwickeln: Konstantins drei neue Kirchen im Gebiet von Jerusalem nährten die Vorstellung von einer Triade solch geheimnisvoller Grotten. Es war eine schöne Idee, doch sie setzte sich nicht wirklich durch. Die Betonung des Geheimnisvollen wird deutlich, wenn man Eusebius' anschauliche Beschreibung des Baus der *Eleona*-Kirche liest, die nach einem Jerusalembesuch von Königin Helena, der Mutter des Kaisers, entstand:

*Weiterhin ließ des Kaisers Mutter zum Andenken an die Himmelfahrt des Welterlösers auf dem Ölberge mächtige Bauten ausführen; sie ließ nämlich oben auf der Höhe des Berges über den ganzen Bergesgipfel einen Tempel und ein der Kirche geweihtes Haus erbauen. Dort, in eben jener Grotte, hat nach einer glaubwürdigen Erzählung der Erlöser der Welt seine Jünger in die Tiefe seiner Geheimnisse eingeweiht. Auch hier ehrte der Kaiser den großen König durch mannigfache Weihgeschenke und Schmucksachen.*

**Eusebius, Vom Leben des Kaisers Konstantin 3,43**

*Unten:* Blick von den Mauern der Altstadt im Süden auf das jüdische Viertel (links) und den Tempelberg (rechts).

Im **Garten Getsemani** sollten Besucher ankommen, bevor er über Mittag schließt. Wo genau Jesus hier betete, weiß man nicht, aber er tat es sicherlich irgendwo in diesem Garten. Schon vor den Tagen Konstantins identifizierten die Christen hier einen großen Felsen als Stätte der Todesangst Jesu. Dieser wurde zum Herzstück einer »eleganten Kirche«, die hier kurz vor Egerias Besuch in den Achtzigerjahren des 4. Jhs. ent-

## Ein Wochenende im modernen Jerusalem

Wie in jeder großen Stadt gibt es in Jerusalem so viel zu entdecken, dass ein Wochenende kaum ausreicht. Doch es genügt vielleicht, um einen Eindruck von den wichtigsten Sehenswürdigkeiten zu erhalten. Der folgende Überblick ist ein Vorschlag für alle, die ein langes Wochenende in dieser Stadt verbringen können und vor allem an den Stätten des Neuen Testaments interessiert sind.

### Freitag
Ein früher Aufbruch, um Masada, das Tote Meer und Qumran zu besuchen. Rückkehr am späten Nachmittag mit Zwischenstation in der Wüste Juda, um einen Blick auf das Wadi Kelt zu werfen. Kurz vor Sonnenuntergang zurück zum »Panorama«-Aussichtspunkt auf dem Ölberg (vor dem Hotel Seven Arches). Es ist fantastisch, sich Jerusalem, so wie Jesus es tat, von der Wüste her zu nähern und dann einen ersten Eindruck von der Stadt zu erhalten.

### Samstag
Besuch Betlehems (Hirtenfelder, Manger Square und Geburtskirche); Mittagessen in Betlehem (vielleicht in einer der christlichen Einrichtungen in der Stadt); am Nachmittag Rückkehr nach Jerusalem und Besuch des Bergs Zion (Coenaculum, St. Peter in Gallicantu, Dormitiokirche); Spaziergang bei Sonnenuntergang zur Westmauer, um das Ende des Sabbats mitzuerleben.

### Sonntag
Morgenmesse in der Grabeskirche und/oder anderen Kirchen in der Altstadt (Christuskirche; lutherische Kirche) mit anschließendem Frühstück irgendwo in der Nähe. Mittagessen im Bereich des Cardo maximus, danach Besuch des Herodianischen Viertels oder des »Verbrannten Hau-

ses« im jüdischen Viertel. Am späten Nachmittag Besuch der Gedenkstätte Yad Vashem und/oder des Israel-Museums (mit dem »Schrein des Buches«) in West-Jerusalem.

### Montag
Frühmorgens nach Betfage. Wanderung zurück über den Ölberg zum Teich Betesda oder zu den *Ecce-Homo*-Ausgrabungen. Mittagessen am Anfang oder Ende der *Via dolorosa*. Besuch der Grabeskirche am frühen Nachmittag. Anschließender Besuch des Gartengrabs (und des dortigen Buchladens).

Für alle, die am nächsten Tag nach Galiläa aufbrechen, empfiehlt sich ein ruhiger Morgenspaziergang in der Wüste Juda (der Spur der alten Römerstraße zum Georgskloster folgend) – eine Gelegenheit, über die Dinge nachzudenken, die man in Jerusalem gesehen und erfahren hat. Zum Abschluss Mittagessen in Jericho.

Manch einer möchte vielleicht mit Einwohnern Jerusalems in Kontakt kommen, um aus deren Perspektive etwas über das Leben in der Stadt zu erfahren. Gruppen können oft spezielle Treffen vereinbaren, bei denen Ortsansässige zu ihnen sprechen. Hierzu bieten sich die Abende an: So kann man sich am Freitagabend mit palästinensischen Christen treffen, am Samstag an einer Führung durch das orthodoxe jüdische Viertel Mea Shearim teilnehmen (nach Ende des Sabbats) und sich am Sonntag einen Vortrag jüdischer Christen anhören. Auch Vorträge von Muslimen, Juden oder armenischen Christen können arrangiert werden. So hört man eine große Bandbreite religiöser und politischer Ansichten, was helfen kann, mit der Vielschichtigkeit des modernen Jerusalem zurechtzukommen.

Die Unterkunftsmöglichkeiten reichen von schicken Hotels in West-Jerusalem bis zu kleineren christlichen Herbergen in bzw. in der Nähe der Altstadt. Wenn man nicht direkt in der Altstadt unterkommen kann, sie aber auf eigene Faust erkunden und zu Fuß erreichen möchte, empfiehlt sich eine Unterkunft nördlich des Damaskustors.

Alte Olivenbäume vor der Kirche der Nationen.

stand, und bildet auch den Mittelpunkt der heutigen bewusst in Dämmerlicht getauchten **Kirche der Nationen.**

Diese bietet die Gelegenheit, zu beten und der Worte zu gedenken, die Jesus im Garten Getsemani an seine Jünger richtete: »Konntet ihr nicht einmal eine Stunde mit mir wachen? Wacht und betet, damit ihr nicht in Versuchung geratet« (Mt 26,40-41).

Vor der Kirche stehen alte Olivenbäume, die, auch wenn sie nicht aus dem 1. Jh. stammen, den Besucher in Gedanken in den Olivenhain jener Zeit zurückversetzen. Die viel befahrene Straße in der Nähe macht es manchmal allerdings schwer, sich vorzustellen, wie es hier früher einmal aussah. Doch am Nachmittag kann der Besucher hier eine geruhsamere Atmosphäre genießen oder ein wenig den Hügel hinaufwandern, wo es weitere Olivenbäume gibt. Es kann sehr bewegend sein, nach Einbruch der Dunkelheit, im Idealfall bei Vollmond, noch einmal dorthin zu gehen und darüber nachzudenken, was Jesus an diesem Ort erlitt.

Getsemani ist eine geeignete Stätte, um den Besuch des Ölbergs abzuschließen. Hier hatte Jesus die Wahl, über den Berg zu entkommen oder auf seine Gefangennahme zu warten. Wenn der Besucher dann womöglich zum Mittagessen in die Altstadt geht, könnte er sich daran erinnern, dass Jesus, als er den Garten Getsemani verließ, ebenfalls zurück in die Stadt ging – jedoch als Gefangener.

# 11 Der Tempel

*Dann ging er in den Tempel und begann, die Händler hinauszutreiben. Er sagte zu ihnen: In der Schrift steht: Mein Haus soll ein Haus des Gebetes sein. Ihr aber habt daraus eine Räuberhöhle gemacht.*

*Er lehrte täglich im Tempel ... Die Hohenpriester und die Schriftgelehrten [kamen] hinzu und fragten ihn: Sag uns: Mit welchem Recht tust du das alles? Wer hat dir dazu die Vollmacht gegeben? Er blickte auf und sah, wie die Reichen ihre Gaben in den Opferkasten legten. Dabei sah er auch eine arme Witwe, die zwei kleine Münzen hineinwarf ... Diese arme Witwe hat mehr hineingeworfen als alle anderen.*

*Als einige darüber sprachen, dass der Tempel mit schönen Steinen ... geschmückt sei, sagte Jesus: Es wird eine Zeit kommen, da wird ... kein Stein auf dem andern bleiben.*
**Lukas 19,45-47; 20,1-2; 21,1-3.5-6**

## Das Herz der Nation

Kein Besucher Jerusalems wollte und konnte im 1. Jh. den Tempel ignorieren, den Herodes der Große wieder aufgebaut und erweitert hatte und der fast ein Fünftel der Gesamtfläche der Stadt einnahm. Jerusalem war zur Zeit Jesu keine »Stadt mit einem Tempel«, sondern ein »Tempel mit einer Stadt« – mit anderen Worten, der Tempel war in physischer und spiritueller Hinsicht das Herz der Stadt, ihre *raison d'être*.

Es war also klar, welches Ziel Jesus ansteuerte, als er sich der Stadt näherte: »Und er zog nach Jerusalem hinein, in den Tempel; nachdem er sich alles angesehen hatte, ging er spät am Abend mit den Zwölf nach Betanien hinaus« (Mk 11,11). Am nächsten Tag kehrte er zurück. Und es kam zur offenen Auseinandersetzung.

Die sogenannte »Tempelreinigung« gehört zu den dramatischsten Ereignissen in den Evangelien – in der Version des Johannesevangeliums treibt Jesus die »Schafe und Rinder« sogar mit einer »Geißel aus Stricken« aus dem Tempel. Einigen Wissenschaftlern zufolge war dies der Auslöser für die nachfolgenden tragischen Ereignisse: Jesus sorgte für Aufruhr in Israels wichtigster Andachtsstätte, was zu seiner Verhaftung und der anschließenden Hinrichtung führte. Warum tat er das? Was bemängelte er am Tempel? Was wollte er erreichen?

### Der Tempel im Alten Testament

Um dies beantworten zu können, müssen wir uns ein wenig mit der Geschichte des Tempels befassen. Seine Ursprünge liegen in der Wüste. Die Israeliten waren mit einem tragbaren »Tabernakel« (Zelt) durch die Wüste gewandert. Gemäß der Darstellung der Bibel (Dtn/5 Mose 12,11) erfuhren sie auf dem Berg Sinai, wie sie ihren Gott verehren sollten und dass Gott eine »Stätte« im Gelobten Land »auswählt, indem er dort seinen Namen wohnen lässt«.

Mehrere Jahrhunderte später hoffte König David, diese Stätte für den Herrn zu bauen – auf Araunas Tenne in seiner neuen Hauptstadt Jerusalem. Dieses Vorhaben konnte letztlich aber erst sein Nachfolger Salomo in die Tat umsetzen. Damit bekam die Bundeslade endlich einen festen Platz. An die Stelle des heiligen Bergs Sinai trat nun der Berg Zion.

Der Tempel blieb fast 400 Jahre lang das Herzstück Israels. Gemäß der Tora mussten alle männlichen Juden ab dem zwölften Lebensjahr dreimal im Jahr zum Tempel pilgern (zum Paschafest, Wochenfest und Laubhüttenfest). Um 620 v. Chr. stand jedoch der Prophet Jeremia auf den Tempelstufen, verurteilte das Volk Gottes für sein falsches Vertrauen in den Tempel und warf ihm vor, diesen zu einer »Räuberhöhle« gemacht zu haben – zu einem Ort der Intrige, einem Ort, an dem der Herr der ihm geschuldeten Verehrung »beraubt« wurde. Deswegen würde der Herr möglicherweise seinen eigenen Tempel zerstören. Auch wenn dieser Tempel ein Geschenk Gottes war, so konnte den Israeliten dieses Geschenk wieder genommen werden, wenn sie es missbrauchten. Dreißig Jahre später sollten sich Jeremias Worte bewahrheiten: Die Babylonier machten den Tempel dem Erdboden gleich. Und noch einige Jahre später sah der Prophet Ezechiel in einer Vision, wie die Herrlichkeit Gottes den Tempel verließ – Gottes Haus war nun unbewohnt.

Als die Verbannten aus dem Babylonischen Exil zurückkehrten, wurde der Tempel wieder aufgebaut, doch er war nur noch ein Schatten seiner Selbst – einige der Rück-

*»Herr, ich liebe den Ort, wo dein Tempel steht, die Stätte, wo deine Herrlichkeit wohnt.«*
**Psalm 26,8**

Blick hoch zur Südmauer von Herodes' großer Tempelplattform. Die Kuppel gehört zur Aqsa-Moschee.

## Der herodianische Tempel

Der von Herodes geschaffene Tempel war wahrlich grandios. Die Arbeiten begannen um 15 v. Chr., waren 46 Jahre später während des Wirkens Jesu in vollem Gange (Joh 2,20) und dauerten noch weitere 30 Jahre an. Sie erforderten eine gewaltige Menge von Arbeitern. Der Bedarf an Wohnraum, der dadurch entstand, führte zu einer Ausdehnung der Stadt nach Nordwesten.

Riesige Steine wurden aus den Steinbrüchen nördlich des Tempels gehauen. Der größte dieser Marmorblöcke war fast 12 m lang und 3 m hoch. Wie schwierig es war, diese massiven Blöcke durch die Stadt zu rollen und dann zu positionieren, können wir uns nur ansatzweise vorstellen. Und man benötigte unzählige solcher Blöcke, denn die Architekten des Herodes schlugen vor, die Tempelhöfe um 30 Prozent zu erweitern, was eine Ausdehnung nach Süden um rund 23 m zur Folge hatte. Das war kein leichtes Unterfangen. Denn im Süden sind die Hänge ziemlich steil, sodass diese Erweiterung den Bau einer riesigen Plattform erforderte. Dann erst konnten in den Tempelhöfen Bauten entstehen – z. B. die Säulenhallen auf allen vier Seiten und der große innere Tempel mit dem zentralen Heiligtum, das den Hof 40 m überragte.

Wir können den Grundriss des herodianischen Tempels anhand der Berichte in Josephus, *Bell* 5,5 (und auch der Berichte in der um 200 n. Chr. geschriebenen Mischna) relativ genau rekonstruieren. Beide Berichte entstanden erst nach der Zerstörung des Tempels, sodass sie möglicherweise Fehler enthalten, doch das Gesamtbild ist relativ verlässlich. Zwei Modelle des Tempel aus dem 1. Jh., die sich an diesen Berichten orientieren, sind besonders hilfreich: Eines finden wir in Jerusalem (bis vor Kurzem beim Holy Land Hotel), das andere steht in Suffolk, England (geschaffen von Alec Garrard). Bilder dieser Modelle vermitteln uns eine gute Vorstellung davon, wie der Tempel des Herodes aussah. Dabei sind folgende Beobachtungen besonders interessant:

- die klare Abgrenzung zwischen den verschiedenen konzentrischen Höfen für Priester, Juden, Jüdinnen und Heiden;
- die unterschiedlichen Eingänge – vor allem die Huldatore auf der Südseite, die es Besuchern ermöglichten, über verborgene Stufen zur Mitte des Vorhofes der Heiden zu gelangen;
- die rituellen Bäder (*mikvehs*) südlich dieser Tore;
- die Südwestecke, wo der Schofar (ein Blasinstrument) erklang, um den Beginn des Sabbats anzukündigen;
- die gewaltige Höhe der Plattform über dem Straßenniveau (im Westen) und dem Kidrontal (im Osten).

Wahrscheinlich wurde erst während der Rekonstruktion des Tempels unter Herodes ein »Vorhof für Heiden« gebaut. Nichtjuden war der Zutritt zum inneren Tempel immer verwehrt gewesen. Jetzt aber durften sie auf die Tempelplattform und in den äußeren Hof. Doch an einem bestimmten Punkt gelangten sie zum *soreq* – einem niedrigen Zaun oder einer Mauer, die für sie die Grenze waren.

An diesem Zaun warnten Schilder die nichtjüdischen Besucher, dass sie das Überschreiten dieser Linie mit dem Tod zu bezahlen hätten. Eines dieser Schilder ist noch erhalten und im Rockefeller Museum in Jerusalem zu sehen. Vielleicht hatte Paulus diesen *soreq* im Sinn, als er später schrieb, dass Jesus die »trennende Wand der Feindschaft« zerstört habe (Eph 2,14).

Modell des Jerusalemer Tempels. Wenn man aus dem großen, weißen inneren Tempel, in dem sich hinter einem Vorhang das Allerheiligste befindet, heraustritt, sieht man den Vorhof der Priester (Israel), dann den Vorhof der Frauen und bei den Kolonnaden den Vorhof der Heiden. Man beachte die vier gewaltigen Kandelaber im Vorhof der Frauen, die während des Laubhüttenfests angezündet wurden, sowie das herrliche Nikanortor, durch das die Priester zum Altar schritten (im inneren Hof links).

kehrer weinten, als sie an seine ehemalige Pracht dachten (Esr 3,12). Eigentlich war das Exil nun vorbei, doch noch immer waren seine Auswirkungen spürbar. So sehnte sich das Volk Israel in den folgenden fünf Jahrhunderten stets danach, dass Gott ihm und dem Tempel wieder zu ihrem vorherigen Status verhelfen würde. Es gab auch Menschen, wie die in Qumran lebenden Essener, die sich mit der Tempelhierarchie überwarfen. Sie gründeten ihre eigene »alternative« Tempelgemeinschaft und hofften darauf, dass Gott ein völlig neues Tempelzeitalter einleiten würde. Und als die Hoffnung auf einen Messias/König wuchs, glaubten viele, er würde ein neuer Salomo sein – ein König, der dem Gotteshaus wieder zu seinem früheren Glanz verhelfen würde, ein neuer König mit einem neuen Tempel.

Gerüchte von dieser Hoffnung der Juden kamen möglicherweise Herodes dem Großen zu Ohren. Auf jeden Fall wollte er seine Herrschaft über Judäa unter anderem durch den Wiederaufbau des Tempels in Jerusalem begründen: *Er* würde der König sein, der dem Tempel zu neuem Glanz verhalf. Viele Juden waren verständlicherweise von dieser Idee hin- und hergerissen. Sie sehnten sich verzweifelt nach dem Wiederaufbau des Tempels und konnten einem solchen Geschenk natürlich nur schwerlich widerstehen. Andererseits missfiel ihnen die Herrschaft des Herodes – nicht zuletzt, weil er kein Jude war. Konnte ein »Heide« den Tempel des Herrn bauen?

Modell Jerusalems im 1. Jh. Der Blick geht vom Schiloachteich zum Ofel (der ehemaligen Davidstadt) und der großen Tempelplattform (oben rechts).

Würde dieser neue Tempel die Erfüllung ihrer prophetischen Hoffnungen sein? Oder würde es noch einen anderen Tempel geben, wenn der wahre Messias kam? Aus diesen Gründen war es durchaus möglich, am Judentum und der Bedeutung des Tempels festzuhalten und dennoch *diesen bestimmten* Tempel mit Skepsis zu betrachten.

Mit einer solchen brisanten Mischung leidenschaftlicher Fragen sah sich Jesus konfrontiert, als er den Tempel betrat. War dies wirklich der Tempel Gottes? Wodurch könnte er ersetzt werden? Wer war in seinen Mauern die entscheidende Autorität?

## Offenkundige Missstände: Ausschluss von Nichtjuden, Wucher und Politik

Das provokative Handeln Jesu im Tempel hatte viele Beweggründe. Wir sollten uns also nicht auf einen einzigen Faktor beschränken. Jesus wollte höchstwahrscheinlich auf mehrere Dinge hinweisen. Der Tempel bot einem Propheten schließlich eine Reihe von Angriffsflächen. Drei dieser Gesichtspunkte liegen klar auf der Hand:

Erstens kritisierte Jesus die Art, wie Nichtjuden behandelt wurden. Er befand sich hierbei sicherlich im Vorhof der Heiden, den Herodes gerade erst hatte bauen lassen. Doch die Vision des Jesaja vom Tempel als »Haus des Gebets für alle Völker« (Jes 56,7) wurde von den Geldwechslern missachtet, die den Vorhof der Heiden für ihre Geschäfte nutzten. Es war der einzige Ort, an dem Nichtjuden zum Gott Israels beten konnten, und daher war es ein Skandal, dass man ihn in einen Handelsplatz und eine »Räuberhöhle« verwandelt hatte. Diese Praxis hatte vor kaum mehr als zwanzig Jahren der Hohepriester Kajaphas eingeführt. Aber diesem Missbrauch musste ein Ende gesetzt werden: Nach Auffassung Jesu mussten alle Menschen Zugang zum Gott Israels haben.

Zweitens kritisierte Jesus den finanziellen Wucher: Die Tempelgänger mussten ihre Opfertiere in einer ganz bestimmten Währung bezahlen (dem »tyrischen Schekel«). Das öffnete der Korruption Tür und Tor, da hohe Wechselkurse verlangt werden konnten. Dass Jesus sich über die mögliche Ausbeutung der Tempelbesucher Sorgen machte, wird durch seine Äußerung über die kleine Gabe angedeutet, die die arme Witwe in den Opferkasten des Tempels legte. Es ist also naheliegend, dass er sich unter anderem durch diese »Halsabschneiderei« provoziert fühlte.

Drittens ist auf die politische Dimension zu verweisen. Der Tempel wurde zunehmend zum symbolischen Zentrum eines leidenschaftlichen jüdischen Nationalismus. Die Burg Antonia, eine Festung der Römer, war so in der Stadt platziert, dass die heidnischen Oberherren die Tempelhöfe einsehen und ein wachsames Auge auf alle politischen Unruhen haben konnten, die sich im Tempelbereich entwickeln mochten. Sie erinnerte die Juden auf unangenehme, provokative Weise daran, wer die politische Macht innehatte. Doch sie konnte die jüdischen Nationalisten nicht daran hindern, sich im Tempel zu versammeln und Pläne zu schmieden. Denn der Tempel selbst schürte bei den Juden den dringenden Wunsch, diesen Ort vor den Feinden Israels zu schützen. Den Evangelien entnehmen wir, dass der Sanhedrin – der Hohe Rat der Juden in Jerusalem – Angst hatte, das

Handeln Jesu könne politische Unruhen hervorrufen und schließlich dazu führen, dass »die Römer kommen und uns die heilige Stätte und das Volk nehmen« (Joh 11,48) könnten. Dieser Ort musste mit allen Mitteln vor den heidnischen Römern geschützt werden. Deswegen wurde er zur Bastion und zum Inbegriff ihres Wunsches nach nationaler Unabhängigkeit.

Jesus wollte möglicherweise auch zum Ausdruck bringen, dass diese Art der nationalistischen Hingabe an den Tempel falsch war. Die Stätte der Gottesverehrung durfte nicht dadurch entweiht werden, dass sie zum politischen Pfand wurde. Die Juden sollten nach seinen Worten »dem Kaiser [geben], was dem Kaiser gehört« (und nicht nach Unabhängigkeit streben), gleichzeitig aber »Gott [geben], was Gott gehört!« (Lk 20,25) – d. h. sie durften *seinen* Tempel nicht für *ihre* Zwecke missbrauchen. Vierzig Jahre später sollte genau dies passieren: Heftige Auseinandersetzungen im Tempel und Streitigkeiten über dessen Unabhängigkeit und Unantastbarkeit riefen die Armeen der Römer auf den Plan.

Die Tempelhöfe mit den Türmen der römischen Antoniafestung im Hintergrund.

## Die Ankündigung der Zerstörung – und ihre tiefere Bedeutung

Doch das Handeln Jesu war auch eine prophetische Warnung vor dem, was bald mit dem Tempel geschehen würde. Er kritisierte nicht nur bestimmte Praktiken wie das feindliche Verhalten gegenüber Nichtjuden, den finanziellen Wucher, die politischen Intrigen. Nein, Jesus führte den Menschen mit dem, was er tat, das Urteil Gottes vor Augen und warnte deutlich davor, dass die Tage *dieses* Tempels gezählt seien – nicht zuletzt aufgrund der Art und Weise, wie man ihn zweckentfremdete. Durch sein Handeln kündigte er den Untergang des Tempels an.

Zu dieser Schlussfolgerung zwingt uns die Art seines Vorgehens. Mit seinem Protest allein hätte Jesus sicher nichts erreicht. Vermutlich wäre man binnen einer halben Stunde wieder zur Tagesordnung übergegangen. Das Entscheidende war der Symbolgehalt seines Handelns. Es ähnelte den »prophetischen Zeichenhandlungen«, mit denen die alttestamentlichen Propheten (wie z. B. Jeremia, der ein Gefäß zerbricht) dem Volk Gottes eine wichtige Lektion erteilten. Ähnlich wie Jeremia hielt auch Jesus eine Lektion bereit, um Gottes Missfallen am Missbrauch seines Tempels zum Ausdruck zu bringen.

Markus hilft uns in seinem Evangelium, das Thema der bevorstehenden Zerstörung zu entschlüsseln, indem er dieses Ereignis mit zwei kurzen Geschichten umrahmt, die von einem Feigenbaum handeln (Mk 11,12-14.20-21): Auf dem Weg nach Jerusalem verflucht Jesus einen Feigenbaum, weil er keine Früchte trägt – etwas seltsam, wenn man bedenkt, dass »nicht die Zeit der Feigenernte« war. Am Tag nach der Tempelreinigung stellt Petrus erstaunt fest: »Der Feigenbaum, den du verflucht hast, ist verdorrt.« Worauf will Markus hinweisen, wenn er die Tempelreinigung in diese beiden Episoden einbettet?

Er würde uns wohl antworten, dass das Verfluchen des Feigenbaums mit dem Handeln Jesu im Tempel in Beziehung steht und die Jünger auf dessen tiefere Bedeutung hinweisen sollte. Diese beiden prophetischen Handlungen sollen einander erklären. Markus deutet an, dass die Tempelreinigung ein Akt des »Verfluchens« war, der zum »Verdorren« des Tempels führen würde, und dass es Gott missfiel, dass der Tempel keine »Früchte« trug. Der Auftritt Jesu ist nach Markus in der Tat ein Zeichen für die bevorstehende Zerstörung des Tempels.

## Die Haltung Jesu gegenüber dem Tempel

Diese Deutung der Tempelreinigung wird in Markus 13,2 bestätigt, wo Jesus die Zerstörung der schönen Gebäude des Tempels prophezeit und sagt: »Kein Stein wird auf dem andern bleiben.« Damit weist er ausdrücklich auf den Symbolgehalt seines prophetischen Handelns hin. Die Jünger, die gerade den Tempel, seine massiven »Steine« und prachtvollen »Bauten« betrachten, sind über Jesu düstere Prophezeiung sicher entsetzt. Und Jesus geht noch näher auf das Schicksal Jerusalems ein – dieses großartige herodianische Gebäude wird es bald nicht mehr geben (Lk 21,5-36; siehe S. 140).

Tatsächlich hatte Jesus schon früher darauf hingewiesen. Er hatte das Bild von einem einstürzenden »Haus« verwendet und davor gewarnt, dass Jerusalems »Haus« bald »verlassen« sein würde, weil die Feinde Jerusalems »dich ... zerschmettern« werden (Mt 7,26-27; Lk 13,35; 19,43-44). Auch die Tatsache, dass er verschiedenen Menschen in Galiläa ihre Sünden vergeben hatte, war eine versteckte Auseinandersetzung mit dem Tempel, der doch eigentlich der einzige Ort göttlicher Vergebung war (Lk 5,20; 7,48). Die Sündenvergebung war nun Jesu Vorrecht, nicht mehr das des Tempels. Mit seiner Ankunft war der Tempel überflüssig geworden. Denn Jesus war nach eigener Aussage einer, »der mehr ist als Salomo« (der Erbauer des Tempels) und der »größer ist als der Tempel« (Mt 12,6.42).

Durch die einzigartige Rolle Jesu wird der Tempel also seiner bisherigen Bedeutung als Ort der Vergebung und Stätte der Gegenwart Gottes bei seinem Volk Israel beraubt. Jesus würde diese Rollen nun selbst ausfüllen. Er, nicht der Tempel, war das wahre Zentrum – durch ihn hatte man Zugang zu Gott.

## Das Johannesevangelium: Jesus, der wahre Tempel

Das Johannesevangelium behandelt diese Thematik am ausführlichsten. Anders als die anderen Evangelien erzählt es davon, dass Jesus den Tempel wiederholt besucht habe. Damit wird angedeutet: Jesus selbst ist der wahre Tempel.

Johannes präzisiert diese Botschaft an mehreren Stellen. So berichtet er z. B., dass Jesus während des Laubhüttenfests – zu dem ein Tempelritual gehörte, bei dem Wasser eine Rolle spielte und an dem die Tempelhöfe mithilfe riesiger Kandelaber beleuchtet wurden – sagte: »Wer Durst hat, komme zu mir, und es trinke, wer an mich glaubt«, und später »Ich bin das Licht der Welt« (Joh 7,37-38; 8,12). Mit anderen Worten: Johannes erkannte, dass dieses alte Fest eine spirituelle Symbolik begleitete, die Jesus nun durch seine Person verkörperte.

Dass Johannes bereits im zweiten Kapitel seines Evangeliums über die Tempelreinigung berichtet (Joh 2,13-25), zeigt die Bedeutung dieses Themas für Johannes.

---

»Jesus behauptete indirekt, das zu sein und zu tun, was der Tempel war und tat ... Als Jesus nach Jerusalem kam, verkörperte er dementsprechend ein Gegensystem. Er und die Stadt beanspruchten beide, der Ort zu sein, an dem der lebendige Gott sein Volk heilte und neu bildete.«

**N. T. Wright**

Danach gefragt, mit welchem Recht er die Tische umgestoßen habe, bezeichnet Jesus den Tempel als »Haus meines Vaters« und spricht dann die bedeutungsvollen Worte: »Reißt diesen Tempel nieder, in drei Tagen werde ich ihn wieder aufrichten« (Joh 2,19).

Es sind rätselhafte Worte, die die Gegner Jesu bei seinem Verhör (vergeblich) zu rekonstruieren versuchten. Seine Ankläger erinnerten sich, dass er Kritik am Tempel geäußert und darauf hingewiesen hatte, dass etwas »in drei Tagen« geschehen werde, konnten sich aber nicht auf den genauen Wortlaut einigen (Mk 14,58). Folgendes sollte uns jedoch klar sein: Das Handeln Jesu im Tempel war ein symbolischer Akt. Er sprach sich deutlich gegen »diesen Tempel« aus und dachte an dessen Vernichtung. Er wies auch darauf hin, dass er die Macht hatte, ihn zu ersetzen.

Die Mitglieder einiger Richtungen des Judentums sehnten sich danach, dass der herodianische Tempel durch einen neuen und größeren *physischen* Tempel ersetzt werde. Doch nach Johannes behauptet Jesus nun, er *selbst* sei dieser neue Tempel. Der Evangelist versteht den Hinweis auf die »drei Tage« als eine Voraussage der Auferstehung Jesu und erklärt: »Er aber meinte den *Tempel* seines *Leibes*« (Joh 2,21-22). Durch die Ankunft Jesu wurde die Bedeutung des Tempels durch etwas anderes ersetzt – den Leib Christi.

Im biblischen Denken war der Tempel eine Manifestation der Anwesenheit Gottes inmitten seines Volkes. Für Johannes verkörpert Jesus auf die gleiche Weise die Gegenwart Gottes auf Erden. Das Wort Gottes ist »Fleisch geworden und hat unter uns gewohnt« (Joh 1,14). Das Tempelmotiv im johanneischen Sinne zeugt also von dem, was die Christen später die »Fleischwerdung« nennen sollten – das heißt, in der Person Jesu war Gott unter uns. So wie Gott zuvor im Tempel gewohnt hatte, so »wohnte« er nun in Jesus.

## Die Autorität Jesu als Messias und Herr

Angesichts all dessen überrascht es kaum, dass es zu einer größeren Auseinandersetzung kam, als Jesus Jerusalem erreichte und den Tempel betrat. Das Tempelverständnis der führenden jüdischen Kreise in Jerusalem und Jesu Selbstverständnis ließen sich nicht miteinander verbinden.

Denn Jesus ging nicht nur in den Tempel, um gegen gesellschaftliche Zustände zu protestieren oder eine Katastrophe vorherzusagen. Er stellte dem Tempel seine eigene einzigartige Autorität gegenüber. Wir haben gesehen, dass man vom Messias erwartete, dass er den Tempel wieder aufbauen und seine Autorität geltend machen würde. So verwundert es nicht, dass die Hohenpriester und Schriftgelehrten ihm nach der Tempelreinigung die Frage stellten: »Mit welchem Recht tust du dies alles?« (Lk 20,2). Sie vermuteten hinter seinem Handeln einen messianischen Anspruch. Und dieselben Fragen werden Jesus später bei seinem Verhör vor dem Hohen Rat gestellt: Man befragte ihn nach seiner Einstellung zum Tempel, weil man spürte, dass diese mehr als alles andere seinen messianischen Anspruch verdeutlichen werde.

Doch mehr noch: Jesus ging in den Tempel als dessen rechtmäßiger »Besitzer« – als der *Herr selbst*. In einer Weissagung des Alten Testaments hatte es geheißen: »Seht, ich sende meinen Boten; er soll den Weg für mich bahnen« (Mal 3,1). Die Evangelisten glaubten, diese Prophezeiung habe sich erfüllt, als Johannes der Täufer die Ankunft Jesu vorbereitete. Doch der Prophet Maleachi ergänzt seine Aussage noch: »Dann kommt plötzlich zu seinem Tempel der Herr« (Mal 3,1).

> ### Die Zerstörung des Tempels
>
> Josephus berichtet ausführlich über die Zerstörung des Tempels und der Oberstadt Jerusalems im Sommer des Jahres 70 n. Chr. Die folgenden Auszüge beschreiben die Momente, die zum Verbrennen des Allerheiligsten des Tempels führen. Josephus, der in dieser Zeit bereits in Rom für ein römisches Publikum schreibt, scheint viel daran zu liegen, den römischen Feldherrn und späteren Kaiser Titus davon freizusprechen, den Tempel bewusst zerstört zu haben. Er ist vielmehr darauf aus, dieses Ereignis dem »Schicksal« zuzuschreiben.
>
> *Als die beiden Legionen am Achten des Monats Loos die Wälle vollendet hatten, ließ der Cäsar die Sturmböcke gegen die westliche Galerie des inneren Tempelhofes heranbringen … Unterdessen hatten die Soldaten bereits Feuer an die Tore gelegt, und das überall schmelzende Silber eröffnete den Flammen den Zugang zu dem hölzernen Gebälk, von wo sie prasselnd hervorbrachen und die Hallen ergriffen. Als aber die Juden ringsum den Brand auflodern sahen, da entsank ihnen mit der Leibeskraft auch der Mut …*
>
> *Titus zog sich hierauf in die Antonia zurück, entschlossen, am folgenden Tage in aller Frühe mit seiner ganzen Heeresmacht anzugreifen und den Tempel zu umzingeln. Über diesen jedoch hatte Gott schon längst das Feuer verhängt, und es war endlich im Laufe der Zeiten der Unglückstag – der Zehnte des Monats Loos – gekommen, an dem auch der frühere Tempel vom Babylonierkönig eingeäschert worden war …*
>
> *Als nun der Cäsar dem Ungestüm seiner wie rasend gewordenen Soldaten nicht mehr zu wehren vermochte und die Flammen immer weiter um sich griffen, betrat er mit den Offizieren das Allerheiligste und beschaute, was darin war … Da übrigens das Feuer bis in die innersten Räume noch nicht vorgedrungen war, sondern nur erst die an den Tempel anstoßenden Gemächer verzehrte, glaubte er, und zwar mit Recht, das Werk selbst könne noch gerettet werden … Aber die allgemeine Kampfwut erwies sich als stärker als die Rücksicht auf den Caesar … Die meisten freilich feuerte die Aussicht auf Raub an, da sie der festen Überzeugung waren, es müsse, weil sie außen alles von Gold gefertigt sahen, das Innere erst recht von Schätzen aller Art strotzen … Schon hatte einer von denen, die ins Innere eingedrungen waren, im Dunkel Feuer unter die Türangeln gelegt, und da jetzt auch von innen die Flamme plötzlich hervorschoss, … ging der Tempel gegen den Willen des Titus in Flammen auf.*
>
> *Sosehr man nun auch den Untergang eines Werkes beklagen muss, welches von allen, die wir durch eigene Anschauung oder vom Hörensagen kennenlernten, ebensowohl hinsichtlich seiner Pracht und Größe im Allgemeinen wie in Betreff der Kostbarkeit seiner einzelnen Bestandteile und besonders der hehren Bedeutung des Allerheiligsten das Staunenswerteste war, so mag man doch noch reichen Trost finden in dem Gedanken an das Geschick, dem, wie nichts Lebendiges, so auch kein Werk von Menschenhand und keine Gegend der Erde entrinnen kann.*
>
> **Josephus, Bell 6,4**

Wenn Jesus also diese Prophezeiung erfüllte, indem er zum Tempel kam, dann kam er als der Herr selbst. Damit erscheinen die Jesajaworte, die Jesus bei der Tempelreinigung zitiert, in einem neuen Licht. Liegt seinen Worten »Mein Haus soll ein Haus des Gebetes sein« eine weitere Bedeutung zugrunde? Gottes Worte über *sein* Haus, die durch den Propheten Jesaja vermittelt wurden, scheinen nun zu Jesu Worten über *sein* Haus geworden zu sein. Das ist für alle, die Ohren haben zu hören, ein subtiler Hinweis darauf, dass Jesus den rechtmäßigen Besitzer des Tempels repräsentiert – Gott selbst.

## Den Tempel zurücklassen

Dem Neuen Testament zufolge hatte Jerusalems Tempel also in Jesus seinen Meister gefunden, der seine wahre Bedeutung aufzeigte. Seine spirituelle Macht war auf Jesus übergegangen. In den folgenden 40 Jahren trafen sich die Anhänger Jesu zwar noch gelegentlich im Tempel und erfüllten dort ihre Pflichten, doch vergaßen sie nie Jesu Voraussage über dessen Zerstörung. Zudem erfuhren sie inzwischen eine neue Realität, dass nämlich die christliche Gemeinde überall auf der Welt jetzt den neuen Tempel Gottes in der Welt repräsentierte. Als Paulus an die Gläubigen in Korinth schreibt, kann er unverblümt erklären: »Denn Gottes Tempel …, der *seid ihr*« (1 Kor 3,17).

Die Verfasser des Neuen Testamentes lehrten auch, dass der rigide Ausschluss von Nichtjuden aus dem Tempel mit der Verbreitung des Evangeliums in der ganzen Welt nicht zu vereinbaren sei. Als Paulus im Jahre 57 n. Chr. Jerusalem besuchte, wurde er beschuldigt, einige Nichtjuden, die sich zum christlichen Glauben bekehrt hatten, mit in den Tempel genommen zu haben. Das stimmte nicht, denn Paulus hielt sich an die Bräuche seiner Zeit. Doch die Logik seiner Predigten wies eindeutig in diese Richtung. Angesichts eines allen zugänglichen Evangeliums gehörte der Tempel nun der Vergangenheit an. Seine Tage waren gezählt. Oder wie der Verfasser des Hebräerbriefes schrieb: »Was aber veraltet und überlebt ist, das ist dem Untergang nahe« (Hebr 8,13). In der christlichen Theologie besteht demzufolge kein Bedarf mehr für einen Tempel, weil der gekommen ist, der »größer ist als der Tempel« (Mt 12,6).

»Einen Tempel sah ich nicht in der Stadt. Denn der Herr, ihr Gott … ist ihr Tempel, er und das Lamm.«
**Offenbarung 21,22**

## Schlüsseldaten: Der Tempel

|  |  |
|---|---|
| ca. 980 v. Chr. | David kauft die »Tenne des Arauna« (2 Sam 24,18–25). |
| ca. 962–955 v. Chr. | Bau des ersten Tempels durch Salomo (1 Kön 5–6). |
| ca. 587 v. Chr. | Zerstörung des Tempels durch die Babylonier. |
| ca. 515 v. Chr. | Serubbabel baut, ermutigt von den Propheten Haggai und Sacharja, den Tempel wieder auf (Esr 6). |
| ca. 168/167 v. Chr. | Antiochus IV. von Syrien entweiht den Tempel (1 Makk 20–24); 3 Jahre später wird dieser von den Makkabäern neu geweiht (1 Makk 4,52-60). |
| 63 v. Chr. | Pompeius dringt in das Allerheiligste ein und findet es zu seiner Überraschung leer vor. |
| ca. 15 v. Chr. | Herodes der Große beginnt mit der Restaurierung und Erweiterung des Tempels und seiner Plattform; Johannes sagt später, dieser Wiederaufbau habe »46 Jahre« gedauert (Joh 2,20). |
| ab 30 n. Chr. | Jesus und später seine Apostel lehren und predigen im Tempel (Lk 20–21; Apg 3–4). |
| 49 n. Chr. | Mehr als 10 000 Menschen werden in den Tempelhallen zertreten und erdrückt (Josephus, *Bell* 2,12). |
| 57 n. Chr. | Paulus besucht den Tempel, wird fälschlicherweise beschuldigt, Nichtjuden dorthin mitgenommen zu haben, und daraufhin festgenommen (Apg 21,27-29). |
| 62 n. Chr. | Jakobus (Jesu Bruder) wird von der Tempelspitze herabgestoßen und stirbt als Märtyrer (Eusebius, *Kirchengeschichte* 2,23). |
| 67 n. Chr. | Der Tempel ist Zentrum der Aufstände im Ersten Jüdischen Krieg. |
| 70 n. Chr. | Römische Armeen unter Titus zerstören den Tempel. |
| ca. 290 n. Chr. | Eusebius beschreibt, dass christliche Besucher die Zerstörung des Tempels als die Erfüllung der Ankündigung Jesu verstehen (*Demonstratio Evangelica* 6,18). |
| 333 n. Chr. | Der Pilger von Bordeaux sieht einen mit Jesu Versuchung in Verbindung gebrachten Turm, »Zacharias Blut«, das noch auf dem Altar des Tempels zu sehen sei, »zwei Hadrianstatuen« und einen »perforierten Stein, den die Juden jedes Jahr salben« (BP 590–591). |
| 638 n. Chr. | Muslime kommen nach Jerusalem. |
| 691 n. Chr. | Abd el-Malik, Kalif der Umajjaden, baut den Felsendom. |
| ca. 705–715 n. Chr. | Bau der Aqsa-Moschee. |
| 1099–1187 | Kreuzfahrer nutzen die Gebäude, identifizieren die Aqsa-Moschee als »Tempel Salomos« und den Felsendom als »Tempel des Herrn«. |
| 1967 | Israelische Truppen stürmen den Tempelberg, überlassen die Kontrolle über die Stätte aber den Muslims; Ausbau des Platzes vor der Westmauer. |
| 1998 | Die Eröffnung eines unterirdischen Tunnels für Besucher entlang des Westrands der Plattform führt zu Protesten einheimischer Muslime. |
| 2000 | Der provokative Tempelbesuch Ariel Sharons hat den erneuten Ausbruch der Intifada zur Folge. |

# Der Tempel heute

Der Tempelbereich, in dem der Auftritt Jesu vor etwa 2000 Jahren für Aufruhr sorgte, ist auch heute noch ein Ort der Kontroversen und Spannungen. Um nur wenige Stätten der Welt wird so leidenschaftlich und heftig gekämpft wie um diese 150 000 Quadratmeter Land im Herzen des historischen Jerusalems.

## Islamische und jüdische Ansätze

Für die Muslime, die Jerusalem als die drittheiligste Stadt der Welt betrachten (nach Mekka und Medina), bildet der Tempelberg ein Zentrum ihrer Religion. Sie nennen ihn *Haram esh-Sharif*, das »erhabene Heiligtum«, von dem aus der Überlieferung zufolge Mohammed bei seiner »Nachtreise« zum Himmel aufstieg (Koran, *Sure* 17). Und an dieser Stätte befinden sich zwei der ältesten Gebäude des Islam: die Aqsa-Moschee (»der fernste Tempel«) und der als Felsendom bekannte Schrein, die jetzt beide über 1300 Jahre alt sind.

Der Tempelberg spielt in der Geschichte des jüdischen Volkes jedoch ebenfalls eine zentrale Rolle. Hier stand fast tausend Jahre lang Israels Tempel – der Mittelpunkt ihrer religiösen und politischen Identität. Das rabbinische Judentum fand sich jedoch mit dem Verlust des Tempels ab, den es 70 n. Chr. erlitten hatte. Aus diesem Grunde sehen die meisten praktizierenden Juden heute keine Notwendigkeit, ihren Tempel wieder aufzubauen, und nehmen es auch hin, dass sie keinen Zugang mehr zum Tempelberg haben. Dennoch bleiben die Tempelsteine für sie sehr kostbar. Im Verlauf der Jahrhunderte wurde die Westmauer des Tempelbergs zum Inbegriff des Gebets und der nationalen Hoffnungen. Und es gibt noch immer eine lautstarke Minderheit, die sich nichts sehnlicher wünscht als den Wiederaufbau eines »Dritten« Tempels an der Stätte des alten Tempels – etwas, das ohne die Zerstörung der muslimischen Schreine, die jetzt dort stehen, wohl nicht möglich wäre.

Es ist eine brisante Situation. Jede Einmischung der Israelis an diesem Ort wird von den Palästinensern als Versuch verstanden, ihn in Besitz zu nehmen. Die Palästinenser wiederum versuchen, jeglichen Anspruch der Juden auf die Oberhoheit über diese Stätte verächtlich abzutun. Das führt zwangsläufig zu Unfrieden an einem Ort, an dem es ohnehin leicht zu gefährlichen Auseinandersetzungen kommt.

# Christlicher Ansatz

Die Christen halten sich im Großen und Ganzen aus diesen Streitigkeiten heraus. Angesichts des Verhaltens Jesu im Tempel und seiner Aussagen über seinen Leib als den wahren Tempel hat die christliche Kirche in der Regel keine Notwendigkeit gesehen, den Tempel wiederaufzubauen. Dem Neuen Testament zufolge hat Jesus mit seinem Tod das endgültige Opfer für alle Sünden erbracht (siehe z. B. Hebr 10,10-25, Röm 3,25). Die ersten Christen in Jerusalem waren bereit, im Tempel zu lehren, aber sie erwarteten wohl die Erfüllung der Prophezeiung Jesu, dass der Tempel bald zerstört werden würde. Mit großer Sicherheit flohen sie aus der Stadt, bevor die römischen Armeen eintrafen, und machten damit deutlich, dass ihre Loyalität nicht länger dem Tempel, sondern Jesus, dem Messias, galt. Es gibt keine Anhaltspunkte dafür, dass die Christen den Verlust des Tempels im Jahr 70 n. Chr. betrauerten, denn für sie bedeutete seine Zerstörung eine Bestätigung des christlichen Glaubens: Durch Jesus hatte Gott eine neue Ära der Erlösungsgeschichte eingeläutet, in der der Tempel überflüssig geworden war.

Als die Christen dann 325 n. Chr. erstmals die Möglichkeit hatten, die Tempelstätte für ihre Zwecke zu nutzen, unternahmen sie nichts. Die Byzantiner bauten keine Kirche auf dem Tempelberg. Die völlig verlassene Fläche im Herzen der Stadt war für sie

»Seit der Ankunft unseres Erlösers ist der Berg Zion nichts weiter als ein Zelt in einem Weinberg, eine Hütte in einem Garten mit Gurken oder auch alles, was noch trostloser ist als diese ...«
**Eusebius, Demonstratio Evangelica 2,3**

Blick über die Mauern der Altstadt hin zum Tempelberg (bedeckt mit Bäumen und zwei Kuppelbauten: dem goldenen Felsendom und der grauen Aqsa-Moschee). Im Rockefeller-Museum (im Vordergrund mit Turm) ist die Tafel mit der Inschrift zu sehen, die Heiden den Zutritt zum jüdischen Tempel verwehrte.

ein mächtiger Zeuge der Macht und Wahrheit der Worte Jesu. Vor der Ära Konstantins hatten sie die Stätte vom Ölberg aus betrachtet. Nun konnten sie sie von einem anderen Berg aus sehen: dem Ort, an dem die Grabeskirche stand. Doch aus welcher Richtung sie auch schauten, der Kontrast war offensichtlich. Die Zeit des Tempels war abgelaufen.

Die Ironie dieser einerseits auf Frömmigkeit ausgerichteten, andererseits triumphalen Politik war jedoch die, dass die muslimischen Truppen, als sie 638 n. Chr. nach Jerusalem kamen, hier ein Stück Land vorfanden, das für ihre neuen Gebäude bestens geeignet und nicht durch andere Sakralbauten »belegt« war. Das war vielleicht der Grund, warum die Kirchen des byzantinischen Jerusalems nicht zerstört wurden. Es bedeutete aber auch, dass die Muslime den Tempelberg nun dazu gebrauchen konnten, ihren Triumph über die Christen zum Ausdruck zu bringen. Hatten die Christen die verschiedenen Berge Jerusalems genutzt, um durch ihre Bauten ihren angeblichen Sieg über das Judentum zu feiern, so konnten die Muslime jetzt *ihren* Sieg über das Christentum demonstrieren. Jerusalem war zum Schauplatz eines langfristigen religiösen »Schlagabtausches« geworden. Mit der Rückkehr der Juden in die Stadt viele Jahrhunderte später verschärfte sich diese Situation weiter.

Wenn man heute den Tempelbereich besucht, sollte man sensibel für diese Spannungen sein und seine eigene theologische Antwort auf das entwickeln, was man dort sieht. Denn wir haben es hier nicht einfach mit alten Steinen aus einer vergangenen Epoche zu tun, sondern mit einem beinahe lebendigen Gebilde, das uns weiterhin nachhaltige Fragen aufgibt.

Drei Glaubensrichtungen: ein jüdisches Grab auf dem Ölberg mit dem muslimischen Felsendom und der grauen Kuppel der christlichen Grabeskirche im Hintergrund.

## Ein Besuch der Stätte

Zum Tempelbereich zu gelangen, ist nicht ganz einfach. Während der Gebetszeiten der Muslime ist Nichtmuslimen der Zutritt verwehrt. Manchmal ist die Stätte auch aufgrund verstärkter politischer Spannungen gesperrt. Man bekommt jedoch auch einen Eindruck vom Tempelbereich, wenn man ihn von unterhalb der Plattform anschaut.

Es besteht die Möglichkeit, von der dicht um den Tempelplatz herumführenden Straße zunächst die **Südostecke der Plattform** zu betrachten. Allein die riesige Größe von Herodes' Steinen sowie die unglaubliche Höhe der Plattform über dem natürlichen Terrain sind beeindruckend. Unterhalb dieser Südostspitze befinden sich die sogenannten **»Ställe Salomos«** – große unterirdische Gewölbe, fälschlicherweise von den Kreuzfahrern, die sie für ihre Pferde und als Speicher nutzten, so benannt. Sie gelangten durch das einzige, heute geschlossene Tor in der südlichen Mauerplattform in den Gebäudekomplex hinein. Besucher der Gewölbe äußern sich heute mit Bewunderung über die Bauweise dieser Tempelplattform und die Tatsache, dass sie seit Generationen Bestand hat.

Wenn man die südliche Plattform von unten betrachtet, sieht man die Konturen des ebenfalls geschlossenen »**Dreifachtors**«. Dieses bildete zusammen mit einem »Doppeltor« weiter links (nun durch die Aqsa-Moschee verdeckt) die Huldatore und somit den Haupteingangs- bzw. Ausgangsbereich für die Tempelbesucher. Es war ein Einbahnsystem. Wenn die Tempelbesucher sich im nahe gelegenen rituellen Bad (*mikveh*) gewaschen hatten, stiegen sie die äußeren Stufen hinauf (von denen einige noch gut zu sehen sind), traten durch das Doppeltor ein und gingen schließlich durch unterirdische Gänge die Stufen zum Vorhof der Heiden hoch – bis vor den heutigen Eingang der Aqsa-Moschee.

Um zu diesen **Tempelstufen** zu gelangen, muss der heutige Besucher durch das »Misttor« eintreten, dann sofort rechts abbiegen zum Kartenverkauf für diesen Bereich und weiter Richtung Osten gehen. Auf den Tempelstufen zu sitzen, kann eine beeindruckende Erfahrung sein. Einige der Stufen wurden in jüngster Zeit repariert, doch die noch verbliebenen alten Stufen stellen eine der sichersten Überreste aus dem 1. Jh. dar. Dies waren die Stufen, über die alle jüdischen Pilger »zum Tempel hinauf[gingen], um zu beten« (Jesu Worte im Gleichnis vom Pharisäer und vom Zöllner nach Lk 18,10). Dies waren die Stufen, über die Maria und Josef den kleinen Jesus zum Tempel hinauftrugen, um ihn dort dem Herrn zu weihen (Lk 2,22-38). Und Jesus selbst nutzte sie bei mehreren Gelegenheiten.

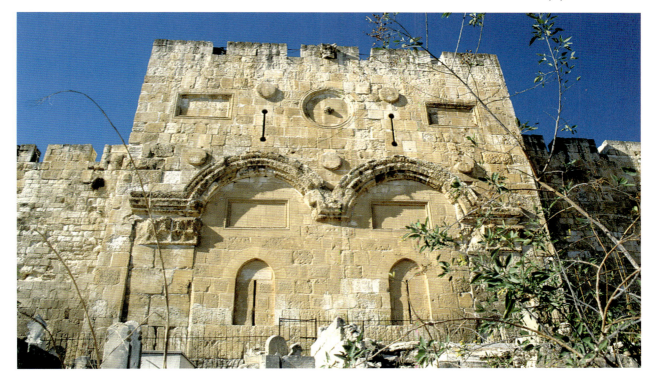

Das sogenannte »Goldene Tor« auf der Ostseite der Tempelplattform.

»Als Jesus den Tempel verlassen hatte«, so lesen wir, »wandten sich seine Jünger an ihn und wiesen ihn auf die gewaltigen Bauten des Tempels hin« (Mt 24,1). Geht der Besucher zurück zur **Südwestecke** des Tempelplatzes, dann versteht er, was die Jünger meinten. Die herodianischen Steine, die man an ihren gemeißelten Rändern erkennt, sind gewaltig. Sie zu transportieren und dann an ihren Platz zu befördern, muss eine ungeheure Aufgabe gewesen sein. Und die Plattform war ja nur der Anfang. Später folgten die Gebäude, von denen die Jünger gesprochen hatten.

Wenn man um die Ecke biegt und Richtung Norden zum Westrand der Plattform schaut, sieht man einen anschaulichen Beweis für die weiteren Worte Jesu: »Kein Stein«, so prophezeite er, »[wird] auf dem andern bleiben« (Lk 21,6). Hier liegen einige der **riesengroßen Steine**, die die römischen Truppen damals auf die Geschäfte und Gebäude hinabwarfen.

Diese Südwestecke war besonders bedeutend. Von ihrer Spitze erklang der Schofar und kündigte die Zeiten des Opferns und Betens im Tempel an; der Eckstein, auf dem der Trompeter stand, wurde vor Kurzem gefunden. Etwas weiter unten gab es einen weiteren Tempeleingang – eine Treppe, die über einen Bogen führte, bekannt als **Robinsonbogen**. Der Beginn dieses Bogens ist auf halber Höhe der Mauer noch sichtbar. Auch einige seiner Pfeiler sind deutlich erkennbar. Als Edward Robinson 1842 diesen Bogen entdeckte, war jedoch nur dessen Spitze zu sehen, denn zu Robinsons Zeit lag

*Oben:* Die hebräische Inschrift (Jes 66,14) auf einem der herodianischen Steine, die für den Bau der Tempelplattform verwendet wurden.

*Unten:* Hierhin fielen die Tempelsteine herab. Alte Geschäfte und Straßen westlich des Tempels, die bei seiner Zerstörung durch die Römer 70 n. Chr. vernichtet wurden.

das Bodenniveau auf dieser Höhe. Gleiches gilt für den Wilsonbogen und das Barclaytor, die sich an der westlichen Mauer befinden. Sie wurden ebenfalls nach den Archäologen aus den westlichen Ländern benannt, die sie entdeckten. Einen weiteren Beleg dafür, dass sich das Bodenniveau über die Jahrhunderte verändert hat, stellt die **hebräische Inschrift** dar, die sich heute deutlich über dem Bodenniveau befindet. Es ist ein Zitat aus Jes 66,14: »Wenn ihr das seht, wird euer Herz sich freuen, und ihr werdet aufblühen wie frisches Gras.«

Mit großer Wahrscheinlichkeit wurde diese Inschrift während des versuchten Wiederaufbaus des Tempels zwischen 361 und 363 n. Chr. von einigen Juden in den Stein geschlagen.

Nachdem der Besucher sich die vielen Geschäfte und Häuser in diesem Bereich angesehen hat, muss er zurück zum Kartenverkauf gehen, um von dort Richtung Norden durch eine Personenkontrolle zum **Platz vor der Westmauer** zu gelangen. Bis 1967 war dieser Bereich vor der Mauer dicht bebaut. Inzwischen ist er zu einem Ort von historischer und spiritueller Bedeutung für Juden aus aller Welt geworden. Dies war die sogenannte »Klagemauer«, zu der viele Jahrhunderte lang gläubige Juden kamen, um in der Nähe des alten Tempels zu beten. Hierbei handelte es sich nicht, wie oft angenommen, um die Mauer des Tempels selbst, sondern um einen Teil der Tempel*plattform*. Der Besucher wird sich an diesem Ort sicherlich in Ruhe umsehen wollen, um seine symbolische Kraft zu spüren, und vielleicht auch, um selbst zu beten.

Der Platz vor der Westmauer mit dem Felsendom oberhalb davon. Der Tunneleingang befindet sich gleich links neben dem Bereich, der jüdischen Männern vorbehalten ist, die an der Mauer beten möchten.

Doch nun wollen wir uns darauf konzentrieren, mehr vom Tempel aus dem 1. Jh. zu entdecken. Wenn man an der Westmauer steht, kann man rechts (oberhalb des Frauenbereichs) den Umriss des **Barclaytores** sehen und zur Linken (im Männerbereich) den Eingang zu einem **Tunnel.** Dieser Tunnel erstreckt sich über die gesamte Länge der Tempelplattform und ist inzwischen Besuchern zugänglich. Er mündet beim Eingang zur Umarijja-Schule mitten im muslimischen Viertel. Der Tunnel besteht aus verschiedenen gewölbten Kammern und man kann Ausgrabungen besichtigen, die Warren hier in den Sechzigerjahren des 19. Jhs. vornahm, vor allem zwei tiefe Schächte. Der dem Tempel am nächsten liegende Schacht geht 18 m in die Tiefe und enthält 14 Schichten herodianischer Steine. Das ist ein weiteres faszinierendes Beispiel für die Geschicklichkeit der Arbeiter des Herodes und für das Ausmaß dieses Mammutbauprojekts. Kein Wunder, dass die Arbeiten »46 Jahre« in Anspruch nahmen (Joh 2,20)!

Viele Besucher werden jedoch, statt den Tunnel zu besichtigen, lieber auf den **Tempelberg** selbst gehen. Hat man erst den Kartenverkauf passiert, verschlägt allein die Größe dieses Bereichs manch einem den Atem. In alten Zeiten nahm der Tempel 20 Prozent des gesamten Stadtgebiets ein. Heute ist er ein großartiger Zufluchtsort vor den geschäftigen Straßen der Großstadt.

Die **Aqsa-Moschee** zur Rechten wurde in den Vierzigerjahren des 20. Jhs. restauriert. Im Unterschied zum Felsendom wurde sie nicht auf Grundgestein gebaut und hat so unter zahlreichen Erdbeben gelitten. Einige ihrer Mosaiken aus dem 11. Jh. sind noch erhalten, doch ansonsten stammt vieles aus jüngerer Zeit. Während der Kreuzzüge war dies der Palast des Königs, der dann den als »Templern« bekannten Soldaten-Mönchen übergeben wurde (siehe S. 90).

Wesentlich beeindruckender als diese Moschee ist jedoch der **Felsendom.** Er wurde 691 n. Chr. erbaut und ist ein unvergleichliches Beispiel klassischer Architektur – ein von einer Kuppel gekröntes Oktogon von mathematischer Präzision. Die Mosaiken an der Außenwand wurden schon im 16. Jh. und erneut bei der letzten Restaurierung (1962) durch Kacheln ersetzt. Im Innenraum sind jedoch die ursprünglichen, von syrischen Christen entworfenen Mosaiken erhalten. Die wunderschönen Bilder vermeiden jede Darstellung von Lebewesen und richten ihren Fokus stattdessen auf Pflanzenmotive.

Streng genommen ist der Felsendom keine Moschee, sondern eher ein Schrein, der an Mohammeds »Nachtreise« erinnern soll. Doch Kalif Abd al-Malik hatte noch anderes im Sinn. Er errichtete den Dom über dem Felsen, auf dem, einer alten jüdischen Tradition zufolge, Abraham beinahe seinen Sohn Isaak geopfert hätte (Gen/1 Mose 22,2 siedelt diese Episode auf einem der Berge im »Land Morija« an). Unklar ist, wann diese Verschmelzung von Tempeltradition und abrahamitischer Tradition stattfand. Auf jeden Fall machte der Kalif mit dem Bau des Felsendoms Folgendes deutlich: Der Islam hatte sich die Geschichte von Abraham zu eigen gemacht und war dem Judentum überlegen.

Auch die Überlegenheit des Islam über das Christentum wollte der Kalif darstellen. So war ein Teil der Inschrift, die an der Spitze des inneren Oktogons verläuft und fast 210 m lang ist, eine deutliche Botschaft an die Christen. Sie richtete sich gegen deren Glauben an die Dreifaltigkeit und die Menschwerdung Jesu: »O ihr Schriftbesitzer, überschreitet nicht die Grenzen euerer Religion und saget nichts anderes von Gott, als was wahr ist ... saget aber nichts von einer Dreiheit. Vermeidet das, und es wird besser um euch stehen. Es gibt nur einen einzigen Gott. Fern von ihm, dass er einen Sohn habe« (Koran, *Sure* 4). Im Wettstreit der drei Glaubensrichtungen, die in Jerusalem repräsentiert sind, sendet dieses bemerkenswerte Monument sein eigenes, stilles, aber deutliches Signal aus.

Aus diesem oder anderen Gründen entscheiden sich einige Christen vielleicht gegen einen Besuch des Tempelberges. Orthodoxen Juden ist der Besuch der Stätte ohnehin verboten, weil die Gefahr besteht, dass sie – unwissentlich – den Bereich betreten könnten, in dem sich einst, im ehemaligen Tempel, das **Allerheiligste** befand. Sein genauer Standort ist Gegenstand einer noch andauernden lebhaften Debatte. Vieles spricht dafür, dass das Allerheiligste sich auf dem höchsten Felsen an dieser Stätte befand, also im Zentrum des Felsendoms. Es könnte sich aber auch weiter im Nordwesten befunden haben, vielleicht auf einer Linie mit dem »Goldenen Tor« auf der Ostseite der Plattform. Ist dies der Fall, dann kennzeichnet wohl der kleine »Geisterdom« die Stätte.

Aus christlicher Sicht ist die genaue Lage vergleichsweise unwichtig. Von größerer Bedeutung ist die Aussage des Neuen Testaments, dass der Vorhang vor dem Allerheiligsten im Moment der Kreuzigung »mitten entzwei riss« (Lk 23,45). Jede Barriere zwischen einem heiligen Gott und der sündigen Menschheit wurde, so deutet Lukas an, durch den Tod Jesu am Kreuz niedergerissen. Und dem Brief an die Hebräer zufolge haben durch den Opfertod Jesu nunmehr alle Zugang zum Heiligtum (Hebr 10,19-25).

Hiermit wollen wir den Besuch des Tempels in dem Bewusstsein beschließen, wie groß und bedeutend er im Jerusalem zur Zeit Jesu war, aber auch in dem Bewusstsein, wie schockierend Jesu fundamentale Kritik an dieser mächtigen Institution gewesen sein muss. Er behauptete, selbst der wahre Tempel zu sein und signalisierte mit seinem Tun und seinem prophetischen Wort dessen bevorstehende Zerstörung.

»Wir haben also die Zuversicht, Brüder, durch das Blut Jesu in das Heiligtum einzutreten ... Da wir einen Hohenpriester haben, der über das Haus Gottes gestellt ist, lasst uns mit aufrichtigem Herzen und in voller Gewissheit des Glaubens hintreten.«
**Hebräer 10,19.21-22**

# 12 Jerusalem

*Groß ist der Herr und hoch zu preisen, in der Stadt unseres Gottes.*
*Sein heiliger Berg ragt herrlich empor; er ist die Freude der ganzen Welt.*
*Der Berg Zion liegt weit im Norden; er ist die Stadt des großen Königs.*
*Gott ist in ihren Häusern bekannt als ein sicherer Schutz ...*
*Umkreiset den Zion, umschreitet ihn, zählt seine Türme!*
*Betrachtet seine Wälle, geht in seinen Palästen umher,*
*damit ihr dem kommenden Geschlecht erzählen könnt.*
**Psalm 48,2-4.13-14**

## Die »Heilige Stadt«?

Jerusalem – die »Stadt des Friedens«, die »Heilige Stadt«, das geliebte »Zion«. Das Alte Testament ist voll des Lobes für diese kleine Stadt in den Bergen Judäas. Sie wurde um 1000 v. Chr. von David an der Stätte einer früheren jebusitischen Stadt gegründet, wurde zum Mittelpunkt der jüdischen Nation und dehnte sich im Laufe der Jahrhunderte allmählich aus. Zur Zeit Jesu hatte sie Schätzungen zufolge rund 40 000 Einwohner.

### »Zion« im Alten Testament

Wie jede andere Stadt erlebte auch Jerusalem in seiner Geschichte verschiedene Höhepunkte – zum Beispiel die Überführung der Bundeslade nach erfolgreichem Kampf gegen die Philister (2 Sam 6); die Einweihung des Tempels (1 Kön 8); die Befreiung von der Belagerung der Stadt durch Sanherib (Jes 37). Doch es gab auch Zeiten der Trauer, der Schande und der Katastrophe – die Herrschaft von König Manasse, der Götzen verehrte (2 Kön 21), die Zerstörung der Stadt durch die Babylonier (2 Kön 25) und die Rückkehr zu heidnischer Herrschaft unter den Römern.

Die Verfasser des Alten Testaments wussten nur allzu gut, dass Jerusalem ein Ort des Bösen und der Intrige sein konnte: »Denn in der Stadt sehe ich Gewalttat und Hader ... In ihr herrscht Verderben; Betrug und Unterdrückung weichen nicht von ihren Märkten« (Ps 55,10-12). Doch sie ermutigten die Menschen auch, ihre Stadt zu lieben und auf ihren künftigen Ruhm zu hoffen. Jesaja hatte ihren Wiederaufbau nach der Verbannung vorausgesagt: »Brecht in Jubel aus, jauchzt alle zusammen, ihr Trümmer Jerusalems! Denn der Herr tröstet sein Volk, er erlöst Jerusalem« (Jes 52,9). Viele der in den Tempeln gesungenen Psalmen besangen die Stadt und ihre Rolle in Gottes Heilsplan: »Der Herr liebt (Zion), seine Gründung auf heiligen Bergen; mehr als all seine Stätten in Jakob liebt er die Tore Zions« (Ps 87,2).

Auf derlei Weise wurden die Menschen zur Zeit Jesu inspiriert, nicht nur den Tempel zu lieben, in dem sie ihrem Gott dienen konnten, sondern auch die Stadt, die diesen Tempel umgab.

*»Wunderbare Dinge werden von dir gesagt, Zion, Stadt unseres Gottes ... Höchste Freude und unvergängliche Schätze kennen nur Zions Kinder.«*
**John Newton, »Glorious things of thee are spoken«**

Jerusalem bildete das Zentrum ihrer Nation. Der Psalmist konnte sagen: »Wenn ich dich je vergesse, Jerusalem, dann soll mir die rechte Hand verdorren. Die Zunge soll mir am Gaumen kleben ..., wenn ich Jerusalem nicht zu meiner höchsten Freude erhebe« (Ps 137,5-6). Und die berühmten Worte von Ps 122 werden oft in ihnen geklungen haben, vor allem wenn sie nach Jerusalem reisten und durch die Stadttore traten:

*Ich freute mich, als man mir sagte: »Zum Haus des Herrn wollen wir pilgern.«*
*Schon stehen wir in deinen Toren, Jerusalem:*
*Jerusalem, du starke Stadt, dicht gebaut und fest gefügt ...*
*Erbittet für Jerusalem Frieden! Wer dich liebt, sei in dir geborgen.*
*Friede wohne in deinen Mauern, in deinen Häusern Geborgenheit.*
**Psalm 122,1-3.6-7**

Luftaufnahme Jerusalems von Südwesten her. Der größte Teil des Bereichs südlich der »Altstadt«-Mauern befand sich zur Zeit Jesu innerhalb der Stadt: sowohl die Oberstadt (»Berg Zion«), heute gekennzeichnet durch die kegelförmige Kuppel der Dormitiokirche, als auch die Unterstadt (Davidstadt) südlich des Tempelbergs.

## Jerusalem

**152**

Jerusalem von oben gesehen, mit der Osthälfte der Altstadt *(unten)* und dem Fuß des Ölbergs *(oben)*. Man beachte, welch großen Raum die Tempelplattform des Herodes einnimmt, die damals 20 Prozent der Gesamtfläche der Stadt ausmachte. Deutlich sichtbar sind unter anderem auch: der Platz vor der Westmauer, die Grabeskirche *(Mitte unten)* und die tiefen Konturen des Kidrontals, das sich nach rechts hin erstreckt.

## Die herodianische Stadt

In den Jahren vor Jesu Auftreten in Jerusalem hatte sich die Stadt enorm verändert. Die Pläne Herodes' des Großen betrafen nicht nur den riesigen Tempelbereich. Er ließ zudem für die römische Garnison eine Festung, die Antonia (so benannt zu Ehren von Marcus Antonius), mit Blick auf den Tempel errichten, weiterhin einen neuen Palast für sich selbst auf der Westseite der Stadt sowie ein neues Badehaus über dem Schiloachteich. Viele alte Gebäude wurden restauriert. Die Anzahl der Arbeiter, die man für diese Bauprojekte benötigte, erforderte gleichzeitig mehr Wohnungen, die wahrscheinlich im Tyropöontal im Nordwesten der Stadt angesiedelt wurden. Und die Aristokratie investierte offensichtlich in ihre eigenen Anwesen auf dem Westhügel der Stadt. Einigen Interpretationen von Josephustexten zufolge entstanden möglicherweise sogar ein neues Hippodrom und ein Theater, Dinge, die man früher in dieser jüdischen Stadt verboten hatte.

Ihre religiöse Geschichte und die Lage Jerusalems unterschieden diese Stadt zwar von anderen, stärker kosmopolitisch geprägten Städten des Reiches, doch dürfen wir sie

Modell Jerusalems, wie es im 1. Jh. aussah. Der Blick führt von der reichen Oberstadt nach Nordosten hin zum Tempel. An den zum Tyropöontal führenden Hängen finden sich ärmere Behausungen. Deutlich zu sehen sind auch der Robinsonbogen (der Brückeneingang an der Südwestecke des Tempels), das Allerheiligste und die Burg Antonia.

uns nicht als rückständiges Nest vorstellen. Die »Heilige Stadt« war ein blühender, lebendiger Ort. Und Herodes verlieh ihr ein prächtiges »neues Gesicht«.

Obwohl das Hauptaugenmerk Jesu natürlich dem Tempel galt, wissen wir, dass er auch durch die Straßen der Stadt ging. Bei einem seiner Besuche finden wir ihn »in Jerusalem ... beim Schaftor« nördlich des Tempels, bei einem Teich namens Betesda, »zu dem fünf Säulenhallen gehören« (Joh 5,2). Dies war mit Sicherheit einer der Orte, die kurz zuvor restauriert worden waren, ein Ort, dem man heilende Eigenschaften zusprach. Manche verglichen ihn auch mit anderen Stätten im Land, an denen der Asklepios-Kult praktiziert wurde.

Auf jeden Fall wurde er von Kranken in der Hoffnung aufgesucht, geheilt zu werden. Jesus besuchte ihn – trotz der seltsamen, heidnisch anmutenden Assoziationen – an einem Sabbat und heilte einen Mann, der seit 38 Jahren krank gewesen war. Nach der Interpretation des Johannesevangeliums ist Jesus die wahre Quelle der Heiligkeit und der Heilung.

Auch bei seinem letzten Besuch Jerusalems ging Jesus wieder durch die Straßen der Stadt, diesmal allerdings als Gefangener. Wir wollen uns in diesem Kapitel auf die letzten 24 Stunden im Leben Jesu konzentrieren, d. h. auf die drei entscheidenden Ereignisse, die in diesem kurzen Zeitraum stattfanden: das letzte Abendmahl, Jesu nächtliches Verhör vor dem Hohen Rat und die Verhandlung vor Pontius Pilatus am nächsten Morgen. Es ist gut vorstellbar, dass Jesus sich zuvor aufgrund des zunehmenden politischen Drucks vorwiegend im Bereich des Tempels oder in einiger Entfernung von der Stadt auf dem Ölberg aufhielt. Doch als die Zeit gekommen war, betrat er entschlossen die Stadt.

## Das letzte Abendmahl

*Dann kam der Tag der Ungesäuerten Brote, an dem das Paschalamm geschlachtet werden musste. Jesus schickte Petrus und Johannes in die Stadt und sagte: Geht und bereitet das Paschamahl für uns vor ... Wenn ihr in die Stadt kommt, wird euch ein Mann begegnen, der einen Wasserkrug trägt. Folgt ihm in das Haus, in das er hineingeht, und sagt zu dem Herrn des Hauses: Der Meister lässt dich fragen: Wo ist der Raum, in dem ich mit meinen Jüngern das Paschalamm essen kann? Und der Hausherr wird euch einen großen Raum im Obergeschoss zeigen, der mit Polstern ausgestattet ist. Dort bereitet alles vor! Sie gingen und fanden alles so, wie er es ihnen gesagt hatte, und bereiteten das Paschamahl vor.*

*Als die Stunde gekommen war, begab er sich mit den Aposteln zu Tisch ... Und er nahm Brot, sprach das Dankgebet, brach das Brot und reichte es ihnen mit den Worten: Das ist mein Leib, der für euch hingegeben wird. Tut dies zu meinem Gedächtnis! Ebenso nahm er nach dem Mahl den Kelch und sagte: Dieser Kelch ist der Neue Bund in meinem Blut, das für euch vergossen wird.*
**Lukas 22,7-8.10-14.19-20**

Die Art, wie Jesus die Vorbereitungen für dieses »letzte Mahl« mit seinen Jüngern traf, zeugt von Vorsicht und Zurückhaltung. Es war üblich, dass Juden das jährliche Paschamahl möglichst *innerhalb der Stadtmauern* feierten. Jesus brauchte also einen Raum innerhalb der Stadt. Da die religiösen Führer jedoch nach einer Möglichkeit suchten, ihn festzunehmen (Lk 19,47), musste ein solcher Ort sicher und geheim sein. Deswegen gab Jesus seinen Jüngern Anweisungen, ohne explizit Namen und Ort zu nennen. So stellte ihnen jemand »einen großen Raum im Obergeschoss« zur Verfügung – wahrscheinlich irgendwo an den Hängen des Westhügels der Stadt in einem reichen Viertel. Jesus hatte trotz der bedrohlichen Anwesenheit seiner Feinde in Jerusalem für den privaten Rahmen gesorgt, der für dieses Mahl konstitutiv war. Er würde diese kostbaren letzten Stunden ungestört mit seinen Freunden verbringen können.

Nur wenigen Mahlzeiten wurde im Laufe der Geschichte so viel Aufmerksamkeit geschenkt wie dem letzten Abendmahl Jesu mit seinen Jüngern. Die synoptischen Evangelien beschreiben dieses Ereignis relativ ähnlich, der Evangelist Johannes bietet an

## Das Paschafest zur Zeit Jesu

Das Paschafest gehörte im 1. Jh. zu den drei wichtigsten Festen der Juden. Ende Mai wurde das Wochenfest (oder *Schawuot/Pentekoste*) gefeiert, im Oktober das Laubhüttenfest (*Sukkot*) und am 15. Tag des Monats Nissan (normalerweise Ende März/Anfang April) Pascha *(Pessach)*, das den Beginn des einwöchigen Festes der Ungesäuerten Brote kennzeichnete.

Die Ursprünge des Paschafests reichen zurück bis zur Befreiung des Volkes Israel aus der ägyptischen Knechtschaft. Damals wurde den Israeliten befohlen, ein junges Lamm oder eine junge Ziege zu schlachten und das Blut über den Türsturz zu streichen, damit der Herr ihre Häuser vor der letzten Plage verschone, die die Ägypter heimsuchen sollte – dem Tod ihrer erstgeborenen Söhne (Ex/2 Mose 12–13). In den nachfolgenden Jahrhunderten gedachte man alljährlich dieses Opfermahls.

Zur Zeit Jesu spielte dieses Mahl eine zentrale Rolle in Israels Selbstverständnis: Es wurde in den Familien gefeiert und bot allen die Möglichkeit, sich die »Gründungs«-Geschichte ihres Volkes zu vergegenwärtigen – die Geschichte ihrer Befreiung aus der ägyptischen Knechtschaft. Die Menschen wurden ermutigt, sich mit jenen Israeliten zu identifizieren und *sich selbst* in die Reihe derer zu stellen, die Gott gerettet hatte. Während dieses Festes sehnten sich die Juden des 1. Jhs. danach, erneut durch das Eingreifen Gottes befreit zu werden – dieses Mal nicht aus der Knechtschaft des Pharaos, sondern von der heidnisch-römischen Besatzung.

Das Paschafest wurde überall in der »Diaspora« gefeiert (d. h. auch außerhalb Israels). Viele Juden haben jedoch sicherlich versucht, zu diesem Fest nach Jerusalem zu reisen. Josephus schreibt, dass die Zahl der Bevölkerung Jerusalems in dieser Zeit auf drei Millionen ansteigen konnte, doch heute geht man eher von Zahlen bis zu 180 000 aus. Ein so großer Zustrom dürfte gewaltige Probleme bei der Unterbringung verursacht haben, sodass viele Besucher ihre Zelte an den Hängen des Ölbergs aufschlugen. Der Tradition gemäß nahm man das Mahl innerhalb der Stadtmauern ein – so erklärt sich die Sorge der Jünger, ob Jesus in der überfüllten Stadt einen leeren Raum finden würde.

In der Mischna, einem späteren jüdischen Dokument (um 200 n. Chr. aufgezeichnet), wird beschrieben, wie das Paschafest damals gefeiert wurde. Einige der Rituale waren wohl bereits zur Zeit Jesu üblich. Jedes Familienoberhaupt wählte am 10. Nissan ein Lamm aus, das dann am Nachmittag des 14. Nissan geschlachtet wurde. In den Tempelvorhöfen war eine große Anzahl von Priestern damit beschäftigt, Schüsseln mit Blut weiterzureichen, bis der Letzte von ihnen sie auf den brennenden Altar warf. Das Familienoberhaupt kehrte dann mit dem Lamm über der Schulter zu seiner Familie zurück.

In der Zwischenzeit versammelten sich die Familien mit ihren Gästen. Die Kinder halfen dabei, das Haus bis zum Mittag von allem »Gesäuerten« zu reinigen. Die Sonne ging unter, der 15. Nissan brach an. Dann fand man sich zum Mahl zusammen, bei dem eine bestimmte Reihenfolge (*seder*) eingehalten wurde, inklusive ritueller Handlungen wie dem Händewaschen. Das Mahl bestand u. a. aus dem Lamm, aus ungesäuertem Brot, bitteren Kräutern sowie einem süß schmeckenden Mus *(haroset)*. Letzteres erinnerte an den »Lehm«, aus dem die Israeliten in Ägypten Ziegel hatten formen müssen, die anderen Nahrungsmittel an die bittere Sklaverei und »das Brot des Elends«. Während des Mahls wurde die Exodus-Geschichte verlesen (die *Haggada*). In ihrem Verlauf wurde an bestimmten Stellen Wein getrunken, um verschiedene Aspekte der Geschichte besonders hervorzuheben.

Indem Jesus die Worte, die über dem ungesäuerten Brot und über dem Wein gesprochen wurden, veränderte, stellte er sich auf dramatische Weise in den Mittelpunkt der Geschichte Israels und deutete an, dass die Zeit des neuen Exodus, nach dem die Israeliten sich sehnten, nun endlich gekommen war – durch ihn und durch seinen bevorstehenden Tod. Mit großer Sicherheit war der Kelch, über dem Jesus die Worte »Das ist mein Blut« sprach, der sogenannte »Kelch der Erlösung« – auf diese Weise wird die Metaphorik des Neuen Testaments nachvollziehbar, dass die Menschen durch das Blut Jesu »erlöst« bzw. befreit werden.

Nach den Evangelisten Matthäus, Markus und Lukas war das letzte Mahl Jesu ein Paschamahl (v. a. Lk 22,15). Nach Johannes aber fand das letzte Abendessen Jesu mit seinen Jüngern bereits einen Tag früher statt. Demnach wurde Jesus am 14. Nissan (und nicht am 15.) gekreuzigt (Joh 13,1; 18,28; 19,31) – etwa um die Zeit, als im nahe gelegenen Tempel die Paschalämmer geschlachtet wurden. Damit wollte Johannes sicherlich deutlich machen, dass Jesus selbst das wahre Paschalamm war.

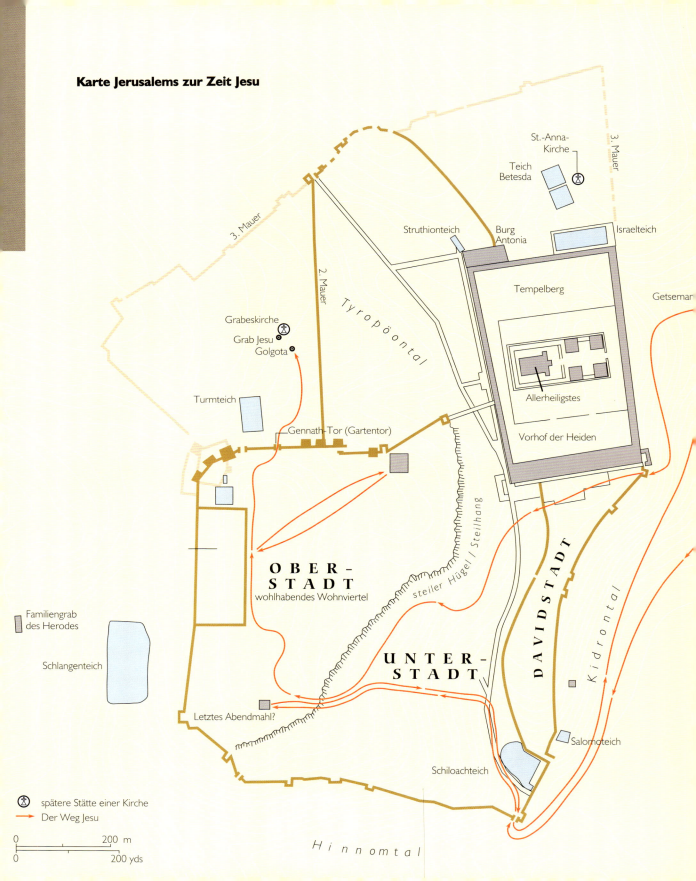

dieser Stelle die bekannte Geschichte von der Fußwaschung. Beim Lesen dieser Texte drängen sich uns verschiedene Fragen auf, wie z. B.: War die Zahl der Jünger auf zwölf beschränkt?

Bei Johannes liegt der Schwerpunkt ganz auf den Reden Jesu über seinen bevorstehenden »Weggang«, d. h. seine Hinrichtung. Jesus wollte die Jünger darauf so gut wie möglich vorbereiten. Es waren nur noch wenige ruhige Stunden vor dem aufziehenden Sturm. Eine Zeit, Freundschaft und Nähe zu genießen; eine Zeit, seine Jünger zu einer einzigartigen Gemeinschaft zu formen; eine Zeit für eindeutige symbolische Handlungen – wie die Szene, in der Jesus die Rolle des Dieners übernimmt, seinen Jüngern die Füße wäscht und mit einem Leinentuch abtrocknet (Joh 13,1-20). Vor allem aber war es die Zeit für nachhaltige Worte, die sogenannten »Abschiedsreden«: Reden über die Liebe Jesu zu denen, die er seine Freunde nannte (Joh 15,13-15), und über sein neues Gebot, einander so zu lieben, wie er sie liebte (Joh 13,34). über das Kommen des Heiligen Geistes und über Jesu eigene Herrlichkeit, die er mit Gott teilte (Joh 14-17).

Doch wenden wir uns wieder der Sichtweise der anderen Evangelien zu, wonach Jesu Abschiedsmahl mit den Jüngern ein Paschamahl war. Als er das Brot und den Wein nahm, änderte er auf eindrucksvolle Weise die erwarteten Paschaworte. Dieses Brot und dieser Wein waren nicht länger nur das »Brot des Elends« und der »Kelch der Erlösung«, sondern es waren Jesu »Leib« und »Blut«. Diese Vorstellung musste schockieren, ja erschrecken – vor allem da man als Jude lernte, nie das Blut eines Tieres zu trinken, geschweige denn das eines Menschen. Doch Jesus verlangte von den Jüngern, diese seltsamen Gaben, die nun eine völlig neue Bedeutung erhielten, zu essen und zu trinken.

Jesus erklärte ihnen, dass sein kurz bevorstehender Tod unvermeidlich war und dass er Positives zur Folge haben würde: Sein Blut würde einen neuen »Bund« zwischen Gott und den Menschen besiegeln und für die »Vergebung der Sünden« vergossen werden (Mt 26,28). Er verlangte, dass seine Jünger seinen Tod in Zukunft als entscheidendes Vermächtnis betrachteten. Er gab ihnen ein mächtiges Symbol, mit dessen Hilfe sie sich seiner erinnern konnten. Und mehr noch: Auf einzigartige Weise gab er ihnen auch sich selbst. So wie er sich ihnen durch seinen Tod hingeben würde, so gab er ihnen in Form von Brot und Wein ein Versprechen für die Zukunft – er würde immer bei ihnen sein und sein Geist würde in ihnen weiterleben.

Kein Wunder, dass seine Jünger seit dieser Zeit dieses Mahl »zu seinem Gedächtnis« feiern. Ob durch ein einfaches Brotbrechen oder auf andere Weise – noch nie wurde ein Gebot so streng befolgt. Sonntag für Sonntag (sogar täglich) wird dieser Akt überall auf der Welt wiederholt. Und all dies nahm seinen Ausgang in einem Obergeschoss in Jerusalem, als ein junger Rabbi sich ins Zentrum der Hoffnungen und des Schicksals seines Volkes stellte und dann das für ihn vorgesehene Schicksal annahm. Er war das wahre Paschalamm, das für sein Volk geopfert wurde (1 Kor 5,7). Er war derjenige, durch den Gott einen neuen Exodus herbeiführen und sein Volk von der Knechtschaft der Sünde befreien würde. Nicht mehr der Tempel, sondern er war nun der wahre Ort, Gottes Vergebung zu erfahren. Und sein Tod war das Opfer, durch das ihre Beziehung zu Gott wiederhergestellt würde. Jesus, der wenige Tag zuvor im Tempel die Tische umgestoßen hatte, führte nun einen ganz anderen Tisch ein – den Tisch des Gemeinschaftsmahles, an dem seine Jünger ihm in Zukunft begegnen konnten.

»Wurde je ein anderes Gebot so streng befolgt? Denn Jahrhundert für Jahrhundert wird dieser Akt, nachdem sich das Gebot langsam auf jedem Kontinent und in jedem Land und unter jedem Volk dieser Erde verbreitet hat, vollzogen, unter allen erdenklichen menschlichen Umständen, für jedes erdenkliche menschliche Bedürfnis von der Kindheit an bis ins extrem hohe Alter und noch darüber hinaus, von den Gipfeln irdischen Reichtums bis zu den Zufluchtsorten der Flüchtlinge in den Höhlen der Erde.«

**G. Dix**

## Die lange Nacht

*Darauf nahmen sie ihn fest, führten ihn ab und brachten ihn in das Haus des Hohenpriesters. Petrus folgte von Weitem ...*

*Als es Tag wurde, versammelten sich die Ältesten des Volkes, die Hohenpriester und die Schriftgelehrten, also der Hohe Rat, und sie ließen Jesus vorführen. Sie sagten zu ihm: Wenn du der Messias bist, dann sag es uns! Er antwortete ihnen: Auch wenn ich es euch sage – ihr glaubt mir ja doch nicht; und wenn ich euch etwas frage, antwortet ihr nicht. Von nun an wird der Menschensohn zur Rechten des allmächtigen Gottes sitzen. Da sagten alle: Du bist also der Sohn Gottes. Er antwortete ihnen: Ihr sagt es – ich bin es. Da riefen sie: Was brauchen wir noch Zeugenaussagen? Wir haben es selbst aus seinem eigenen Mund gehört.*
**Lukas 22,54.66-71**

Eine Treppe aus dem 1. Jh., die von der Oberstadt nahe der modernen Kirche St. Peter in Gallicantu zur Unterstadt und zum Schiloachtor führt.

Zwar sehen die Christen den letzten Abend Jesu mit seinen Jüngern heute in einem positiven Licht, doch damals war er voller Spannungen und Trauer. Paulus spricht von »der Nacht, in der er [Jesus] ausgeliefert wurde« (1 Kor 11,23). Denn irgendwann während des Mahles verließ Judas Iskariot, einer der Jünger Jesu, den Raum und gab dem Hohen Rat die notwendigen Informationen, um Jesus finden und festnehmen zu können. Und Jesus selbst war in ernster Stimmung, als er auf rätselhafte Weise über seinen »Weggang« sprach und sagte: »Von nun an werde ich nicht mehr von der Frucht des Weinstocks trinken, bis das Reich Gottes kommt« (Lk 22,18).

Wir können uns vorstellen, wie diese kleine Gruppe vielleicht gegen elf Uhr abends über die steilen Stufen von der Oberstadt hinab zum Schiloachtor ging. In der Nähe befand sich der historische, kurz zuvor von Herodes restaurierte Schiloachteich, zu dem Jesus den Blinden geschickt hatte, damit er sich dort wusch, um sein Augenlicht wiederzuerlangen (Joh 9,7). In der Nähe befand sich auch der Ort, an dem 18 Menschen beim Einsturz des »Turms von Schiloach« erschlagen worden waren (Lk 13,4). Auch Jesus stand nun Furchtbares bevor.

Jesus und seine Jünger schritten durch das Tor und gingen hinab ins Kidrontal. Dann machten sie sich an den steilen Aufstieg zum Garten Getsemani. Für diesen Weg dürften sie etwa

Das Kidrontal (ca. 1880) mit Blick nach Norden vor Entstehung der modernen Stadt Silwan. Zur Linken der Tempelberg.

eine halbe Stunde gebraucht haben. Womöglich tief in Gedanken versunken, kamen sie an einigen Gräbern vorbei, die zu ihrer Rechten in den Fels gehauen waren und die im Licht des vollen Paschamondes sicherlich etwas unheimlich wirkten.

Zwei oder drei Stunden später ging Jesus wieder zurück in die Stadt. Dieses Mal jedoch wurde er von den Wachen des Hohenpriesters geführt. Nur zwei seiner Jünger folgten ihm verlegen in einiger Entfernung. Wir wissen nicht, welche Route die Wachen nahmen, ob am Südende des Tempels vorbei oder durch das Schiloachtor. Und wir kennen auch nicht die genaue Lage des Hauses von Kajaphas, dem Hohenpriester. Es wird sich aber mit großer Wahrscheinlichkeit in der Oberstadt, dem von der Aristokratie bewohnten Viertel, befunden haben. Jesus wurde nach Joh 18,12-24 zunächst zu Hannas gebracht, dem Vorgänger und Schwiegervater des Kajaphas, dann zu Kajaphas selbst.

Bei dieser Begegnung traf der offizielle Hohepriester also auf den Mann, von dem seine Jünger als dem »erhabenen Hohenpriester« sprechen sollten (Hebr 4,14). Es beginnen die ersten Versuche der religiösen Obrigkeit, Jesus zu belasten.

Dabei geht es zunächst um die verschlüsselten Worte Jesu über den Tempel: »Ich werde diesen von Menschen erbauten Tempel niederreißen und in drei Tagen einen anderen errichten, der nicht von Menschenhand gemacht ist« (Mk 14,58, vgl. Joh 2,19). Man hatte mit dieser Aussage begonnen, weil sie (wie die »Tempelreinigung«) die radikale und gefährliche Opposition Jesu gegenüber dem Tempel zeigte, aber auch, weil es eigentlich die Aufgabe des Messias war, den Tempel neu aufzubauen. Wollte Jesus also sagen, dass er der Messias ist? Allerdings konnten die Zeugen sich nicht darüber einigen, was genau Jesus im Tempel gesagt haben sollte.

Als sich dieser Anklagepunkt deshalb als unhaltbar erwies und Jesus weiterhin schwieg, brachte Kajaphas selbst die Dinge auf den Punkt: »Bist du der Messias, der Sohn des Hochgelobten?« (Mk 14,61). Da brach Jesus sein Schweigen und antwortete: »Ich bin es. Und ihr werdet *den Menschensohn zur Rechten* der Macht *sitzen ... sehen.*« Es war die feierliche Erklärung seiner Identität als Israels Messias und als der »Menschensohn« – als der Eine, der wahrhaftig Gottes Volk repräsentierte.

Für Jesus war dies der Moment des Zeugnisses über sich selbst und auch der indirekten Warnung. Für Kajaphas allerdings war es der Ansatzpunkt für den Vorwurf der »Gotteslästerung«, auf den er gesetzt hatte. Mit diesem Argument konnte er den gesamten Sanhedrin hinter sich bringen. Und das Stichwort »Gotteslästerung« würde auch von Nutzen sein, wenn Jesus vor Pilatus gebracht wurde: Denn jeder, der sich anmaßte, der Messias zu sein, konnte leicht als politischer Unruhestifter und Aufständischer dargestellt werden. Jesus war in die Falle gegangen – jedoch mit Absicht.

## Die Verhandlung vor Pilatus

*Daraufhin erhob sich die ganze Versammlung und man führte Jesus zu Pilatus ... Pilatus ... sagte zu ihnen: Ihr habt mir diesen Menschen hergebracht und behauptet, er wiegle das Volk auf. Ich selbst habe ihn in eurer Gegenwart verhört und habe keine der Anklagen, die ihr gegen diesen Menschen vorgebracht habt, bestätigt gefunden ... Daher will ich ihn nur auspeitschen lassen und dann werde ich ihn freilassen. Da schrien sie alle miteinander: Weg mit ihm; lass den Barabbas frei! ... Pilatus aber redete wieder auf sie ein, denn er wollte Jesus freilassen. Doch sie schrien: Kreuzige ihn, kreuzige ihn! ... Pilatus entschied, dass ihre Forderung erfüllt werden solle.*
**Lukas 23,1.14.16-24**

Schließlich wurde Jesus vor Pilatus gebracht. Vom Haus des Hohenpriesters in der Oberstadt war es nicht sehr weit bis zum ehemaligen Palast von Herodes dem Großen, in dem Pilatus während seines Besuches zum Paschafest weilte.

Einige vertreten die Ansicht, man habe Jesus für den offiziellen Prozess vor dem Sanhedrin zum Portikus des Salomo in den Tempelhöfen gebracht. Doch eine ausreichende Anzahl von Ratsmitgliedern könnte sich auch in den geräumigen Höfen der Häuser der Oberstadt versammelt haben. Andere meinen, Pilatus habe sich vielleicht in der Burg Antonia mit Blick von Norden auf den Tempel aufgehalten, in der die römischen Garnisonen untergebracht waren. Das ist zwar nicht ausgeschlossen, doch der Statthalter dürfte sich wohl eher für den geräumigen Palast als für die Kasernen entschieden haben. Er genoss seine Jerusalembesuche nicht unbedingt und wird versucht haben, sie so angenehm wie möglich zu gestalten – solange er dabei ausreichend geschützt war.

Die Mitglieder des Hohen Rates hatten gehofft, Pilatus werde einfach die Entscheidung des Sanhedrin genehmigen. Doch dieser verärgerte sie absichtlich und forderte einen ordentlichen Prozess mit einer formellen »Anklage«. Er verhörte Jesus persönlich.

Ihm gegenüber, der sich für die religiösen Belange der Juden nicht interessierte, hatten die jüdischen Ankläger Jesu das Wort »Messias« offenbar politisch interpretiert und als »König der Juden« wiedergegeben, denn die Fragen des Pilatus konzentrierten sich genau in diesem einen Punkt: »Bist du der König der Juden?« Jesu Antwort – »Mein

## Pontius Pilatus

Wäre Jesus nicht an jenem Freitagmorgen des Jahres 30 n. Chr. in Jerusalem vor Pontius Pilatus gebracht worden, hätten (abgesehen von einigen Josephus-Lesern) nur wenige Menschen je von diesem Statthalter von Judäa gehört. So aber wird sein Name Sonntag für Sonntag von Tausenden erwähnt, wenn sie im Glaubensbekenntnis ihren Glauben an Jesus bekunden, der »unter Pontius Pilatus gelitten« hatte.

Was wissen wir von diesem Mann? Bis Juni 1961 gab es keinerlei archäologische Beweise für seine Existenz. Dann fand man in Cäsarea Maritima eine lateinische Inschrift mit einem klaren Hinweis auf »Pontius Pilatus«. Das bestätigt, dass er in jener Zeit tatsächlich in Palästina war. Er verbrachte wahrscheinlich den Großteil der Zeit in Cäsarea, der Verwaltungshauptstadt der Provinz, und kam nur geschäftlich nach Jerusalem oder wenn es die Situation erforderte, wie etwa beim Paschafest.

Unsere Hauptquelle über Pilatus ist und bleibt Josephus. Judäa befand sich seit 6 n. Chr. unter direkter römischer Herrschaft, als der erste Statthalter von Rom aus in diese Provinz gesandt wurde. Josephus schreibt, dass Pilatus seit 26 n. Chr. Statthalter von Judäa war und während seiner Amtszeit bei mehreren Gelegenheiten die Gesetze der Juden bewusst missachtete. So ließ er zum Beispiel eines Nachts die Flaggen (oder »Standarten«) der römischen Legion in die Stadt bringen, obwohl deren Symbolik bei der jüdischen Bevölkerung Anstoß erregte. Die Anführer der Juden gingen nach Cäsarea und bestürmten Pilatus, die Flaggen zu entfernen, was er schließlich auch tat (vgl. Josephus, Ant 18,3).

Dann beschloss er, Tempelgelder für den Bau eines Aquädukts in Jerusalem zu verwenden. Bei dem nun folgenden Aufstand schickte er Soldaten mit versteckten Knüppeln unter die Menge, die diese, als er ihnen das verabredete Zeichen gab, auch einsetzten (vgl. Josephus, Ant 18,3). Im Jahr 36 n. Chr. schlug er auf so brutale Weise einen Aufstand der Samariter nieder, dass Kaiser Tiberius ihn voller Entsetzen nach Rom zurückbeorderte (siehe S. 84).

Pilatus scheute sich also nicht, die Juden zu provozieren und zu beleidigen. Er war eigentlich nicht zu Kompromissen bereit, musste aber in Einzelfällen nachgeben. Und schließlich verlor er sein Amt, weil der Kaiser ihn für untragbar hielt. All dies passt zu dem, was wir von seiner Begegnung mit Jesus erfahren.

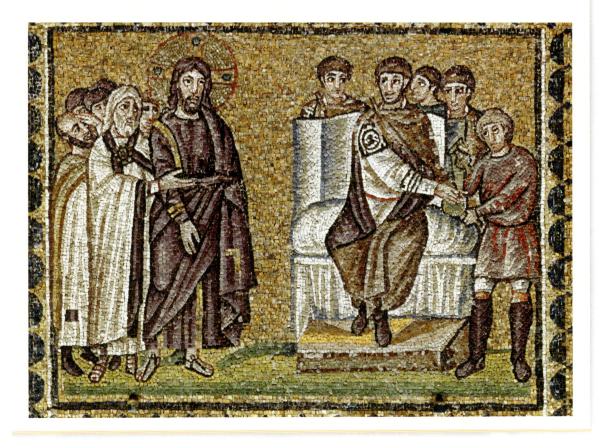

Jerusalem

Der Bereich, der traditionell als Golgota gilt, wie er zur Zeit Jesu vielleicht aussah (nach B. Pixner). Man sieht hier von Nordosten her und geht davon aus, dass die »zweite Mauer« diesen Verlauf nahm.

1 Bereich des heutigen Jaffators
2 Palast des Herodes (Zitadelle)
3 Hiskijateich
4 Mausoleum von Johannes Hyrkan
5 Agora (Markthallen)
6 Jerusalems ältester »Kreuzweg«
7 Gennath-Tor
8 Steinbruch
9 Golgotafelsen
10 Grab Jesu
11 *Kokhim*-Gräber
12 Privatgarten
13 Zweite Mauer
14 Umrisse der heutigen Grabeskirche

Königtum ist nicht von dieser Welt« – weckte bei Pilatus allerdings Zweifel, ob er tatsächlich ein »normaler« politischer Rebell und Aufständischer war. Doch das bot ihm die Gelegenheit, die religiöse Obrigkeit erneut vor den Kopf zu stoßen. »Ich finde keinen Grund, ihn zu verurteilen« (Joh 18,29–19,4).

Die Anschuldigungen werden im Verlauf der Verhandlung schwerer: »Er wiegelt das Volk auf und verbreitet seine Lehre im ganzen jüdischen Land von Galiläa bis hierher« (Lk 23,5). Pilatus versuchte sodann, durch eine Amnestie anlässlich des Paschafests aus der Sache herauszukommen. Doch das Volk forderte die Freilassung eines Revolutionärs namens Barabbas, nicht die Freilassung Jesu (Mk 15,6-11). Schließlich spielten die Juden nach Johannes 19,12 einen weiteren Trumpf aus: »Wenn du ihn freilässt, bist du kein Freund des Kaisers; jeder, der sich als König ausgibt, lehnt sich gegen den Kaiser auf.« Pilatus war in die Enge getrieben.

Er wusste, dass die Anklage nicht politisch begründet war – er vermutete, dass es sich um »Neid« handelte (Mk 15,10). Und er wusste, dass die Behauptung der Hohenpriester »Wir haben keinen König außer dem Kaiser« nur vorgeschoben war, denn für die Juden war Gott der wahre König und nicht der Kaiser. Doch er wollte um jeden Preis einen Aufstand verhindern. Pilatus erwog seine Möglichkeiten, setzte sich schließlich »auf den Richterstuhl an dem Platz, der Lithostrotos ... heißt« und verurteilte Jesus zum Tod am Kreuze (Joh 19,13). Nach Mt 27,24 wusch er sich dabei sogar die Hände.

## Simon von Zyrene und Johannes Markus

Als Jesus zu erschöpft war, um sein Kreuz zu tragen, befahlen die römischen Soldaten einem Mann namens Simon, ihm das Kreuz abzunehmen. Simon stammte aus Zyrene in Nordafrika, war also vielleicht ein Jude, der Jerusalem zum Paschafest besuchte. (Es gibt einen weiteren Hinweis auf jüdische Jerusalembesucher aus Zyrene in Apg 2,10.) So war er möglicherweise eben erst in Jerusalem als Besucher angekommen oder aber er lebte dort und ging gerade seinen Tagesgeschäften nach. Wie dem auch sei, es gibt Hinweise darauf, dass dieses zufällige Ereignis dem Leben des Simon eine Wende gegeben haben könnte.

Das Markusevangelium enthält das interessante Detail, dass Simon der »Vater des Alexander und des Rufus« war (Mk 15,21) – was nahelegt, dass Simons Söhne einigen von Markus' Lesern bekannt waren. Wenn Markus – wie in der altkirchlichen Tradition angenommen wurde – sein Evangelium tatsächlich in Rom schrieb, ist folgender Hinweis in Römerbrief des Paulus umso interessanter: »Grüßt Rufus, der vom Herrn auserwählt ist; grüßt seine Mutter, die auch mir zur Mutter geworden ist« (Röm 16,13). Falls dies derselbe Rufus war, dann scheint Paulus Simons Frau und mindestens einen seiner Söhne gekannt zu haben. Das würde dafür sprechen, dass die gesamte Familie den christlichen Glauben angenommen hatte – sicherlich beeinflusst dadurch, dass sich Simons Weg und der Weg Jesu in diesem entscheidenden Moment gekreuzt hatten.

Doch das ist noch nicht alles: 1941 wurde in einem Grab im Kidrontal ein Ossarium mit folgender Inschrift gefunden: »Alexander von Zyrene« (auf Aramäisch) und »Alexander, Sohn des Simon« (auf Griechisch). Alexander, Simon, Zyrene – eine aufschlussreiche Kombination. Könnte diese kleine Urne die Gebeine des Mannes enthalten, dessen Vater das Kreuz Jesu trug? Wenn ja, dann ließen sich über vier Mitglieder dieser Familie folgende Behauptungen aufstellen: Der Vater besuchte an jenem verhängnisvollen Freitag Jerusalem; die Mutter sorgte später für den Apostel Paulus wie für ihren eigenen Sohn; und von den beiden Söhnen (beide in Rom bekannt) hielt sich einer in den Fünfzigerjahren des 1. Jhs. n. Chr. in Rom auf, der andere starb in Jerusalem.

Wir gewinnen zusätzlich noch Einblick in eine andere jüdische Familie, die möglicherweise Verbindungen zu Rom und Jerusalem hatte. Denn obwohl der Autor des Markusevangeliums wahrscheinlich in Rom starb, stammte er ursprünglich aus Jerusalem. Er wird in der altkirchlichen Tradition mit jenem »Johannes Markus« gleichgesetzt, der Paulus auf seiner ersten Missionsreise begleitete (Apg 12,25). In der Apostelgeschichte heißt es auch, dass die frühen Christen sich im »Haus der Maria, der Mutter des Johannes mit dem Beinamen Markus« getroffen hätten (Apg 12,12). Das wäre dann irgendwo im Zentrum von Jerusalem gewesen. Manche haben sogar vermutet, Markus berichte vielleicht von einem peinlichen Moment in seinem *eigenen* Leben, wenn bei der Gefangennahme Jesu von dem »jungen Mann« die Rede ist, der »nackt« davonlief (Mk 14,51-52) – eine Hypothese, die allerdings unbeweisbar bleibt.

Es ist also möglich, dass sowohl die Familie Simons als auch die des Markus in die Ereignisse am ersten Karfreitag verwickelt waren und in späteren Jahren dann im Mittelmeerbereich und in Rom anderen ihre Geschichte erzählten.

---

Nachdem man ihn erneut geschlagen hatte, wurde Jesus durch das Gennath-Tor (auch »Gartentor« genannt) in der Nordwestecke der Stadtmauern hinausgeführt. Er ließ die Stadt Jerusalem hinter sich und machte sich auf den Weg zu seiner Hinrichtungsstätte. Es war in der Tat eine *via dolorosa* – ein Leidensweg.

Anfänglich musste Jesus sein Kreuz (genauer: den Querbalken, das *patibulum*) selbst tragen, er brach jedoch erschöpft unter dessen Gewicht zusammen. Die Soldaten zwangen daraufhin einen Vorbeigehenden, Simon von Zyrene, das Kreuz Jesu zu tragen (Mk 15,21).

Auf dem Weg sah Jesus unter der Menschenmenge einige weinende Frauen. Doch er sagte diesen »Frauen von Jerusalem«: »Weint nicht über mich; weint über euch und eure Kinder!« (Lk 23,27-28). Was die Römer Jesus antaten, war nichts im Vergleich zu dem, was sie eines Tages Jerusalem antun würden. Die »Heilige Stadt« würde zerstört werden. Jerusalem selbst, so deutete Jesus an, befand sich auf seiner eigenen *via dolorosa* – auf einem leidvollen Weg.

## Schlüsseldaten: Jerusalem

|  |  |
|---|---|
| ca. 1000 v. Chr. | David macht die Jebusiter-Siedlung Jerusalem zu seiner Hauptstadt; Gründung der »Davidstadt« auf dem südlichen Felsvorsprung (Ofel). |
| ca. 960 v. Chr. | Salomo erbaut nördlich der Davidstadt den Tempel. |
| 597 v. Chr. | Erste Belagerung Jerusalems durch die Byzantiner; prophetisches Wirken von Jeremia (627–580 v. Chr.). |
| 588/587 v. Chr. | Belagerung und Zerstörung Jerusalems. Der König und ein Teil der Bevölkerung geraten in die Babylonische Gefangenschaft (2 Kön 24–25; Jer 52). |
| 538 v. Chr. | Rückkehr der ersten Exilanten nach Jerusalem. |
| 515 v. Chr. | Wiederaufbau des Tempels mit kleineren Ausmaßen; Haggai und Sacharja treten als Propheten auf. |
| ca. 450 v. Chr. | Rückkehr weiterer Exilanten und Wiederaufbau der Mauern Jerusalems unter Nehemia. |
| 2. Jh. v. Chr. | Stadtmauern umgeben nun auch den Südwesthügel der Stadt. |
| 63 v. Chr. | Jerusalem gerät unter römische Herrschaft. |
| ca. 41–44 n. Chr. | Ausdehnung Jerusalems nach Norden unter Herodes Agrippa (Bau der »dritten« Mauer). |
| ca. 70 n. Chr. | Die Römer unter Titus zerstören den Tempel (August); Jerusalem wird niedergebrannt, die Südmauern werden niedergerissen (September). |
| ca. 135 n. Chr. | Kaiser Hadrian zerstört die Stadt nach dem zweiten Jüdischen Aufstand und gründet sie als römische Stadt mit Namen Aelia Capitolina neu. Ein Großteil der Oberstadt befindet sich nun außerhalb der Mauern von Hadrians »Militärlager«. |
| ca. 340 n. Chr. | Bau der »Oberkirche der Apostel« (später bekannt als Hagia Sion, »Mutter aller Kirchen«). Der Südwesthügel wird nun als »Berg Zion« bekannt (aufgrund einer Unklarheit bei Josephus bezüglich der Davidstadt). |
| ca. 450 n. Chr. | Das Grab Davids wird nicht länger in der Davidstadt verehrt, sondern auf dem Berg Zion. |
| ca. 614 n. Chr. | Die Hagia Sion wird während der Invasion der Perser niedergebrannt. |
| ca. 1335 | Franziskaner bauen die Hagia Sion als Kloster wieder auf (Coenaculum), das nun als Stätte des Abendmahls gilt (und nicht nur der Herabkunft des Heiligen Geistes zu Pfingsten: Apg 1,13; 2,1). |
| ca. 1517 | Suleiman der Prächtige baut die Mauern der »Altstadt« (einschließlich des Damaskustores). |
| 1917 | Die Engländer unter General Allenby besetzen Jerusalem. |
| 1948 | Gründung des Staates Israel (Ost-Jerusalem untersteht der Kontrolle Jordaniens). |
| 1967 | Im Sechstagekrieg kommt ganz Jerusalem unter israelische Herrschaft. |

# Jerusalem heute

Wer eine fremde Stadt besucht, muss auf alles gefasst sein – erst recht, wenn es sich um Jerusalem handelt. Diese Stadt ist seit über 3000 Jahren ununterbrochen besiedelt. Hier kämpften die alten Israeliten gegen die Jebusiter, Assyrer und Babylonier, die Juden gegen die Römer, die Byzantiner gegen die Perser, die Kreuzfahrer gegen die Mamelucken, die Briten gegen die Juden und Araber und die Israelis gegen die Palästinenser. Besucher, die eine Begegnung mit dem »Jerusalem zur Zeit Jesu« erhoffen – so als sei es in einer Art Zeitschleife konserviert –, werden sehr enttäuscht sein. An manchen Orten sind die Straßen von damals unter bis zu 6 m hohem Schutt begraben, der sich im alltäglichen (und manchmal nicht so alltäglichen) Stadtleben der letzten 2000 Jahre angehäuft hat. Jerusalem hat sich weiterentwickelt.

Ja, es hat sich im wahrsten Sinne des Wortes fortbewegt! Zunächst muss der Besucher sich darüber klar werden, dass sich die heutigen Mauern der »Altstadt« (1517 erbaut) nicht an derselben Stelle befinden wie im 1. Jh. Die Stadt hat sich rund 270 m in Richtung Norden verlagert (siehe S. 169). Einige Stätten im Norden der Altstadt lagen zur Zeit Jesu *außerhalb* der nördlichen Stadtmauern. Stätten, die sich heute außerhalb der südlichen Mauern befinden, lagen hingegen *innerhalb* des alten Jerusalems. So werden wir uns in diesem Abschnitt sehr oft *außerhalb* der Altstadtmauern aufhalten.

> »Ich werde nicht ruhen, mit Geist und Schwert zu kämpfen, bis wir Jerusalem in Englands grünem, schönem Land gebaut haben.«
> 
> **William Blake, »Jerusalem«**

Der Ölberg im Jahr 1900 mit dem Garten Getsemani (im Vordergrund) und der kurz zuvor erbauten Maria-Magdalenen-Kirche. Die Jünger Jesu dürften über den Hügel ins dahinterliegende Betanien geflohen sein. Auf dem Gipfel wird der Himmelfahrt Jesu gedacht.

Die Geschichte Jerusalems setzt sich aus so vielen unterschiedlichen historischen Komponenten zusammen, dass es fast unmöglich ist, dem Weg Jesu zu folgen, ohne sich andere geschichtsträchtige Ereignisse vor und nach seinem Auftreten zu vergegenwärtigen. Schon aus praktischen Gründen kann man nicht ständig kreuz und quer durch die Stadt fahren. Auf S. 130 findet sich jedoch eine vorgeschlagene Route, die hilft, einen Gesamtüberblick zu erhalten, der dann die Einordnung einzelner Stätten ermöglicht.

## Ein erster Überblick

Für einen ersten **Blick auf Jerusalem** bietet sich der **Ölberg** an. Dabei geht es jetzt nicht darum, die einzelnen Stätten auf diesem Berg zu besichtigen (siehe dazu S. 125–131), vielmehr wollen wir das Panorama der Stadt genießen und auf diese Weise einen Eindruck von Jerusalems komplizierter Topografie erhalten.

Von der Aussichtsplattform vor dem Seven Arches Hotel sieht man, dass das alte Jerusalem auf drei Seiten von tiefen Tälern umgeben war (dem **Hinnomtal** im Süden und Westen sowie dem **Kidrontal** im Osten). Damit fehlte nur im Nordwesten ein natürlicher Schutz vor Angriffen. Zudem wird die enorme Größe des herodianischen Tempelbereichs anschaulich. Man kann außerdem den vom Tempelbereich nach Süden verlaufenden Bergvorsprung von König Davids kleinem Zion/Jerusalem erkennen, der unter anderem wegen seiner Nähe zur Gihonquelle besiedelt wurde. Damit wird auch deutlich, dass die »**Davidstadt**« und der höhere Hügel jenseits davon (zur Zeit Jesu die »**Oberstadt**«) sich im 1. Jh. *innerhalb* der Mauern Jerusalems befunden haben.

Noch aus einem ganz anderen Grund ist es gut, als Startpunkt für einen Besuch Jerusalems den Ölberg zu wählen. Dort ist das Gefühl der Erwartung spürbar, mit dem die alten Pilger seinen Gipfel erklommen, um von hier aus einen ersten Blick auf die Stadt werfen zu können. Jerusalem lässt so manches Herz vor Erwartung und Aufregung höher schlagen. Hier auf dem Berg wird deutlich, warum dem so ist. Wenn man durch die Wüste dorthin gelangt – und vielleicht Ps 122,1 rezitiert: »Ich freute mich, als man mir sagte: Zum Haus der Herrn wollen wir pilgern« –, kann man sich vorstellen, was die Menschen zur Zeit Jesu gegenüber dieser einzigartigen Stadt empfanden. Gerade wenn man kurz vor Sonnenuntergang eintrifft, wird dieser Blick unvergesslich – eine ideale erste Begegnung mit dieser vielschichtigen Stadt.

## Ein Modell des alten Jerusalem

Eine weitere Station, die dem Besucher die Orientierung erleichtert, ist das in einiger Entfernung liegende **moderne West-Jerusalem.** Zwischen 1948 und 1967 war Jerusalem eine geteilte Stadt: Ost-Jerusalem gehörte zum Haschemitischen Königreich Jordanien, West-Jerusalem zu Israel. Nach dem Sechstagekrieg im Juni 1967 und der »Wiedervereinigung« der Stadt wurde die Mauer zwischen den beiden Stadtteilen niedergerissen, sodass vom damaligen »Niemandsland« heute kaum noch etwas zu erkennen ist. Doch die Begriffe »Ost« und »West« können nicht nur für die fortdauernden politischen Debatten, sondern auch für den Besucher hilfreich sein.

In West-Jerusalem gibt es viel zu unternehmen und zu sehen: Einkaufen in der Jaffa Road oder der Ben Yehuda Street; eine Führung durch das orthodoxe jüdische Viertel **Mea Shearim;** ein paar Stunden des Nachdenkens im Holocaust-Museum **Yad Vashem** oder ein Besuch des faszinierenden **Israel-Museums** – nicht zuletzt wegen einiger der bei Qumran entdeckten Texte (untergebracht im »Schrein des Buches«) einschließlich eines vollständigen Exemplars des Buches Jesaja.

Modell Jerusalems im 1. Jh. mit Golgota außerhalb der »zweiten Mauer«, umgeben von den Häusern der neuen Wohnsiedlung Agrippas (41–44 n. Chr.).

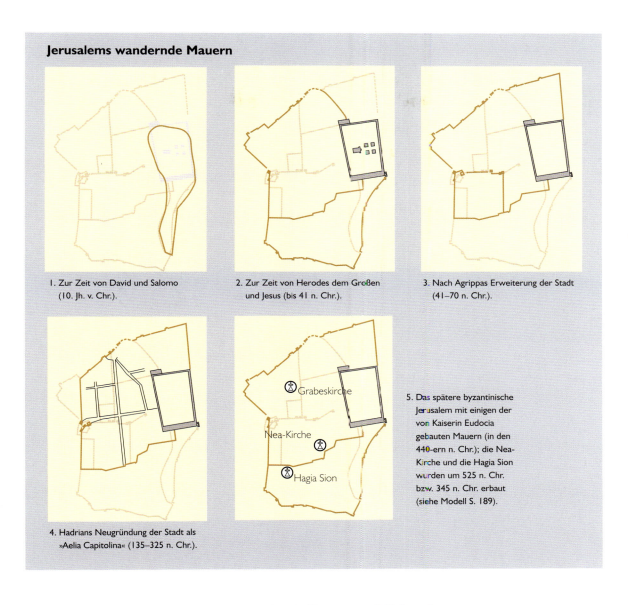

## Jerusalems wandernde Mauern

1. Zur Zeit von David und Salomo (10. Jh. v. Chr.).
2. Zur Zeit von Herodes dem Großen und Jesus (bis 41 n. Chr.).
3. Nach Agrippas Erweiterung der Stadt (41–70 n. Chr.).
4. Hadrians Neugründung der Stadt als »Aelia Capitolina« (135–325 n. Chr.).
5. Das spätere byzantinische Jerusalem mit einigen der von Kaiserin Eudocia gebauten Mauern (in den 440-ern n. Chr.); die Nea-Kirche und die Hagia Sion wurden um 525 n. Chr. bzw. 345 n. Chr. erbaut (siehe Modell S. 189).

Für den Moment wollen wir uns jedoch dem brillanten **Modell des alten Jerusalem** widmen. Es befand sich bis vor Kurzem auf dem Gelände des Holy Land Hotels, ist jedoch inzwischen im Israel-Museum untergebracht. Das Modell, das Israel kurz vor seiner Zerstörung durch die Römer im Jahr 70 n. Chr. zeigt, wird von israelischen Archäologen durch immer neue Erkenntnisse über das alte Jerusalem ständig auf den aktuellen Stand der Forschung gebracht. Auch diesmal ist es hilfreich, zunächst vom Ölberg aus die Stadt von Osten her zu betrachten und sich vorzustellen, was Jesus und seine Jünger sahen, als sie an jenem ersten Palmsonntag auf die Stadt hinabschauten: den Tempel in all seiner Pracht (siehe S. 134), die ärmlichen Häuser in der kleinen »Davidstadt«, die sich bis hin zu den größeren und reicheren Bauten in der Oberstadt ausbreiteten (siehe S. 154), sowie das tiefe Käsemacher- bzw.

Blick auf die Ruinen des Teiches Betesda.

Tyropöontal, das diese beiden Hügel voneinander trennt und sich dann nach Nordwesten hin durch die übrige Stadt erstreckt.

Über den korrekten Verlauf der nördlichen Mauer im Jahr 70 n. Chr. herrscht Uneinigkeit. Josephus bezeichnete diese Mauer, die man in den Vierzigerjahren des 1. Jhs. zu bauen begann, als die »**dritte Mauer**« (Josephus, Bell 5,4). Er beschreibt sie relativ ausführlich, trotzdem ist es schwierig, ihren exakten Verlauf zu rekonstruieren. Unser Modell folgt einer »maximalistischen« Sichtweise. Das heißt, dass z. B. das Gartengrab und die »Schädelhöhe« (Golgota) – derzeit außerhalb der Stadtmauern – *innerhalb* der Stadt liegen. Andere plädieren aus gutem Grund für eine »minimalistische« Lösung, derzufolge die Nordmauer etwa der Linie der heutigen Altstadtmauern gefolgt wäre (siehe Plan 3 auf Seite 169). Das würde immer noch eine erhebliche Ausdehnung der Stadt seit der Zeit Jesu bedeuten. Der Verlauf der inneren Mauer – der »**zweiten**« **Mauer** –, den dieses Modell ebenfalls zeigt, veranschaulicht, dass auch Golgota im Jahr 30 n. Chr. außerhalb der Mauer lag (siehe S. 168).

Über den Verlauf der »zweiten Mauer« nördlich des Tempels herrscht Uneinigkeit, doch der **Teich Betesda**, den Jesus nach Johannes besucht hatte (Joh 5,2), befand sich eventuell *innerhalb* der Stadt. Johannes schreibt, dass es beim »Schaftor einen Teich [gibt], zu dem fünf Säulenhallen gehören«. Aufgrund dieser ungewöhnlichen Beschreibung stellten Bibelwissenschaftler eine Zeit lang die Verlässlichkeit der Aussagen im Johannesevangelium infrage. Doch der Teich wurde in den Dreißigerjahren des 20. Jhs. entdeckt: Man fand eine Anlage, die von vier Säulenhallen umgeben war und mit einer fünften, die quer über den Teich führte. Die etwas unüberschaubar wirkenden Ruinen sind bis heute auf dem Gelände neben der Kreuzfahrerkirche St. Anna zu sehen – direkt hinter dem »Löwentor«, das auch als »Stephanstor« bekannt ist.

## Ein Überblick über Jesu letzte Stunden

Wie sind die letzten 24 Stunden im Leben Jesu nach dem Bericht der Evangelien verlaufen? (siehe auch die Karte auf S. 158):
– Jesus feierte wohl irgendwo in der Oberstadt sein **letztes Abendmahl**. Das »Obergeschoss« war vielleicht nicht so luxuriös wie die Räume in einigen der vornehmeren Häuser in diesem Modell Jerusalems. Doch es ist durchaus möglich, dass es sich in einem Haus befand, das beträchtlich größer war als die ärmlichen Häuser in der Unterstadt. Jesus brauchte einen einigermaßen großen Raum für seine Jünger und hatte eventuell wichtige Kontakte in diesem Teil der Stadt.
– Er ging von der Oberstadt hinab zum **Schiloachtor.** Der Abstieg war teilweise sehr steil.
– Er wurde dann als Verhafteter zum **Haus des Kajaphas** geführt, mit Sicherheit eines der größten und vornehmsten Häuser der Oberstadt.

– Schließlich brachte man ihn zu Pilatus, d. h. wahrscheinlich nicht in die dem Tempel gegenüberliegende Burg Antonia, sondern in den ehemaligen **Palast des Königs Herodes** (siehe S. 162). Das ist das große, extravagante Gebäude, das Josephus zufolge »jeder Beschreibung spottete« (Josephus, Bell 5,177). Es befindet sich gleich beim Westtor und wird überschattet von **drei großen Türmen,** die Herodes zu Ehren seiner Familie und seiner Freunde hatte bauen lassen (bekannt als Hippikus-, Phasaël- und Mariamne-Turm).

Jesus verbrachte also den größten Teil seiner letzten Stunden – mit Ausnahme des »Umwegs« zum ruhigen Garten Getsemani – in Jerusalems **Oberstadt.** Mit anderen Worten: Er befand sich im Zentrum des politischen und bürgerlichen Lebens der Stadt, umgeben von der Aristokratie und ihrem Prunk – weit entfernt vom armen, ländlichen Galiläa, in dem sein Wirken begann.

## Der Berg Zion: Szene des letzten Abendmahls?

Zurück in Ost-Jerusalem sollte sich der Besucher in den Bereich außerhalb der Stadtmauern begeben, der heutzutage erstaunlicherweise als **Berg Zion** bekannt ist. Wir wissen, dass sich die Stadt Davids (das biblische »Zion«) auf dem viel niedrigeren Hügel im Osten befand. Wahrscheinlich ging man zur Zeit des Josephus (und sicherlich während der byzantinischen Ära) fälschlicherweise davon aus, dieser höhere Hügel im Westen sei Davids Zion gewesen. So würde sich sein heutiger Name erklären. Der »Berg Zion« war Teil der Oberstadt, in der Jesus jenen langen Donnerstagabend verbrachte. Doch den Weg Jesu genau nachzuvollziehen, ist sehr schwierig.

Wir wissen nicht mit Sicherheit, wo sich die **Stätte des letzten Abendmahls** befand. Manche meinen, es sei das Haus von Johannes Markus gewesen, von dem später in Apg 12,12 die Rede ist. Dies mag stimmen, aber wo stand dieses Haus? Die winzige koptische Markuskirche soll auf den Fundamenten des Hauses der Mutter von Johannes Markus erbaut worden sein, doch auch diese Information ist sehr hypothetisch.

Seit etwa dem 5. Jh. gilt der Ort, an dem sich nun das von den Franziskanern erbaute **»Coenaculum«** (der »Speisesaal«) befindet, als Stätte des letzten Abendmahls. Ursprünglich gedachten die Jerusalemer Christen an dieser Stätte jedoch nicht des Abendmahls, sondern der Herabkunft des Heiligen Geistes am Pfingsttag. Auch dies war nach der Apostelgeschichte in einem »Obergemach« geschehen (Apg 1,13; 2,1). So war es nicht ganz abwegig, dass die Christen im 5. Jh. meinten, es habe sich um ein und denselben Ort gehandelt. Dagegen spricht jedoch, dass die frühen Christen diesen Ort *nur mit den Pfingstereignissen verbanden*, vermutlich weil sie wussten, dass das letzte Abendmahl nicht dort stattgefunden hatte.

Im Coenaculum befindet man sich also möglicherweise am authentischen Ort eines ganz anderen biblischen Ereignisses: der »Geburt« der Kirche – dem Moment, in dem die Jünger Jesu den Heiligen Geist empfingen (Apg 2,1-13).

Das Coenaculum gibt auch noch aus einem anderen Grund Rätsel auf. Da die Byzantiner fälschlicherweise den oberen Hügel als das »Zion« des Alten Testaments identifizierten, wurde die Basilika auf diesem Berg dann irgendwann mit der **Grabstätte König Davids** verbunden. Zum Gedenken an den großen König wurde ein

## Jerusalem in der Apostelgeschichte

In der Apostelgeschichte beschreibt Lukas unter anderem das Wirken der Jünger Jesu in Jerusalem und erwähnt Orte, die in seinem Evangelium nicht genannt werden.

Er berichtet, dass sich die Gläubigen am Pfingsttag »alle am gleichen Ort« befanden. Dieser wurde traditionell mit dem in Apg 1,13 erwähnten »Obergemach« gleichgesetzt. Aber es hätte sich auch um einen öffentlichen Raum handeln können, vielleicht sogar um den Tempel oder dessen Stufen beim Südeingang.

Der Tempel wird in der Apostelgeschichte mehrmals ausdrücklich erwähnt. So wirkten Petrus und Johannes bei der »Schönen Pforte« ein Heilungswunder (Apg 3,2) und erklärten ihr Handeln dann der in der »Halle Salomos« versammelten Menge (Apg 3,12-16). Möglicherweise fand ihr Verhör vor dem Hohen Rat ebenfalls in der Nähe statt, denn der Sanhedrin tagte manchmal in der Königsstoa auf der Südseite der Tempelplattform. Mehr als zwanzig Jahre später ging Paulus in den Tempel (Apg 21,26). Doch als dort ein Aufruhr entstand, wurde er sofort von Soldaten gefasst, die ihn zur »Kaserne« brachten (vermutlich die Burg Antonia), von wo aus er zu der Menge sprach (Apg 21,34–22,29).

Lukas berichtet auch, dass sich die ersten Christen regelmäßig trafen und »in ihren Häusern Brot brachen« (Apg 2,46). Wir kennen jedoch nur den Namen einer Gastfamilie: Als Petrus aus dem Gefängnis floh, ging er zum »Haus der Maria, der Mutter des Johannes mit dem Beinamen Markus« (Apg 12,12). Auch dies könnte der geheime Ort gewesen sein, an dem das letzte Abendmahl stattfand (siehe S. 171).

---

geeignetes Grab errichtet, das seit 1948 von israelischen Juden bewacht wird. Es befindet sich *unterhalb* des Coenaculums, ist jedoch über einen anderen Eingang zugänglich.

In der Nähe des Coenaculums steht die große **Dormitiokirche.** Sie wurde um 1900 zum Gedenken daran errichtet, dass Maria – dem katholischen Glauben zufolge – in den Himmel »aufgenommen« wurde und keines natürlichen Todes starb. Die Protestanten sind hingegen der Auffassung, dass Maria eines natürlichen Todes starb – in Nazaret oder auch in Ephesus. Keine dieser Ansichten hielt Jerusalembesucher davon ab, Marias angebliche »Grabstätte« ausfindig zu machen: das **Grab der Jungfrau** in der Nähe des Gartens Getsemani, das aus dem 6. Jh. stammt. Diese beiden so dicht nebeneinanderliegenden Stätten – die eine, die Marias Tod und Begräbnis, die andere, die ihrer »Himmelfahrt« gedenkt – repräsentieren nur eines der ungelösten Paradoxe, die Jerusalem kennzeichnen.

Im Bereich des Berges Zion finden sich auf dem protestantischen Friedhof einige Ruinen, die möglicherweise von dem bei Josephus erwähnten »**Essenertor**« stammen (Josephus, Bell 5,145). Wenn dem so ist, dann fand das letzte Abendmahl vielleicht in einem von den Essenern bewohnten Stadtviertel statt.

Ebenfalls in der Nähe steht die moderne Kirche **St. Peter in Gallicantu** (was »Hahnenschrei« bedeutet), die daran erinnern soll, dass Petrus Jesus im Hof des Hohenpriesters verleugnete. Unterhalb der Kirche finden sich einige in den Fels gehauene Zisternen und Keller aus dem 1. Jh. Es ist jedoch unwahrscheinlich, dass sie zum Haus des Kajaphas gehörten. Eher haben wir es hier mit den Überresten eines Klosters zu tun, das im 6. Jh. zur Erinnerung an den ungenannten Ort errichtet wurde, zu dem Petrus ging und wo er bitterlich weinte. Vom Außenbalkon dieser Kirche hat man einen wunderschönen Blick auf die Unterstadt. Nicht weit entfernt sieht man eine steile Treppe, über die Jesus an jenem Donnerstagabend womöglich zum Garten Getsemani hinabstieg (siehe S. 160).

## Wo hielten sich Kajaphas und Pilatus auf?

Das **Haus des Kajaphas** ist ähnlich schwierig zu lokalisieren wie die Stätte des letzten Abendmahls, denn das gesamte Viertel wurde 70 n. Chr. und erneut 135 n. Chr. stark zerstört. Als Hohenpriester dürfte Kajaphas irgendwo auf der Spitze des Hügels gewohnt haben, wo die Wohlhabenden die von Südwesten kommende Brise genießen konnten. Wir wissen aber nicht, ob das Haus *außerhalb* der Mauern der Altstadt oder weiter nördlich stand.

Die Ausgrabungen, die seit 1967 unterhalb des jüdischen Viertels der Altstadt vorgenommen werden, haben jedoch eine Reihe von Häusern aus dem 1. Jh. zutage gebracht, welche uns eine genauere Vorstellung von dem vermitteln, was wir suchen. Das »**Verbrannte Haus**« z. B. zeigt uns das Ausmaß der Zerstörung dieses Viertels durch die Römer im September 70 n. Chr. Und die Häuser im »**Herodianischen Viertel**« machen deutlich, wie prunkvoll einige dieser Bauten waren. Steht der Besucher in einem der großen, an einen Hof angrenzenden Empfangsräume, spürt er plötzlich etwas von der herrschaftlichen Atmosphäre, in der sich die Ereignisse um Jesus und Petrus abgespielt haben könnten. Doch es gibt keine Anhaltspunkte dafür, dass Kajaphas tatsächlich hier lebte – ebenso könnte es sich bei den Ausgrabungen um den Hasmonäerpalast gehandelt haben, den Herodes Antipas wahrscheinlich während seiner Jerusalembesuche nutzte.

Im **Israel-Museum** ist das **Ossarium** der Familie des Kajaphas ausgestellt. Einige bezweifeln zwar dessen Authentizität, doch die Inschrift scheint eindeutig auf »Caiaphas bar-Joseph« hinzuweisen. Dieser erst vor wenigen Jahren entdeckte Fund hat uns auf überraschende Weise dem Mann nähergebracht, der Jesus in jener Nacht verhörte.

Nach dem Verhör vor dem Hohen Rat wurde Jesus wahrscheinlich zu Pontius Pilatus ins **Prätorium** gebracht. Hierbei handelt es sich um den früheren **Palast von Herodes dem Großen,** den inzwischen die Statthalter nutzten, wenn sie sich in Jerusalem aufhielten. Der Palast des Herodes erstreckte sich wohl südlich der drei großen Türme beim modernen Jaffator bis zu den heutigen Südmauern der Altstadt. Der genaue Ort des Verhörs kann also nicht mit Sicherheit lokalisiert werden. Nach Joh 19,13 setzte Pilatus sich »auf den Richterstuhl an dem Platz, der **Lithostrotos,** auf Hebräisch Gabbata, heißt«. Vor Kurzem wurde er möglicherweise von Archäologen entdeckt, doch zurzeit ist dieser Bereich Besuchern nicht zugänglich.

Diese müssen sich stattdessen mit einem Besuch der sogenannten »**Davidszitadelle**« begnügen. Schon im 2. Jh. v. Chr. wurde auf diesem höchsten Punkt der Stadt eine Zitadelle erbaut, die später fälschlicherweise mit König David in Verbindung gebracht wurde. Dort sind noch die Ruinen von Herodes' gewaltigen Türmen zu sehen sowie das Nordende seines Palastes. Auch hier spürt man, in welch luxuriöser, vornehmer Umgebung Jesus verhört wurde. Die Gebäude sollten politische Macht und Einfluss zum Ausdruck bringen. Sie zeugten auch eindeutig von der Herrschaft der Heiden, sodass die jüdischen Ankläger Jesu es vorzogen, das Gebäude nicht zu betreten, um nicht unrein zu werden (Joh 18,28). An diesem Ort heidnischer Macht wurde Jesus, ein mittelloser Galiläer aus dem kleinen Nazaret, als der »König der Juden« zum Tode verurteilt.

Das Ossarium des Hohenpriesters Kajaphas.

# Jerusalembesucher im 19. Jahrhundert

Reisen in den Mittleren Osten waren seit den Dreißigerjahren des 19. Jhs. üblich, als die Levante unter die Herrschaft des ägyptischen Paschas Muhammad Ali geriet. Die Zahl der Europäer, die Jerusalem besuchten, stieg deutlich an, wobei die Menschen aus ganz unterschiedlichen Gründen kamen.

Einige machten sich auf den Weg, um die ortsansässige Bevölkerung zu missionieren. Die Organisation CMJ (»Dienst der Kirche unter den Juden«, 1809 mit dem Ziel gegründet, den christlichen Glauben unter den Juden zu verbreiten) sandte Menschen, die unter Jerusalems kleiner jüdischer Bevölkerung missionarisch tätig werden sollten. Auch die Mitglieder der byzantinisch-orthodoxen Kirche wurden dazu ermuntert, einen neuen Glauben anzunehmen: Die Anglikaner und Lutheraner gründeten 1846, als in der Altstadt die Christchurch gebaut wurde (ursprünglich als Kapelle für das britische Konsulat), ein gemeinsames Bistum in Jerusalem.

Bei anderen Besuchern handelte es sich einfach um interessierte Reisende. Zu den berühmtesten zählte der Amerikaner Mark Twain, Autor von *Huckleberry Finn*. Sein anschließender Bericht in »*Die Arglosen im Ausland*« enthält einige amüsante und schonungslos ehrliche Aussagen. Jerusalem war aus seiner Sicht ein kleines türkisches Dorf, das sich offensichtlich auf einem absteigenden Ast befand, und der Rest des Landes stellte sich ihm gleichermaßen verarmt dar.

Bei einem weiteren berühmten Besucher, David Roberts, stand hingegen die Kunst im Vordergrund. Als er 1842 den Sinai, Jerusalem und Galiläa bereiste, schuf er einige Lithografien (beispielsweise die unten abgebildete), die den Menschen in den westlichen Ländern helfen sollten, sich das Land der Bibel vorzustellen. Heute zeugen sie davon, wie die Landschaft sich in den letzten 160 Jahren verändert hat.

Wieder andere waren an der neuen Wissenschaft der biblischen Archäologie interessiert. Der Palestine Exploration Fund (gegründet 1865) veröffentliche *Quarterly Statements* mit neuen Entdeckungen und Fragen. Er schickte zahlreiche Archäologen nach Jerusalem, u. a. Charles Warren, der 1867 den Tempelberg erforschte und nach dem der Warren-Schacht benannt wurde (siehe S. 148), oder Charles Conder, der 1878 sein wichtiges Werk »*Tentwork in Palestine*« veröffentlichte. Auch andere Teile des Tempelbergs sind nach Archäologen des 19. Jhs. benannt: das »Barclaytor« nach dem Archäologen Joseph Barclay (der 1852 nach Jerusalem kam); der »Robinsonbogen« nach Edward Robinson (später Professor für Bibelstudien in New York, der die Stadt 1838 besuchte). Ebenfalls ein bedeutender Archäologe war der Schweizer Musiker Conrad Schick.

Sie alle fanden die Stadt in einem erbärmlichen Zustand vor. Im Tyropöontal hatte sich jahrhundertelang Schutt angehäuft, und viele historische Gebäude standen verlassen da. Vor allem die Grabeskirche war nach dem Erdbeben von 1808 in einem bedauernswerten Zustand und vermochte die Besucher nicht positiv zu beeindrucken – schon gar nicht die Protestanten unter ihnen. Für Robinson spiegelte die Kirche ein Zeitalter der »Leichtgläubigkeit« und der »legendären Traditionen« wider. Immer wieder fragte er sich, ob es sich nicht einfach um einen »frommen Betrug« handele.

Und so schlugen die Besucher alternative Stätten vor, an denen die Kreuzigung Jesu stattgefunden haben soll: Fergusson (der Gründer des Palestine Exploration Fund) z. B. den Felsendom, ein Deutscher namens Otto Thenius 1842 den schädelförmigen Hügel im Nordosten des Damaskustors. Thenius' Vorschlag zog wiederum nachfolgende Besucher in seinen Bann: die Amerikaner Fisher Howe (1853), Charles Robinson (1867) und Selah Merrill (1875–1877), den Engländer Henry Tristram (1858) und auch den berühmten Franzosen Ernst Renan, der 1863 das einflussreiche Werk »*Das Leben Jesu*« schrieb.

Ihnen folgten Conder und vor allem General Charles Gordon. Gordon wohnte im Januar 1883 in dem Gebäude beim Damaskustor, das heute als Spafford House bekannt ist. Von dessen Balkon aus blickte er direkt auf die »Schädelhöhe«, die er dann in seinen Briefen »mein Gologta« nannte. Der Bericht seines Besuches *(Reflections in Palestine 1883)* wurde, kurz nachdem Gordon im Januar 1885 in der Schlacht von Khartum gefallen war, veröffentlicht.

Ende des 19. Jhs. hatte sich Jerusalem aufgrund dieses Interesses westlicher Besucher verändert. Die wichtigsten europäischen Mächte gründeten in Jerusalem und Umgebung wichtige Institutionen: die Franzosen die École biblique; die Italiener Notre Dame; die Russen sorgten für ihre vielen orthodoxen Pilger gleich an mehreren Stätten. Inzwischen gingen Anglikaner und Lutheraner getrennte Wege: Die anglikanische St.-Georgs-Kathedrale wurde 1898 eingeweiht – im selben Jahr wie die lutherische Erlöserkirche in der Altstadt. Die Einstellung der Menschen des 19. Jhs. gegenüber Jerusalem lässt sich auch am Besuch des deutschen Kaisers Wilhelm illustrieren: Um am Einweihungsgottesdienst in der Erlöserkirche teilzunehmen, wollte er zu Pferd in die Altstadt einreiten. Das war jedoch nur möglich, wenn man das alte Jaffator zerstörte – was man dann auch tat!

# Der Weg zum Kreuz – die »Via dolorosa«

Von hier war es nur ein kurzer Weg zur mutmaßlichen Kreuzigungsstätte – die Stätte, an der man dieses Ereignisses gedenkt, befindet sich in der Grabeskirche (siehe S. 190). Vom Gennath-Tor (Gartentor) hat man nur wenige Überreste gefunden, doch irgendwo in der Mauer gab es sicherlich einen Durchgang. Die Route der mittelalterlichen **Via dolorosa** mit den Stationen des Kreuzes wurde aufgrund einer falschen Voraussetzung festgelegt: dass Jesus in der **Burg Antonia** verurteilt wurde (die nördlich des Tempelberges liegt).

Als man im 19. Jh. auf dem Gelände der Burg Antonia Ausgrabungen vornahm, kamen einige alte Pflastersteine zutage, die vielleicht von dem von Johannes erwähnten Lithostrotos stammten. Markierungen in den Steinen (von einem als Königsspiel bekannten Würfelspiel) wiesen zusätzlich darauf hin, dass es sich um den Ort handeln könnte, an dem Jesus von den Soldaten verhöhnt wurde. Das Gebiet gehört nun den Schwestern von Sion, deren Kloster als »**Ecce Homo**« bekannt ist, lateinisch für »Seht, da ist der Mensch!« (Pilatus' Worte in Joh 19,5). Die Archäologen datieren das Pflaster jedoch auf das 2. Jh. n. Chr.: Es war Teil des Forums (oder Marktplatzes), den Hadrian erbaute, als er die Stadt umgestaltete.

Auch der Bogen über der »Via dolorosa«, der sich im Kloster fortsetzt, stammt aus der Zeit nach Jesus und war ursprünglich Teil eines von Herodes Agrippa (41–44 n. Chr.) erbauten Dreifachbogens. Ein Besuch der Stätte lohnt sich, da sie einen Eindruck von Jerusalems alten Straßen vermittelt, aber sie führt uns streng genommen nicht zurück zu den Ereignissen der Passion Jesu.

Wir wollen uns nun auf den Ort konzentrieren, an dem der Leidensweg Jesu mit seiner Kreuzigung endete.

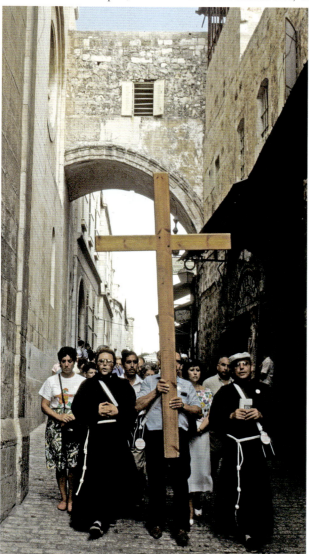

Von Franziskanermönchen geführte Pilger folgen dem Kreuz auf der »Via dolorosa« durch den »Ecce-Homo«-Bogen.

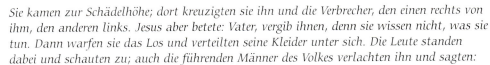

# 13 Golgota und das Grab

Der Steilhang (auch »Schädelhöhe« genannt) in der Nähe des Gartengrabes nördlich der Altstadtmauern.

*Sie kamen zur Schädelhöhe; dort kreuzigten sie ihn und die Verbrecher, den einen rechts von ihm, den anderen links. Jesus aber betete: Vater, vergib ihnen, denn sie wissen nicht, was sie tun. Dann warfen sie das Los und verteilten seine Kleider unter sich. Die Leute standen dabei und schauten zu; auch die führenden Männer des Volkes verlachten ihn und sagten: Anderen hat er geholfen, nun soll er sich selbst helfen, wenn er der erwählte Messias Gottes ist ... Über ihm war eine Tafel angebracht; auf ihr stand: Das ist der König der Juden. Einer der Verbrecher, die neben ihm hingen, verhöhnte ihn ... Der andere aber wies ihn zurecht ... Dann sagte er: Jesus, denk an mich, wenn du in dein Reich kommst. Jesus antwortete ihm: Amen, ich sage dir: Heute noch wirst du mit mir im Paradies sein.*

*Es war etwa um die sechste Stunde, als eine Finsternis über das ganze Land hereinbrach. Sie dauerte bis zur neunten Stunde. Die Sonne verdunkelte sich. Der Vorhang im Tempel riss mitten entzwei, und Jesus rief laut: Vater, in deine Hände lege ich meinen Geist. Nach diesen Worten hauchte er den Geist aus.*

*Als der Hauptmann sah, was geschehen war, pries er Gott und sagte: Das war wirklich ein gerechter Mensch.*
**Lukas 23,33-47**

## Vom Tod zum Leben

Die Kreuzigung, die die Römer einige Jahrhunderte zuvor eingeführt und vor allem zur Bestrafung von Sklaven und Aufständischen vorgesehen hatten, war in der Tat eine barbarische Todesart. Der römische General Crassus hatte rund 6000 Sklaven kreuzigen lassen, als er im Jahre 71 v. Chr.

einen von Spartakus angeführten Aufstand niederschlug. Die meisten Bewohner des Römischen Reiches werden also von dieser Todesart gewusst haben, auch wenn sie noch keiner Kreuzigung beigewohnt hatten. Trotz ihrer häufigen Anwendung empfanden auch einige Römer selbst diese Todesart als so abscheulich, dass nach Cicero die Verwendung des Wortes »Kreuz« in den Unterhaltungen der vornehmen römischen Gesellschaft verboten war (Cicero, Pro Rabirio 16).

Auch in Palästina hatte es 4 v. Chr. rund 2000 Kreuzigungen gegeben, als der römische General Varus in Galiläa einen Aufstand niederschlug (siehe S. 34). Die Aufforderung Jesu, die Menschen sollten »ihr Kreuz auf sich nehmen«, musste in diesem Zusammenhang äußerst schockierend klingen. Wie oft die Römer in der südlichen Provinz Judäa eine Kreuzigung anordneten, ist jedoch nicht klar. Im Gebiet von Jerusalem hat man das Skelett eines Mannes gefunden, der im 1. Jh. gekreuzigt wurde, aber womöglich war er nur einer von vielen Gekreuzigten. Die Juden empfanden diese Hinrichtungsart als besonders schmachvoll. Erstens war dem Alten Testament zufolge ein »Gehenkter ... ein von Gott Verfluchter« (Dtn/5 Mose 21,23). Zweitens empfanden die Juden Nacktheit in der Öffentlichkeit als äußerst beschämend – und diejenigen, die man kreuzigte, wurden in der Regel nackt aufgehängt. Die Evangelisten sagen nicht explizit, dass diese Praxis bei der Hinrichtung Jesu Anwendung fand, doch ihre Aussage, dass die Soldaten um seine Kleidung losten (Lk 23,34), ist vielleicht ein Hinweis darauf, dass selbst ihm diese Demütigung nicht erspart blieb.

## Der unschuldige Rebell

Jesus wurde von den Römern wie jeder andere Sklave oder Rebell behandelt. Die Evangelien sprechen jedoch eine entschieden andere Sprache.

### Kreuzigungen in der Antike

Die Römer wendeten die Kreuzigung als Form der Bestrafung bei unteren Schichten an – bei Sklaven und Gewaltverbrechern und vor allem bei Aufständischen und Aufwieglern. In Judäa gab es nach jedem der größeren Aufstände gegen die Römer etliche Kreuzigungen: 4 v. Chr. (siehe S. 34), 70 n. Chr. und 135 n. Chr. Die Opfer wurden oft nicht einmal begraben, man überließ ihre Leichen einfach den Raubvögeln.

1968 wurden in Giv'at ha-Mivtar, nördlich von Jerusalem, die Gebeine eines Gekreuzigten entdeckt. Medizinische Untersuchungen ergaben, dass der Betroffene etwa Mitte des 1. Jhs. n. Chr. als Mittzwanziger gekreuzigt wurde. Man hatte seine Unterarme oberhalb des Handgelenks festgenagelt und ihm die Beine gebrochen. Selbst nach fast 2000 Jahren waren seine Fersenknochen noch zusammengenagelt.

Daraus schloss man, dass die Opfer sich vor das Kreuz stellen mussten, damit man die Nägel durch ihre Unterarme hämmern konnte. Die Beine wurden dann nach oben geschoben, sodass die Arme das gesamte Körpergewicht trugen. Dadurch rissen die Nägel durch die Unterarme bis hin zu den Handgelenken. Falls es an dem vertikalen Kreuzpfosten einen schmalen »Sitz« gab, auf das Opfer sich stützen konnte, verlängerte dies nur seine Qualen. Schließlich erstickte der Gekreuzigte, da er keine Chance hatte, sich weit genug nach oben zu ziehen, um Luft holen zu können.

Vor allem Lukas ist bemüht zu zeigen, dass Jesus *kein* Rebell war. Die Gegner Jesu beschuldigen ihn vor Pilatus, das Volk davon abzuhalten, »dem Kaiser Steuer zu zahlen« (Lk 23,2). Doch Lukas berichtet auch, dass genau das Gegenteil zutraf: »Gebt dem Kaiser, was dem Kaiser gehört«, hatte Jesus gesagt. Seine Gegner hatten behauptet, »er wiegle das Volk auf«, doch Pilatus hatte keine dieser Anklagen »bestätigt gefunden« (Lk 23,14). Jesus hatte seine Zuhörer sogar bei mehreren Gelegenheiten davor gewarnt – selbst noch auf dem Weg zum Kreuz –, was Jerusalem bald widerfahren werde, wenn es seine römerfeindliche Haltung nicht aufgebe: »Deine Feinde [werden] rings um dich einen Wall aufwerfen, dich einschließen und von allen Seiten bedrängen« (Lk 19,43). Jesus war kein nationalistischer Rebell.

Da er an einem römischen Kreuz starb, wurde er von der Öffentlichkeit jedoch als ein solcher betrachtet. Verständlicherweise versucht Lukas deshalb, seinen Lesern dabei zu helfen, die tiefere Wahrheit zu erkennen. In seinem Bericht erwähnt er fünfmal, dass Jesus des Verbrechens, ein Rebell zu sein, »nicht für schuldig« befunden wurde – weder von Pilatus noch von Herodes noch von einem der mit ihm Gekreuzigten und auch nicht von dem wachhabenden Hauptmann (23,4.14-15.22.41.47). Und trotzdem wird statt seiner Barabbas freigelassen, von dem Lukas zweimal sagt, dass er »wegen eines Aufruhrs in der Stadt und wegen Mordes ins Gefängnis geworfen worden [war]«. Für Lukas ist Jesus der »Nicht-Rebell«, der es zuließ, dass man ihn anstelle eines Verbrechers kreuzigte. Jesus trat als die Personifizierung der wahrhaften Unschuld an die Stelle der wirklichen Schuld.

## Wie Lukas das Kreuz verstand

Alle Evangelisten beschreiben dieses so bedeutungsvolle Ereignis mit erstaunlicher Zurückhaltung. Im Gegensatz zu späteren Büchern und Filmen versuchen sie weder, das Mitleiderregende des Geschehens stark zu betonen, noch, sich in die Gefühle der Beteiligten hineinzuversetzen. Sie haben auch keinen theologischen »Kommentar« zu ihrem Text geschrieben. Das grundlegende frühe christliche »Glaubensbekenntnis« war: »Christus ist für unsere Sünden gestorben« (1 Kor 15,3). Doch selbst das erwähnen die Evangelisten nicht ausdrücklich – auch wenn sie dem sicherlich zugestimmt hätten. Stattdessen versuchen sie, die Geschichte für sich sprechen zu lassen, und überlassen es dem Leser, seine Schlüsse daraus zu ziehen.

Bei Lukas finden sich neben den Hinweisen auf die Unschuld Jesu noch eine Reihe weiterer Identifikationsmerkmale:
– Jesus ist der »König der Juden« (wie die Tafel über dem Kreuz anzeigt) und der »Messias Gottes« (wie die Menge spottet), der jedoch nie von seinem eigenen Volk gekrönt oder willkommen geheißen wurde. Dessen ungeachtet wird er, wie einer der beiden mit ihm gekreuzigten Verbrecher erkennt, »in sein Reich« eingehen (Lk 23,42).
– Er ist der Erlöser, der gekommen ist, um andere zu »retten« (Lk 2,11; 19,10). Doch nun führt er die Erlösung genau durch den Akt herbei, vor dem er sich nicht »retten« zu können scheint: »Anderen hat er geholfen, nun soll er sich selbst helfen« (Lk 23,35).
– Jesus ist derjenige, der den Menschen die »Vergebung ihrer Sünden« bringt. Dies tut er, indem er als Unschuldiger stirbt und sogar um Vergebung für diejenigen bittet, die sich so offenkundig gegen ihn versündigen: »Vater, vergib ihnen, denn sie wissen nicht, was sie tun« (Lk 23,34).

---

»Er kann nicht Israels Hoffnung predigen, aber er kann für sie sterben; er wird nun ein Zelot, der sich mit der nationalen Krankheit identifiziert, die er selbst diagnostiziert hatte, damit sie geheilt werden könnte.«

**N. T. Wright**

- Er ist derjenige, der durch seine Worte und sein Handeln vor dem bevorstehenden Untergang des Tempels gewarnt hat. Sein Tod führt dazu, dass der Tempelvorhang mitten entzweireißt, womit dieser Untergang wohl bereits symbolhaft vorweggenommen wird (Lk 23,45).
- Die Kreuzigung ist in der Tat ein Ereignis von kosmischer Bedeutung. Denn an diesem für Jerusalem völlig normalen Tag herrschte am frühen Nachmittag eine Zeit lang tiefe Finsternis, als »die Sonne sich verdunkelte« (Lk 23,45). Dieses möglicherweise durch einen Wüsten-Sandsturm verursachte unheimliche Phänomen zeigte den Jüngern Jesu, dass sein Tod die spirituelle wie auch die physische Welt tief erschütterte.

All dies wird auf scheinbar nüchterne Weise vermittelt. Das zwingt die Leserinnen und Leser der Evangelien, vor dem Kreuz innezuhalten und von den sichtbaren Ereignissen zur tieferen Bedeutung des Geschehens vorzudringen.

## Vom Kreuz zum Grab

*Damals gehörte zu den Mitgliedern des Hohen Rates ein Mann namens Josef, der aus der jüdischen Stadt Arimathäa stammte. Er wartete auf das Reich Gottes und hatte dem, was die anderen beschlossen und taten, nicht zugestimmt, weil er gut und gerecht war. Er ging zu Pilatus und bat um den Leichnam Jesu. Und er nahm ihn vom Kreuz, hüllte ihn in ein Leinentuch und legte ihn in ein Felsengrab, in dem noch niemand bestattet worden war.*
**Lukas 23,50-53**

Wir setzen unsere Reise fort, denn auch die Geschichte in den Evangelien ist ja noch nicht zu Ende. Der Leichnam Jesu wurde von einem Mann namens Josef »aus der jüdischen Stadt Arimathäa« – ein Dorf rund 8 km nordwestlich von Jerusalem – vom Kreuz genommen. Josef war Mitglied des Sanhedrin und hatte dessen Entscheidungen »nicht zugestimmt« (Lk 23,51). Auch wenn er Jesus nicht vor dem Tod hatte bewahren können, er konnte zumindest dafür sorgen, dass er anständig bestattet wurde. Manchmal ließ man die Leichen tagelang an einem römischen Kreuz verwesen; manchmal warf man sie einfach auf einem Haufen den Hunden zum Fraß vor. All dies muss für die Juden ein Gräuel gewesen sein, und da sich der Sabbat näherte, war Eile geboten.

Am späten Freitagnachmittag hüllte Josef zusammen mit Nikodemus und einigen anderen Jesus in ein Leinentuch und legte ihn in ein unbenutztes Felsengrab ganz in der Nähe. Einige der treuesten Anhänger Jesu – »die Frauen, die mit Jesus aus Galiläa gekommen waren« – sahen zu, »wie der Leichnam in das Grab gelegt wurde« (Lk 23,55). Um Vögel und Hunde fernzuhalten, wurde ein Stein vor den Grabeingang gerollt. Dann begaben sich alle Beteiligten zurück zu ihren Unterkünften in der Stadt – gerade rechtzeitig, um die Sabbatruhe einzuhalten, die diesmal zweifellos von Schmerz und Niedergeschlagenheit beherrscht war.

Bei dieser Gelegenheit wurde der Leichnam vielleicht noch nicht an seine letzte Ruhestätte gelegt. Schließlich hatte man wenig Zeit. Die Beteiligten würden am Sonntag zurückkehren und den Leichnam einbalsamieren, bevor man ihn dann endgültig zur Ruhe bettete. Jesus wurde also nicht unbedingt im Wortsinne begraben. Sein Leichnam dürfte eher auf einer Steinbank im vorderen Bereich der Grabkammer gelegen haben, und zwar nach Mk 16,5 auf der rechten Seite der Kammer.

»Es gibt einen grünen Hügel weit weg, außerhalb einer Stadtmauer, auf dem unser Herr gekreuzigt wurde, der starb, um uns zu retten.«
**Cecil Alexander, »There is a green hill«**

## Bestattungen im ersten Jahrhundert

Die in den letzten dreißig Jahren in Jerusalem und Umgebung vorgenommenen archäologischen Ausgrabungen liefern uns ein ziemlich umfassendes Bild der Begräbnispraktiken des 1. Jhs. Damals wurden noch am Ölberg Grabstätten errichtet. Beliebt war aber auch der Bereich im Westen der Stadt, wo der Kalksteinfelsen weich genug war, um behauen werden zu können.

So wurden Grabkammern im 1. Jh. oft in den Fels gehauen. In die Wände der Kammern ließ man eine Reihe von Nischen ein, die *kokhim* genannt wurden. Diese Nischen verliefen in einem Winkel von neunzig Grad zur Hauptkammer und man legte den Leichnam hier zur »primären Bestattung« nieder. Der Leichnam wurde in Leinen gehüllt und mit süß duftenden Ölen gesalbt. Letzteres konnte man später, wenn nötig, noch einmal wiederholen. In Jerusalems vergleichsweise trockenem Klima dauerte es zwischen 18 Monaten und zwei Jahren, bis der Körper zerfiel. Zu diesem Zeitpunkt wurden dann die Knochen zwecks »zweiter Bestattung« in eine Steinurne oder ein Kästchen gelegt, das als »Ossarium« bekannt war. Normalerweise stand der Name des Verstorbenen auf dem Ossarium, das an anderer Stelle in der Grabkammer aufbewahrt wurde (zum Ossarium des Kajaphas siehe S. 173).

Manchmal gab es auch eine Vorkammer für die Trauernden. Der Eingang war fast immer relativ niedrig, sodass die Menschen gebückt hineingehen oder sogar hineinkriechen mussten. Vor den Eingang rollte man einen Stein von handhabbarer Größe, um aasfressende Hunde und Vögel abzuhalten. Er schreckte zudem Grabräuber ab – wenn auch nicht immer. Der Boden vor dem Grab wurde normalerweise so ausgehoben, dass der

*Oben:* Eingang zu einem Grab aus dem 1. Jh. in der Nähe von Jerusalem. Deutlich zu sehen ist auch der Rollstein.

Rollstein leicht in seine Position zurückrollte und somit nicht ohne Weiteres von einem Einzelnen entfernt werden konnte.

*Kokhim*-Gräber waren von ca. 100 v. Chr. bis zum Fall Jerusalems im Jahr 70 n. Chr. beliebt. Seltener wurden die Toten unter überwölbten Vertiefungen (*arcosolia*) an den Seiten der Kammerwand auf einer Art Steinplatte liegend begraben. Die Evangelien vermitteln uns den Eindruck, dass der Körper Jesu nicht in eine *kokhim*-Nische gelegt wurde, selbst wenn dies die Absicht seiner Anhänger gewesen war, sondern auf eine solche Steinplatte.

## Das erste Osterfest

Geplant war offensichtlich, dass die Frauen gleich am Sonntagmorgen zum Grab zurückkehren und Jesus »richtig« begraben sollten. Sie wachten vor dem Morgengrauen auf, trafen sich irgendwo in der Stadt und gingen leise durch das Gennath-Tor in der Stadtmauer hinaus zu dem stillgelegten Steinbruch – einem Ort, den sie nun mit barbarischer Folter, politischer Ungerechtigkeit und menschlicher Tragödie verbanden. Es mag ein feuchter, kühler Aprilmorgen gewesen sein. Nach dem Bericht des Lukas bestand die Gruppe wohl aus drei Frauen: Maria Magdalena, Johanna und eine andere Maria (Lk 24,10). Sie hofften, dass sie keine Aufmerksamkeit erregen und es gemeinsam schaffen würden, den Stein beiseitezuwälzen.

Die kleine Expedition sollte zur vielleicht berühmtesten aller Zeiten werden. Denn als die Frauen zum Grab kamen, konnten sie sehen, dass der Stein bereits weggerollt war. Und als sie dann voller Angst in die Grabkammer gingen, stellten sie fest, dass der Leichnam Jesu verschwunden war – obwohl seine Leinenbinden noch dort lagen.

Golgota und das Grab

Was als Nächstes passierte, ist so bekannt, dass wir es den Evangelisten überlassen wollen, davon zu berichten. Sie wissen, dass diese Ereignisse einzigartig sind, schmücken sie aber nicht aus. Im Gegenteil: Ihre Berichte sind sehr zurückhaltend:

... aber den Leichnam Jesu, des Herrn, fanden sie nicht. Während sie ratlos dastanden, traten zwei Männer in leuchtenden Gewändern zu ihnen. Die Frauen erschraken und blickten zu Boden. Die Männer aber sagten zu ihnen: Was sucht ihr den Lebenden bei den Toten? Er ist nicht hier, sondern er ist auferstanden. Erinnert euch an das, was er euch gesagt hat, als er noch in Galiläa war: Der Menschensohn muss ... gekreuzigt werden und am dritten Tage wieder auferstehen. Da erinnerten sie sich an seine Worte.

Und sie ... berichteten alles den Elf und den anderen Jüngern ... Doch die Apostel hielten das alles für Geschwätz und glaubten ihnen nicht. Petrus aber stand auf und lief zum Grab. Er beugte sich vor, sah aber nur die Leinenbinden (dort liegen). Dann ging er nach Hause, voll Verwunderung über das, was geschehen war.
**Lukas 24,3-9.11-12**

Es ist der Beginn eines langen, denkwürdigen Tages – des ersten Ostertages. An dessen Ende, so berichtet Lukas, ist der auferstandene Jesus zum einen Kleopas und seinem Freund erschienen, die nach Emmaus unterwegs waren, zum anderen Petrus und schließlich auch den im Obergeschoss versammelten Jüngern (Lk 24,13-49). Verzweiflung hatte sich in Hoffnung, Trauer in Freude verwandelt. An die Stelle von Verlust und Trauer war der erneute Kontakt zu Jesus getreten.

Abgesehen von der unglaublichen Freude über die Auferstehung werden die Jünger auch die Bedeutung dieses einzigartigen Ereignisses für ihre *eigene* Zukunft gespürt haben: Der Tod war nicht das Ende, die Auferweckung Jesu zeugte davon, dass es Leben jenseits des Grabes gab.

Dadurch hatte Gott etwas von dem offenbart, was eines Tages alle Menschen erleben würden. Der Gott Israels hatte sein Versprechen gegenüber seinem Volk eingelöst: Er hatte eine neue Zeit eingeläutet und seine Macht mitten in der Welt aufleuchten lassen. Jesus konnte nun als der verstanden werden, der er war: der Messias und der Herr. Das hieß auch, dass die Jünger nun eine wichtige Verantwortung hatten und eine neue Rolle, die ihr Leben für immer verändern würde. Denn sie alleine waren die auserwählten »Zeugen dafür« (Lk 24,48). Es war nun ihre Aufgabe, der Welt von diesem Ereignis zu berichten.

Die Auferstehung Jesu veranlasste viele seiner Jünger, in alle vier Himmelsrichtungen zu reisen und den Namen des von Gott auserwählten Königs zu verkünden. Ihre Reise, zu der sie die Freude über die Auferstehung Jesu motiviert hatte, hatte gerade erst begonnen.

»Es feiere die ganze Welt Christi Auferstehung; in ihm ist sie gegründet.«

**Johannes von Damaskus (ca. 790 n. Chr.)**

## Schlüsseldaten: Golgota und das Grab

| | | | | | |
|---|---|---|---|---|---|
| 30 n. Chr. | Kreuzigung Jesu (eventuell am 7. April; nach anderer Berechnung am 4. April 33 n. Chr.); wahrscheinlich im Nordwesten des Gennath-Tors in einem stillgelegten Steinbruch (zuletzt genutzt im 2. Jh. v. Chr.). | 335 n. Chr. | Einweihung der Grabeskirche (in Abwesenheit Konstantins), verbunden mit der Wiederaufnahme des Arius in die Kirchengemeinschaft; Eusebius ist der Hauptredner. | 1099 | Ankunft der Kreuzfahrer in Jerusalem; als sie, das Te Deum singend, in die Grabeskirche eindringen, gibt es ein Blutbad. |
| | | 348/350 n. Chr. | Cyrillus, der Bischof von Jerusalem, hält in der Grabeskirche vor Täuflingen seine Katechesen; er erwähnt häufig das »Kreuzesholz«, dessen »Partikel ... fast über die ganze Erde verbreitet worden sind«. | 1185 | Das Heilige Land gerät wieder unter die Kontrolle der Muslime; seitdem sind die Schlüssel zur Grabeskirche in den Händen einer muslimischen Familie. |
| 41–44 n. Chr. | Der Bereich wird Teil eines erweiterten Vororts von Jerusalem (bleibt selbst aber eventuell unerschlossen). Möglicherweise besuchen in der Folge Paulus und andere Christen die Stätte. | | | 1803 | Feuer in der Rotunde; Versuch einer Renovierung des Grabgebäudes (Ädikula). |
| 70 n. Chr. | Die Römer zerstören die Stadt; der Bereich bleibt innerhalb der zerstörten Stadtmauern. | ca. 355 n. Chr. | Fertigstellung der Rotunde über dem Grab (die »Anastasis«). | 1833 | Besuch des Amerikaners Edward Robinson, der die Grabeskirche für einen »frommen Betrug« hält. |
| | | 384 n. Chr. | Bischof Cyrillus stirbt; Egeria beendet ihren Jerusalembesuch (siehe S. 114). | 1842 | Erste Vorschläge für eine alternative »Schädelhöhe« im Nordosten des Damaskustors (von Otto Thenius). |
| ca. 290 n. Chr. | Eusebius erwähnt in seinem Onomastikon (74,19-21), Golgota liege »in Aelia nördlich des Berges Zion« (d. h. des byzantinischen Berges Zion). | 631 n. Chr. | Heraklius gibt Jerusalem das »wahre Kreuz« zurück, das die Perser bei ihrem Angriff im Jahr 614 gestohlen hatten. | 1867 | Entdeckung des »Gartengrabs«. |
| | | | | 1883 | Besuch von General Charles Gordon, der sich für die alternative »Schädelhöhe« einsetzt. |
| 325 n. Chr. | Makarius, der Bischof von Jerusalem, besucht das Konzil von Nicäa; Konstantin lässt die Kreuzigungsstätte ausgraben. | 638 n. Chr. | Patriarch Sophronius lädt Kalif Omar ein, in der Grabeskirche zu beten, dieser lehnt jedoch ab. Stattdessen wird südlich der Kirche die Omar-Moschee errichtet. | 1894 | Gründung der Garden Tomb Assocation. |
| 326 n. Chr. | Entdeckung des Grabes sowie von Holz, das später als das »Kreuzesholz« identifiziert wurde. | 1009 | Basilika und Grab werden weitgehend durch Kalif el-Hakim zerstört. | 1953 | Bau eines arabischen Busbahnhofs vor der alternativen »Schädelhöhe«. |
| 333 n. Chr. | Der Pilger von Bordeaux (BP 593–594) erwähnt Konstantins neue Basilika, Golgota und das Grab. | 1042–1048 | Teilweise Wiederaufbau unter Konstantin Monomachos; über dem früheren Hof steht nun die nach Osten gerichtete Kirche. | 2000 | Abschluss der Restaurierung des Dachs der Rotunde in der Grabeskirche. |

# Golgota heute

## Die Suche nach Golgota

In allen Evangelien wird als Kreuzigungsstätte ein Ort namens »Schädelhöhe« genannt (Lk 23,33). Alle Evangelisten erwähnen auch seinen ursprünglichen aramäischen Namen »Golgota«, den man später – als die Bibel ins Lateinische übersetzt wurde – mit »Kalvarienberg« wiedergab. Es ist unklar, wie der Ort zu seinem makaberen Namen kam: Gab es dort eine Felsformation, die einem Schädel glich? Oder war es einfach ein üblicher Hinrichtungsort? Wie dem auch sei, er befand sich in der Nähe der Stadt und einem ihrer Tore – die Texte berichten, dass die Vorübergehenden Jesus verhöhnten.

Doch wo genau lag dieser Ort? Für viele Jerusalembesucher ist dies eine zentrale Frage. Vor allem im Glauben der Christen spielt dieses Ereignis eine so bedeutende Rolle, dass sie natürlich wissen möchten, ob man die Stätte der Kreuzigung und Auferstehung lokalisieren kann.

In aller Ausführlichkeit wird diese wichtige Frage der Authentizität in meinem Buch *Das Geheimnis des leeren Grabes* (2002) behandelt. Dort finden Sie gesonderte Kapitel zur Geschichte der beiden wichtigsten Stätten (der Grabeskirche und dem Gartengrab) sowie ein Kapitel, das die Thesen prüft, die in Zusammenhang mit diesen beiden Stätten aufgestellt werden.

## Der Ölberg?

In den vergangenen Jahren wird in manchen Reiseführern auch eine andere Möglichkeit der Loaklisierung diskutiert: Wurde Jesus möglicherweise auf dem Ölberg gekreuzigt? Diese Theorie, die vor allem in Ernest Martins Buch *The Secrets of Golgotha* (1996) vertreten wird, stützt sich weitgehend auf die Reaktion des römischen Hauptmanns auf den Tod Jesu. Lassen die Worte des Hauptmanns darauf schließen, dass er *gleichzeitig sehen* konnte, wie Jesus starb und der Vorhang im Tempel entzweiriss (Lk 23,45-47)? Wenn dem so war, dann muss er auf dem Ölberg gestanden haben, denn dies war der einzige Ort in Jerusalem, von dem aus man sehen konnte, was sich im Zentrum des Heiligtums ereignete, während man sich selbst außerhalb davon befand.

Doch der Evangelientext erklärt nicht, dass der Hauptmann das, was im Tempel vor sich ging, *mit eigenen Augen sah*. Martins weitere Argumente sind zudem sehr hypothetisch. Im frühen Christentum war nie die Rede davon, der Ölberg sei die authentische Stätte der Hinrichtung Jesu. Diese Theorie ist auch aus rein pragmatischen Gründen äußerst unwahrscheinlich: Der römischen Obrigkeit war daran gelegen, dass Hinrichtungen so schnell wie möglich vollzogen wurden, und zwar an Orten, die sich in größerer Nähe zur Stadt befanden, sodass deren Bewohner ihnen beiwohnen konnten.

Besucher sind also gut beraten, sich auf die beiden wichtigsten Alternativen zu konzentrieren: auf der einen Seite ein ruhiger, beschaulicher Garten (Gartengrab), auf der anderen Seite eine belebte, unübersichtliche Kirche (Grabeskirche). Nach Joh 19,41 »[war] an dem Ort, wo man ihn gekreuzigt hatte ... ein Garten, und in dem Garten war ein neues Grab, in dem noch niemand bestattet worden war«. Wir suchen also nach einer Hinrichtungsstätte direkt außerhalb der Stadtmauern, in deren Nähe sich ein Grab befindet. Welche der beiden Alternativen ist die wahrscheinlichere?

# Das Gartengrab

Für das Gartengrab spricht, dass es sich zur Zeit Jesu außerhalb der Stadtmauern befand. Es ist ein altes Grab, das den Beschreibungen in den Evangelien ähnelt. Und in der Nähe gibt es eine bemerkenswerte Felswand, die bei bestimmten Lichtverhältnissen einem Schädel gleicht.

Wenn man ein dicht gestaffeltes Sightseeing-Programm hinter sich hat, kann der Besuch dieser Stätte sehr erholsam sein. Sobald man das Tor passiert hat, befindet man sich trotz des Lärms, der von den nahe gelegenen Straßen herüberdringt, scheinbar in einer anderen Welt. Die Ruhe und Schönheit des Ortes sowie die Freundlichkeit, mit der die ehrenamtlichen Führer den Besucher empfangen, laden dazu ein, die eigenen Gedanken zu sammeln. Nachdem man zahlreiche Stätten besucht und endlose historische Detailinformationen erhalten hat, bietet sich hier die Gelegenheit, innezuhalten und nachzudenken.

Bei der Ankunft wird man oft zunächst zur Aussichtsplattform am Ostrand des Gartens geführt. Von dort kann man die Felswand sehen, die zu bestimmten Tageszeiten der Form eines Schädels gleicht. Aus diesem Grund wird der Felsen auch **Schädelhöhe** genannt. Vor allem nachmit-

Der Zugang zum Gartengrab. Fast der gesamte Bereich war verschüttet, als man das Grab 1867 entdeckte.

tags sorgen die Schatten dafür, dass die beiden »Augenhöhlen« auf makabere Weise hervortreten.

Eine alte Tradition verbindet diesen Hügel nicht nur mit den Klageliedern des Propheten Jeremia, in denen die Zerstörung Jerusalems beweint wird, sondern sieht in ihm auch einen Ort, an dem Hinrichtungen durch Steinigung stattgefunden haben. Wenn dies wirklich ein Hinrichtungsort war, dann standen die Verurteilten wohl am Fuß des Felsens, rund 3 m unterhalb des heutigen asphaltierten Platzes, während die Steine-Werfenden möglicherweise auf der Felsspitze standen. Selbst wenn Jesus dort nicht gekreuzigt wurde, könnte es sich dennoch um den Ort handeln, an dem man wenige Jahre später Stephanus als ersten christlichen Märtyrer zu Tode steinigte (Apg 7,54-60).

Wieder zurück im Hauptteil des Gartens, kann sich der Besucher die **große unterirdische Zisterne** oder die **historische Weinpresse** zeigen lassen, die dokumentieren, dass man in diesem Gebiet in biblischer Zeit tatsächlich Gartenbau betrieb. Alsdann steht man vor **dem Grab** selbst mit seiner auffällig senkrecht abfallenden Felswand, der langen Rinne am Boden und dem kleinen einladenden Eingang. Ein Teil der Felsen wurde sicherlich zur Zeit der Kreuzfahrer behauen, als man diesen Bereich als Stall für Pferde und Maultiere nutzte, ein Großteil aber sicherlich bereits in früherer Zeit. Die großen Steinziegel rechts vom Eingang wurden nach der Entdeckung des Grabes 1867 eingesetzt, wodurch der Eingang jedoch wieder annähernd seine ursprüngliche Form angenommen haben könnte.

Zwei der drei Bestattungsplätze innerhalb des Gartengrabs. Man beachte die Rinnen, in denen sich vertikale Steinplatten befanden.

## Im Inneren der Grabkammer

Das Eintreten in die Grabkammer selbst ist ein beeindruckendes Erlebnis. Sie hat große Ähnlichkeit mit der in den Evangelien beschriebenen Grabkammer: Es gibt reichlich Raum für mehrere Trauernde, und der Hauptbestattungsplatz ist in der Tat vom Eingang aus auf der rechten Seite zu sehen. In biblischer Zeit befand sich vor dem Eingang normalerweise eine senkrecht stehende Steinplatte, sodass ein Leichnam auf einer flachen Platte rund einen halben Meter über dem Boden gelegen haben muss. Die meisten Besucher verhalten sich innerhalb der Grabkammer ruhig. Sie spüren ihre Kälte, denken über ihr Alter nach und versuchen sich vorzustellen, was an jenem ersten Ostertag geschah.

Ist dies möglicherweise tatsächlich die Stätte, an der Jesus begraben wurde? Selbst wenn sie es nicht ist, fühlen sich dort viele Menschen diesem Ereignis näher als an jedem anderen Ort der Welt.

Einige Besucher möchten im Zuge dieser Eindrücke vielleicht wichtigen archäologischen und historischen Fragen nachgehen. Für diese Stätte als Grab Jesu spricht, dass wir es mit einem alten Grab direkt vor den Stadtmauern zu tun haben. Dagegen spricht eine aktuelle Erkenntnis der Archäologen, dass die Bauweise und einige andere Gründe auf ein sehr viel höheres Alter des Grabes (vielleicht Eisenzeit?) hinweisen, das dann zur Zeit Jesu natürlich kein »noch niemals benutztes« Grab gewesen sein kann.

Viele halten die Authentizität dieses Grabes jedoch nicht für das Ausschlaggebende. Für sie spielt die Auferstehung als solche eine bedeutendere Rolle als der Ort, an dem sie stattfand, oder anders formuliert: Die Person ist wichtiger als der Ort. Dieses Grab weist Skeptiker jedoch darauf hin, dass die Evangelienberichte geschichtlich verwurzelt sind. Und es hilft Menschen, eine Verbindung zu den Ereignissen in den Evangelien herzustellen, die letztlich die wichtigste ist – eine persönliche.

## Christus im Garten

Aus diesen Gründen ist es von Bedeutung, dass dieser Bereich als Garten erhalten wurde und dass man hier weder eine Kirche erbaut noch eine von Mauern umgebene Andachtsstätte errichtet hat. Das hilft dem Besucher, in seiner Vorstellung den Sprung zurück zu jenem ersten Ostermorgen zu vollziehen. Manche haben hier die anschauliche Erzählung aus Joh 20 besonders deutlich vor Augen – nicht zuletzt, weil Johannes den Bereich ausdrücklich als »Garten« beschreibt.

Wenn sich der Besucher irgendwo weiter hinten im Garten niederlässt, die Vorderseite des Grabes noch im Blick, kann er sich vorstellen, wie Petrus und der Lieblingsjünger völlig außer Atem am Grabeingang ankamen oder wie Maria weinend vor dem Grab stand und nicht wusste, wohin man den Leichnam ihres Herrn gebracht hatte. Nach dem Bericht des Johannes steht der auferstandene Jesus hinter ihr und fragt sie, warum sie weine. Doch Maria nimmt an, es handele sich um den Gärtner, und sagt: »Herr, wenn du ihn weggebracht hast, sag mir, wohin du ihn gelegt hast. Dann will ich ihn holen.« Jesus antwortet ihr mit einem einzigen Wort – ihrem Namen: »Maria!« Sie dreht sich zu ihm um und ruft: »Meister!« Es ist nicht der Gärtner, sondern Jesus – der Eine, der neues Leben bringt und das Leben selbst ist (vgl. Joh 20,11-18).

Das Gartengrab führt all diese Geschichten lebhaft vor Augen und mag dem Besucher eine eigene »Begegnung« mit dem auferstandenen Christus ermöglichen. Es gibt viele Menschen auf der ganzen Welt, für die eine Zeit des Nachdenkens in diesem Gar-

*»Da kam auch Simon Petrus, der ihm gefolgt war, und ging in das Grab hinein. Er sah die Leinenbinden liegen und das Schweißtuch, das auf dem Kopf Jesu gelegen hatte; es lag aber nicht bei den Leinenbinden, sondern zusammengebunden daneben an einer besonderen Stelle ...«*
**Johannes 20,6-7**

## Das Grab Christi und die Gebäude Konstantins nach Eusebius

Die Grabeskirche zu verstehen, ist heute ohne die Hilfe von Eusebius, der zu Beginn der Herrschaft Konstantins Erzbischof von Palästina (und später Konstantins Biograf) war, nur schwer möglich. Der Bericht des Eusebius informiert uns darüber, was mit der Stätte in den Jahren nach 325 n. Chr. geschah. In dem Bemühen, das Grab Jesu zu finden, ordnete Konstantin die Zerstörung des Forums und der im 2. Jh. dort errichteten heidnischen Tempel an, die – wie man damals wahrscheinlich fälschlicherweise glaubte – von Hadrian als bewusst christenfeindlicher Akt errichtet worden waren.

Der Bericht des Eusebius veranschaulicht die Erleichterung der ortsansässigen Christen. Ihr riskantes Beharren darauf, dass dies der korrekte Ort sei, hatte sich bezahlt gemacht. Eine der wenigen bekannten »archäologischen Ausgrabungen« der damaligen Zeit war äußerst erfolgreich verlaufen. Lesen wir den Bericht des Eusebius von der Entdeckung des Grabes:

*Jenen so glücklichen Ort der Auferstehung des Heilandes in Jerusalem glaubte er [Konstantin] auszeichnen und der Ehrfurcht aller würdig machen zu müssen ... Diese segensvolle Grotte hatten also einige Gottlose und Verruchte gänzlich zu vernichten gedacht ... Daher schafften sie unter Anwendung vieler Mühe von überallher Erde herbei und bedeckten damit den ganzen Platz ... und verbargen so die heilige Grotte unter diesem vielen Schutt. Darauf errichteten sie ... einen dunklen Schlupfwinkel ... zu Ehren ihrer ausschweifenden Göttin Venus ... Vom Geiste Gottes getrieben, befahl er [Konstantin], der es nicht ertragen konnte, dass der oben erwähnte Ort ... mit Schutz bedeckt ... sei ... denselben zu reinigen ... Auf diesen Befehl des Kaisers wurde sofort das Werk des Truges von Grund auf zerstört, und die Gebäude der Verführung ... wurden niedergerissen und vernichtet.*

*[Der Kaiser] befahl auch, das Material an Holz und Steinen des zerstörten Tempels wegzuräumen und so weit als möglich fortzuschaffen ... Wieder vom Geiste Gottes beseelt, gebot er selbst den Boden tief auszugraben ... Als nun statt des einen [späteren] Fußbodens der andere [frühere] in der Tiefe der Erde sichtbar wurde, da kam gegen aller Erwartung das ehrwürdige und geheiligte Denkmal der Auferstehung des Heilandes selbst zum Vorschein, und die heiligste Grotte bot damit ein vollkommenes Nachbild der Auferstehung des Erlösers dar. Denn nachdem sie [wie jener] lange im Dunkel der Erde verborgen gewesen, trat sie wieder ans Licht und lieferte denen, welche sie zu sehen kamen, einen deutlichen geschichtlichen Beweis von den Wundern, die sich hier zugetragen hatten, da sie nämlich durch Tatsachen, die lauter reden als jede mündliche Erzählung, die Auferstehung des Erlösers bezeugte.*

**Eusebius, Vom Leben des Kaisers Konstantin 3,25-28**

Für Eusebius selbst war die Entdeckung des Grabes nach fast 300 Jahren so etwas wie ein »Auferstehungs«-Erlebnis, eine Parallele zu Jesu Auferweckung nach seinem dreitägigen Begrabensein. Kein Wunder, dass die ortsansässigen Christen glaubten, an der Schwelle zu einer neuen Ära zu stehen – nicht zuletzt, weil sie gerade eine Zeit der Verfolgung durch das Römische Reich überwunden hatten. Ihr Christus wurde öffentlich rehabilitiert. Und kein Wunder, dass auch Eusebius zum ersten Mal in seinen Schriften in diesen Überschwang verfällt und von dem Grab als »geheiligtem Ort« spricht. Dieser Ort sei ein stiller, aber mächtiger Zeuge oder »Beweis« des Evangeliums.

Eusebius zitiert dann aus dem Brief Konstantins an Bischof Makarius von Jerusalem, der praktische Instruktionen für den Bau der Basilika enthält. Der Kaiser spricht von dem »vorliegenden Wunder« und bekräftigt, dass er sich nichts sehnlicher wünscht,

*» ... als dass wir jenen geheiligten Ort, den ich auf Geheiß Gottes von dem so schmählich ihm aufgebürdeten Götzenbild wie von einer gewaltig drückenden Last befreit habe und der nach dem Ratschlusse Gottes schon von Anbeginn geheiligt war, aber noch heiliger wurde, seitdem er den Glauben an das Leiden des Erlösers erzeugt hat, dass wir [sage ich] diesen Ort mit herrlichen Bauten zieren ... Denn es geziemt sich, dass der Ort, der wunderbarer ist als alle andern in der Welt, auch nach Gebühr ausgeschmückt werde.«*

**Eusebius, Vom Leben des Kaisers Konstantin 3,30-31**

Konstantin war es nicht vergönnt, diese Stätte selbst zu besuchen. Doch wir erkennen hier nicht nur sein persönliches Bekenntnis zum christlichen Glauben, sondern auch, dass er seine Aufmerksamkeit auf die vermutete Heiligkeit bestimmter Orte richtete. Möglicherweise haben wir in seinem Brief auch eine Aussage über die Entdeckung einiger Holzstücke vor uns, von denen man annahm, dass sie von Jesu Kreuz stammten. Einige Wissenschaftler glauben nämlich, dass Konstantin, da er in seinem Brief das »*Leiden* des Erlösers« und nicht die Auferstehung in den Blick nimmt, womöglich nicht von der Entdeckung des Auferstehungsgrabes, sondern von einem zweiten »Wunder« spricht – der Entdeckung des Kreuzesholzes.

Eusebius setzt seinen Bericht fort, indem er Konstantins Bauten beschreibt. Die »Hauptsache des Ganzen« war das Grab, das Konstantin »mit kostbaren Säulen und größter Pracht ausschmücken und mit den mannigfaltigsten Ornamenten verzieren« ließ. Vor dem Grab gab es einen von Säulenhallen umgebenen Vorhof – »einen sehr geräumigen Platz, der unter freiem Himmel lag«. Östlich davon befand sich das königliche Haus *(die Basilika)*, geschmückt mit Marmorsäulen, das Dach mit Blei gedeckt.

Der Bericht des Eusebius ist zwar angenehm zu lesen, lässt aus Sicht des Historikers allerdings viele Fragen unbeantwortet. Er erwähnt nicht ausdrücklich den Felsen Golgota, der (wie im gegenüberliegenden Plan unter 9 zu sehen) einen schwierigen, aber wichtigen Teil des Entwurfs für Konstantins Architekten bildete. Der Plan berücksichtigt auch die Darstellung der Grabeskirche im Madaba-Mosaik (siehe S. 199). Die Stufen führen hoch zu den drei Haupttüren, die nach Osten zu Jerusalems Hauptstraße hin lagen. Die »Rotunde« wurde erst in der Zeit nach Eusebius gebaut (ca. 355 n. Chr.).

Der Bericht des Eusebius enthält zudem erstaunlich wenige Details über das Aussehen des Grabes selbst. Cyrillus, einer seiner Nachfolger als Bischof von Jerusalem, verrät uns hierzu mehr Einzelheiten (Katechesen 10,19; 13,39; 14,5; 9,22). Als man das Grab entdeckte – so die Ausführungen des Cyrillus –, waren der Rollstein sowie einige Spuren des ursprünglichen »Gartens« (Teile des Erdreichs?) zu sehen. Vor dem Grabeingang befand sich eine »Felsenhöhle«, die »aus dem Felsen selbst ausgehauen war«. Diese Vorkammer war aber nun von den Arbeitern Konstantins abgetragen worden. Dies stimmt mit dem einzigen weiteren Kommentar des Eusebius überein, den er bald nach der Entdeckung des Grabes schrieb:

»Staunenswert zu sehen war aber auch, wie der Fels auf ebenem Lande allein aufrecht stand und nur eine Höhle in sich fasste« (**Eusebius**, *Theophanie* 3,61). Offensichtlich hatten die Architekten Konstantins beschlossen, das Grab auf nur eine Höhle zu reduzieren und den Felsen um sie herum abzutragen.

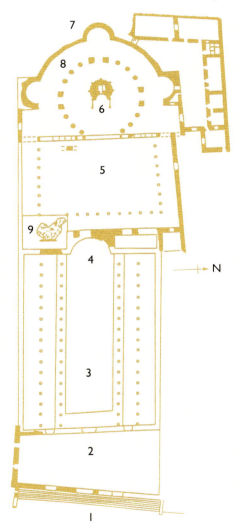

**Die Grabeskirche** im späten 4. Jh. (nach Corbo [1981] und Biddle [1999]). Ins »Martyrion« (3) gelangte man von der im Osten gelegenen Hauptstraße bzw. dem »Cardo« (1) aus durch einen Narthex (2). Der Schwerpunkt lag auf der nach Westen ausgerichteten Apsis, dem *hemisphairion* (4). Hinter dem Martyrion befand sich der Hof (5) mit Blick auf das Grab (6). Die anderen *kokhim*-Gräber (7) wurden beim Bau der Rotunde (8) teilweise zerstört. Die Mauern des Komplexes stehen nicht alle in einer Flucht – mit großer Sicherheit wohl deshalb, weil der große »Golgota«-Felsen (9) integriert werden musste.

Modell des byzantinischen Jerusalem auf dem Gelände von St. Peter in Gallicantu. Der Blick auf die Stadt aus Nordost *(oben)* zeigt die beiden Kolonnadenstraßen, die beim heutigen Damaskustor aufeinandertreffen. Weiter hinten erkennt man Justinians »Nea«-Kirche aus dem 6. Jh. Rechts liegt Konstantins Kirche auf Golgota: Man beachte *(Mitte)* den schönen Eingang und die fünf Stufen vom »Cardo Maximus« (der Hauptstraße) aus. Die Kirche ist nach Westen und nicht nach Osten ausgerichtet, was für die damalige Zeit ungewöhnlich war. Von Nordwesten her *(unten)* sieht man den Hof zwischen Golgota (gekennzeichnet durch das große Kreuz) und der Rotunde über dem Grab.

ten sehr bedeutsam gewesen ist und die dadurch bestärkt wurden, »den Spuren Jesu« zu folgen.

## Die Grabeskirche

Die Grabeskirche bildet einen gewaltigen Kontrast zum Gartengrab. Eine dunkle Kirche mitten in der Stadt scheint kaum der Ort des Golgotafelsens und des Grabes zu sein, die sich beide zur Zeit Jesu eindeutig *außerhalb* der Mauern befanden. Doch spricht einiges dafür, dass dieser Bereich im 1. Jh. in der Tat *vor* der Stadt lag. Es gibt zwar kaum Spuren der Mauer, aber es finden sich in der Nähe einige *kokhim*-Gräber aus dem 1. Jh. – ein Anhaltspunkt dafür, dass sich das Gebiet irgendwann in dieser Zeit außerhalb der Stadtmauern befunden haben muss. Tatsächlich berichtet Josephus, dass Herodes Agrippa die Stadt während seiner Regierungszeit (41–44 n. Chr.) erweiterte. Mit großer Sicherheit wurde dieser Bereich also ein Jahrzehnt nach der Kreuzigung Jesu Teil der Stadt.

Zudem wurde der Ort von vielen frühen Christen als Kreuzigungsstätte betrachtet. Diese Tradition hielt sich wohl bis zur Zeit Konstantins. Als dessen Arbeiter den Bereich räumten, fanden sie dort tatsächlich einige *kokhim*-Gräber. Das bestätigte, dass die Überlieferung sich auf eine historische Grundlage stützte.

Warum auch hätten die Christen sonst das Risiko eingehen sollen, Konstantin um die Zerstörung eines heidnischen (von Hadrian, einem seiner illustren Vorgänger erbauten) Tempels zu bitten, wenn sie keinen guten Grund zu der Annahme hatten, dies sei der authentische Ort?

Einen interessanten Hinweis liefert auch ein Jerusalembesucher namens Meliton, der im 2. Jh. aus Sardes anreiste. Seltsamerweise schreibt er, Jesus sei auf Jerusalems »zentralem Platz« gekreuzigt worden. Warum widersprach er den Evangelienberichten? Wahrscheinlich gab er nur wieder, was er während seines Besuches gesehen hatte. Man hatte ihm die Kreuzigungsstätte gezeigt, die inzwischen jedoch von einem römischen Forum und einem heidnischen Tempel überbaut worden war und in der Nähe des Zentrums der von Hadrian neu

Die Grabeskirche (von Nordwesten her gesehen) mit der Hauptkuppel (der Rotunde) über dem Gab Jesu. Konstantins Kirche wird sich noch über weitere 50 m nach Osten hin bis zur Hauptstraße (vgl. die Schattenlinie von links nach rechts) erstreckt haben. Rechts sieht man die Omar-Moschee und den weißen Turm der lutherischen Erlöserkirche (1898).

gegründeten Stadt Aelia Capitolina lag. Dazu passt auch die Aussage des Eusebius, der später in seinem *Onomastikon* schreibt, Golgota liege »in Aelia nördlich des Berges Zion«.

Es gibt also gute Gründe, zu dem Schluss zu kommen, dass die Grabeskirche durchaus den Ort kennzeichnen könnte, an dem die in den Evangelien beschriebenen Ereignisse stattfanden. Die Arbeiter Konstantins identifizierten eines der Gräber, die sie freilegten, als Grab Jesu – wahrscheinlich, weil es das Einzige war, das dem in den Evangelien beschriebenen glich.

Wenn dem wirklich so war, dann müssen wir uns Golgota im 1. Jh. als ein unebenes Stück Land vorstellen. Es handelte sich um die Überreste eines stillgelegten Steinbruchs, der nun von loser Erde und lockerer Vegetation bedeckt war. Auf diesem Stück Land gab es mindestens einen Felsen, der über den Boden des Steinbruchs hervorragte und den man hatte stehen lassen, weil durch seine Mitte ein Riss verlief. Vielleicht beschwor dieser Felsen das Bild eines Schädels herauf und verlieh der Stätte ihren unheimlichen Namen. Der Ort wird sich hervorragend für die von Zeit zu Zeit von den Römern durchgeführten Kreuzigungen geeignet haben: ein ungenutztes Stück Land in der Nähe des Stadttors, das für alle sichtbar war. Und ca. 35 m entfernt befanden sich einige Gräber, die in dem stillgelegten Steinbruch in den niedrigen Felsen gehauen waren – von denen eines Josef von Arimathäa gehörte.

## Vorbereitung auf den Besuch der Grabeskirche

Im Vergleich zum Besuch des Gartengrabes mag manch einer den Besuch dieser Kirche als anstrengend empfinden. Die Anlage des Gebäudes mit Spuren aus so vielen unterschiedlichen Jahrhunderten wirkt sehr unruhig. Und die Tatsache, dass so viele unterschiedliche christliche Konfessionen hier scheinbar um ihre jeweiligen Territorien kämpfen, ruft zuweilen heftige Reaktionen hervor und veranlasst zu der Frage: Ist dies der wahre Ort der Auferstehung? Gibt dieser Ort wirklich ein gutes Zeugnis für seine Botschaft ab?

Es lässt sich nicht bestreiten, dass die Grabeskirche alle Zeichen menschlicher Schwäche trägt. Doch dies zeigt paradoxerweise auch die Tatsache der Sündhaftigkeit der Menschen, für die – dem christlichen Glauben zufolge – Jesus hier starb. Und wir sollten nicht zu hart ins Gericht gehen mit einem Gebäude, das, eben weil seine Lage und seine Bedeutung seit so vielen Jahren so vielen Menschen am Herzen liegt, den Mittelpunkt konkurrierender Wünsche und Absichten bildet. Schließlich kämpfen Menschen oft um das am erbittertsten, was ihnen am meisten bedeutet.

So kann man diese Kirche auch als einzigartige Zeugin für die große Bedeutung betrachten, die Jesus für so viele Menschen hatte und immer noch hat. Sie ist ein lebendiges »Geschichtsbuch«, das zeigt, auf welch unterschiedliche Weise die Menschen auf den Tod Jesu reagiert haben. Und das Wirrwarr der Gebäude mag uns zudem daran erinnern, dass dem Gott der Christen menschliche Schwächen nicht fremd sind, denn auch sein Sohn war – vielleicht an diesem Ort – in größte Not geraten.

Und obwohl die lange Geschichte dieser Kirche von der Macht des Todes und der Zerstörung zeugt, handelt es sich doch um die einzige Kirche der Welt, in deren Mittelpunkt ein *leeres Grab* steht. Ja, sie ist die Grabeskirche, aber sie ist auch – wie die östliche Kirche sie nennt – die Auferstehungskirche.

Den Menschen, die dieses Gebäude irgendwann in der Zeit zwischen 335 und 1000 n. Chr. besucht haben, wird die Kirche sicher wesentlich besser gefallen haben als heutigen Besuchern. Fast 700 Jahre lang gelangte man von der Hauptstraße im Osten über eine Treppe in eine große, geräumige Kirche. Ging man dann weiter Richtung Westen, kam man auf einen von Säulenhallen umgebenen Hof, der unter freiem Himmel lag. Von dort aus war ein Grab zu sehen, das man vom umliegenden Fels befreit hatte, um das man herumgehen konnte und das von einer enormen Kuppel (siehe Modell S. 189) überdacht war.

Die Bauten Konstantins auf Golgota waren in der Tat beeindruckend und boten Raum für private Andachten wie auch für große liturgische Feiern. Sie veranschaulichten die Bedeutung dieses Ortes, an dem man den König der Könige in bitterer Armut

---

»Wenn Jesus nicht auferstanden ist, dann endet die Erlösungsgeschichte in der Sackgasse eines palästinensischen Grabes.«

**G. E. Ladd**

und Schande begraben hatte – und gaben ihm die Ehre, die er zu seinen Lebzeiten hier nicht bekommen hatte. Die Bauten sollten den Menschen in Konstantins Reich auch verkünden, dass es sich bei diesem Ort des Leidens und des Todes gleichzeitig um den Ort handelte, an dem der Tod überwunden worden war.

Einigen Menschen wäre es verständlicherweise wohl lieber, wenn man diesem Ort wieder das Aussehen eines Steinbruchs aus dem 1. Jh. mit ein wenig natürlichem Strauchwerk verliehen hätte. Doch diese Sehnsucht nach der ursprünglichen »authentischen Atmosphäre« ist relativ neu. Der Bereich war ohnehin im 2. Jh. von Hadrian bebaut und für die Nachwelt »zerstört« worden, sodass die Christen im 4. Jh. etwas Neues schaffen *mussten*. Das Tragische ist, dass sie den Ort mit diesen großartigen Bauten auch zum Angriffsziel von Extremisten machten – so sandte Kalif el-Hakim im Jahr 1009 Truppen aus, um Kirche und Grab zu zerstören.

Davon hat sich das Gebäude nie erholt. Die heutige Kirche ist in erster Linie ein schlechter Versuch der Kreuzfahrer, wieder etwas Ordnung in das Chaos zu bringen. Wenn man sie betritt, befindet man sich im ehemaligen Hof der großen Kirche Konstantins mit der Golgotastätte zur Rechten und dem Grab etwas weiter links. Aus dem Hof Konstantins wurde die Kirche der Kreuzfahrer.

## Wichtige Orte im Umfeld der Grabeskirche

Es gibt nur einen öffentlichen Eingang zu diesem Gebäude. Doch bevor sie die Kirche betreten, besuchen viele Menschen noch den 90 m östlich liegenden kleinen *souk* (Markt) **Khan es-Zeit.** Dieser *souk*, der von Norden nach Süden verläuft, folgt der Linie des von Hadrians Kolonnaden eingefassten »Cardo maximus«. Das Gebäude Konstantins erstreckte sich bis dorthin und die Reste vom Mauerwerk des Eingangs sind noch immer hinter dem Süßwarenladen von Herrn Zelatimos zu sehen (wie auch in dem großen, von den Russen erbauten Gebäude, in das man von der Südseite hineingelangt).

Wenn man vom *souk* die zickzackartigen Stufen hochsteigt, hat man einen herrlichen Blick auf die in der Ferne liegende Rotunde. Das vermittelt eine gute Vorstellung von der Länge der Kirche Konstantins. Oben betritt man einen kleinen Hof und befindet sich plötzlich in einer anderen Welt – der kleinen Welt der äthiopischen Mönche und ihrer Klosterzellen. Die Äthiopier wurden im 17. Jh. von den Kopten hierher »verbannt«, und seitdem kennzeichnet diesen Ort eine heitere Gelassenheit. Am Abend des Karsamstags, wenn die Äthiopier die Osternacht feiern, füllt sich der Hof mit Gläubigen, die wehklagen und um die Kuppel in der Mitte des Hofes tanzen, als würden sie nach dem Leichnam Jesu suchen.

Diese Kuppel spendet der darunterliegenden Helenakapelle Licht. Obwohl man hier »auf dem Dach steht«, befindet man sich eigentlich im Erdgeschoss der konstantinischen Basilika – also genau genommen auf dem Dach ihrer unterirdischen *Krypta*. Durch das äthiopische Kloster mit seinen typischen Gebetsstäbchen und den Wandgemälden, die den Besuch der Königin von Saba bei Salomo zeigen, gelangt man über einige Stufen hinab in einen großen Hof – **den »Parvis«.**

Dieser bei Pilgern beliebte Hof ist zu Ostern überfüllt mit Menschen, vor allem mit griechisch-orthodoxen Besuchern aus Zypern. Die Zeremonie der Fußwaschung der griechischen Gläubigen findet am Morgen des Gründonnerstags statt. Zwei Tage später, am Karsamstag, warten sie mit ihren Kerzen darauf, dass die Fackel mit dem »Heiligen Feuer« aus der Kirche herausgebracht wird. Die große Glocke im Glockenturm gegenüber ertönt und alle rufen:

Äthiopische Mönche vor ihren Zellen, die über der »Krypta« der Grabeskirche liegen.

»Christus ist auferstanden!«. Viele nehmen die Flamme (die Jesu Auferstehung symbolisiert) in ihren Lampen mit nach Hause – manche bringen sie zum Grab von Angehörigen.

## Der Golgotafelsen

In der Kirche gehen Besucher normalerweise sofort die steilen Stufen zur Rechten hoch zur traditionellen **Golgotastätte.** Es handelt sich um einen dunklen Bereich, in den die Kerzen auf den armenischen und griechischen Altären etwas Licht werfen. Der Golgotafelsen, das große Stück unbearbeiteten Gesteins, das zur Zeit Jesu rund 15 m über den Boden des Steinbruchs ragte, befindet sich unter einem Schutzglas. Möglicherweise war dieser Felsen mit Erde bedeckt, sodass er eine kleine Anhöhe bildete, doch dass Jesus gerade auf seiner Spitze gekreuzigt wurde, bleibt Spekulation. In den Evangelien gibt es keinerlei Hinweise auf einen »Hügel« und schon gar nicht darauf, dass die Kreuzigung Jesu auf einem solchen stattfand. Zwar kommt dies der Vorstellung der Gläubigen näher, doch ebenso gut könnte die Kreuzigung irgendwo in der Nähe zu »ebener Erde« stattgefunden haben.

Wenn man auf der anderen Seite wieder die Treppe hinabgeht und nach rechts abbiegt, sieht man hinter dem Schutzglas den »Riss« im Golgotafelsen. Die Archäologen meinen, dies sei der Grund dafür, dass dieser Felsen nie abgetragen wurde. Andere sehen einen Zusammenhang zwischen dem Drama der Kreuzigung und dem Erdbeben, dass sich nach Mt 27,51 zu dieser Zeit ereignete.

## Das Holz des Kreuzes

An dieser Stelle trifft man auf eine halbkreisförmige »Arkade«, die um die Apsis der Kreuzfahrerkirche herumgebaut ist und in der die Franziskaner jeden Nachmittag der Stationen des Kreuzes gedenken. Auf etwa der Hälfte dieser Arkade kann man hinab in die **Helenakapelle** gehen, die vor Kurzem von den Armeniern renoviert wurde. Von dort gelangt man in eine noch tiefer liegende Krypta, deren Besuch sich lohnt, weil man dort gut den natürlichen Stein des Golgotafelsens sowie einige Spuren des früheren Steinbruchs sieht. Beide Krypten waren zu biblischer Zeit wohl Zisternen, die später von Hadrian zugeschüttet wurden, als er diesen Bereich für den Bau seines Forums einebnete.

Dass die Kapelle nach Konstantins Mutter, Königin Helena, benannt wurde, liegt daran, dass man sie mit der Entdeckung des Kreuzesholzes in Verbindung brachte – von dem man vielleicht glaubte, dass es in diesen Zisternen gefunden wurde. Helena besuchte Jerusalem im Jahr 326 n. Chr. Zwanzig Jahre später sagte Bischof Cyrillus, dass Partikel des »Kreuzesholzes ... fast über die ganze Erde verbreitet worden sind«. Es gibt jedoch keine verlässlichen Hinweise darauf, dass Helena persönlich etwas mit der Entdeckung des Holzes zu tun hatte. Und einige Berichte aus dem 4. Jh. enthalten offensichtlich legendenartige Züge: So heißt es z. B., sie habe drei Kreuze entdeckt und konnte genau sagen, welches das Kreuz Jesu gewesen sei. Außerdem wird die Legende erzählt, dass ein Toter, der damit in Berührung gekommen war, wieder zum Leben erweckt wurde.

Tatsächlich lag die Sache wohl etwas anders. Einige Arbeiter, die die Stätte räumten und bereits das Grab gefunden hatten, fanden auch Holz unterhalb des Grabes und zogen schnell ihre Schlussfolgerungen daraus. Es gibt Hinweise darauf, dass Erzbischof Eusebius von der Authentizität dieses Holzes nicht überzeugt war. Doch die ortsansässigen Christen verbreiteten schon bald diese »Wahrheit« und sandten Teile davon als Reliquien an andere Kirchen, sehr zu Gefallen von Bischof Cyrillus.

## Vorbereitung auf den Besuch des Grabes

Wenn man – nun wieder zu ebener Erde – weiter durch die Arkade wandert, kommt man an **einigen hohen Säulen** vorbei, die sehr dicht beieinanderstehen. Die massiven Säulen der Kreuzfahrer sind leicht von diesen schlankeren Säulen mit Korbkapitellen zu unterscheiden. Letztere stammen aus der Zeit Konstantins. Sie sind die einzigen Überreste seines von Säulengängen umgebenen Hofes. Wenn man hier mitten in einer engen Kirche steht, kann man sich nur schwer vorstellen, dass dieser Ort früher geräumig war und unter freiem Himmel lag. Sich dennoch auf diese Vorstellung einzulassen, hilft nachzuempfinden, wie es wohl in den Jahrhunderten nach 325 n. Chr. gewesen sein mag, sich dem Grab zu nähern. Denn gleich um die Ecke, doch von hier noch nicht sichtbar, befindet sich das Grab Jesu, das die Ausgräber Konstantins dort entdeckten, woraufhin sie den Fels ringsum abschlugen, damit es in all seiner seltsamen Pracht zu bestaunen war.

Es kann allerdings auch ein Schock sein, das **traditionelle Grab Jesu** zum ersten Mal zu sehen. Es befindet sich in einer Ädikula aus dem 19. Jh., gestützt von Metallträgern, damit es nicht zusammenbricht. Kaum einer dürfte es als schön bezeichnen. Die Geschichte hat in der Tat ihren grausamen Tribut gefordert: Konstantins wohlmeinende Arbeiter entfernten 326 n. Chr. einige Teile an der Vorderseite; Hakim zerstörte

*»Mit dem Kreuzesholze ist nunmehr fast der ganze Erdkreis erfüllt.«*
**Cyrillus von Jerusalem, Katechesen 4,10**

## Golgota und das Grab

ihr Werk 1009 weitestgehend; das darüberliegende Dach brach 1808 aufgrund eines Feuers ein; 1927 wurde das Gebäude bei einem heftigen Erdbeben erschüttert ... Umso erstaunlicher ist es, dass es überhaupt stehen geblieben ist!

Ein Teil des natürlichen Felsens ist sogar noch von der kleinen, hinter dem Felsen liegenden koptischen »Kapelle« aus zu sehen, und jüngste archäologische Untersuchungen haben mit Hilfe hochspezialisierter Geräte gezeigt, dass unter den späteren Bauten mehr vom ursprünglichen Felsen erhalten ist, als man vermutet hatte.

Viele Menschen glauben, dass sich hier die Grabstätte Jesu befand. Und trotz ihrer Unansehnlichkeit und Baufälligkeit halten sie inne, um über das Ereignis nachzudenken, an das hier erinnert wird. Tausende haben hier bereits aus Dank für die Auferstehung gebetet. Die gute Botschaft dieses Grabes ist die, dass es leer ist. So sollen wir nach Lukas nicht den »Lebenden bei den Toten« suchen. Wenn der Besucher also hofft, die Gegenwart Christi hier intensiver zu spüren als andernorts, wird er sicher enttäuscht sein. »Er ist nicht hier, sondern er ist auferstanden« (Lk 24,6).

Das Grab Jesu, umgeben von der Ädikula, die die Griechisch-Orthodoxen nach dem Feuer von 1808 bauten.

Kein Besuch der Grabeskirche sollte ohne einen kurzen Umweg zur **Kapelle der Syrer** enden, die weiter westlich jenseits der Ädikula zu finden ist. Hier kann man mit Hilfe einer Fackel oder einer Kerze deutlich einige **kokhim-Gräber** aus dem 1. Jh. sehen. Die massive konstantinische Mauer verläuft durch die Nischen, in die man die Toten legte. Dies macht deutlich, dass sich dieser Bereich zur Zeit Jesu tatsächlich außerhalb der Stadtmauern befand. Es zeigt auch, dass die Arbeiter Konstantins mehrere Gräber fanden. Doch dieses eine wählten sie offensichtlich aus einem guten Grund aus.

Sehenswert sind auch: das herrliche Dach der **Rotunde** (erst im Jahr 2000 fertiggestellt, doch ein Zeichen der Kooperation zwischen den verschiedenen christlichen Konfessionen, die sich das Gebäude teilen); die **Katholikon** genannte griechisch-orthodoxe Kirche; einige der wunderschönen **armenischen Mosaiken** und der »**Salbungsstein**« in der Nähe des Eingangs.

Der Letztgenannte stammt aus dem 19. Jh. und soll an die Steinplatte erinnern, auf die Jesu Leichnam vor dem Begräbnis zur Einbalsamierung gelegt wurde. Im Gedenken daran bringen die Menschen nun ihre eigenen Parfüms und Öle mit. Und sie wiederholen symbolisch auch die Fußsalbung, die Maria Magdale-

Die von Konstantins Ausgräbern entdeckten kokhim-Gräber, die darauf hinweisen, dass sich dieser Bereich zur Zeit Jesu außerhalb der Stadtmauern befand.

na einige Tage vor Jesu Begräbnis in Betanien vornahm (siehe S. 111). Jesus sagte bei dieser Gelegenheit: »Sie hat ein gutes Werk an mir getan ... Überall auf der Welt, wo das Evangelium verkündet wird, wird man sich an sie erinnern und erzählen, was sie getan hat.« Dieser Akt des Salbens kann ein eindrucksvolles Zeichen der Hingabe an die Person Christi sein.

Der »Salbungsstein« in der Nähe des Eingangs der Kirche.

## Christliche Feiern im byzantinischen Jerusalem

In den Jahren nach der Entdeckung des Grabes Jesu 325 n. Chr. veränderte sich die Haltung der Christen gegenüber Jerusalem und dem Heiligen Land erheblich.

Ende des 4. Jhs. gab es einen regelrechten Pilgerpfad durch das Land, der die Menschen zu einer Reihe gekennzeichneter Stätten führte (wie der Bericht des Hieronymus von der Pilgerfahrt seiner Freundin Paula zeigt: **Hieronymus**, *Brief* 108). Durch den wachsenden Pilgerstrom boomte der Handel. Die Vorstellung von »heiligen Stätten« und von Jerusalem als »Heiliger Stadt« war inzwischen tief im christlichen Denken verankert. Während die Kirchenkonzile die Göttlichkeit Christi diskutierten, wurde Palästina als das Land gefeiert, das Zeuge seiner Menschwerdung geworden war. Die christlichen Herrscher folgten dem Beispiel Konstantins, ein christliches Palästina als nützliches Symbol ihres neuen Byzantinischen Reiches zu betrachten.

Eine wichtige Rolle hierbei spielte Cyrillus, der von 350 n. Chr. bis zu seinem Tod im Jahr 384 n. Chr. Bischof von Jerusalem war. Seine *Katechesen* bringen auf faszinierende Weise seine Leidenschaft für das sich herausbildende Heilige Land zum Ausdruck.

Cyrillus bezeichnet Jerusalem häufiger als »Heilige Stadt«. Die Ereignisse des Jahres 70 n. Chr. hatten für ihn nichts daran geändert, dass diese Stadt einen besonderen Platz in Gottes Heilsplan einnahm. Deswegen hatte sie eine natürliche »Vorrangstellung« im christlichen Leben und Denken. Auch die in den Evangelien genannten Stätten waren »heilig«. Sie waren wichtige historische »Zeugen«, aber sie hatten auch eine fast sakramentale Kraft, den Glauben zu wecken und ein Gefühl der Gegenwart Gottes zu vermitteln.

Fünfmal erwähnt Cyrillus auch das »heilige Kreuzesholz«, dessen »Partikel von Gläubigen fast über die ganze Erde verbreitet worden sind«. So wie die Apostel im 1. Jh. die Botschaft des Kreuzes in der Welt verkündet hatten, so durften wichtige Jerusalembesucher nun kleine Stückchen des Kreuzes mit nach Hause nehmen (Katechesen 4,10; 10,19; 13,4). Cyrillus sorgte dann dafür, dass diejenigen Reste des Kreuzes, die im Besitz der Kirche von Jerusalem blieben, am Karfreitag den Gläubigen gezeigt wurden, damit diese sie verehren und küssen konnten. Offensichtlich hielt er bei dieser Gelegenheit die Enden des Holzes mit den Händen fest, weil einige Zeit zuvor ein Besucher »zugebissen und einen Splitter vom Kreuz gestohlen« hatte (Egeria 37,2).

Sie zweifeln an dieser ganzen Geschichte? Das tat auch ein Mann namens Fleury, der im 19. Jh. alle Kathedralen besuchte, von denen man behauptet, dass dort ein Stück des »wahren Kreuzes« beherbergt sei. Entgegen seinen Erwartungen fand er heraus, dass die Menge der Holzreliquien nur ein Drittel der Holzmenge ausmachte, die für eine Kreuzigung erforderlich wäre. Vielleicht hatte er also Unrecht mit seinen Verdächtigungen. Es ist durchaus möglich, wenn auch letztlich unwahrscheinlich, dass die erhaltenen Reliquien tatsächlich von dem Kreuz stammen, das an jenem ersten Karfreitag verwendet wurde.

Das Engagement des Cyrillus für Jerusalem hat sich unausweichlich auf die Kirchenpolitik ausgewirkt. Bis 325 n. Chr. war Jerusalem vielen unter seinem heidnischen Namen »Aelia« bekannt; die Bischöfe von Aelia unterstanden ausdrücklich dem Erzbischof von Cäsarea. Seit 451 n. Chr. gehörte Jerusalem jedoch (nach Rom, Alexandrien, Antiochien und Konstantinopel) zu den fünf »Patriarchaten« der Kirche, die jetzt weltweit Fuß gefasst hatte – ein kometenhafter Aufstieg.

Doch der Einsatz des Cyrillus hatte noch weitergehende Auswirkungen. Denn das byzantinische Christentum sollte auch den christlichen Gottesdienst und die Form der Liturgie verändern. Bischof Cyrillus führte eine Abfolge des Gebets an den Evangelienstätten ein, die sowohl Rücksicht auf die Stätte als auch auf die Jahreszeiten nahm. Auf diese Weise erhielt das Kirchenjahr eine Form, z. B. mit Feiern in Betlehem an Weihnachten und auf dem Ölberg aus Anlass der Auferstehung. Jerusalembesucher waren hiervon beeindruckt und bald folgte man den saisonalen Vorgaben im ganzen Reich. Die heutigen christlichen Kirchen verdanken also dem byzantinischen Jerusalem und wahrscheinlich konkret Bischof Cyrillus die Gestaltung des Kirchenjahres: Advent und Weihnachten, Dreikönigsfest und Fastenzeit, Karwoche und Ostern, Christi Himmelfahrt und Pfingsten. So wie von Jerusalem im 1. Jh. die erste Botschaft von Jesus selbst ausging, so war die Stadt 300 Jahre später der Ursprungsort für eine Festfolge, nach der man ihn auf der ganzen Welt verehrt.

Egeria gehörte zu den damaligen Jerusalembesuchern. Ihr Tagebuch vermittelt uns einen Eindruck von den Feierlichkeiten während der Karwoche in den letzten Jahren von Cyrillus' Episkopat. Folgende Liste führt (nur einige!) der angebotenen Gottesdienste auf.

## Golgota und das Grab

| | |
|---|---|
| – Lazarus-Samstag (13 Uhr) | Gottesdienste im Lazarium in Betanien |
| – Palmsonntag (13 Uhr) | Prozession von der *Eleona* in die Stadt |
| – Dienstag (nach Einbruch der Dunkelheit) | Lesung der Rede Jesu über die Endzeit in der *Eleona* |
| – Mittwoch (nach Einbruch der Dunkelheit) | Perikope von Judas Iskariot im *Martyrium* |
| – Donnerstag (14 Uhr) | Feier der Eucharistie »hinter dem Kreuz« (19–23.30 Uhr); Singen von Hymnen sowie Lesungen in der *Eleona* |
| – Freitag (ab Mitternacht) | Singen von Hymnen sowie Lesungen im *Imbomon* |
| – Freitag (kurz vor Tagesanbruch) | Prozession zum Garten Getsemani |
| – Freitag (8–12 Uhr) | Kreuzverehrung im *Martyrium* |
| – Freitag (12–15 Uhr) | Lesung der Passionsgeschichte »vor dem Kreuz« |
| – Samstag (20 Uhr–frühe Morgenstunden) | Ostervigil im *Martyrium* (bei der Neugetaufte willkommen geheißen wurden) |
| – Ostersonntag (12–20 Uhr) | Gottesdienste in der *Eleona* und im *Imbomon*; danach Prozession zur *Anastasis* zur Lesung von Joh 20,19-25 (der auferstandene Jesus erscheint Thomas) |

Ausschnitt aus der Mosaikkarte von Madaba (in Jordanien), der die »Heilige Stadt Jerusalem« im frühen 7. Jh. n. Chr. zeigt. Deutlich zu sehen sind die beiden Kolonnadenstraßen (die in der Nähe des heutigen Damaskustors aufeinandertreffen) und die drei wichtigsten Kirchen (siehe Karte Nr. 5 auf S. 169). Den Eingang zur Grabeskirche erkennt man am besten, wenn man die Karte auf dem Kopf hält.

# 14 Emmaus

Am gleichen Tag waren zwei von den Jüngern auf dem Weg in ein Dorf namens Emmaus, das sechzig Stadien von Jerusalem entfernt ist. Sie sprachen miteinander über all das, was sich ereignet hatte. Während sie redeten und ihre Gedanken austauschten, kam Jesus hinzu und ging mit ihnen. Doch sie waren wie mit Blindheit geschlagen, sodass sie ihn nicht erkannten ... Da sagte er zu ihnen: Begreift ihr denn nicht? Wie schwer fällt es euch, alles zu glauben, was die Propheten gesagt haben. Musste nicht der Messias all das erleiden, um so in seine Herrlichkeit zu gelangen? Und er legte ihnen dar, ausgehend von Mose und allen Propheten, was in der gesamten Schrift über ihn geschrieben steht.

So erreichten sie das Dorf, zu dem sie unterwegs waren. Jesus tat, als wolle er weitergehen, aber sie drängten ihn und sagten: Bleib doch bei uns; denn es wird bald Abend, der Tag hat sich schon geneigt. Da ging er mit hinein, um bei ihnen zu bleiben. Und als er mit ihnen bei Tisch war, nahm er das Brot, sprach den Lobpreis, brach das Brot und gab es ihnen. Da gingen ihnen die Augen auf und sie erkannten ihn; dann sahen sie ihn nicht mehr. Und sie sagten zueinander: Brannte uns nicht das Herz in der Brust, als er unterwegs mit uns redete und uns den Sinn der Schrift erschloss? Noch in derselben Stunde brachen sie auf und kehrten nach Jerusalem zurück.

**Lukas 24,13-16.25-33**

## Auf dem Weg

Die Verfasser des Neuen Testaments stützen ihren Bericht über die Auferstehung Jesu auf zwei wichtige Behauptungen: Das Grab war leer und der auferstandene Jesus ist seinen Jüngern erschienen. Paulus, der Anfang der Fünfzigerjahre des 1. Jhs. n. Chr. schrieb, wusste zu berichten, dass Jesus z. B. Kephas, Jakobus, den Zwölf und danach »mehr als fünfhundert Brüdern zugleich« erschien (1 Kor 15,5-7).

In den Evangelien werden verschiedene Geschichten vom auferstandenen Jesus erzählt: Im Johannesevangelium erscheint Jesus der Maria von Magdala, dem Thomas sowie den Jüngern am See von Tiberias, im Matthäusevangelium den Frauen und dann allen Jüngern auf einem Berg in Galiläa. Lukas jedoch konzentriert sich völlig darauf, was sich an jenem ersten Ostertag in Jerusalem und Umgebung ereignete: Jesus erscheint zwei Jüngern, die zum Dorf Emmaus unterwegs sind und dann eilig nach Jerusalem zurückkehren, wo Jesus sich Simon Petrus und dann den Jüngern im »Obergeschoss« offenbarte. Dementsprechend endet sein erstes Buch (das Lukasevangelium) damit, dass Jesus seinen Jüngern in Jerusalem die »frohe Botschaft« darlegt. Damit ist der Anknüpfungspunkt geschaffen für sein zweites Buch (die Apostelgeschichte), in dem diese Botschaft von Jerusalem aus in aller Welt verbreitet wird.

### Der geheimnisvolle Reisende

Die Geschichte von der Begegnung mit dem Auferstandenen auf dem Weg nach Emmaus gehört zu Recht zu den am häufigsten zitierten neutestamentlichen Texten.

*»Während sie noch darüber redeten, trat er selbst in ihre Mitte und sagte zu ihnen: Friede sei mit euch!«*
**Lukas 24,36**

Kleopas und sein Gefährte verließen die Stadt gegen Mittag, um nach Emmaus zu gehen – ein Dorf, das Lukas zufolge 11 km (wörtlich »60 Stadien«) von Jerusalem entfernt lag. Sie waren zutiefst traurig über das, was am Wochenende geschehen war. Niedergedrückt sprachen sie über die Ereignisse, die zur Hinrichtung Jesu geführt hatten. Ihre Welt war zusammengebrochen, ihre Hoffnungen durch die harte Realität politischen Zweckdenkens zerstört.

Und dann tauchte eine geheimnisvolle Gestalt auf. Ein Unbekannter schloss sich ihnen an und forderte sie auf, ihm ihre Geschichte zu erzählen. Und er begann, ihre Welt wiederherzustellen und ihnen wieder Hoffnung zu geben. Als er ihnen die Schrift auslegte, brannte ihnen »das Herz in der Brust«. Er erklärte ihnen, dass das Alte Testament auf einen Messias hingewiesen hatte, der leiden und dann »in seine Herrlichkeit« gelangen würde (Lk 24,26). Doch zu diesem Zeitpunkt konnten sie sich noch nicht vorstellen, was mit dieser »Herrlichkeit« nach einer Zeit des Leidens gemeint war.

Dann fügten sich die Puzzleteile langsam zusammen. Sie luden ihn ein, bei ihnen zu bleiben, und ihr Gast tat etwas, das er schon zuvor bei mehreren Gelegenheiten getan hatte: Er betete und brach das Brot. In diesem Moment »gingen ihnen die Augen auf«. Sie hatten die ganze Zeit über mit dem auferstandenen Jesus gesprochen! Kein Wunder, dass sie, obwohl es inzwischen schon spät war, sofort nach Jerusalem zurückkehrten. Diese erstaunliche Neuigkeit konnten sie einfach nicht für sich behalten.

## Die vier zentralen Motive der Emmausgeschichte

Lukas schildert diese Geschichte sehr ausführlich und auch sehr anschaulich. Die Emotionen sind deutlich spürbar. Deswegen fühlen sich die Menschen von jeher von dieser Geschichte stark angesprochen: von der Thematik der Hoffnungslosigkeit, die in Freude umschlägt, und dem Motiv der Begleitung Jesu auf der Straße des Lebens. Die Episode enthält viele unterschiedliche Themen, aber für Lukas scheinen vier Motive von besonderer Bedeutung gewesen zu sein.

Das erste und wichtigste ist die *Wahrheit der Auferstehung*. Die Leserinnen und Leser des Lukasevangeliums sollen nicht den geringsten Zweifel an dem haben, was Lukas selbst glaubte: Jesus war tatsächlich vom Tod auferstanden. Nach seiner Auffassung handelte es sich nicht bloß um Wunschdenken. Wenn Lukas erzählt, wie Jesus die Straße entlanggeht, haben wir es nicht mit einer sentimentalen, symbolischen Beschreibung der »fortdauernden Gegenwart« Jesu zu tun. Nein, Lukas vermittelt seinen Leserinnen und Lersern ein reales Geschehen. Dies wird auch dadurch verdeutlicht, dass Jesus in der folgenden Szene im Obergeschoss den Jüngern die Wunden an Händen und Füßen zeigt und ganz bewusst in ihrer Gegenwart gebratenen Fisch isst. In ihrer Angst und Verwirrung hatten die Jünger geglaubt, einen »Geist« zu sehen, doch Jesus entgegnete ihnen: »Kein Geist hat Fleisch und Knochen, wie ihr es bei mir seht« (Lk 24,37-39).

Natürlich gibt uns die Emmausgeschichte einige Rätsel auf: Wie gelangte Jesus z. B. von Emmaus zurück nach Jerusalem? Lukas macht keinen Hehl daraus, dass er von außergewöhnlichen, beispiellosen und unerwarteten Ereignissen berichtet, von Ereignissen, deren letztliche Unergründlichkeit sich nicht leugnen lässt. Aber er hofft, dass bei seinen Leserinnen und Lesern ähnlich wie bei den Jüngern die Zweifel einer neuen Zuversicht weichen werden.

Tatsächlich betont Lukas in seiner Geschichte besonders, dass die Auferstehung für alle völlig unerwartet kam. Kleopas wusste zwar, dass das Grab leer war, doch erfüllte ihn dieses Wissen nicht mit Hoffnung, sondern mit noch größerer Trauer. Und selbst, als der auferstandene Jesus mit ihm und seinem Gefährten auf der Straße über die »Herrlichkeit« des Messias sprach, war den beiden nicht klar, wer er war oder worüber er redete. Als Jesus ihnen später im Obergeschoss erneut erschien, »erschraken« sie, hatten »Angst« und »staunten, konnten es aber vor Freude immer noch nicht glauben« (Lk 24,41). Sie waren einfach nicht darauf vorbereitet, dass Jesus auferstehen würde. Diese Botschaft kam aus heiterem Himmel, nahm ihnen ihre Verzweiflung und erfüllte sie mit Hoffnung.

Ebenso wichtig ist es für Lukas, seine Leserinnen und Leser zurück zum Ereignis des *Todes Jesu* zu führen. Bei der Beschreibung der Kreuzigung hatte er das Geschehen wiedergegeben, ohne dessen tiefere Bedeutung zu kommentieren. Jetzt aber lässt er Jesus selbst sprechen und erklären, worum es eigentlich geht. Der Tod Jesu, so erfahren wir, war kein Zufall. Er war notwendig, denn »*musste* nicht der Messias all das erleiden?« (Lk 24,26). Jesus war vordergründig durch einen gemeinsamen Beschluss der jüdischen und der römischen Obrigkeit (»unsere Hohenpriester und Führer«) zum Tode verurteilt worden. Der tiefere Grund für seinen Tod war Gottes geheimnisvoller Wille – auf den die Propheten des Alten Testamentes hingewiesen hatten –, durch das Leiden des Messias der ganzen Welt die »Vergebung der Sünden« zuteilwerden zu lassen.

Dieser Tod diente also dem Zweck, »allen Völkern« Segen zu bringen. Er bewirkte, dass die Sünden der Menschen hinweggewaschen wurden und sie Gottes Liebe und Vergebung erfahren konnten.

---

*»Da sagte er zu ihnen: Was seid ihr so bestürzt? Warum lasst ihr in eurem Herzen solche Zweifel aufkommen? Seht meine Hände und meine Füße an: Ich bin es selbst. Fasst mich doch an und begreift: Kein Geist hat Fleisch und Knochen, wie ihr es bei mir seht.«*

**Lukas 24,38-39**

Sodann macht Lukas einige wichtige Aussagen über die *Heilige Schrift*. Wir stellen uns vielleicht vor, dass die Jünger nach dieser wichtigen Auferstehungserfahrung etwas so Prosaisches und Wortreiches wie die Heilige Schrift nicht mehr brauchten. Doch für den auferstandenen Jesus hatten sowohl auf dem Weg nach Emmaus als auch im Obergeschoss in Jerusalem die Schriften des Alten Testamentes Priorität: »Und er legte ihnen dar, ausgehend von Mose und allen Propheten, was in der gesamten Schrift über ihn geschrieben steht« (Lk 24,27). Das muss eine beeindruckende »Bibelstunde« gewesen sein, bei der derjenige, der selbst die Hauptrolle innerhalb der Geschichte spielte, als »Dozent« auftrat. Jesus lag demnach sehr viel daran, dass seine Jünger Folgendes verstanden: Sein Tod wie auch seine Auferstehung standen in Übereinstimmung mit der Schrift und bildeten den Höhepunkt der gesamten biblischen Geschichte. Das würde den Jüngern helfen, die Bedeutung des Kreuzes und der Auferstehung zu verstehen. Aber er wollte ihnen auch den richtigen Stellenwert der Heiligen Schriften vermitteln: Sie durften diese nicht als veraltet betrachten, sondern als etwas, dem nun sogar noch größere Autorität zukam als zuvor.

Schließlich gibt es da noch einen letzten faszinierenden Punkt in der Geschichte, nämlich genau den Moment, in dem Jesus in Emmaus von den Jünger erkannt wird: »Jesus wurde erkannt, als er *das Brot brach*.« Schon bald sollten Jesu Jünger, seinem Beispiel folgend, in ihren Häusern das Brot brechen (Apg 2,42). Und seitdem erinnern sich die Menschen auf diese Art und Weise an Jesus – durch die Teilnahme an dem Mahl, das als »Abendmahl« oder »Kommunion« bekannt ist. Hier wird also schon auf das hingewiesen, was später als »Sakrament« bezeichnet wurde.

Lukas scheint seinen Leserinnen und Lesern Folgendes sagen zu wollen: So wie die Emmaus-Jünger Jesus in dem Augenblick des »Brotbrechens« begegneten, so könnt auch ihr ihm in Zukunft begegnen. Die Heilige Schrift ist von großer Bedeutung, aber wichtig ist auch das Sakrament. Und beides muss vor dem Hintergrund der beiden großen Evangelienereignisse gesehen werden – dem Kreuz und der Auferstehung. Ohne diese ist es nicht möglich, Christus zu begegnen und seine Vergebung zu erfahren. Doch sobald die Leserinnen und Leser diese Dinge mit dem Herzen verstanden haben, werden sie sich zur Schrift wie zum Sakrament hingezogen fühlen – mit dem innigen Wunsch, Christus besser kennenzulernen.

Damit schließt Lukas sein Evangelium ab – und das ist auch für uns die rechte Zeit, diesen ersten Teil unserer Reise auf den Spuren Jesu abzuschließen. Lukas hat uns erklärt, dass die Geschichte Jesu aufgrund der Auferstehung bis zum heutigen Tage von Bedeutung ist und dass Jesus uns auf unseren Wegen begleiten möchte.

Er hat uns eine Geschichte erzählt, die sich in ihrem ersten Teil auf die Reise nach Jerusalem konzentriert: So wie Jesus sich »entschloss ..., nach Jerusalem zu gehen« (Lk 9,51), so wurden die Leserinnen und Leser mit ihm auf den Weg zu dieser Stadt genommen. Damit sind die Voraussetzungen für einen zweiten Teil der Reise geschaffen, von dem in der Apostelgeschichte berichtet wird: eine Reise in die umgekehrte Richtung. So wie die Apostel nun bereit waren, von Jerusalem aus in die Welt hinauszugehen, so lädt Lukas uns ein, die Fortsetzung der Geschichte zu lesen. Und bei all dem fungiert die Emmaus-Geschichte als zentraler Dreh- und Angelpunkt *innerhalb* der Reise und als Muster für die *gesamte* Reise. Denn unterwegs wird es viele Gelegenheiten geben, durch die Heilige Schrift etwas über Jesus zu erfahren, und viele Ruheplätze, um ihm durch das »Brechen des Brotes« zu begegnen.

> »Das sind die Worte, die ich zu euch gesagt habe, als ich noch bei euch war: Alles muss in Erfüllung gehen, was im Gesetz des Mose, bei den Propheten und in den Psalmen über mich gesagt ist.«
> **Lukas 24,44**

## Schlüsseldaten: Emmaus

|  |  |
|---|---|
| ca. 1020–1000 v. Chr. | Die Bundeslade wird für einige Zeit in Kirjat-Jearim aufbewahrt. |
| 161 v. Chr. | Wichtige Schlachten bei Emmaus beim Kampf der Makkabäer gegen die Syrer (1 Makk 3,38–4,15; 9,50). |
| 43 v. Chr. | Der Römer Cassius verkauft die Einwohner von Emmaus wegen Nichtzahlung von Steuern in die Sklaverei (Josephus, Bell 1,218-222). |
| 4 v. Chr. | Varus, der Statthalter von Syrien, »äschert Emmaus nach einem Aufstand ein« (Josephus, Bell 2,71). |
| 68–70 n. Chr. | Lager der fünften Legion in Emmaus (Josephus, Bell 4,445). |
| 70 n. Chr. | Vespasian schickt einige Veteranen zu einem anderen Emmaus, das »dreißig Stadien von Jerusalem entfernt liegt« (Josephus, Bell 7,217) und bald in Colonia umbenannt wird. |
| ca. 115 n. Chr. | Emmaus ist das mutmaßliche Zuhause von Rabbi Akiba. |
| 221 n. Chr. | Julius Africanus (ein christlicher Gelehrter) erwirkt in Rom bei Kaiser Elagabal Emmaus' Erhebung zur Stadt und seine Umbenennung in Nikopolis. |
| 290 n. Chr. | Eusebius identifiziert Nikopolis in seinem Onomastikon ebenso wie Hieronymus 100 Jahre später in Brief 108 als das biblische Emmaus. |
| ca. 500 n. Chr. | Die Byzantiner bauen in Nikopolis eine Basilika. |
| ca. 630 n. Chr. | Nikopolis wird wegen einer bösartigen Seuche aufgegeben. |
| 1140 | Die Kreuzfahrer identifizieren Kirjat-Jearim (fälschlicherweise) als »Emmaus« und bauen eine große Kirche in der Nähe des Militärlagers. |
| 1500 | Verlagerung der »Emmaus«-Tradition nach Qubeiba (Stätte einer Kreuzfahrerkirche und einer Burg). |
| 19. Jh. | Kirjat-Jearim wird in Abu Ghosh umbenannt. |
| 1948 | Das arabische Dorf Qoloniya wird aufgegeben (ehemals Emmaus/Colonia nahe dem heutigen Dorf Motza). |
| 1967 | Das arabische Dorf Amwas (die ehemalige Stätte Emmaus/Nikopolis) wird zerstört und durch den Aijalon-Park ersetzt. |

# Emmaus heute

Wenn es darum geht, biblische Stätten zu lokalisieren, kann ein solches Unternehmen im Blick auf Emmaus eher kompliziert und entmutigend sein. Vier unterschiedliche Stätten wurden als das in Lk 24 erwähnte Emmaus ausgemacht – und jede von ihnen lohnt einen Besuch.

Mit großer Sicherheit kann das authentische Emmaus aus Lk 24 nun jedoch mit den Ruinen im verlassenen arabischen Dorf **Qoloniya** identifiziert werden – mit Blick auf das heutige Dorf Motza, als Ausfahrt ausgeschildert in einer scharfen 90-Grad-Kurve auf der Autobahn Jerusalem/Tel Aviv. Qoloniya lag auf dem Felsenkamm oberhalb von Motza und verdankt seinen Namen dem römischen »Colonia«, der Stätte einer römischen Veteranenkolonie, die Vespasian hier nach dem Ersten Jüdischen Krieg 70 n. Chr. ansiedelte. Aber »Colonia« war ein neuer Name; ursprünglich hieß der Ort »Emmaus«.

Diese Namensänderung machte es den Christen schwer, das lukanische Emmaus zu identifizieren. Das kleine Dorf Emmaus war von der Landkarte verschwunden. Nicht weit entfernt hatte man zudem eine viel größere Stadt entdeckt, die zur Zeit Jesu ebenfalls Emmaus geheißen hatte. Anfang des 3. Jhs. war diese Stadt in **Nikopolis** umbenannt worden, doch die Erinnerung an ihren früheren Namen lebte noch weit bis in die muslimische Zeit hinein. So ist es nicht verwunderlich, dass Eusebius von Cäsarea, als er Ende des 3. Jhs. die Liste biblischer Stätten zusammenstellte, dieses alternative Emmaus als das Emmaus des Lukasevangeliums betrachtete. Diese Zuordnung hielt sich dann während der gesamten byzantinischen Zeit und irgendwann entstand an dieser Stätte eine große Kirche.

Eine solche Identifizierung erforderte jedoch eine kleine Korrektur des Bibeltextes. Mit großer Sicherheit hatte es bei Lukas ursprünglich »sechzig Stadien von Jerusalem entfernt« geheißen (Lk 24,13). In manchen Handschriften ist jedoch stattdessen von

»160 Stadien« die Rede – genau die Entfernung zwischen Jerusalem und Emmaus/Nikopolis.

Als die Kreuzfahrer kamen, wurde die Sache noch komplizierter. Emmaus/Nikopolis war im 7. Jh. durch eine Seuche entvölkert worden. Auf der Suche nach einem Ort, der sechzig Stadien von Jerusalem entfernt lag, entschieden sie sich für **Kirjat-Jearim.** Dies war ein Dorf mit einem interessanten alttestamentarischen Hintergrund: Es war der Ort, an dem zwanzig Jahre lang die Bundeslade aufbewahrt worden war, nachdem man sie von den Philistern zurückerhalten hatte und bevor König David sie nach Jerusalem brachte. Die Kreuzfahrer wählten den Ort jedoch wahrscheinlich deswegen aus, weil es dort ein großes Militärlager gab, eine gute Zwischenstation auf der Reise nach Jerusalem. Im 9. Jahrhundert wurde das Dorf nach dem Beduinenscheich **Abu Ghosh** benannt, der sich dort niedergelassen hatte.

Nachdem die Kreuzfahrer besiegt worden waren, geriet ihr »Emmaus« bald in Vergessenheit. Um 1500 identifizierten die Franziskaner **Qubeiba** als Emmaus, den Ort, an dem früher die Kreuzfahrer für landwirtschaftliche und militärische Zwecke einige Gebäude errichtet hatten.

Ein weiterer Grund dafür, dass man das zuerst genannte und vermutlich authentische Emmaus (bei Qoloniya) übersehen hatte, war seine geringe Entfernung von Jerusalem, die nur dreißig Stadien beträgt. Lukas scheint die Entfernung für den Hin- und Rückweg angegeben zu haben. Sechzig Stadien (rund 12 km) beträgt die Gesamtdistanz, die die Jünger an jenem Tag einschließlich ihrer eiligen Rückkehr (bergauf!) nach Jerusalem zurücklegten.

Bei jüngsten Ausgrabungen in Qoloniya ist man auf einige interessante Gebäude aus dem 1. Jh. gestoßen, doch die Stätte ist für die Öffentlichkeit noch nicht zugänglich. Will man heute den Spuren der Jünger von Jerusalem zu diesem Emmaus folgen, wird man feststellen, dass hier inzwischen eine richtige Stadt entstanden ist. Die anderen drei Emmaus-Stätten, die sich eher durch eine ruhige Atmosphäre auszeichnen, sind also noch immer hilfreiche Alternativen, um über dieses bedeutende Ereignis nachzudenken.

In Qubeiba findet sich eine 1902 erbaute Kirche, in der es am Ostermontag von Katholiken wimmelt. Abu Ghosh hat ein Benediktinerkloster, und seine Kreuzfahrerkirche ist ein gutes Beispiel für den Baustil der Kreuzfahrer – ihre verblassenden Freskos sind vom Stil her byzantinisch, haben aber lateinische Inschriften. Schließlich kann man in Emmaus/Nikopolis im Aijalon-Park die Ruinen dieser Stadt erkunden. Hier können die Besucher auch inmitten der Ruinen der Kreuzfahrerkirche (gebaut auf der Grundfläche der größeren byzantinischen Kirche) die Kommunion/das Abendmahl feiern, wie es z. B. viele, vor allem nichtkatholische Gruppen, tun. Eine solche Feier empfiehlt sich kurz vor dem Ende einer Reise durch das Heilige Land – vielleicht sogar auf dem Weg zum nahe gelegenen Flughafen, wenn man sich langsam zu fragen beginnt, welche Eindrücke und Erfahrungen man mit nach Hause nehmen wird.

Denn auch wenn es sich bei diesen drei Stätten nicht um das biblische Emmaus handelt, kann es dennoch eine beeindruckende Erfahrung sein, sich vorzustellen, wie Byzantiner, Kreuzfahrer und franziskanische Christen dort einst die Messe feierten und heute dasselbe tun: den Worten der Schrift zu lauschen und im Namen Jesu das Brot zu brechen. Auf diese Weise nimmt die Emmausgeschichte in unserer Zeit neu Gestalt an, wenn Christus uns auf unserer Reise begegnet und uns auf unserem wie auch immer gearteten Weg begleitet.

## Emmaus: Die Reise geht weiter

Einer frühen kirchlichen Tradition zufolge war Lukas nicht nur Arzt, sondern auch Künstler. Wie diese Tradition entstand, ist unklar. Vielleicht sollte damit zum Ausdruck gebracht werden, dass Lukas der Evangelist ist, der es am besten vermochte, Menschen darzustellen und menschliche Gefühle zu »malen«. Und zweifellos enthält sein Bericht von der Auferstehungsbegegnung auf der Straße nach Emmaus künstlerische Gestaltungselemente.

Lukas konfrontiert uns z. B. in seinem letzten Kapitel bewusst mit drei Episoden der Auferstehung, die alle am ersten Ostertag stattfinden (ohne Hinweis auf spätere Auferstehungsepisoden). Lk 24 beschreibt damit »einen Tag im Leben des auferstandenen Christus«. Bei diesem Tag handelt es sich um den »ersten Tag der Woche« (Lk 24,1). Lukas knüpft hier vielleicht an die Vorstellung der Juden an, nach der der »erste Tag« nach dem Sabbat auch der »achte Tag« war, der als Tag der neuen Schöpfung Gottes galt. Der Tag der Auferstehung Jesu – so sagt Lukas – ist der ultimative achte Tag der alten Schöpfung – oder der »erste Tag« der neuen Schöpfung. Eine neue Welt wurde geboren!

Das Kapitel enthält noch weitere gestalterische Merkmale: die anschauliche Schilderung der Gefühle der Jünger (sie waren müde und »traurig«, entmutigt und verzweifelt, verwundert und verwirrt) im Gegensatz zu ihrer späteren Freude und Aufregung. Ihr Bewusstsein hinkt ihren Gefühlen hinterher, denn die Jünger begreifen erst *nach* dem Ereignis, was geschehen ist (»Brannte uns nicht das Herz in der Brust, als er unterwegs mit uns redete ...?«). Mit der Beschreibung einer Reise nach und von Jerusalem greift Lukas geschickt das übergreifende Thema seines Evangeliums und der Apostelgeschichte auf – ebenfalls eine Reise nach Jerusalem und wieder fort von dort. Die Leserinnen und Leser sollen auf ihrer Reise dem auferstandenen Christus begegnen.

Angesichts dieser Gestaltungselemente stellen manche Menschen die historische Komponente infrage, die der Emmaus-Geschichte zugrunde liegt. Jetzt, wo wir das theologisches Interesse des Lukas verstehen, können wir, so behaupten sie, den angeblich »historischen« Schauplatz der Geschichte als reine Erfindung abtun – er ist lediglich ein Vehikel für die »spirituellen« Aussagen. Mit anderen Worten: Weil Lukas glaubte, die Menschen könnten nach wie vor Christus begegnen, erfand er als reine *Illustration* dieser unsichtbaren Realität eine Geschichte, in der Jesus zwei seiner Jünger begegnete. Dieser Theorie zufolge hat sich die Emmaus-Geschichte, im historischen Sinne, niemals *ereignet*, ereignet sich im übertragenen Sinn aber *immer wieder*.

Hätte Lukas die Möglichkeit, darauf zu antworten, würde er dieser Aussage zweifellos nicht zustimmen. Er glaubte nämlich, dass diese Begegnung auf dem Weg nach Emmaus tatsächlich stattgefunden hatte.

Das gesamte Kapitel 24 macht deutlich, dass die Auferstehung Jesu kein »spirituelles« Ereignis in den Köpfen der Jünger war, sondern etwas Reales: »Fasst mich doch an und begreift: Kein Geist hat Fleisch und Knochen, wie ihr es bei mir seht« (Lk 24,39).

Lukas würde wahrscheinlich auch fragen, warum diese Menschen so davon überzeugt sind, dass Geschichte und Theologie als zwei unterschiedliche Kategorien gehandhabt werden müssen. Denn so, wie es Kunst gibt, die das »Leben abbildet«, so gibt es auch eine spirituelle Realität, die aus wahren historischen Ereignissen erwächst. Nichts muss einen Historiker davon abhalten, auch Künstler oder Theologe zu sein – vor allem wenn Gott, wie Lukas aufgrund der Auferstehung glaubte, im Rahmen der *realen menschlichen Geschichte* gewirkt hat.

Lukas würde also sicherlich argumentieren, dass es nur aufgrund des vorausgehenden historischen Ereignisses möglich ist, Christus im Hier und Jetzt im Geist zu begegnen – durch die Überwindung des Todes durch die Auferstehung. Wenn »Emmaus *immer geschieht*«, dann nur, weil es früher einmal »*tatsächlich geschah*«.

Am Ende seines ersten Bandes entlässt Lukas den Leser mit der Möglichkeit, Christus selbst zu begegnen. Sein gesamtes Evangelium ist eine Einladung, diese zugleich historische wie jenseits aller Geschichtlichkeit stehende Gestalt kennenzulernen. Es ist zudem eine immerwährende Einladung. – Das Evangelium des Lukas verlangt nichts vom Leser, sondern lässt die Tür weit offen und gewährt dem Bewusstsein (wie im Fall der Emmaus-Jünger) Zeit, Gefühle, die diese Geschichte geweckt haben mag, richtig einzuordnen.

Lukas hat uns noch mehr zu sagen. In seinem zweiten Band, der Apostelgeschichte, möchte er erklären, was im Anschluss an die geschilderten Ereignisse passierte und dass der Höhepunkt der ersten Geschichte der Auslöser für eine Fortsetzung war. Doch die zweite Folge macht ohne die erste keinen Sinn. Anders gesagt, seine Leser können nicht nachempfinden, was es bedeutet, Jerusalem zu verlassen, wenn sie nicht zunächst dort gewesen sind. Denn der Tod und die Auferstehung Jesu in Jerusalem bilden das Zentrum der gesamten Geschichte, und nur diejenigen, die sich wirklich mit diesen Ereignissen auseinandersetzen, können ihre Erfahrungen weitergeben.

Lukas zufolge hat Jesus bei seinem Aufbruch nach Jerusalem mit anderen Worten genau dasselbe gesagt: »Wer mein Jünger sein will, der verleugne sich selbst, nehme täglich sein Kreuz auf sich und folge mir nach« (Lk 9,23). Wenn wir »auf den Spuren Jesu« unterwegs sein möchten, dürfen wir nicht vergessen, dass dieser Weg uns unausweichlich zu seinem Kreuz führt. Nur wenn wir selbst zu diesem Kreuz gelangt sind, können wir »täglich seinen Spuren« folgen.

# Register

*Die fett gedruckten Einträge zeigen den Hauptabschnitt zum jeweiligen Thema an.*

## Bibelverweise

**Altes Testament**

*Genesis/1 Mose*
12,1–7 … 87
19…103
22,2…148
23,8–10…89
24,10–27…86
33,18–20…87
35,16–20…20

*Exodus/2 Mose*
12–13…156
14…48
32…98

*Numeri/4 Mose*
19,1–10…117

*Deuteronomium/5 Mose*
3,17…44
6,3…51
12,11…132
21,23…177
34,1…103

*Josua*
1–4…48
1,7…104
3–4…44
5,13–15…104
6,15–16…**104**
12,3…74
13,27…74
19,28…37
24…87
24,15…84
24,32…82, 87

*Richter*
4–5…97
9…87

*Rut*
1–4…20–21
4,1…88

*1 Samuel*
16,1–13…23
16,7…22
24…59, 103

*2 Samuel*
6…150

15,30…116, 125
23,13–17…21
24,18–25…141

*1 Könige*
5–6…141
8…150
11,7–8…125
12–13…87
16–2 Könige 10…87
17–18…59
19…59

*2 Könige*
2…44
5,12–15…43, 44
10…87
17,24…87
21…150
23,13…116, 125
24–25…166
25…150

*2 Chronik*
11,5–6…23

*Esra*
2,21…23
3,12…135
6…141

*Nehemia*
4…87
11,32…113

*Psalmen*
46,5…120
48,1…120
48,2–4…**150**
48,13–14…**150**
55,10–12…150
78,19…**53**
78,52…**56**
84,6–7…**58**
87,2…150
89,13…97
95,7–10…**54**
107,33–35…**55**
121,1…116
122,1…168
122,1–3, 6–7…**151**
125,2…116
130,6…116
137,5–6…151

*Sprichwörter*
31,23…89

*Jesaja*
8,23–9,1…**67**, 74–75
37…150
40,1–9…**55**
40,3–5…43, 46, 52
52–53…95
52,7–8…120
52,9…150
61…31, 36
66,14…146–147

*Jeremia*
25,15–16…123
52…166

*Ezechiel*
11,23…117, 125, 129

*Joël*
4,2…118

*Micha*
5,1…20–21, 23
5,5…20

*Sacharja*
9,9–10…**120**
14,3–4…118, 125, 129

*Maleachi*
3,1…139
3,23…94

**Neues Testament**

*Matthäus*
1,6…35
2,1–18…23
2,6…**20**
2,7–9…22
2,16–18…21
4,13–16…65, 67
4,18…74
4,24–25…**71**, 81
5–7…68
5,1…81
5,35…120
7,14…80
7,24–27…35
7,26–27…80, 138

8,28…81
9,1…65
11,20…68
12,6…138, 141
12,42…138
15,29–39…80
15,29…74
15,39…68
16,13…93
21,17…111
23,13…35
24,1…146
26,28…159
26,39…**123**
26,40–41…131
26,52…105
27,2…164
27,51…194
28,9–10…124
28,13–15…40
28,16…68

*Markus*
1,16…74
1,21–26…68
1,24–30…68
1,22…71
1,29–34…68
1,35–37…68
1,40–45…68
2,1–17…68
3,1–16…68
3,9–10…68
3,13…68
4,1–25…68
4,1…**78**
4,9…78
4,35–41…68
4,41…81
5,1–20…68
5,1…81
6,4…36
6,17–24…89
6,30–44…68
6,47–52…68
6,53–58…68
7,24–30…68
7,31–37…68
7,31…74
7,31–8,10…80
8,1–9…68
8,10…68
8,14–21…68
8,22–26…68

8,27…93
11,11…119
13,3…121
14,3–9…**109**, 112
14,50…111

*Lukas*
1,26–38…35–36
1,27…**35**
1,32…35
1,48, 51–52…36
2,1–12…**19**
2,4…35
2,11…**178**
2,19…29
2,22–38…141, 145
2,34–35…22
2,41–52…41
2,52…32
3,1–9…**43**
3,3…47, 56
3,8…45
3,16…56
3,22…48
3,23…22
3,31…35
4,1–13…**51**, 56, 57
4,14–30…31
4,14–15…57, **65**
4,24–30…46
4,24…37
4,38…76
5–15…**72**
5,1–11…68
5,1–8…78
5,17–26…76
5,17…73
5,20…138
5,35…73
6,1–5…68
6,17…68
7,1–10…68
7,2–5…71, 77
7,11…68
7,27…48
7,36–50…68
7,48…**10**, 138
8,1…68
8,24…81
8,26…81
9,18–22…**92**
9,28–43…**92**
9,22…99
9,33–36…95–96
9,41…98
9,51…99, 203
9,52–55…**83**

9,53…86
9,54…83
9,58…68, 110
10,1…68
10,25–37…10, 83
13,4…160
13,10–17…68
13,33…99
13,35…138
14,1–24…68
14,28–30…35
15–24…104
15…**104**
15,8–10…76
17,16…83
18,10…145
18,35–19,10…**101**
19,10…**104**
19,28–32…110
19,27…104
19,37–38…**118**, 128
19,40…119
19,41–44…**120**, 128, 138
19,43…178
19,45–47…**132**
19,47…155
20,1–2…**132**
20,2…139
20,25…137
21,1–3…**132**
21,5–36…138
21,5–6…**121**, 129, **132**, 146
21,37…**116**
22,7–8…**155**
22,10–14…**155**
22,15…156
22,18…160
22,19–20…**155**
22,27–31…165
22,30…78
22,39–42…**122**
22,39…**116**
22,54, 66–71…**160**
23,2…**162**, 178
23,4…178
23,14–15…**162**, 178
23,16–24…**162**
23,22…178
23,33…184
23,33–39…176
23,34–35…177–178
23,41…178
23,42…176
23,44–47…176
23,45–47…184
23,45…149
23,47…178
23,50–53…**179**
23,55…179
24,1…206
24,3–9…**182**

24,6…196
24,11–12…**182**
24,13–49…182
24,13–16, 25–33…**200**
24,13…205
24,26…201–202
24,27…203
24,34–49…200, 202
24,34…124
24,36…**200**
24,37–39…**202**
24,39…206
24,44…**203**
24,48…183
24,50…124

*Johannes*
1,1…29
1,14…**95**, 139
1,44…74
1,46…**31**
2,1–11…36
2,13–25…138
2,19, 21–22…139
2,19…161
2,20…134, 141, 148
3,1–21…86
3,23…50
4,4–30…**82**, 85–88
4,20–26…**85, 89, 91**
4,46–54…37
5,2…170
6,1…74
7,37…138
7,42…**23**
8,12…138
9,7…160
11,1–44…**112**
11,48…137
12,3, 5…111–112
13,1…156
13,1–20…159
13,34…159
14–17…159
15,13–15…159
18,1–2…123
18,28…156, 173
18,29–19,4…164
19,7, 12–13…164
19,13…164, 173
19,31…156
19,41…184
20…187
20,6–7…**187**
20,19–25…199
21…74, 78, 80
21,7–23…68

*Apostelgeschichte*
1,3–8…129
1,8…**86**
1,12…**116**
1,13…171

2,1–41…171
2,1…171
2,10…165
2,42…203
3–4…141
8,5–25…86
10,38…**33**
12,12…165, 171, 172
12,25…165
16,11–40…9
20,5–6…9
21,27–29…141
27,2…9

*Römer*
3,25…143
6,1–4…49
16,13…165

*1 Korinther*
3,16–17…47, 140
5,7…159
11,23…160
15,3…178
15,5–7…200

*2 Korinther*
8,18…9

*Galater*
4,26…129

*Epheser*
2,14…134

*Kolosser*
4,10…9
4,14…9

*Hebräer*
4,14…161
8,13…141
10,10–25…143
10,19, 21–22…**149**
12,22…129

*1 Petrus*
2,4–10…47

*2 Petrus*
1,4…97
1,16–18…97

*Offenbarung*
21,22…141

# Personen- und Sachregister

## A
Abd al-Malik 17, 148
Abimelech 87
Abraham (Patriarch) 43, 45, 82, 84, 87f., 101, 148
Abschalom 116
Abu Ghosh 90, 204f.
Achan 104
Acre/Akko 17, 90
Adrianopel (Schlacht von) 107
Aelia Capitolina (Jerusalem) 17, 166, 169, 183, 191, 198
Ägypten 22, 32, 38, 44, 51, 53f., 71, 99, 114, 125, 156
Änon 50
Äthiopier 193f.
Agrippa I., Herodes 11, 99, 166, 168 f., 175, 190
Aijalon-Park 204f.
Ahab, König 84, 87, 106
Akiba, Rabbi 76, 204
Allenby, General 166
Allenby-Brücke 48f., 108
Alexander der Große 87
Alexander, Bischof (von Jerusalem) 129
Alexander (Sohn des Simon) 165
Alexander, Cecil Frances 179
Alexandria 62
Allerheiligstes 134, 140, 148f., 154
Amazonas 43
Amoriter 82
Amos (Prophet) 87
Amman 59, 108
Amwas 204
Ananus 11
Anastasis (Rotunde in Grabeskirche) 114, 183, 188–191, 196, 199
Andreas (Apostel) 71, 74, 80
Anglikaner 17, 174
Antigonus 74
Antiochia (in Syrien) 114
Antiochus Epiphanes IV. 17, 141
Antipas, Herodes 11, 33ff., 38, 50, 71, 74, 89, 103, 164, 173, 178
Antipater, Herodes 59
Antoniafestung 136, 140, 154, 162, 171, 175
Antonius, Marcus 62, 106, 154
Apokalyptischer Diskurs **121f.**, 129, 199
Apokalypse des Johannes 125, 129

## B
Aqsa-Moschee 90, 133, 141ff., 145, **148**
Aramäisch 71, 173
Arauna 133, 141
Arbel, Berg (und Pass) 67, 74, 76
Archelaus, Herodes 11, 33
Arcosolia 180
Arculf 26, 38
Arezzo 114
Aristobulus 106
Aristoteles 103
Arius 183
Armenier 27, 130, 194, 196
Asklepios 155
Assyrer 70, 84, 87, 166
Athos, Berg 60
Auguste-Viktoria-Hospital 126
Augustus, Cäsar (ehemals Octavian) 11, 19, 24, 74, 87, 89, 93f., 99, 106

Baba Rabba 87
Babylon(ier) 17, 133, 140f., 150, 166
Balfour-Deklaration 17
Baneas *siehe* Paneas
Bar Kochba 17
Barabbas 162, 164, 178
Barclay, Joseph 174
Barclaytor 146f., 174
Barluzzi 23, 26
Beduinen 46, 54
Beelzebul 68
Beer Sheva 54, 92
Beit Dschala 25
Beit Sahour 25, 60
Benediktiner 74, 78, 125, 205
Benjamin 20f.,
Berenice, Berg 75
Berg der Seligpreisungen 74f., 81
Berg der Versuchung (Qarantal) 59ff., 106
Betanien (jenseits des Jordan) 48, 50, 60
Betanien (auf dem Ölberg) 18, 50, **109–115**, 118, 121, 124, 126, 167, 196, 199
Betesda-Teich 90, 130, 154, 158, 170
Betfage 115, 118, 125, **126**, 130
Bethel 20

Betlehem 11, 15, 17, 19–29, 60, 62, 74, 109, 114, 127, 130, 198
Betsaida (-Julias) 18, 30, 50, 68, 71, 74f., 79, **81**, 107
Biddle, Martin 189
Blake, William 166
Boas 88
Bordeaux, Pilger von 15, 17, 23, 48, **82**, 103, 106, **107**, 113, 125, 141, 183
Britannien 29
Briten, die 48f., 59, 166, 174
Burg Belvoir 90
Byzantiner 15ff., 23, 27, 39, 49f., 74f., 77–81, 87, 89, 103, 127f., 143f., 166, 169, 171, 183, 188f., 198f., 204f.

## C
Caesar (allgemein) 95, 137, 140, 163f., 178
Caesarea Maritima 9, 11, 14, 129, 163, 198
Caesarea Philippi 50, **92–100**
Caligula, Caesar 11
Cardo maximus 130, 189, 193
Cassius 204
Celsus 27
Chalkedon, Konzil von 17, 27
Chariton (Mönch) 59, 62
Charon 49
Chaucer 7
Chorazin 68, 75
Chosrau (von Persien) 17
Christuskirche (Jerusalem) 130, 174
Christen 12f., 22, 28f., 38f., 56, 74–78, 80, 89, 91, 98, 114, 125, 129f., 142f., 190, 195, 198
Cicero 177
Claudius 11, 40
CMJ 174
Coenaculum 139, 166, 171f.
Colonia 204
Conder, Charles 174
Coponius 11, 84
Corbo, Virgilio 189
Crassus 176
Cyrillus, Bischof (von Jerusalem) 15ff., 96f., 113f., 127, 183, 188, 195, 198f.

## D
Dabburiyah 97

Dalmanuta 68
Damaskus 11, 43, 62, 71
Damaskustor 130, 166, 174, 183, 189, 198
Dan 50, 92, 100
David, König 17, 19, 21ff., 35f., 54, 56–59, 84, 103, 116, 125, 133, 141, 166, 168, 171, 173, 205
Davidsgrab 171f.
Davidszitadelle 173
Debora 97
Dekapolis 71, 74, 79, 81
Diaspora 156
Dio Cassius 22
Dix, Gregory 159
Dormitiokirche 130, 172
Douka 59

**E**
Ebal, Berg 84, 86f., 89
Ecce-Homo-Kloster 130, **175**
École biblique 174
Edessa 114
Edward I. (von England) 23
Efrata 20
Egeria 15, 17, 26, 38, 74, 78, **114ff.**, 125, 127, 130, 183, 198f.
Elagabal (Kaiser) 204
Eleona (Kirche) 107, 114, 121, 125, **127f.**, 129, 199
Eliezer 105
Elija 44, 48, 54, 56, 59, 87, 92, 95ff., 106f.
Elischa 31, 36, 44, 48, 87, 106f.
Emmaus 182, **200–206**
En Farah 58f.
En Gedi 59, 103
En Gev 75, 81
Ephesus 172
Epiphanius, Bischof (von Salamis) 38, 74
Esra 17
Essenertor 172
Essener **46f.**, 135, 156, 172
et-Tur 126
Eudocia (Kaiserin) 169
Eusebius, Bischof (von Caesarea Maritima) **14**, 15, 17, 23, 28f., 37f., 48f., 75, 97, 99, 113, 115, 118, 121, 125, 127, **129**, 141, 143, 183, **188f.**, 190, 195, 204
Eustochia 29
Euthymius (Mönch) 59f., 62
Ezechiel 118, 120, 125, 133

**F**
Felix (römischer Landpfleger) 11, 125

Felsendom 128, 141ff., 147, 148f., 174
Fergusson, James 174
Festus (römischer Statthalter) 11
Fleury, de 198
Franziskaner 23, 27, 38, 70, 74, 76, 110, 113, 115, 125, 128, 166, 171, 175, 195, 205
Franzosen 91, 174

**G**
Gabinius 87
Gabriel 35
Gabriel, Kirche des hl. (Nazaret) 40
Galiläa/Galiläer 8f., 11, 13, 31–34, 38, 50, 57, **65–81**, 82f., 90, 94, 98f., 114, 130, 135ff., 145, 156, 164, 174, 182, 200
Gamla 74
Gartentor (»Gennath«) 164f., 175, 180, 183
Gartengrab 130, 166, 176, 183, **185–187**
Garrard, Alec 134
Garstang, James 106
Gaulanitis 50, 67, 71, 93, 97
Geburtskirche (Betlehem) 14, 21, 23, **25–29**, 130
Gehinnomtal 167f.
Geisterdom 149
Gelobtes Land 8, 44, 48, 53, 56, 87, 102ff., 106, 133
Gemara (jüdischer Talmud) 74f.
Gennesaret (Ebene oder See) 66ff., 71, 76
Georg von Koziba (und Kloster) 59–63, 130
Gerasimus (Mönch) 49, 59, 62
Gergesa/Gerasa/Gadara 81
Garizim, Berg 82, 84–88
Getsemani 98, 111, 114, 119, **122ff.**, 125f., 129, 130f., 160, 165, 167, 171ff., 199
Ghionquelle 168
Gilboa 90, 101
Gilead 101
Goldenes Tor 145, 149
Golgota 103, 114, 128, 164, 168, 170, 176, 183, **184–199**
Gomorra 103
Gordon, Charles 174, 183
»Gottesfürchtige« 10
Grabeskirche 15, 17, 90, 107, 128, 130, 143, 164, 169, 174f., 183f., **190–199**
Grab Jesu 114, 179f., 183, **186–189**, 195–199
Grab der Jungfrau 172
Griechenland 10
Griechisch (Sprache) 71, 78, 134

Grotte (auf dem Ölberg) 121, 125, 127, 129

**H**
Hades 48
Hadrian (Kaiser) 17, 23, 107, 141, 166, 169, 175, 190, 193, 195
Haggai 141, 166
Hagia Sion 166, 169
Hakim, el- 17, 23, 183, 193, 195
Hannas 161
Haram esh-Sharif 142ff.
Hasmonäerpalast 173
Hasmonäer 85, 106
Hattin, Hörner von 17, 74, 90
Hebräisch (Sprache) 34, 38, 46, 48, 65, 74, 146
Hebron 20, 25
Heiliger Geist 48, 51, 86, 159, 171
Helena, Königin 23, 28, 129, 195
Helenakapelle 193, **195**
Heptapegon siehe Tabgha
Hermon, Berg 44, 50, 66, 75, 92f., 95, **96f.**, 99
Heraklius (Kaiser) 74, 183
Herodes Agrippa I. siehe Agrippa, Herodes
Herodes Antipas siehe Antipas, Herodes
Herodes Philppos siehe Philippos, Herodes
Herodes der Große 8, 11, 13, 17, 21, 22ff., 33ff., 38, 46, 59f., 71, 74, 84, 87, 89, 93, 99, 102, 105f., 108f., 132–136, 141, 152–155, 169, 171, 173
Herodes' Palast (Jericho) 108
Herodes' Palast (Jerusalem) 162, 164, 171, **173**
Herodianisches Viertel 130, 173
Herodium 24f., 109
Hezekiah, Teich des 164
Hieronymus 15, 17, 23, **29f.**, 198, 204
Hippos siehe Susita
Himmelfahrt (Jesu) 111, 124f., 127, 129
Hirtenfelder (Betlehem) 25, 130
Hosea 87
Hospitaliter 90
Horeb, Berg 59
Howe, Fisher 174
Hulebecken/Tal 50, 100
Huldatore 134, 145
Hyrkania 59
Hyrkanus, Johannes 59, 85, 87, 164

**I**
Idumäa 11

Imbomon (Stätte der Himmelfahrt) 107, 114, 125, **127**, 199
Isaak (Patriarch) 87, 148
Isai (Vater von König David) 21, 23
Isebel, Königin 87
Israel zur Zeit des AT 21, 51, 53, 56, 70, 84, 87, 92, 100, 102, 104, 106, 117, 133, 135, 156, 166 zur Zeit Jesu 13, 45f., 73, 80, 120 heute 38, 49, 56, 93, 106, 141f., 166, 168f., 172
Israel-Museum 46, 130, 166, 173
Italiener 174

**J**
Jaffator 164, 174
Jaïrus 68
Jakob (Patriarch) 20, 82, 84, 87
Jakobsbrunnen 87
Jakobus (Bruder des Johannes) 86, 92, 95
Jakobus (Bruder Jesu) 11, 141, 200
Jebusiter 166
Jeremia 133, 137, 166, 168
Jericho 49f., 58, 60, 62, **101–108**, 130
Jerobeam, König 84, 87
Jerusalem 9–13, 15, 17, 20, 22f., 32, 54, 56, 58ff., 62, 70f., 73f., 81f., 84, 90ff., 98f., 101f., 105, 108, 113f., 116, 118ff., 124, 126, 128f. Altstadt 126f., 130, 143, 152f., 166f., 170f. 174
Jesaja 31, 36, 46, 55f., 67, 70f., 74, 140, 169
Jesreelebene 32f., 36, 41, **96f.**
Johanna 180
Johannesevangelium 46, 50, 155
Johannes (Sohn des Zebedäus) 86, 92, 95, 125, 187
Johannes von Damaskus 59, 83
Johannes Moschus 62
Johannes der Täufer 11, **13**, 43, 45–48, 56, 83, 92, 94, 101, 103, 139
Jom Kippur 41
Jordanien, Königreich (modernes) 48, 166, 168
Jordan, Fluss (und Tal) **43–50**, 51, 54, 56, 59f., 66f., 71, 75, 80, 82, 90, 93, 95, 99–103, 107ff., 111, 129
Joschafat (Tal) 107, 118
Joschija, König 116, 125
Josef (in der Genesis) 82, 87
Josef (Ehemann Marias) 19, 22ff., 31–35, 40f., 145
Josef von Arimathäa 179, 192
Josefskirche (Nazaret) 40

Joseph von Tiberias 38, 74
Josephus 8f., 11, **13**, 22f., 34, 59, 65, **66**, 74, 76, **84**, 87, 97, 103, 105f., 125, 134, **140**, 141, 154, 156, 163, 166, 170ff., 204
Josua (Nachfolger von Mose) 44, 48, 87, 102, 104, 106
Jotopata 105
Juda (südliches Königreich) 55, 84, 87
Judah ha-Nasi 38
Judas Iskariot 107, 112, 124, 160, 199
Judas der Galiläer 11, 73
Judas (Bruder Jesu) 38
Judäa 11, 33, 73, 84, 163, 177
Judentum (post-biblisches) 46, 107, 141, 147, 174
Jüdisches Viertel (Jerusalem) 130
Jüdischer Aufstand erster 11, 13, 17, 34, 66, 97, 99, 126, 140f., 177 zweiter 17, 166, 177
Julian Apostata (Kaiser) 17, 81
Julius Africanus 38, 204
Justin der Märtyrer 23, 87
Justinian (Kaiser) 23, 27f., 87, 189

**K**
Kaiser Wilhelm 174
Kajaphas 107, 137, 139, 162, 170, **172f.**, 180
Kalvarienberg siehe Golgota
Kana 36f.
Kanaaniter 100
Kapelle der Syrer (in der Grabeskirche) 196
Kapernaum 31, 35, 37, 50, 65–68, 70f., 74, 76f., 79, 81
Karmeliter 125
Katharinenkirche (Betlehem) 27f.
Katholicon (in Grabeskirche) 197
Kelt, Wadi 59f., 108
Kenyon, Kathleen 106
Kerit, Bach 59
Khan es-Zeit 193
Khartum 174
Kidrontal 59f., 118, 123, 134, 152f., **160f.**, 165, 163
Kindheitsevangelium nach Thomas 33
Kirche der Nationen (Jerusalem) 125f., **130f.**
Kirjat-Jearim 204f.
Kleinasien 39
Kleopas 182, **201f.**
Kleopatra 106
Kohk(im)-Gräber 127, 164, 180, 189, 190, **196f.**
Kolosser 9
Konon (Märtyrer) 38f.

Konstantin der Große 14, 17, 23, 27f., 38, 48f., 74, 107, 124, 127, 129f., 143, 183, 188–192, 195–198
Konstantin Monomachus 17, 183
Konstantinopel 17, 114
Konzile (der Kirche) 27, 198
Koptische Kapelle 193, 197
Korinth 9, 140
»Kreuzesholz« 183, 188, **195**, 198f.
Kreuzigung/Kreuz Jesu 11, 13, 125, 149, 164ff., 174, 176–179, 183f., 190, 202
Kreuzfahrer 17, 23, 27, 38f., 74f., 89, 90f., 99, 100, 113, 115, 126f., 141, 166, 193, 195
Kursi 81
»Kypros« (Festung) 106, 108

**L**
Ladd, George Eldon 192
Lathbury, Mary 78
Laubhüttenfest siehe Sukkot
Latrun 90
Lazarus 110–113
Lazarus, Grab des (Lazarium) 110, 112, **113ff.**, 199
Letztes Abendmahl 123, **155–159**, 166, 170ff.
Levi 50, 68
Libanon (heute) 65
Lithostrotos (»Gabata«) 164, 173, 175
Löwentor/Stephanstor 170
Lukas (der Evangelist) **9f.**, 11f., 16, 24, 33, 37, 41, 47, 56, 141, 202f., **206**
Lutheraner 17, 74
Lutherische Kirche (Jerusalem) 130, 174, 190f.

**M**
Maale Adummim 59f.
Machärus 13, 103
Madaba, Mosaikkarte von 103, 188, 199
Magadan 68, 71
Magdala/Tarichaea 66, 71, 76
Maimonides 75
Makarius, Bischof (von Jerusalem) 183, 188
Makedonier 87
Makkabäer 17, 87, 141, 204
Maleachi 94
Malta 9
Mamelucken 17, 90, 99, 166
Mamre 20
Manasse, König 150
Mar Saba (Kloster) 59–62

Maria (Mutter Jesu) 10, 19, 21–24, 29, 33, 35f., 38, 41, 145, 165, 172
Maria (Mutter von Johannes Markus) 165
Maria (Schwester der Marta) 110, 112, 114, 126
Maria Magdalena 76, 180, 187, 196f., 200
Maria-Magdalenen-Kirche (russische) 126, 128, 167
Marienbrunnen (Nazaret) 40
Markusevangelium 165, 171
Markus, Johannes (Evangelist) 9
Markuskirche (syrische) 171
Martin, Ernest 184
»Martyrion« (Grabeskirche) 114, 188f., 199
Martyrius (Mönch) 59f.
Masada 11, 59, 103, **105**, 130
Matthäusevangelium 22, 24, 27, 68, 80, 161
Mea Shearim 130, 169
Megiddo 30, 87
Mekka 127, 141
Melisende, Königin 113
Meliton, Bischof (von Sardes) 129, 190
Menschwerdung 138, 148
Merril, Selah 174
Mesopotamien 71
Messias 22, 24, 73, 76, 85, 92, **94f.**, 120, 135, 139, 143, 162, 176, 178, 183, 200ff.
Micha 21, 23
mikveh (rituelles Bad) 134, 144
Milman, Henry 120
Mischna 38, 117, 134, 156
Misttor 145
Mittelmeer 32, 51, 54, 67, 71, 89, 109
Moab 20
Modell des alten Jerusalem 134f., 154, 168ff.
Mohammed 142, 148
Morija, Berg 82, 148
Moses 44, 48, 56, 68, 84, 92, 95ff., 104, 107, 200, 203
Motza 204
Muhammad Ali (19. Jh.) 174
Murphy O'Connor, Jerome 16, 98
Muslims/Islam 23, 38, 62, 87, 100, 125, 128, 130, 141, 144, 148, 183
Muslimisches Viertel (Jerusalem) 148

**N**
Naaman 31, 36, 43f., 46, 48
Nablus/Flavia Neapolis 87, 89, 107
Nain 68
Natanaël 31
Nazaret 11, 19, 23, **31–42**, 65, 71, 74, 96, 120, 172f.
Nazaret, Dekret von 40
Nazareth Village 40ff.
»Nea«-Kirche (Jerusalem) 169, 189
Nebo, Berg 56, 103, 114
Nebukadnezar 17
Negev (Wüste) 53f.
Nehemia 17, 85, 166
Nero, Caesar 11
Neronias siehe Caesarea Philippi
New York 174
Newton, John 150
Nicäa, Konzil von 17, 27, 183
Nichtjuden 10, 13, 24, 35ff., 44, 46, 67, 70f., 73f., 79, 81, 93, 104, 134, 141, 143
Nikanertor (im Tempel) 134
Nikopolis/Emmaus 204
Nikodemus 85, 179
Nil 43, 52, 79
Nimrod, Burg 100
Nof Ginnosar (»Jesusboot«) 76
Noomi (Schwiegermutter von Rut) 21
Notre Dame 174
Nouwen, Henri 61

**O**
Ölberg 50, 62, 98, 107, 109, 111, 113f., **116–131**, 143, 152f., 155f., 167f., 170, 180, 184, 198
Ofel/Davidstadt 135, 166, 168, 170
Omar, Kalif 17, 183
Omar-Moschee 190f.
Omri, König 84, 87
Origines 22f., 27, 29, 48, 50, 106, 110, 113, 129
Orthodoxe Kirche (östliche) 40, 49, 50f., 63, 70, 76, 87, 97, 106, 108f., 113ff., 127f., 174, 193, 196
Ostafrikanischer Grabenbruch 54
Ostern (Auferstehung Jesu) **180–183**, 187, 200
Ostern (spätere Feier) 114, 193, 198f., 205
Ostjordanland 31, 103, 108f.

**P**
Pachomius (Mönch) 62
Palästina (römische Provinz) 81f., 163, 177, 188, 198
Palästinenser (heute) 106, 130, 142, 166
Palestine Exploration Fund 174
Palmsonntag 113ff., 125f., 128, 170, 199
Pan 92, 99
Paneas 92f., 99, siehe auch Caesarea Philippi
Pharan 62
Paris 40
»Parvis« (Hof der Grabeskirche) 193
Pascha 11, 22, 32, 41, 84, 87, 89, 111, 114, 118, 123, 133, **155–159**, 162–165, 172, 182, 187, 200
»Pater-Noster-Kirche« (auf dem Ölberg) 125
Patriarchen (Altes Testament) 20, 27
Paulus 9, 11, 141, 183, 200
Pella 11
Peräa 11
Perser (zur Zeit des Alten Testaments) 17, 84f., 87
Persische Invasion (7. Jh. n. Chr.) 23, 62, 74, 166, 183
Petrus/Simon Petrus 68, 71, 74, **76f.**, 78, 80, 86, 92, 94, 97, 107, 124, 160, 172f.
Petrus Diaconus 38, 74
Pfingsten 166, 171, 198
Pharao 156
Pharisäer 68, 70, 119, 145, 156
Philippus (Jünger Jesu) 71, 74, 80
Philippos, Herodes 11, 50, 74, 93, 95, 99
Philippi, Caesarea siehe Caesarea Philippi
Philippi (in Makedonien) 9
Philister 21, 89, 150, 204
Pilgerfahrten 7, 12, 107, 114, 129, 141, 198f.
Pionius 129
Pixner, Bargil 164
Poimenia 125, 127
Pompei 17, 74, 85, 87, 141
Pontius Pilatus 11, 13, 84, 87, 107, 155, **162–165**, 171, 173, 175, 178
Prätorium 173
Protestanten 172, 174
Protoevangelium des Jakobus 23
Ptolemäer (Herrscher von Ägypten) 99
Purim 41

**Q**
Qoloniya 204
Qubeiba 90, 204f.
Qumran **46f.**, 59, 103, 130, 135, 166

## R

Rabbinisches Judentum 74f., 142
Rahel 20f.
Rahab 104, 107
Rebekka 86
Rehabeam, König 23
Renan, Ernst 174
Roberts, David 174
Robinson, Charles 174
Robinson, Edward 146, 174, 183
Robinsonbogen **146**, 154, 174
Rockefeller Museum 134, 143
Rom/Römer 9, 11, 13f., 17, 33f., 40, 46, 59f., 62, 68, 71, 73, 76, 81, 84f., 87, 89, 93f., 104ff., 119f., 126, 130, 136f., 140, 143, 146, 150, 154, 156, 162, 165f., 169, 176ff., 184, 190, 192, 202, 204
Rufus (Sohn des Simon) 165
Russen 49, 117, 126, 128, 174
Rut (verheiratet mit Boas) 20, 88

## S

Sabas (Mönch) 59, 62
Sacharja (Prophet) 118, 122, 141, 166
Safat 75
Saladin 17, 74, 90, 125
»Salbungsstein« (in Grabeskirche) 196f.
Salim 50, 61
Saller, Sylvester 113
Salomo, König 17, 84, 87, 107, 117, 125, 133, 135, 138, 141, 166, 168, 193
»Salomo, Portikus des« 162
Samaria (Gebiet) 11, 17, 34, 70, **82–91**, 101
Samaria (Stadt) siehe Sebaste
Samaritaner 11, **82–89**, 163
Samariter, der barmherzige 10
Samuel (Prophet) 20, 23
Sanhedrin 39, 136, 161f., 179
Sanherib 150
Saul, König 21, 54, 59, 103
»Schädelhöhe« 152f., 170, 174, 176, 183, **185f.**
Schaftor 154
Schawuot (Wochenfest) 41, 133, 138, 156
Schick, Conrad 174
Schriftrollen vom Toten Meer **46f.**, 59
Schwestern von Nazaret 38f.
Sebaste/Samaria 83f., 87
Sebastije 89f.
See Gennesaret 44, 50, **66–69**, 70, 74f., 93, 96, 100f., 103
Seleukiden 99
Sepphoris 11, 31, **33ff.**, 38, 41, 74, 89

Septimus Severus 87
Serubbabel 141
Sharon, Ariel 141, 156
Sichem/Sychar 20, 82, 84, 87f.
Sidon 37, 68, 93
Siloah, Teich (und Tor) 107, 135, 160f., 170
Silwan 161
Simon, Sohn des Gioras 59
Simon von Zyrene 165
Simon der Aussätzige 109, 111, 113
Sinai, Berg (und Wüste) 8, 53f., 62, 68, 95, 98, 114, 133, 174
Sisera 97
Skopus, Berg 116, 126
Sodom 103
Sophronius (Mönch) 62, 183
Soreq (Zaun/Mauer im Tempelhof) 134
Souka 59
Spafford House 174
Spartakus 176
»Ställe Salomos« 144
St.-Anna-Kirche (Jerusalem) **90f.**, 170
St.-Georgs-Kathedrale (anglikanische) 174
St. Peter in Gallicantu (Kirche, Jerusalem) 130, 160, **172**, 189
Stephanus (Märtyrer) 186
Strabon 103
Strong, Patience 115
Styx, Fluss 49
Sukkot (Laubhüttenfest) 41, 133f., 138, 156
Suleiman der Prächtige 17, 166
Susanna 180
Susita/Hippos 74, 81
Synagogen 31, **36ff.**, 70, 74, 76f.
Sychar siehe Sichem
Syrer 32, 74, 81, 84, 93, 99, 204
Syrophönizien 68, 93

## T

Tabgha/Heptapegon 74, 78
Tabor, Berg 37, **96f.**
Tankred 74
Taricheaea siehe Magdala
Tarsus 11
Tel Aviv 204
Templer 90, 148
Tempel (in Jerusalem) 11f., 17, 22, 41, 46f., 56f., 84f., 87, 90, 117–121, 125, **132–149**, 150, 154ff., 159, 162f., 166, 168, 170, 174, 178
Tempelstufen 145
Thenius, Otto 174, 183
Theodosius (Kaiser) 62

Tiberias 11, 34, 66f., 71, 74f., 81, 90
Tiberius (Kaiser) 11, 43, 74
Titus (Kaiser) 11, 87, 99, 106, 140f., 166
Titus 9
Totes Meer 21, 44, 46f., 54, 59, 66, 101, 103, 108f., 130
Trachonitis 11, 50
Trinität (Lehre von der) 148
Tristram, Henry 174
Troas 9
Türken 91, 174
Twain, Mark 174
Tyropöontal 154, 170, 174
Tyrus 68, 93

## V

Varus 11, 34, 177, 204
Venus 188
»Verbranntes Haus« 130, 173
Verfolgung (der Christen) 15, 188
Verklärung (Jesu) 37
Verkündigungsbasilika (Nazaret) 32, **38f.**, 40
Verlorener Sohn, der 104
Vespasian 11, 14, 66, 74, 103, 204
»Via dolorosa« 130, 164f., 173ff.
Via Maris 32, 71
Vulgata 29

## W

Warren, Charles 148, 174
Weisen aus dem Morgenland 22ff.
Westmauer (und Platz) 130, 142, **147**, 152f.
Wilsonbogen 146
Wright Nicholas T. (Tom) 138, 178
Wüste Judäas 19, 21, **51–64**, 109, 113, 116, 130
Wüste Sahara 54f.

## Y

Yad Vashem 130, 166
Yardenit 49f., 75
Yochanan ben Zakkai 75

## Z

Zachäus 10, 101, 104, 107
Zacharias (im Tempel ermordet) 107, 141
Zelatimo 193
Zeloten 14, 104, 178
Zenon (Kaiser) 87
Zion, Berg 133, 143, 150, 165, 171
Zionismus (heute) 17
Zypern 193
Zyrene 165

# Literaturempfehlungen

## In diesem Buch zitierte oder diskutierte Primärtexte

**Josephus**

Flavius Josephus, *Der Jüdische Krieg und kleinere Schriften*, Wiesbaden 2005.

Flavius Josephus, *Jüdische Altertümer*, Wiesbaden 1983.

**Eusebius von Caesarea**

*Des Eusebius Pamphili vier Bücher vom Leben des Kaisers Konstantin*, nach dem Urtexte übersetzt von J. Molzberger, Kempten 1880.

Eusebius von Caesarea, *Die Demonstratio Evangelica*, Leipzig 1913.

Eusebius von Caesarea, *Kirchengeschichte*, München 1981.

Eusebius von Caesarea, *Die Theophanie*, Werke Band 3, Teil 2, Berlin 1922.

**Hieronymus**

Hieronymus Sanctus, *Des Heiligen Kirchenvaters Eusebius Hieronymus Ausgewählte Briefe*, 3 Bde., München 1937.

**Cyrillus von Jerusalem**

*Des Heiligen Cyrillus Katechesen*, Aus dem Griechischen übersetzt und mit einer Einleitung versehen von Dr. Philipp Haeuser, München 1922.

**Origines**

Origines, *Gegen Celsus*, 2 Bde., München 1927.

**Der Pilger von Bordeaux und Egeria**

Egeria, *Itinerarium, Reisebericht*, Freiburg i. Br. 1995.

Siehe auch die Übersetzungen alter Pilgertexte in Wilkinson, J., *Egerias travels* (siehe unten).

**John Moschus**

Siehe Wortley, J., *The Spiritual Meadow*, Kalamazoo 1993.

## Fragen des Neuen Testaments

Humphreys, C. J. und Waddington, W. G., »The Star of Bethlehem, a Comet in 5 BC and the date of Christ's birth«, in: *Tyndale Bulletin* 43,1 (1992), S. 31–56.

Humphreys, C. J. und Waddington, W. G., »The Jewish Calendar, a Lunar Eclipse and the Date of Christ's crucifixion«, in: *Tyndale Bulletin* 43,2 (1992), S. 351f.

McGrath, A. E. (Hg.), *The New Lion Handbook: Christian Belief*, Oxford 2006.

Walker, P. W. L., *Jesus and the Holy City: New Testament perspectives on Jerusalem*, Grand Rapids 1996.

Walker, P. W. L., *Jesus und seine Welt*, Freiburg i. Br. 2007.

Wright, N. T., *Jesus and the Victory of God*, London 1996.

Wright, N. T., *The Challenge of Jesus*, London 2000.

## Biblische Theologie und zeitgenössische Fragen

Alexander, T. D. und Gathercole, S. (Hg.), *Heaven on Earth? The Temple in biblical theology*, Carlisle 2004.

Brueggemann, W., *The Land: Place as gift, promise and challenge in biblical faith*, London 1978.

Chapman, C., *Wem gehört das Heilige Land?: Juden und Araber zum Streit um Israel*, Wuppertal 1984.

Chapman C., *Whose Holy City? Jerusalem and the Israeli-Palestinian conflict*, Oxford 2004.

Munayer, S., *Seeking and Pursuing Peace: the process, the pain and the product*, Jerusalem 1998.

Walker, P. W. L. (Hg.), *Jerusalem Past and Present in the Purposes of God*, Carlisle 1994.

Walker, P. W. L. mit Wood, M. und Loden, L. (Hg.), *The Bible and the Land: Western, Jewish and Palestinian approaches*, Jerusalem 2000.

Walker, P. W. L. mit Johnston, P. S. (Hg.), *The Land of Promise: biblical, theological and contemporary perspectives*, Leicester 2000.

Wright, N. T., *The Way of the Lord*, London 1999.

## Historische Fragen

Bartholomew C. und Hughes F. (Hg.), *Explorations in a Christian Theology of Pilgramage*, Aldershot 2004.

O'Mahoney, A. (Hg.), *The Christian Heritage in the Holy Land*, London 1995.

Walker, P. W. L., *Holy City, Holy Places? Christian Attitudes to Jerusalem and the Holy Land in the fourth century*, Oxford 1990.

Walker, P. W. L. mit Tomlin, G. S., *Walking in His Steps: a guide to exploring the land of the Bible*, London 2001.

Walker, P. W. L., »Pilgramage in the Early Church«, in: Bartholomew und Hughes (Hg.), S. 73–91.

Wilken, R. T., *The Land Called Holy: Palestine in Christian History and Thought*, New Haven 1992.

Wilkinson, J., *Egeria's travels to the Holy Land*, Warminster 1982.

## Archäologische Fragen

Barkay, G., »The Garden Tomb: was Jesus buried here?«, in: *Biblical Archaeological Review* 12,2 (April 1986), S. 40–57.

Biddle, M., *Das Grab Christi: neutestamentliche Quellen, historische und archäologische Forschungen – überraschende Erkenntnisse*, Gießen 1998.

McRay, J., *Archaeology and the New Testament*, Grand Rapids 1991.

Mare, W. H., *The Archaeology of the Jerusalem Area*, Grand Rapids 1987.

Martin, E. L., *Secrets of Golgatha: the lost history of Jesus' crucifixion*, (privat herausgegeben,1996).

Millard, A., *Discoveries from Bible Times*, Oxford 1997.

Murphy O'Connor, J., *The Holy Land: An Oxford archaeological guide from earliest times to 1700*, Oxford 1998.

Pixner, B., *With Jesus in Jerusalem: his first and last days in Judea*, Jerusalem 1996.

Walker, P. W. L., *The Weekend that Changed the World: the mystery of Jerusalem's empty tomb*, London 1999.

## Reiseerzählungen

Dalrymple, W., *From the Holy Mountain: a journey among the Christians of the Middle East*, London 1997.

Morton, H. V., *Auf den Spuren des Meisters*, Berlin 1960.

Praill, D., *The Return to the Desert: a journey from Mount Hermon to Mount Sinai*, London 1995.

# Bild- und Textnachweis

AKG-London, S. 137 (Peter Connolly) (beschafft durch Zooid Pictures Ltd.).

Alamy, S. 27 (Eitan Simanor), 119 (Trevor Smithers/ARPS).

Alex Garrard (the Splendour of the Temple), Fressingfield, Suffolk, GB: S. 134.

Bibleplaces.com: S. 34 (Todd Bolen).

Brian C. Bush: S. 143, 151, 189, 191.

David Alexander: S. 19, 24f., 65, 160.

École Biblique et Archélogique française de Jérusalem, Convent Saint-Etienne: S. 161.

Elia Photo Service, Jerusalem: S. 167.

Garden Tomb (Jerusalem) Associaton: S. 176, 185 (oben und unten), 186 (Brian C. Bush).

Garo Nalbandian: S. 20f.

Getty Images Ltd: S. 32 (Richard Passmore).

Hanan Isachar: S. 79, 90, 100, 102, 105, 145, 151.

Jon Arnold: S. 26 (Hanan Isachar), 103 (Jon Arnold).

Lion Hudson plc: S. 133, 180 (David Townsend).

NASA: S. 8.

Pantomap Israel Ltd: S. 152f.

Peter Walker: S. 14, 37, 39, 40, 41 (oben, Mitte und unten), 46, 47, 49, 52f., 55, 56, 60, 63, 72, 77 (oben links und rechts, unten), 78, 91, 108, 114, 122, 126, 128, 130, 131, 135, 142, 144, 146 (oben und unten), 147, 149, 154, 168, 170, 182, 190, 194, 196, 197 (oben und unten), 198.

Photo Scala, Florenz: S. 35 (Hermitage Museum, St. Petersburg 1990), 48 (Church of the Autostrada del Sole, 1990), 98 (Pinacoteca, Vatikan 1990), 123 (Musée des Beaux-Arts, Tours 1990), 136 (Santo Spirito, Florenz 1991), 157 (Museo de Arte Catalana, Barcelona 1990), 163 (freundlicherweise zur Verfügung gestellt vom Ministerio Beni e Att. Culturali, 1990).

Sonia Halliday Photographs: S. 7, 28, 44f., 67, 70, 80, 83, 88, 110, 115, 181, 201.

Zev Radovan: S. 25, 31, 93, 96, 117, 173, 175, 199.

S. 107: Auszüge aus »Egeria's Travels«, edited by John Wolkinson (trans) (1999), published by Aris and Phillips

S. 129: Auszüge aus »Eusebius: Life of Constantine«, edited by Cameron, A & Hall, S.G. (trans) (1999). Permission granted by Oxford University Press

## Der Autor

PETER WALKER studierte klassische Philologie und frühe Kirchengeschichte an der Universität Cambridge und hat im Anschluss an seine Promotion intensiv die Haltung der Christen gegenüber Jerusalem erforscht. Er hat viele Studienreisen nach Jerusalem geleitet und ist nun Tutor für Bibelstudien in Wycliffe Hall, Universität Oxford. Zu seinen Veröffentlichungen gehören *Holy City, Holy Places?* (OUP), *Jesus and the Holy City* (Eerdmans), *Jesus und seine Welt* (Herder) und zusammen mit Graham Tomlin *Walking in his Steps* (Harper Collins).

## Der Bearbeiter

Dr. theol. ANDREAS LEINHÄUPL-WILKE studierte Katholische Theologie (Diplom) und Germanistik an der Universität Münster, war 1995–2000 Wissenschaftlicher Mitarbeiter an der Katholisch-Theologischen Fakultät (Prof. Dr. Klemens Richter) bzw. am Seminar für Zeit- und Religionsgeschichte des Neuen Testaments (Prof. Dr. Karl Löning). Promovierte zum Doktor der Theologie mit »summa cum laude«. Seit 2003 war er Lehrbeauftragter an der Katholischen Fachhochschule NRW, Abteilung Köln und ist seit 2005 Wissenschaftlicher Mitarbeiter beim Seminar für Exegese des Neuen Testaments.